Wilhelm Gerstung • Jens Mehlhase

Das große Feng Shui Garten- und Pflanzenbuch

Grundstück, Gartengestaltung und Pflanzenwahl

WINDPFERD

Wichtiger Hinweis: Die in diesem Buch vorgestellten Informationen sind sorgfältig recherchiert und wurden nach bestem Wissen und Gewissen weitergegeben. Dennoch übernehmen Autoren und Verlag keinerlei Haftung für Schäden irgendeiner Art, die direkt oder indirekt aus der Anwendung oder Verwendung der Angaben in diesem Buch entstehen. Die Informationen in diesem Buch sind für Interessierte und zur Weiterbildung gedacht.

1. Auflage 2000

© 1998 by Windpferd Verlagsgesellschaft mbH, Aitrang
Alle Rechte vorbehalten
Umschlaggestaltung: Kuhn Grafik, Digitales Design, Zürich
Illustrationen: Peter Ehrhardt (Bleistiftzeichnungen)
Lektorat: Karin Brunke
Gesamtherstellung: Schneelöwe, Aitrang

ISBN 3-89385-308-1

Printed in Germany

Widmung

Dieses Buch widmen wir allen chinesischen und japanischen Feng-Shui-Meistern der Vergangenheit und Gegenwart.

Inhaltsverzeichnis

Vorwort 10

Einführung in Feng Shui 11
Die Formschule 12
Die Kompass-Schule 12
Die Analytische Schule 13
Feng Shui heute 14
Was ist Garten-Feng-Shui? 14

Zum Aufbau dieses Buches 16

KAPITEL 1
Grundstück und Haus 17
Das Grundstück 18
Grundstücksformen 18
   Das quadratische Grundstück 19
   Die feinstoffliche Ergänzung zur Kreisform 19
      Die Feng Shui Power Disc 99 19
      Das Steinrondell „Quadrat" 19
   Das rechteckige Grundstück 20
   Die feinstoffliche Ergänzung zur Kreisform 21
   L-förmige Grundstücke 21
      Feng-Shui-Maßnahmen bei L-förmigen Grundstücken .. 22
      Feinstoffliche Ergänzungsmöglichkeiten 22
      Aufteilung eines L-förmigen Grundstücks in zwei Rechtecke 22
   U-förmige Grundstücke 23
      Feinstoffliche Ergänzung zur Kreisform 23
   Andere Grundstücksformen mit mindestens einem rechten Winkel ... 23
      Das Steinrondell Typ „Rechter Winkel" 23
   Andere Grundstücksformen 25
      Feinstoffliche Ergänzung zum Kreis 25
      Das Steinrondell Typ „Andere Winkel" 26

Das Haus auf dem Grundstück 27
Die Platzierung des Hauses auf einem rechteckigen Grundstück 27
Die Platzierung des Hauses auf einem L-förmigen Grundstück 27
Die Platzierung des Hauses auf einem Grundstück
mit nicht parallelen Grundstücksgrenzen 28
Feng-Shui-Maßnahmen, wenn das Haus schräg auf dem Grundstück steht 29

Die Lage des Zugangs zum Grundstück 29
Feng-Shui-Maßnahmen, wenn der Zugang zum Grundstück ungünstig liegt 29

Grundstücke, deren Grenzen durch Landschaftsformen bestimmt werden 30

Die Aura von Haus und Grundstück 30
Die Aura des Grundstücks 30
   Areale in der freien Natur 30
   Die feinstoffliche Grundstücksmauer bei unbebauten Grundstücken 31
   Die feinstoffliche Grundstücksmauer bei bebauten Grundstücken 31

Die Aura des Hauses 31
Der Ming Tang 32
    Die Bestimmung der Lage des Ming Tang 33
    Feng-Shui-Maßnahmen, die günstig auf den Ming Tang wirken 33

KAPITEL 2
Schildkröte, Phönix, Drache, Tiger und Schlange – die fünf Tiere im Feng Shui ... 35

Die Landschaft und Feng Shui 36
Die fünf mythischen Landschaftstiere in der Großlandschaft 36
    Schildkröte, Phönix, Drache, Tiger und Schlange 36
        Die äußere Form von Schildkröte, Drache und Tiger 37
        Besonderheiten auf der Südhalbkugel 37
Schildkröte, Phönix, Drache, Tiger und Schlange des Grundstücks 38
Drache, Tiger, Phönix und Schlange des Hauses 39
    Die Lage des Phönix des Hauses im Zusammenhang mit den fünf Tieren des Grundstücks 39

Wie das Gelände die fünf Tiere des Grundstücks beziehungsweise die vier Tiere des Hauses beeinflusst 40
Die Schildkröten-Seite des Grundstücks beziehungsweise die Schlangen-Seite des Hauses ... 42
    Die Wirkung von Bäumen 42
    Die Wirkung von Häusern 43
    Die Wirkung von Grundstücksmauern 43
    Die Wirkung von ansteigendem beziehungsweise abfallendem Gelände . 43
Die Phönix-Seite des Grundstücks und des Hauses 43
Der Yang-Drache und der Yin-Tiger 43
Yin und Yang 44
Die Drachen-Seite des Grundstücks und des Hauses 44
    Die Wirkung von Bäumen 44
    Die Wirkung von Häusern 45
    Die Wirkung von Grundstücksmauern 45
    Die Wirkung von ansteigendem beziehungsweise abfallendem Gelände . 45
Die Tiger-Seite des Grundstücks und des Hauses 45
    Die Wirkung von Bäumen 46
    Die Wirkung von Grundstücksmauern 46
    Die Wirkung von Häusern 46
    Spezielle Einflüsse auf der Tiger-Seite 47
    Die Wirkung von ansteigendem beziehungsweise abfallendem Gelände . 47
Spezielle Feng-Shui-Maßnahmen 47
    Die Verwendung der Feng Shui Power Disc 99 47
    Spezielle Steinsetzungen 47
Weitere Feng-Shui-Maßnahmen 48
Erdwälle an der Grundstücksgrenze 49

Die Lage des Hauses auf dem Grundstück in Bezug auf die fünf Tiere des Grundstücks 51
Feng-Shui-Maßnahmen 52

Die Einfahrt zum Grundstück in Bezug auf die fünf Tiere des Grundstücks .. 53

KAPITEL 3
Die acht Lebensbereiche nach dem Drei-Türen-Bagua 55

Das Bagua und die acht Lebensbereiche 56
Die Anwendung des Bagua 57
Das Bagua im Haus und auf dem Grundstück 57
Die Anordnung der Lebensbereiche nach dem „Drei-Türen-Bagua" 57

Die Bagua-Sektoren des Grundstücks 58
Die Bedeutung des Grundstückszugangs in einem der drei vorderen Bagua-Sektoren 58
Die Bedeutung von Aussparungen in einem Bagua-Sektor des Grundstücks 60
    Feng-Shui-Maßnahmen 62
Die Platzierung des Hauses in einem bestimmten Bagua-Sektor des Grundstücks 62
    Feng-Shui-Maßnahmen 64

Die Bagua-Sektoren des Hauses 64
Ein Haus mit (nicht überdachtem) Innenhof 65
Die Bedeutung des Wintergartens, wenn er sich innerhalb der Haus-Aura befindet 66

KAPITEL 4

Das Vier-Tiere-Bagua für Grundstück und Garten 67

Feng-Shui-Maßnahmen für die vier Bagua-Bereiche 70

Mülltonnen 70

Komposthaufen 72
Die Bedeutung von Komposthaufen mit rein pflanzlichen Abfällen 72
Die Bedeutung von Komposthaufen mit tierischen Abfällen 72

Baumstümpfe 73

Garage 75
Die Bedeutung einer aufgeräumten Garage 75
Die Bedeutung einer unaufgeräumten Garage 76

Pavillon 77
Die Bedeutung eines Pavillons 77

Steinlaterne 78
Die Bedeutung einer Steinlaterne 78

Teich 79

Swimmingpool 81
Probleme bei Swimmingpools ohne Wasser 81

Springbrunnen oder Wasserfall 82

Spiralbeet oder Steinspirale 83

Die Symbolwirkung eines Klangspieles 85

Grillplatz 86

Kinderspielplatz 87

Die Bewertung der Bagua-Bereiche von einem Lageplan 87

KAPITEL 5

Pflanzen 89

Die Wirkung der Pflanzen im Garten und auf dem Grundstück 90

Kommunikation mit Pflanzen 90

Das Fällen und Roden von Gehölzen 90
Die Bepflanzung vor dem Haus 91
Beispiele für günstige Gehölze vor dem Haus 91
Besonderheiten bei schief stehenden, kranken oder toten Bäumen 93
Bewertung im Rahmen des Vier-Tiere-Baguas 95

KAPITEL 6

Wasser-Feng-Shui 97
Der klassische Wasserdrache in der Formschule 98
Günstige Wirkungen durch fließendes Wasser 98
Das Innere einer hufeisenförmigen Flussformation 98
Ein Fluss, der in Fließrichtung schmaler wird 99
Zusammenfluss von zwei oder mehreren Flussläufen 99

Ungünstige Wirkungen durch fließendes Wasser 100
Ein Fluss, der in Fließrichtung breiter wird 100
Aufteilung eines Flusses in mehrere Arme 100
Ein Fluss, der in gerader Richtung auf ein Grundstück zu- oder von ihm wegfließt ... 101
Das Äußere einer stark gekrümmten Flussformation 101

Teich oder Swimmingpool auf dem Grundstück 102
Lage eines stehenden Gewässers auf dem Grundstück 102
Teiche auf dem Grundstück 102
    Die Form eines Teiches 103
    Die Größe eines Teiches 103
    Abstand eines Teiches zum Haus 104
    Schmale Brücken und Stege bei zu großen Teichen 104
    Bogenförmige Brücken mit und ohne Geländer bei zu großen Teichen ... 104
Swimmingpool 104
    Die Form eines Swimmingpools 105
    Die Größe eines Swimmingpools 106
    Der Abstand eines Swimmingpools zum Haus 106
    Platzierung eines Swimmingpools auf dem Grundstück 106
    Abdeckung von zu großen Swimmingpools 108
    Überdachte Swimmingpools im Garten 108
Badeteiche: „Biopool" und „Bioteich" 108
Swimmingpool oder Teich an bewegten Gewässern 109
    Ein Swimmingpool am Meer oder an einem großen See 109
Feinstoffliche Ergänzung der Grundstücksform zum Kreis 109

KAPITEL 7

Gestaltung von Grundstück und Garten 111
Praktische Hinweise zur Gartengestaltung 112
Garten ist nicht gleich Garten 112
Die Gartennutzer und ihre Ansprüche 112
Berücksichtigung der vorhandenen Gegebenheiten 112
Die Gliederung des Gartens 113
Probleme mit den Bäumen 113
Pflege und Unterhaltung 114
Der Jahreszeitengarten 115
Licht und Schatten 116

„Geister" auf dem Grundstück und im Garten 116
Auf dem Grundstück befindliche Schutzgeister für die Tierwelt 117
Elementale 117
Arealgebundene Naturgeister 117
Rund ums Grundstück 118
    Die Vorgeschichte des Grundstücks 118
    Feuerzeremonie 119

Ungünstige Einflüsse aus der Umgebung 120
Vorsicht vor geraden Wegen und Straßen, die auf das Haus zuführen 120
Dachfirste von Nachbarhäusern 120
Windtunneleffekt 120
Geheime Pfeile – An Jian 120
Astloser Baumstamm oder Pfahl vor der Eingangstür 121
Brunnen auf dem Grundstück 121
Feng-Shui-Maßnahmen bei ungünstigen Einflüssen aus der Umgebung des Hauses 122

Weitere Hinweise zur Gartengestaltung 122
Beleuchtung 122
Zäune 122
Wege zum Haus 122
Terrasse 123
Pergola 123
Plattenwege 123
Statuen 123
Günstige und ungünstige Lage von Grundstück und Haus 124

KAPITEL 8
Pflanzen-Tabellen 125

So werten Sie die Tabellen optimal aus 127
Gehölze 127
Stauden 129
Zimmerpflanzen 129
Pflanzenwahl mit Tensor oder Pendel 129

Gehölze (Bäume und Sträucher sowie Bambus) 130
Tabelle der Gehölze (Bäume und Sträucher sowie Bambus) 130
Liste der botanischen Gattungsnamen der Gehölze (Bäume und Sträucher sowie Bambus) . 228

Stauden, Gräser und Farne 232
Tabelle der Stauden, Gräser und Farne 232
Liste der botanischen Gattungsnamen der Stauden, Gräser und Farne 304

Zimmerpflanzen 308
Tabelle der Zimmerpflanzen 308

Anhang 317

ANHANG 1
Die Arbeit mit Tensor, Pendel und L-Rute 318

Die Arbeit mit Tensor und Pendel 318
Bauanleitung für ein Pendel 318
Das Pendel und seine Reaktionsmöglichkeiten 319

Der Tensor und seine Reaktionsmöglichkeiten 319
Testen Sie Ihren Tensor oder Ihr Pendel:
Wasser oder Apfelsaft? 320

Die Arbeit mit der L-Rute 321
Bauanleitung für eine L-Rute 321
Die L-Rute und ihre Reaktionsmöglichkeiten 322

Praktische Tests: Die feinstoffliche Struktur im Türrahmen 323
Die Suche mit der L-Rute 323
Die Suche mit dem Tensor 324
Die Suche mit dem Pendel 324
Die Suche ohne Hilfsmittel – nur mit der Hand 325

Welche Methode ist für Sie die beste? 325

Suchen Sie die feinstoffliche Grundstücksmauer 326

ANHANG 2

Die unsichtbare Welt des Feng Shui 327
Die 7 Dimensionen des Feng Shui 327
Die 3. Dimension 327
Die höheren Dimensionen 327
Die niedrigeren Dimensionen 328
Feng-Shui-Maßnahmen und höhere Dimensionen 328
Was mit „feinstofflich" gemeint ist 328

ANHANG 3

Die Feng Shui Power Disc 99 329
Die feinstoffliche Ergänzung von Haus und Grundstück zur Kreisform 329
Die Wirkung auf die Tiere von Grundstück und Haus 329
Probleme in den Bagua-Sektoren 329
Das Vier-Tiere-Bagua 330
Teich und Swimmingpool 330
Einflüsse aus der Umgebung 330
Wirkungen von Gehölzen nah am Haus 330
Vitalisierung und Entstörung im Haus 331
Formschulprobleme im Haus 331

ANHANG 4

Kopiervorlage für die Bagua-Sektoren 332
Glossar 333
Rat und Hilfe durch die Autoren 338
Über die Autoren 339

Vorwort

Das vorliegende Buch ist das dritte einer mehrteiligen Reihe zum Thema Feng Shui. Sie ist so konzipiert, dass einzelne Gebiete des Feng Shui ausführlich behandelt werden. Dabei soll jedes einzelne Buch auch für sich den Zugang zu dem jeweiligen speziellen Thema ermöglichen.

Das große Feng Shui Garten- und Pflanzenbuch widmet sich bevorzugt der Gestaltung von Grundstück und Garten nach den Kriterien des Feng Shui. Dabei gehen wir detailliert auf die Wirkungen der einzelnen Pflanzenarten ein. Die Anwendung des Drei-Türen-Baguas auf Grundstück und Garten wird ausführlich erläutert. Eine Beschreibung der Verwendung von Tensor (auch Einhandrute genannt), L-Rute und Pendel finden Sie im Anhang.

Im ersten Buch unserer Feng-Shui-Reihe, dem „Großen Feng-Shui-Gesundheitsbuch" liegt der Schwerpunkt der Betrachtung auf den unsichtbaren Energien, die sich auf unsere Gesundheit auswirken. Im Zweiten, dem „Großen Feng-Shui-Haus-und-Wohnungsbuch", erörtern wir die verschiedenen Feng-Shui-Situationen in Haus und Wohnung. In Beiden gehen wir ausführlich auf die Verwendung von Tensor, L-Rute oder Pendel im Rahmen des Feng Shui ein.

Einführung in Feng Shui

Feng Shui kommt aus dem Chinesischen und heißt übersetzt „Wind und Wasser". Feng Shui ist die Kunst, in Harmonie mit unserer sichtbaren und unsichtbaren Umgebung zu leben. Leben in Harmonie bedeutet Gesundheit, Wohlbefinden, beruflichen Erfolg, persönliches Glück und spirituelles Wachstum.

Um dieses Ziel zu erreichen, ist es notwendig, die für uns positiven Kräfte zu stärken und die negativen Kräfte zu meiden. In den alten Hochkulturen, also auch im alten China, waren die Menschen bemüht, Harmonie zwischen sich und ihrer Umgebung herzustellen. Dafür studierten sie die Gesetzmäßigkeiten der sichtbaren und unsichtbaren Welt und wendeten sie zum Wohle des Menschen an. Heute können wir noch genauso durch gezieltes Anwenden der Regeln des Feng Shui unter anderem die für uns geeignete Umgebung finden und – wenn notwendig – gezielt verändern.

Die Kunst des Feng Shui wird in China seit mehr als 3000 Jahren praktiziert und hat sich dabei immer wieder den wechselnden Lebens- und Wohnbedingungen angepasst. Für die unterschiedlichen Aufgaben in den verschiedenen Landschaften Chinas entwickelten sich verschiedene Feng-Shui-Schulen, die zwar nach unterschiedlichen Prinzipien arbeiten, sich jedoch zu einem ganzheitlichen Feng-Shui-System ergänzen.

Die Formschule

In den bergigen Regionen Südchinas entwickelte sich die Formschule des Feng Shui. Über die Beobachtung der vielfältigen Landschafts- und Flussformen kamen die alten Feng-Shui-Meister zu einer sehr differenzierten Bewertung der einzelnen Formen hinsichtlich ihrer positiven und negativen Wirkung auf den Menschen. Das Zusammenwirken von Bergformen und Flussläufen bestimmte den besten Ort für eine menschliche Siedlung. Dieser günstige Ort wurde auch Xue genannt. Die Grundprinzipien der Formschule sind auch die Basis für die Betrachtungen im Garten-Feng-Shui.

Wasserformen (alte chinesische Zeichnung).

Die Kompass-Schule

In den Ebenen Nordchinas entstand die Kompass-Schule des Feng Shui mit einer differenzierten Betrachtung von Richtungs- und zeitlichen Einflüssen. Bereits vor 1000 Jahren wurde die Anwendung des magnetischen Kompasses für das System des Feng Shui beschrieben.

Die Bewertung der Energien am Ort erfolgte mithilfe des Kompasses (Luopan), der speziell zu diesem Zweck entwickelt wurde. Erst nach der Verwendung für Feng-Shui-Bewertungen wurde der Kompass von den Chinesen auch für die Seefahrt eingesetzt. Das weiter unten beschriebene Drei-Türen-Bagua ist aus der Kompass-Schule des Feng Shui hervorgegangen.

Die Analytische Schule

Die Analytische Schule des Feng Shui basiert auf einer direkten Wahrnehmung oder Bestimmung von Energien, Strukturen oder sonstigen Einflüssen. Die Erfahrungen und Wahrnehmungen werden analysiert und in einem theoretischen Gesamtkonzept zusammengeführt.

Für die direkte Bestimmung von Energien, Strukturen und anderen Einflüssen haben sich heute insbesondere Tensor, L-Rute und Pendel bewährt, deren Verwendung wir ausführlich im Anhang erläutern. Ihre Verwendung ist auch im Garten-Feng-Shui von Bedeutung. Immer wenn die Regeln des Feng Shui auf eine konkrete Situation oder für eine bestimmte Person angewandt werden sollen, bietet die Analytische Schule des Feng Shui die Grundlage.

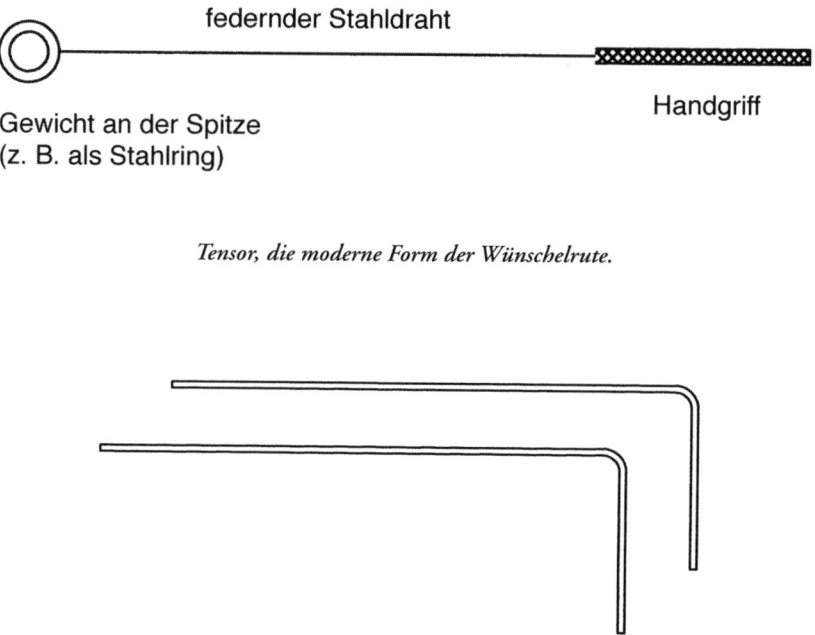

Tensor, die moderne Form der Wünschelrute.

Ein Paar L-förmige Ruten.

Feng Shui heute

Heute wird Feng Shui in Hongkong, Taiwan, Singapur, Malaysia und vielen weiteren Ländern alltäglich angewandt. So ziehen Architekten zum Beispiel in Hongkong und Singapur meistens einen Feng-Shui-Experten zu Rate, bevor ein Neubau begonnen wird. In China selbst hat sich die Feng-Shui-Tradition trotz Verfolgung zumindest in ländlichen Gegenden bis heute erhalten. In Japan wird Feng Shui (japanisch Fusui) unterteilt in Chiso (Landschafts-Feng-Shui) und Kaso (Häuser-Feng-Shui) und weiterhin praktiziert. Die heutigen Feng-Shui-Experten bedienen sich wie ihre Vorgänger im klassischen China aller drei Schulen, oft ergänzt durch eigene Intuition und Erfahrung. Wie eh und je behalten die meisten Feng-Shui-Berater im Fernen Osten genauere Angaben über ihre Vorgehensweise lieber für sich. Es ist deshalb für westliche Betrachter oft schwer, hinter den blumigen Umschreibungen die Gesetzmäßigkeiten des Feng-Shui-Systems zu erkennen.

Was ist Garten-Feng-Shui?

Die chinesische Gartengestaltung fordert die Harmonie der sieben Dinge: Erde, Himmel, Steine, Wasser, Gebäude, Wege und Pflanzen. Die Wegeführung der alten chinesischen Gärten ist nur in Ausnahmefällen gerade, häufig finden sich zickzackförmige Brücken ohne Geländer. Dadurch regen sie zum bewussten langsamen Gehen an und zwingen zur Betrachtung des Gartens aus unterschiedlichen Perspektiven. In den chinesischen Gärten haben Blütenpflanzen eine untergeordnete Bedeutung, sie leben vielmehr von der Komposition unterschiedlicher Blattstrukturen und Wuchsformen der Pflanzen.

Ein wesentlicher Bestandteil des klassischen japanischen Gartens sind Steinsetzungen. Ab 250 n. Chr. setzte sich der chinesische Gartengedanke in Japan durch. Seit dem 12. Jahrhundert wandelte sich das japanische Gartenbild erneut durch den Einfluss des Zen-Buddhismus. Es entstanden Trockengärten, deren Gestaltung auf ein Minimum reduziert wurde.

In Europa wurde die Entstehung des Englischen Landschaftsgartens durch den chinesischen Garten stark beeinflusst. Von den japanischen Gärten gab es dagegen weniger Impulse für die Gartenentwicklung in Europa.

Mit dem Begriff Garten-Feng-Shui verbinden viele Menschen im Westen den klassischen chinesischen oder japanischen Garten. Wenn Sie sich zu Hause einen Feng-Shui-Garten gestalten wollen, ist es nicht erforderlich, einen klassischen chinesischen oder japanischen Garten zu kopieren oder unbedingt ostasiatische Pflanzen zu verwenden. Sie können jeden Garten zu einem Feng-Shui-Garten machen. Das Ziel einer Feng-Shui-Gartengestaltung ist es, den Menschen mit seiner Umgebung in

Harmonie zu bringen. Für den Menschen bedeutet dies geistiges und körperliches Wohlbefinden, größere Harmonie im Zusammenleben, äußeren Erfolg und Unterstützung von spirituellem Wachstum. Für die Gestaltung des Gartens gibt Feng Shui entsprechende Regeln an die Hand. Dabei spielt selbstverständlich auch die Intuition eine große Rolle. Viele haben sich, ohne detaillierte Feng-Shui-Regeln zu kennen, bereits einen Garten geschaffen, der sie in Harmonie mit ihrer Umgebung bringt.

Zum Aufbau dieses Buches

In dem vorliegenden Buch haben wir positive und negative Einflüsse auf ein Grundstück und in einem Garten beschrieben. Für die verschiedenen negativen Aspekte oder Einflüsse haben wir geeignete Feng-Shui-Maßnahmen angeführt. Häufig gibt es mehrere Möglichkeiten, zum gewünschten Ziel zu kommen. Die angegebenen Lösungsmöglichkeiten für die einzelnen Feng-Shui-Probleme unterscheiden sich teilweise ganz erheblich. Dies ist dadurch zu erklären, dass die Lösung eines Problems über verschiedene höhere Dimensionen erfolgen kann. Einige Anmerkungen zu den höheren Dimensionen finden Sie im Anhang (s. S. 327). Es gibt abstraktere Lösungen, die über höhere Dimensionen erfolgen, und konkretere Lösungen, die über niedrigere Dimensionen erfolgen. Eine Lösungsmöglichkeit für die Verbesserung einer großen Zahl von Feng-Shui-Problemen auf dem Grundstück und im Haus ist die Verwendung der Feng Shui Power Disc 99. Sie wirkt über eine höhere Dimension unter anderem auf die Haus- und Grundstücksaura und bewirkt so eine grundlegende Verbesserung. Weitere Details zur Feng Shui Power Disc 99 finden Sie im Anhang (s. S. 329).

Für die einzelnen Feng-Shui-Probleme haben wir darüber hinaus Maßnahmen beschrieben, die die Gestaltung auf dem Grundstück beziehungsweise im Garten betreffen. Dabei haben wir häufig mehr als einen praktikablen Lösungsansatz erläutert. Wo dies möglich und sinnvoll erschien, haben wir sowohl eine abstraktere als auch eine konkretere Lösung beschrieben. Die Letztere scheint dabei möglicherweise eher nachvollziehbar, ist allerdings häufig auch aufwändiger in der Ausführung als die abstraktere Lösung.

Kapitel 1
Grundstück und Haus

Das Grundstück

Stellen Sie sich vor, ein Ehepaar möchte sich ein Haus bauen. Dafür sucht es ein geeignetes Grundstück. Ein Makler bietet dem Paar eins zu einem besonders niedrigen Preis an. Die beiden vereinbaren einen Besichtigungstermin. Als sie am Grundstück aus dem Auto aussteigen, sehen sie, dass es an sich recht schön liegt. Es ist ruhig. In der Nähe ist ein kleines Wäldchen. Der Makler zeigt Ihnen die Grundstücksgrenze zur Straße. Es sind genau 30 m Straßenfront. Der Makler erläutert weiter: „Dort hinten, wo die Tanne ist, ist das Grundstück zu Ende." Darauf entgegnet der Mann: „Wenn das Grundstück 600 m² (Quadratmeter) groß sein soll, dürfte die Tanne ja nur 20 m entfernt sein. Sie scheint aber weiter weg zu sein." Der Makler erwidert: „Das Grundstück ist dreieckig und läuft spitz nach hinten zu. Die Tanne steht gerade noch darauf."

Das Ehepaar überlegt, wie es am besten sein Haus auf dieses Grundstück stellen könnte. Dabei fällt der Frau ein: „Meine Freundin hat ein dreieckiges Grundstück. Lass uns einmal vorbeifahren und schauen, wie das Haus dort auf dem Grundstück steht." Die beiden fahren noch am gleichen Tag zu der Freundin und schauen sich Haus und Grundstück genau an. Irgendwie gefällt ihnen die Form des Grundstücks nicht. Die Ecken sind nicht gut genutzt, die Flächen hinter und neben dem Haus dreieckig oder schräg. Die Freundin der Frau gibt auf Befragen an: „Wir wohnen jetzt drei Jahre hier und fühlen uns irgendwie nicht recht wohl." Das Ehepaar beschließt, das dreieckige Grundstück trotz des niedrigen Preises nicht zu nehmen und weiter nach einem geeigneten Grundstück zu suchen.

Die Entscheidung des Ehepaares, das Grundstück trotz des niedrigen Preises nicht zu kaufen, war sicher richtig. In diesem Kapitel befassen wir uns vor allem mit den Vor- und Nachteilen der verschiedenen Grundstücksformen. Es gibt im Feng Shui eine Reihe klarer Regeln, welche Formen zu bevorzugen und welche besser zu meiden sind. Günstige Grundstücksformen fördern Glück und Wohlbefinden der Bewohner auf dem Grundstück. Dabei spielt auch die Lage des Hauses auf dem Grundstück eine große Rolle. Deshalb werden wir in diesem Zusammenhang auch auf die Platzierung des Hauses auf dem Grundstück eingehen.

Grundstücksformen

Das ideale Grundstück im Feng Shui ist der Kreis. Allerdings sind exakt kreisförmige Grundstücke selten anzutreffen. Wir finden sie praktisch nur als Verkehrsinseln, meist ohne optimale Umgebung. Sehr günstig ist ein quadratisches Grundstück. Ebenfalls günstig sind rechteckige Grundstücke, sofern sie nicht zu sehr gestreckt sind. Probleme verursachen Grundstücke mit Aussparungen wie beispielsweise L-förmige oder U-förmige. Trapezförmige Grundstücke und andere Formen mit Winkeln, die nicht rechtwinklig sind, sind in der Regel ungünstig. Sehr ungünstig sind dreieckige Grundstücke. Im Folgenden gehen wir die einzelnen Grundstücksformen durch und beschreiben geeignete Feng-Shui-Maßnahmen für die einzelnen Formen.

Im Feng Shui gibt es Mittel und Wege, jedes Grundstück über eine höhere Dimension zum Kreis zu ergänzen. Eine Möglichkeit ist die Verwendung der Feng Shui Power Disc 99 oder die Arbeit mit einem Steinrondell, weitere bestehen darin, eine Ergänzung zum Rechteck beziehungsweise zum Quadrat vorzunehmen. In der Regel ist eine Ergänzung zur Kreisform der zum Rechteck beziehungsweise zum Quadrat überlegen. Deshalb haben wir in diesem Buch nur die höherwertige Ergänzung beschrieben.

Das quadratische Grundstück

Günstig aus der Sicht des Feng Shui ist ein exakt quadratisches Grundstück. Mit „exakt quadratisch" meinen wir ein Grundstück, dessen Seitenlängen nicht mehr als 1 : 1,1 voneinander abweichen. Die maximale Winkelabweichung übersteigt nicht 2 ° (zwei Grad) pro Winkel (am besten auf dem Lageplan zu bestimmen).

Ein quadratisches Grundstück ist eine günstige Grundstücksform.

Die feinstoffliche Ergänzung zur Kreisform

Obwohl ein quadratisches Grundstück als günstig gilt, ist es dennoch sinnvoll, eine feinstoffliche Ergänzung zur Kreisform vorzunehmen.

Die Feng Shui Power Disc 99

Eine einfache Möglichkeit ist die Verwendung der Feng Shui Power Disc 99 (s. S. 329). Diese Möglichkeit favorisieren wir, da sie wenig aufwändig ist und darüber hinaus noch eine Reihe weiterer Vorteile bietet.

Das Steinrondell „Quadrat"

Eine weitere ist die Ergänzung mithilfe des Steinrondells Typ „Quadrat". Den Mittelpunkt bildet hierbei ein Kreis mit 30 cm Durchmesser aus hellem Kies, der weiß, aber auch grau oder beige sein kann. Wichtig ist jedoch, dass helle Kieselsteine verwendet werden.

Um diesen Kreis herum wird dann ein 20 cm breiter Ring aus blauen flachen Bruchsteinen etwa gleicher Größe gelegt. Die flachen Einzelsteine sind so angeordnet, dass sie dachziegelartig überlappend um den Kreis mit den hellen Kieselsteinen herumlaufen. Obwohl die Gesamtfüllung des Rings eine Fläche bildet, steht der einzelne Stein wegen der Dachziegelanordnung etwas schräg. Der nach schräg oben gerichtete Teil der flachen Einzelsteine gibt dabei eine Richtung im Uhrzeigersinn an.

Um diesen blauen Ring herum wird dann ein ebenfalls 20 cm breiter weiterer Ring gelegt, der diesmal jedoch aus roten, flachen Bruchsteinen etwa gleicher Größe besteht. Die flachen roten Einzelsteine sind dachziegelartig überlappend so angeordnet, dass sie in Richtung gegen den Uhrzeigersinn zeigen.

Der Gesamtdurchmesser der Anordnung beträgt 1,10 m, die beliebig auf dem Grundstück platziert werden kann, wobei vor dem Haus die günstigste Stelle ist. Dabei sollte ein Mindestabstand von 40 cm zur Grundstücksgrenze und von 30 cm zum Haus eingehalten werden.

Geeignet sind z. B. bläuliche Basaltlava und rötlicher Porphyr, zu beziehen über Baustoffhandlungen oder Garten- und Landschaftsbaubetriebe.

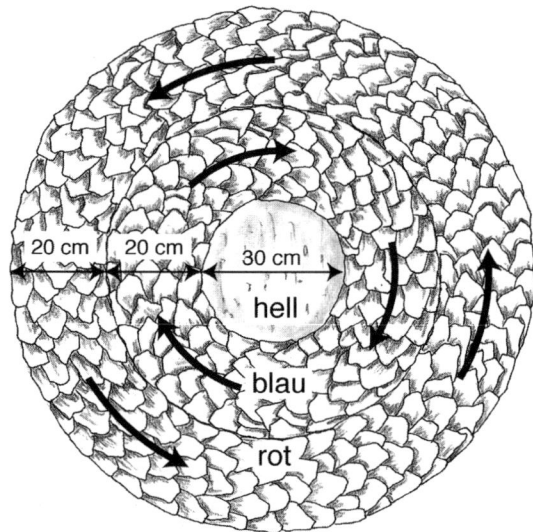

Das Steinrondell „Quadrat" ergänzt ein quadratisches Grundstück feinstofflich zum Kreis.

Das rechteckige Grundstück

Günstig und in der Regel unproblematisch aus der Sicht des Feng Shui ist ein rechteckiges Grundstück. Bei rechteckigen Grundstücken sollte das Grundstück nach Möglichkeit nicht zu sehr in die Länge oder Breite gezogen sein. Es ist vorteilhaft, wenn das Verhältnis der Seitenlängen zueinander nicht mehr als 1 : 2,5 beträgt. Wird dieses Verhältnis überschritten, kommt es in einer höheren Dimension zu einer Trennung des Grundstücks in zwei Teile oder gar einer größeren Aufsplitterung. Dies kann sich unter Umständen dahingehend ungünstig auswirken, dass Aktivitäten in den verschiedenen Teilen des Grundstücks nicht zu einer Einheit zusammengeführt werden können (geschäftlich und auch privat).

Damit ein „rechteckiges" Grundstück in dem hier beschriebenen Sinne als Rechteck zählt, sollten die einzelnen Winkel nicht mehr als +/- 2 ° pro Winkel vom 90-°-Winkel abweichen. Bestimmte günstige Eigenschaften eines rechteckigen Grundstücks gehen sonst verloren.

Auch ein rechteckiges Grundstück ist eine günstige Grundstücksform.

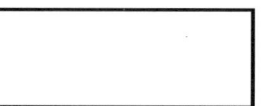

Ein rechteckiges Grundstück, bei dem das Verhältnis der Seitenlängen zueinander mehr als 1 : 2,5 beträgt, ist zu sehr gestreckt und damit als Grundstücksform weniger günstig.

Die feinstoffliche Ergänzung zur Kreisform

Ein rechteckiges Grundstück lässt sich mithilfe der *Feng Shui Power Disc 99* (s. S. 329) auf einfache Weise feinstofflich zum Kreis ergänzen.

Die zweite Möglichkeit der Ergänzung zum Kreis ist das *Steinrondell Typ „Rechter Winkel"* (s. S. 23), das für alle Grundstücksformen, die mindestens einen rechten Winkel haben, verwendet werden kann.

L-förmige Grundstücke

Sie sind aus der Sicht des Feng Shui weniger gut als rechteckige Grundstücke. Wenn ein L-förmiges Grundstück aus zwei exakt rechteckigen Teilen besteht, wird es jedoch in der Regel als günstiger angesehen als ein Grundstück mit angeschrägten Grundstücksteilen.

Ein solches L-förmiges Grundstück besteht aus einem rechteckigen Hauptteil und einem rechteckigen Nebenteil. Als Hauptteil bezeichnen wir die größte rechteckige Fläche innerhalb des Grundstücks. Es ist vorteilhaft, wenn die Fläche des Nebenteils nicht mehr als 10 bis 20 % der des Hauptteils beträgt. Bei einem L-förmigen Grundstück fehlt eine Fläche, um das Grundstück zu einem einzigen Rechteck zu ergänzen. Es ist günstiger, wenn die fehlende Fläche nicht größer als etwa 10 bis 12 % der Fläche des Hauptteils ist.

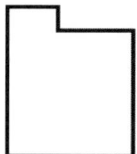

Ein L-förmiges Grundstück.

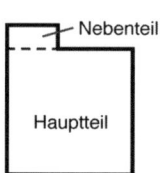

Dieses L-förmige Grundstück besteht aus einem quadratischen Hauptteil und einem relativ kleinen rechteckigen Nebenteil. Der quadratische Hauptteil ist dabei die größte rechteckige Fläche innerhalb des Grundstücks.

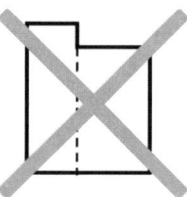

Eine Teilung des L-förmigen Grundstücks in dieser Form ist zur Analyse nicht sinnvoll. Es wird dabei nicht die größtmögliche rechteckige Fläche innerhalb des Grundstücks abgeteilt.

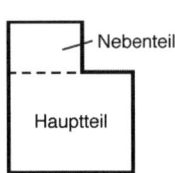
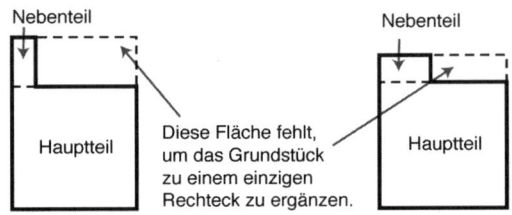

Dieses L-förmige Grundstück besteht aus einem quadratischen Hauptteil und einem relativ großen rechteckigen Nebenteil. Wenn die Fläche des Nebenteils mehr als 10 bis 20 % der Fläche des Hauptteils beträgt, ist dies weniger günstig.

Diese beiden L-förmigen Grundstücke bestehen aus einem quadratischen Hauptteil und einem jeweils gleich großen rechteckigen Nebenteil. Allerdings ist die Fläche, die fehlt, um das Grundstück zu einem einzigen Rechteck zu ergänzen, rechts größer als links. Damit ist die rechte Grundstücksform ungünstiger als die linke.

Feng-Shui-Maßnahmen bei L-förmigen Grundstücken

Die beste Möglichkeit, die ungünstigen Wirkungen eines L-förmigen Grundstücks auszugleichen, ist die feinstoffliche Ergänzung zur Kreisform. Die Aufteilung eines L-förmigen Grundstücks in zwei rechteckige Teile ist weniger zu empfehlen, allerdings durchaus gebräuchlich. Wir werden deshalb auch kurz auf diese Möglichkeit eingehen.

Feinstoffliche Ergänzungsmöglichkeiten

Die *Feng Shui Power Disc 99* (s. S.329) ist eine einfache Möglichkeit, das L-förmige Grundstück feinstofflich zum Kreis zu ergänzen.

Sie können es auch mit dem *Steinrondell „Rechter Winkel"* zum Kreis ergänzen (s. nächste Seite).

Aufteilung eines L-förmigen Grundstücks in zwei Rechtecke

Ein L-förmiges Grundstück kann auch in einen rechteckigen Hauptteil und einen rechteckigen Nebenteil aufgeteilt werden, was allerdings nicht so günstig ist wie die feinstoffliche Ergänzung zum Kreis. Geeignet hierfür ist beispielsweise eine Hecke, ein Zaun oder eine Mauer. Bauen Sie eine Art Tür oder Tor in die Abtrennung zwischen den beiden Grundstücksteilen. Die Breite des Durchgangs sollte mindestens 1,20 m betragen. Es ist günstig, den Durchgang auch am Boden als Weg zu markieren.

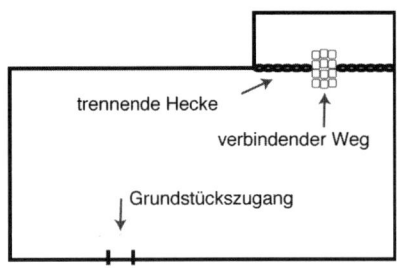

Aufteilung eines L-förmigen Grundstücks in zwei Teile durch Abtrennung mittels einer Hecke mit Durchgang.

U-förmige Grundstücke

U-förmige Grundstücke bestehen aus einem rechteckigen Hauptteil und zwei rechteckigen Nebenteilen. Die Summe der Fläche der beiden rechteckigen Nebenteile sollten möglichst nicht mehr als etwa 15 % der Fläche des rechteckigen Hauptteils betragen.

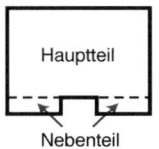

Dieses U-förmige Grundstück lässt sich in einen rechteckigen Hauptteil und zwei rechteckige Nebenteile aufteilen. Die Summe der Fläche der beiden rechteckigen Nebenteile beträgt in diesem Beispiel etwa 15 % der Fläche des rechteckigen Hauptteils. Eine solche Größenrelation sollte nicht wesentlich überschritten werden.

Feinstoffliche Ergänzung zur Kreisform

Die feinstoffliche Ergänzung eines U-förmigen Grundstücks zum Kreis erfolgt mithilfe der *Feng Shui Power Disc 99* (s. S. 329) oder des weiter unten beschriebenen *Steinrondells „Rechter Winkel"* (s. nächster Abschnitt).

Andere Grundstücksformen mit mindestens einem rechten Winkel

Eine ganze Reihe verschiedener Grundstücksformen, die unregelmäßig aussehen, haben zumindest einen rechten Winkel. Dazu gehören auch dreieckige Grundstücke mit einem rechten Winkel. Als rechter Winkel zählen hier Winkel von 90 ° +/- 2 °.

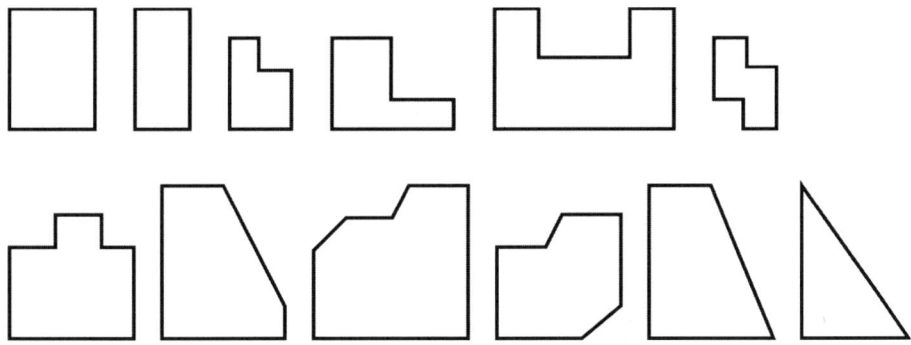

Grundstücke mit einem oder mehreren rechten Winkeln.

Das Steinrondell Typ „Rechter Winkel"

Das Steinrondell „Rechter Winkel" ist anzuwenden auf alle rechteckigen und alle unregelmäßigen Grundstücke, die mindestens einen rechten Winkel haben. Als rechter Winkel zählen hier Winkel von 90 ° +/- 2 °. Für exakt quadratische Grundstücke haben wir bereits ein noch einfacher aufgebautes Steinrondell beschrieben (s. S. 19).

23

Grundstück und Haus

In der Mitte des Steinrondells befindet sich ein grauer rundlicher Stein mit 20 cm Durchmesser, der ca. 20 cm aus dem Boden ragt. Darum herum befindet sich ein ringförmiger Stein aus Sandstein, der in drei gleiche Teile geteilt ist. Der Sandsteinring ist 20 cm breit und normalerweise 20 cm hoch. Geeignet als Farbe ist brauner Sandstein. Steht das Haus jedoch schräg auf dem Grundstück, sodass keine Hauswand parallel zu wenigstens einer Grundstücksgrenze liegt (parallel schließt in diesem Fall eine Abweichung bis zu 6 ° mit ein), sollte der Sandstein hell sein. Die Höhe des Sandsteinrings beträgt in diesem Fall 25 cm über dem Erdboden. Die Oberfläche des Sandsteins sollte regelmäßig gepflegt werden, damit die bräunliche beziehungsweise die helle Färbung erhalten bleibt.

Ein 20 cm breiter Ring aus weißen Bruchsteinen umschließt diesen Sandsteinring. Die Bruchsteine bestehen aus flachen weißen Einzelsteinen etwa gleicher Größe. Die flachen Einzelsteine sind so angeordnet, dass sie dachziegelartig überlappend um den Sandsteinring herumlaufen. Obwohl die Gesamtfüllung des Rings eine Fläche bildet, steht der einzelne Stein wegen der Dachziegelanordnung etwas schräg, und zwar in diesem Ring im Uhrzeigersinn.

Es folgt ein weiterer Ring aus roten Bruchsteinen, jedoch in Richtung gegen den Uhrzeigersinn. Er hat ebenfalls eine Breite von 20 cm.

Den Abschluss bilden drei eher rundliche graue Steine mit einem Durchmesser von 20 cm, die ca. 20 cm aus dem Boden ragen. Sie liegen im Anschluss an den dritten Ring in einem gleichseitigen Dreieck.

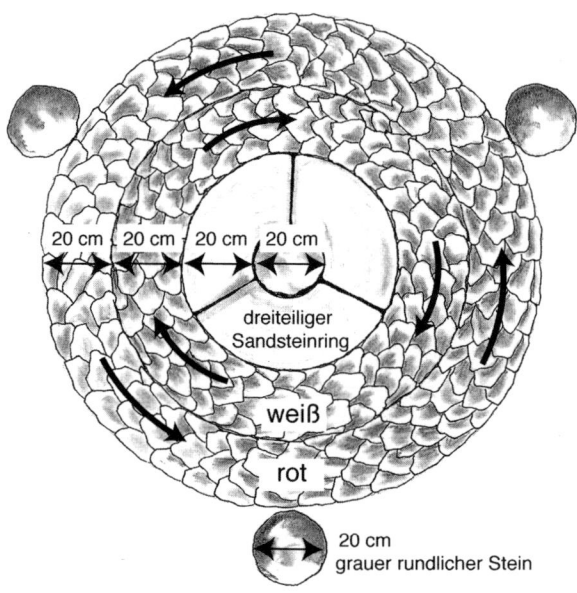

Das Steinrondell Typ „Rechter Winkel" ergänzt ein Grundstück, das mindestens einen rechten Winkel hat, feinstofflich zum Kreis.

Andere Grundstücksformen

Wenn die Seiten eines Grundstücks nicht parallel zueinander sind oder nicht im rechten Winkel zueinander stehen, ist dies in der Regel ungünstig. Hierzu gehören auch Grundstücksformen, die auf den ersten Blick rechteckig erscheinen, aber bei näherer Betrachtung nicht exakt rechteckig sind. So sind viereckige Grundstücke, deren Winkel um mehr als 2 °, insbesondere jedoch um mehr als 6 ° vom rechten Winkel abweichen, ungünstig. Je zerrissener eine Grundstücksform wirkt und je spitzer die Winkel eines Grundstücks sind, desto ungünstiger ist diese Grundstücksform aus Feng-Shui-Sicht. So sind beispielsweise trapezförmige Grundstücke ungünstig. Sehr ungünstig sind dreieckige Grundstücke, insbesondere wenn sie keinen rechten Winkel haben.

Grundstücke ohne einen rechten Winkel.

Ein (rechteckiges) Haus auf einem dreieckigen Grundstück.

Feinstoffliche Ergänzung zum Kreis

Auch solche Grundstücke lassen sich mithilfe der *Feng Shui Power Disc 99* (s. S. 329) auf einfache Weise feinstofflich zum Kreis ergänzen.

Sie können ein solches Grundstück mithilfe eines Steinrondells zum Kreis ergänzen. Sie verwenden das im Anschluss beschriebene *Steinrondell Typ „Andere Winkel"* für alle Grundstücke, die keinen einzigen rechten Winkel haben.

Das Steinrondell Typ „Andere Winkel"

Das hier beschriebene Steinrondell ist eine Ausgleichsmaßnahme für alle Grundstücke, die keinen einzigen rechten Winkel haben. Als rechter Winkel zählen hier Winkel von 90 ° +/- 2 °.

Normalerweise wird zumindest eine Hauswand parallel zu wenigstens einer Grundstücksgrenze liegen (parallel schließt in diesem Fall eine Abweichung bis zu 6 ° mit ein). In diesem Fall sollte die Höhe des Sandsteinrings 25 cm über dem Erdboden betragen. Geeignet als Farbe ist heller Sandstein. Steht das Haus jedoch so schräg auf dem Grundstück, dass keine Hauswand parallel zu wenigstens einer Grundstücksgrenze ist, sollte der Ring aus hellem Sandstein 30 cm hoch sein. Die Oberfläche des Sandsteins sollte regelmäßig gepflegt werden, damit die helle Färbung erhalten bleibt.

Der Aufbau des Steinrondells „Andere Winkel" ist im Übrigen analog zum oben beschriebenen Steinrondell Typ „Rechter Winkel" mit dem Unterschied, dass der innere, 20 cm breite Ring aus dachziegelartig angeordneten, flachen, weißen Einzelsteinen in Richtung gegen den Uhrzeigersinn zeigt. Flache, rote Einzelsteinen bilden den äußeren, ebenfalls 20 cm breiten Ring im Uhrzeigersinn. Der Abschluss nach außen besteht aus drei eher rundlichen, grauen Steine mit einem Durchmesser von 20 cm, die ca. 20 cm aus dem Boden ragen. Sie liegen in einem gleichseitigen Dreieck.

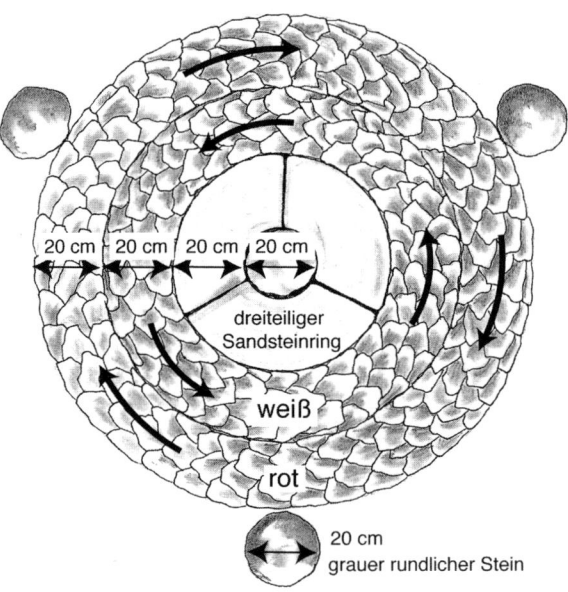

Das Steinrondell Typ „Andere Winkel" ergänzt ein Grundstück, das keinen rechten Winkel hat, feinstofflich zum Kreis.

Das Haus auf dem Grundstück

Die Platzierung des Hauses auf einem rechteckigen Grundstück

In der Regel ist es auch für Häuser empfehlenswert, die Hauswände parallel zueinander oder im rechten Winkel zueinander zu planen. Bei quadratischen oder rechteckigen Grundstücken ist es dann gut möglich, die Hauswände parallel zu den Grundstücksgrenzen auszurichten. Die Abweichung zwischen Hauswand und Grundstücksgrenze sollte maximal 6 ° betragen. Es ist ungünstig, wenn die Hauswände nicht parallel zu den Grundstücksgrenzen verlaufen, das heißt, mehr als 6 ° Abweichung haben. Es hat zusätzliche Vorteile, das Haus in der Mitte des Grundstücks zu platzieren.

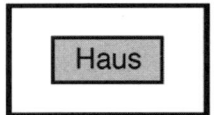

Bei quadratischen oder rechteckigen Grundstücken sollten die Hauswände parallel zu den Grundstücksgrenzen ausgerichtet sein. Es hat zusätzliche Vorteile, das Haus in der Mitte des Grundstücks zu platzieren.

Es ist ungünstig, wenn die Hauswände nicht parallel zu den Grundstücksgrenzen verlaufen.

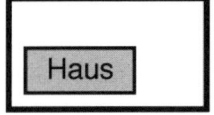

Wenn das Haus nicht in der Mitte des Grundstücks steht, ist dies kein prinzipielles Problem, wenn die Hauswände parallel zu den Grundstücksgrenzen ausgerichtet sind.

Die Platzierung des Hauses auf einem L-förmigen Grundstück

Das Haus auf einem L-förmigen Grundstück sollte im Hauptteil des Grundstücks platziert sein. Es ist ungünstig, wenn das Haus in den Nebenteil des Grundstücks hineinreicht oder ausschließlich im Nebenteil des Grundstücks steht (was aufgrund der Größenverhältnisse nur selten der Fall sein dürfte). Es ist wichtig, darauf zu achten, dass in diesem Fall die Hauswände parallel zu den Grundstücksgrenzen ausgerichtet sind.

Noch ungünstiger als im vorherigen Beispiel ist es, wenn das Haus schräg auf dem Grundstück platziert ist.

Grundstück und Haus

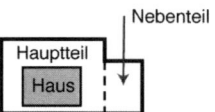

Dieses Haus steht im Hauptteil des L-förmigen Grundstücks. Es ist wichtig, darauf zu achten, dass die Hauswände parallel zu den Grundstücksgrenzen ausgerichtet sind.

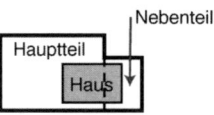

Es ist ungünstig, wenn das Haus wie in diesem Fall in den Nebenteil des L-förmigen Grundstücks hinein reicht.

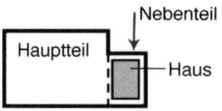

Es ist auch ungünstig, wenn das Haus ausschließlich im Nebenteil eines L-förmigen Grundstücks steht.

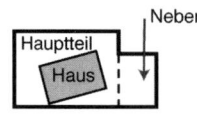

Dieses Haus steht zwar im Hauptteil des L-förmigen Grundstücks. Die Hauswände sind jedoch nicht parallel zu den Grundstücksgrenzen ausgerichtet. Eine solche Platzierung ist ungünstig.

Die Platzierung des Hauses auf einem Grundstück mit nicht parallelen Grundstücksgrenzen

Das Haus auf einem Grundstück mit nicht parallelen Grundstücksgrenzen sollte im Hauptteil des Grundstücks platziert sein und parallel zu den Seitenlinien des Hauptteils ausgerichtet sein. Bei Grundstücken, die aus mehr als einem rechteckigen Hauptteil und einem dreieckigen Nebenteil bestehen, kann es vorteilhaft sein, die Hauswand parallel zu der Grundstücksgrenze auszurichten, der sie am nächsten steht. Dies trifft insbesondere dann zu, wenn die betreffende Grundstücksgrenze verhältnismäßig lang ist und das Haus relativ nah an dieser Grundstücksgrenze steht.

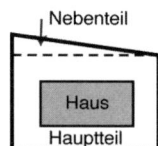 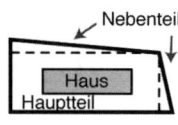

Das Haus auf einem Grundstück mit nicht parallelen Grundstücksgrenzen sollte im Hauptteil des Grundstücks platziert sein und parallel zu den Seitenlinien des Hauptteils ausgerichtet sein.

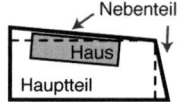

Bei Grundstücken, die aus mehr als einem rechteckigen Hauptteil und einem dreieckigen Nebenteil bestehen, kann es vorteilhaft sein, die Hauswand parallel zu der Grundstücksgrenze auszurichten, der sie am nächsten steht.

Feng-Shui-Maßnahmen, wenn das Haus schräg auf dem Grundstück steht

Mithilfe der *Feng Shui Power Disc 99* werden sowohl Grundstück als auch Haus feinstofflich zur Kreisform ergänzt. Wenn ein Haus schräg auf dem Grundstück steht, wird die Situation dadurch wesentlich verbessert. Wird das Grundstück mithilfe eines geeigneten *Steinrondells* feinstofflich zum Kreis ergänzt, reduziert dies zumindest die Probleme, die sich aus einer schrägen Stellung des Hauses auf dem Grundstück ergeben.

Die Lage des Zugangs zum Grundstück

Der hauptsächliche Zugang zum Grundstück sollte im rechteckigen Hauptteil des Grundstücks liegen. Das gilt sowohl für Grundstücke, die aus einem rechteckigen Hauptteil und einem oder mehreren rechteckigen Nebenteilen bestehen, als auch für Grundstücke, die ein oder mehrere dreieckige Nebenteile haben. Bei einem L-förmigen Grundstück ist allerdings die Seite des Hauptteils des Grundstücks weniger geeignet, an die ein relativ großer Nebenteil grenzt.

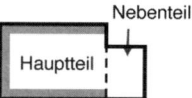
Bei einem L-förmigen Grundstück sollte der hauptsächliche Zugang im rechteckigen Hauptteil des Grundstücks liegen, allerdings nicht auf der Seite, an die der Nebenteil grenzt. Die Teile der Grundstücksgrenze, die für einen Zugang geeignet sind, sind grau gekennzeichnet.

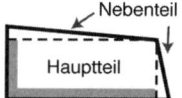
Bei einem Grundstück, das aus einem Hauptteil und einem oder mehreren dreieckigen Nebenteilen besteht, sollte der hauptsächliche Zugang im rechteckigen Hauptteil des Grundstücks liegen. Die Teile der Grundstücksgrenze, die für einen Zugang geeignet sind, sind grau gekennzeichnet.

Feng-Shui-Maßnahmen, wenn der Zugang zum Grundstück ungünstig liegt

In den meisten Fällen lässt sich der Zugang zum Grundstück nicht in eine günstigere Position verlegen. Mithilfe der *Feng Shui Power Disc 99* werden sowohl Grundstück als auch Haus feinstofflich zur Kreisform ergänzt. Wenn der Zugang zum Grundstück ungünstig liegt, wird die Situation dadurch wesentlich verbessert. Wird das Grundstück mithilfe eines geeigneten *Steinrondells* feinstofflich zum Kreis ergänzt wird, reduziert dies zumindest die Probleme, die sich aus einem ungünstigen Zugang zum Grundstück ergeben.

Grundstücke, deren Grenzen durch Landschaftsformen bestimmt werden

Wenn ein Grundstück auf einer oder mehreren Seiten durch eine Landschaftsform bestimmt wird, können auch Grundstücksformen mit unregelmäßigen Grenzen günstig sein. Die Gesamtform sollte allerdings insgesamt harmonisch und keinesfalls bizarr wirken. Zu dieser Kategorie von Grundstücken gehören Inselgrundstücke, aber auch Grundstücke auf einer Halbinsel oder Grundstücke, die auf einer oder mehreren Seiten durch Fluss- oder Bachläufe oder Berg- oder Hügelhänge begrenzt werden. Bei Grundstücken, die nicht rundherum durch Landschaftsformen bestimmt werden, sollten die vom Menschen gezogenen Grenzen entweder gerade sein oder aber aus dem Grundstück eine harmonische Gesamtform machen.

Die Aura von Haus und Grundstück

Nicht nur Menschen, Tiere und Pflanzen besitzen eine Aura, sondern auch Häuser und Grundstücke. Die Aura von Haus und Grundstück hat eine Schutzfunktion für die Bewohner. Die Haus- und Grundstücksaura bilden im Prinzip ein zusammenhängendes System, zu dem noch der so genannte Ming Tang gehört.

Eine gut funktionierende Haus- und Grundstücksaura ist unter anderem die Basis für das Wohlbefinden und Wohlergehen der dort lebenden und/oder arbeitenden Menschen. Dies ist vergleichbar mit einem guten Funktionieren der menschlichen Aura, das die Basis für unsere Gesundheit und unser Wohlbefinden ist.

Die Chinesen und Japaner haben sich bereits seit über 1000 Jahren damit befasst, wie die Funktionsweise der Aura des Hauses und des Grundstücks durch geeignete Feng-Shui-Maßnahmen auf dem Grundstück verbessert werden kann.

Die Aura des Grundstücks

Zunächst wollen wir uns etwas näher mit der Aura des Grundstücks befassen. In diesem Zusammenhang sollten wir unterscheiden zwischen einer feinstofflichen Grundstücksmauer und der eigentlichen Grundstücksaura. Die feinstoffliche Grundstücksmauer ist die Basis dafür, dass sich die eigentliche Grundstücksaura bilden kann.

Areale in der freien Natur

In Gebieten der Erde, in denen es noch keine oder keine exakt festgelegten Grundstücksgrenzen gibt, lassen sich auch heute noch gut die Grenzen zwischen Arealen finden. Diese Areale entstehen aufgrund von natürlichem unterschiedlichen Bewuchs oder Besonderheiten der Erdoberfläche wie Bachläufe und Höhenunterschiede. Solche Arealgrenzen finden wir beispielsweise sowohl in öffentlichen und privaten Forsten als auch in Naturparks.

Die feinstoffliche Grundstücksmauer bei unbebauten Grundstücken

Wenn ein Stück Land zu einem verbrieften Eigentum wird und ein Zugang zum Grundstück existiert, bildet sich an der Grundstücksgrenze auf dem Grundstück eine senkrechte feinstoffliche Grundstücksabgrenzung. Dies geschieht im Prinzip in dem Moment, in dem das Grundstück im Katasteramt beziehungsweise Grundbuchamt mit seinen Grenzen eingetragen wird. Wir wollen im folgenden Text für diese feinstoffliche Grundstücksabgrenzung den Begriff feinstoffliche Grundstücksmauer benutzen.

Bei unbebauten Grundstücken bildet sich die feinstoffliche Grundstücksmauer an der Grundstücksgrenze wie beschrieben auf dem Grundstück unabhängig von seiner Form. Das gilt sowohl für rechteckige Grundstücke als auch für L- und U-förmige, dreieckige, runde und andere gemischt geformte Grundstücke.

Die feinstoffliche Grundstücksmauer bei bebauten Grundstücken

Bei exakt rechteckigen Grundstücken finden Sie die feinstoffliche Grundstücksmauer ebenfalls an der Grundstücksgrenze auf dem Grundstück, auch wenn das Grundstück bebaut ist. Dies ist in diesem Fall sogar unabhängig von der Platzierung des Hauses auf dem Grundstück.

Wenn das Grundstück jedoch nicht exakt rechteckig ist, bildet sich die feinstoffliche Grundstücksmauer möglicherweise nur um Teile des Grundstücks. Der Verlauf der feinstofflichen Grundstücksmauer im Einzelnen ist abhängig von der Form des Grundstücks, von der Lage des Grundstückszugangs und von der Platzierung des Hauses auf dem Grundstück. Ein Haus in diesem Sinne muss eine komplett ausgebildete Hausaura haben (s. nächster Abschnitt). Dies setzt ein Mindestvolumen des Gebäudes von ca. 180 m^3 (Kubikmeter) voraus.

Die Aura des Hauses

Das Aura des Haus besteht aus zwei Hüllen, die innere erste und die äußere zweite Hülle. Deren Dicke und Abstand vom Haus ist unabhängig von der Grundfläche und Höhe des Hauses, das heißt, die Maße sind konstant. Die erste Hülle beginnt in einem Abstand zum Haus von 1,30 m und reicht bis 1,70 m, hat also eine Dicke von 0,40 m. Die zweite Hülle reicht von 3,10 m bis 4,40 m, ist also ca. 1,30 m dick. Bei Betonhäusern können sich die Hüllen zwischen 0,30 und 0,40 m nach außen verschieben.

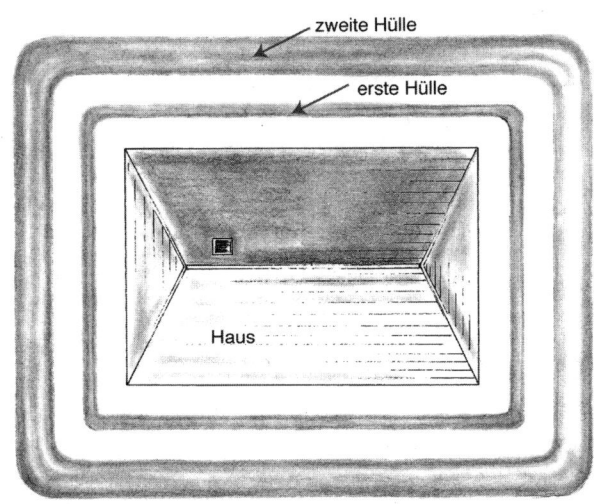

Äußere Aurastrukturen des Hauses.

Diese Hüllen sind nicht nur um die Seitenwände des Hauses zu finden, sondern auch über und unter dem Haus, wobei ein möglicherweise vorhandener Keller eingeschlossen ist. Die Abstände vom Boden des Kellers nach unten sind die gleichen wie für die Wände zur Seite unter Berücksichtigung der Besonderheiten bei Beton.

Die erste Hülle hat Informationen von Besitzern, Bewohnern, Vorbesitzern, Vorbewohnern, die mindestens acht Monate im Haus gewohnt haben, sowie von Architekten gespeichert. Zwischen erster und zweiter Hülle befindet sich eine weitere Schutzzone, die dem Schutz der Bewohner des Hauses gegen äußere unerwünschte Beeinflussung dient. Die zweite Hülle der Aura ist insbesondere für den Schutz nach außen wichtig. Auf die Bedeutung der Hüllen der Hausaura sind wir detailliert in „Das große Feng-Shui-Haus- und Wohnungsbuch" eingegangen.

Der komplette Aufbau der Aura des Hauses und damit auch ihrer äußeren Strukturen erfolgt erst ab einer bestimmten Hausgröße. Das Mindestvolumen eines Hauses in Quaderform muss hierfür ca. 180 m^3 sein, die Mindesthöhe und Mindestbreite ca. 4 m.

Der Ming Tang

Ming Tang kann übersetzt werden mit „heller Halle". Er ist eine feinstoffliche Struktur, die zur Aura des Hauses und des Grundstücks gehört und im Prinzip aus mehreren Einzelstrukturen besteht, auf die wir jedoch in diesem Buch nicht eingehen wollen.

Der Ming Tang beginnt sich rudimentär zu bilden, wenn Menschen ein Stück Land (oder ein Gewässer) eingrenzen und somit als Grundstück betrachten. Er entsteht in der Regel an einer Seite des Grundstücks mehr oder weniger unmittelbar an einer Grundstücksgrenze in einer Höhe von ca. 6 bis 15 m über dem Grundstück. In der Regel befindet sich der Ming Tang auf der Seite des Grundstücks mit dem Zugang. Er kann sich jedoch auch auf der Seite des Grundstücks bilden, die bei geneigtem Gelände tiefer liegt, auf der sich ein Bach oder Flusslauf befindet, sofern dieser mindestens 2 m breit ist, auf der sich ein See (mit Abfluss) befindet, der – abhängig von der Form – zumindest knapp 1 km² (Quadratkilometer) groß ist.

Die Bestimmung der Lage des Ming Tang

Wenn Sie sich nicht sicher sind, auf welcher Seite des Grundstücks der Ming Tang ist, können Sie ihn mit Tensor oder Pendel suchen. Fragen Sie einfach für jede Seite des Grundstücks: *„Ist hier der Ming Tang?"*. Sie bekommen für die Seite des Grundstücks ein Ja, auf der sich der Ming Tang befindet. Dies ist dann die Vorderseite des Grundstücks im Sinne des Feng Shui, was für spätere Betrachtungen wichtig ist.

Feng-Shui-Maßnahmen, die günstig auf den Ming Tang wirken

Wenn das Grundstück mithilfe der Feng Shui Power Disc 99 oder eines geeigneten Steinrondells feinstofflich zum Kreis ergänzt wird, wirkt dies zusätzlich günstig auf den Ming Tang. Insbesondere die Feng Shui Power Disc 99 hat weitere günstige Wirkungen auf die Haus- und Grundstücksaura.

Kapitel 2

Schildkröte, Phönix, Drache, Tiger und Schlange – die fünf Tiere im Feng Shui

Die Landschaft und Feng Shui

Die Chinesen haben sich schon früh Gedanken über die Wirkung von Landschaftsformen (Berg- und Flussformen) auf den Menschen gemacht. Landschaftsformen sind für die Chinesen optische Anhaltspunkte für das Vorhandensein feinstofflicher Strukturen und Energien. Die Chinesen haben Bestandteile bestimmter feinstofflicher Strukturkonstellationen mit den Namen von Tieren aus der chinesischen daoistischen Mythologie belegt. Diese Tiernamen wurden dabei auch auf die sichtbaren Teile der Landschaftskonstellation, zum Beispiel Berge oder Hügel, übertragen.

Die fünf mythischen Landschaftstiere in der Großlandschaft

Die Form der Landschaft gibt Hinweise auf das Vorhandensein feinstofflicher Strukturen. Bei einer hufeisenförmigen Berg- oder Hügellandschaft bilden sich die so genannten *Sechs Paläste*, eine rasterförmige feinstoffliche Struktur, die Menschen, die sich dort ansiedeln oder aufhalten, geistigen und emotionalen Schutz gewährt. Auf weitere Einzelheiten wollen wir in an dieser Stelle nicht eingehen.

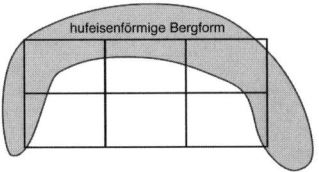

Die feinstoffliche Struktur der Sechs Paläste in einer hufeisenförmigen Bergform.

Wenn sich an der geöffneten Seite des Hufeisens fließendes Wasser oder eine größere Wasserfläche befindet, bilden sich weitere feinstoffliche Strukturen, denen die Chinesen die Namen von fünf mythischen Tieren gegeben haben. Der geistige und emotionale Schutz, den bereits die Sechs Paläste gewähren, wird durch diese weiteren Strukturen ergänzt und verstärkt. Für die Wirkung im Einzelnen spielt die Form der Berg- oder Hügelkette und die Fließrichtung des Wassers eine Rolle. Die im Folgenden beschriebenen feinstofflichen Strukturen sind so komplett nur in einer Großlandschaft zu finden. Der Begriff Großlandschaft bedeutet in diesem Zusammenhang, dass die Öffnung des Hufeisens mindestens ca. 200 Meter misst.

Schildkröte, Phönix, Drache, Tiger und Schlange

Die Chinesen bezeichnen den Berg beziehungsweise die Hügelkette im hinteren Teil als *Schildkröte*. Dieser hintere Teil sollte höher sein als die Erhebungen zur Seite und eine harmonische Form haben. Wenn die Schildkröte zu steil, bizarr oder zerklüftet ist, kann sie auf den Menschen auch ungünstig wirken. Der Höhenzug zur rechten

Seite (von vorn betrachtet) wird als *Drache* bezeichnet. Im Gegensatz zur westlichen Mythologie werden dem Drachen in China positive Eigenschaften zugeordnet. Der Höhenzug zur linken Seite (von vorn betrachtet) wird *Tiger* genannt. Der Drache sollte am besten etwas niedriger als die Schildkröte, aber etwas höher als der Tiger sein. Das Gelände im vorderen Bereich einschließlich des Gewässers beziehungsweise Flusses ist der *Phönix*. Die Mitte dieser Landschaftskonstellation heißt *Schlange*.

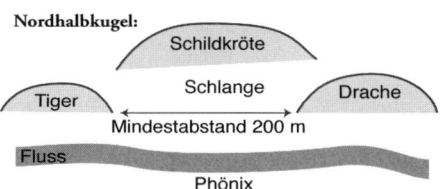

Schematische Zeichnung von Schildkröte, Phönix, Drache, Tiger und Schlange in der Großlandschaft (Verhältnisse auf der Nordhalbkugel).

Befindet sich im Bereich des Phönix ein geeignetes fließendes Gewässer, sehen hellsichtige Personen, dass sich zwischen Schildkröte und Phönix eine feinstoffliche Struktur ausbildet, die man als „stahlseilartig" bezeichnen könnte. Dieses „Stahlseil" ist jedoch dann auch zwischen Drache und Tiger zu finden. Im Kreuzungsbereich dieser „Stahlseile" finden wir zahlreiche positive Energien (Qi), die gewisse geistige und emotionale Prozesse und Fähigkeiten fördern. Abhängig von der Ausrichtung der hufeisenförmigen Berg- oder Hügelformation und der Fließrichtung des Flusses zu einer bestimmten Himmelsrichtung werden unterschiedliche geistige und emotionale Prozesse und Fähigkeiten gefördert. Als besonders günstig wird von den Chinesen angesehen, wenn sich das Hufeisen nach Süden öffnet und der Fluss von West nach Ost fließt. Aber auch andere Ausrichtungen sind prinzipiell als günstig anzusehen. Der optimale Ort in einem solchen Gelände ist in der Mitte der Anordnung im Bereich der Schlange. Es ist ungünstig, direkt auf dem Scheitelpunkt von Schildkröte, Drache oder Tiger zu bauen.

Die äußere Form von Schildkröte, Drache und Tiger

Allzu rauhe Formen wie spitze Berg- oder Hügelformationen sind ungünstig. Die Anordnung der Berge oder Hügel sollte eine harmonische Gesamtform bilden, die auch für das Auge ästhetisch sind. Sehr rauhe Gebilde, wie wir sie teilweise im Hochgebirge finden, können für einen begrenzten Zeitraum einen gezielten wohltuenden Einfluss auf den Menschen haben. Er wirkt unter anderem durch die unberührte Natur, ein günstiger Platz für einen dauerhaften Wohnsitz ergibt sich hierdurch jedoch nicht.

Besonderheiten auf der Südhalbkugel

Das bislang Beschriebene gilt für die **Nordhalbkugel**. Für die **Südhalbkugel** ist die **Anordnung von Drache und Tiger vertauscht**. Blickt man vom Phönix in Richtung der Schildkröte, liegt auf der Südhalbkugel der Drache links, der Tiger rechts. Dies gilt auch für die weiteren Abschnitte in diesem Buch, in denen es um die Lage von

Drache und Tiger geht. Die Besonderheiten für die Südhalbkugel sind dort nicht noch einmal gesondert erwähnt. Die Verhältnisse ändern sich am Äquator.

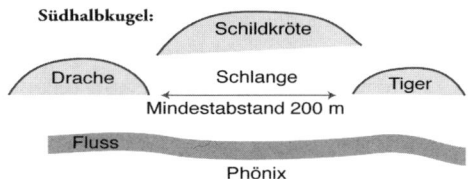

Verhältnisse auf der Südhalbkugel: Schematische Zeichnung von Schildkröte, Phönix, Drache, Tiger und Schlange in der Großlandschaft.

Schildkröte, Phönix, Drache, Tiger und Schlange des Grundstücks

Die Betrachtung von Schildkröte, Phönix, Drache, Tiger und Schlange lässt sich auf das Grundstück übertragen. Unabhängig von der Landschaftsform gibt es die feinstofflichen Strukturen, die nach den fünf mythischen Tieren benannt sind, auch bei einem Grundstück. Ein Grundstück gilt dann in diesem Sinne als Grundstück, wenn es allgemein als einzelnes, vom übrigen Gelände abgetrenntes Grundstück anerkannt ist. In der Regel ist hierfür in Deutschland der Eintrag im Katasteramt ausschlaggebend. Die feinstofflichen Strukturen, die mit den Namen der fünf Tiere bezeichnet werden, bilden sich an der Grundstücksgrenze (Schildkröte, Phönix, Drache und Tiger) und in der Mitte des Grundstücks (Schlange). Dies geschieht unabhängig von der Landschaftsform der Umgebung beziehungsweise des Grundstücks selbst.

Die Vorderseite des Grundstücks wird durch den Ming Tang bestimmt (s. S. 32). Dort befindet sich immer die feinstoffliche Struktur des Phönix, die der Schildkröte liegt an der Rückseite des Grundstücks. Von vorn betrachtet finden wir auf der rechten Seite des Grundstücks die feinstoffliche Struktur des Drachen und links die des Tigers. In der Mitte des Grundstücks ist die feinstoffliche Struktur der Schlange.

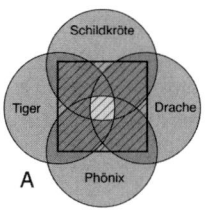 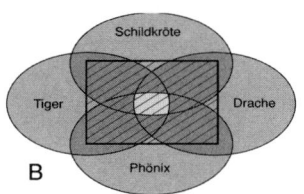 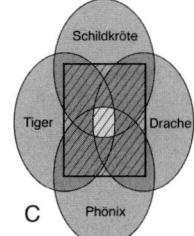

A) Schildkröte, Phönix, Drache, Tiger und Schlange des Grundstücks bei einem quadratischen Grundstück. Der Bereich der Schlange ist weiß schraffiert in der Mitte dargestellt. – B) Schildkröte, Phönix, Drache, Tiger und Schlange des Grundstücks bei einem rechteckigen Grundstück

mit der langen Seite nach vorn. Der Bereich der Schlange ist weiß schraffiert in der Mitte dargestellt. – C) Schildkröte, Phönix, Drache, Tiger und Schlange des Grundstücks bei einem rechteckigen Grundstück mit der kurzen Seite nach vorn. Der Bereich der Schlange ist weiß schraffiert in der Mitte dargestellt.

Drache, Tiger, Phönix und Schlange des Hauses

Die feinstofflichen Strukturen, die nach den mythischen Tieren benannt sind, bilden sich nicht nur an der Grundstücksgrenze, sondern auch an den vier Seiten des Hauses. Der Phönix befindet sich auf der Seite des Hauses mit dem Haupteingang. Er ist in der Regel der Eingang zum Haus, der als Eingang am stärksten betont ist, weil er zum Beispiel am größten ist. Die Anzahl der Bewohner oder Besucher, die diesen Eingang benutzen, ist dabei zweitrangig. Es kann durchaus ein Nebeneingang häufiger frequentiert werden, der äußerlich betonte Eingang bleibt jedoch trotzdem der Haupteingang.

Eine feinstoffliche Struktur, die wir als Schildkröte bezeichnen, finden wir beim Haus nicht. Auf der rückwärtigen Seite des Hauses (vom Haupteingang aus gesehen) liegt beim Haus stattdessen der Bereich der Schlange. Die Mitte des Hauses hat keine gesonderte feinstoffliche Struktur.

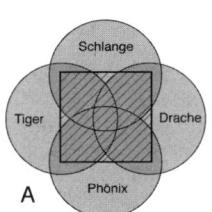 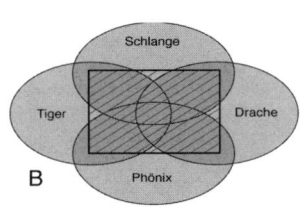 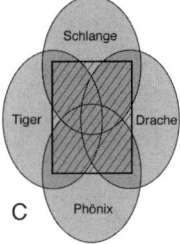

A) Drache, Tiger, Phönix und Schlange des Hauses bei einem quadratischen Haus. – B) Drache, Tiger, Phönix und Schlange des Hauses bei einem rechteckigen Haus mit der langen Seite nach vorn. – C) Drache, Tiger, Phönix und Schlange des Hauses bei einem rechteckigen Haus mit der kurzen Seite nach vorn.

Die Lage des Phönix des Hauses im Zusammenhang mit den fünf Tieren des Grundstücks

Es ist in der Regel am günstigsten, wenn der Phönix des Hauses und damit der Haupteingang des Hauses auf der Seite des Phönix des Grundstücks liegt. Unter anderem lässt sich so die Umgebung des Hauses in Übereinstimmung mit den fünf Tieren des Grundstücks gestalten. Auch im Phönix-Bereich des Hauses ist eine freie Fläche vorteilhaft. Diese fiele dann automatisch mit dem Phönix-Bereich des Grundstücks zusammen. Auch Drachen- und Tiger-Seite des Hauses ließen sich entsprechend gestalten. Eine Erhebung auf der Schlangen-Seite des Hauses träfe mit dem Schildkröten-Bereich des Grundstücks zusammen.

Die fünf Tiere im Feng Shui

Die Lage des Phönix des Hauses in Bezug auf die fünf Tiere des Grundstücks

Lage der Phönix-Seite des Hauses	Beschreibung und Bewertung
Die Phönix-Seite des Hauses zeigt zur Phönix-Seite des Grundstücks.	Dies ist die beste Situation. Die günstigen Kriterien der „Kleinlandschaft" für Grundstück und Haus stimmen überein.
Die Phönix-Seite des Hauses zeigt zur Drachen-Seite des Grundstücks.	Dies ist die zweitbeste Situation. Schildkröten-Seite des Grundstücks und Drachen-Seite des Hauses fallen zusammen. Eine Erhebung auf der Schildkröten-Seite des Grundstücks bedeutet eine Erhebung auf der Drachen-Seite des Hauses. Auch die Drachen-Seite des Grundstücks und die Phönix-Seite des Hauses fallen zusammen. Die Drachen-Seite des Grundstücks und damit die Phönix-Seite des Hauses sollten besser eine freie Fläche sein.
Die Phönix-Seite des Hauses zeigt zur Tiger-Seite des Grundstücks.	Wenn die Tiger-Seite des Grundstücks stark betont ist (Erhebung), ist dies eine ungünstige Situation. Besser ist es, wenn das Gelände eben oder die Drachen-Seite des Grundstücks und damit die Schlangen-Seite des Hauses etwas betont ist.
Die Phönix-Seite des Hauses zeigt zur Schildkröten-Seite des Grundstücks.	Besser ist es, wenn das Gelände eben ist. Drachen- und Tiger-Seite des Grundstücks sollten allenfalls wenig und in etwa gleich stark betont sein, da die Drachen-Seite des Grundstücks mit der Tiger-Seite des Hauses zusammenfällt und umgekehrt. Die Phönix-Seite des Hauses und die Schildkröten-Seite des Grundstücks sollten frei sein. Die Schildkröten-Seite des Grundstücks fällt mit der Phönix-Seite des Hauses zusammen. Die Phönix-Seite des Grundstücks fällt mit der Schlangen-Seite des Hauses zusammen.

Wie das Gelände die fünf Tiere des Grundstücks beziehungsweise die vier Tiere des Hauses beeinflusst

Die feinstofflichen Strukturen der fünf Tiere des Grundstücks beziehungsweise der vier Tiere des Hauses werden sowohl durch die Geländeform des Grundstücks selbst als auch der Umgebung des Grundstücks beeinflusst. Dabei wirken die Geländeeigenschaften der Umgebung des Grundstücks stärker auf die Tiere des Grundstücks, Geländeeigenschaften des Grundstücks selber wirken stärker auf die Tiere des Hauses.

Günstig ist es, wenn das Gelände auf dem Grundstück oder in der direkten Umgebung des Grundstücks ein verkleinertes Abbild der hufeisenförmigen Großlandschaft ist. Dies gilt insbesondere, wenn die Phönix-Seite des Grundstücks mit der Phönix-Seite des Hauses übereinstimmt, das heißt, wenn der Haupteingang des Hauses auf der gleichen Seite liegt wie die Vorderseite des Grundstücks. Es ist in diesem Fall schon günstig, wenn sich nur Teile einer hufeisenförmigen Formation finden, insbesondere auf der Schildkröten- und der Drachen-Seite des Grundstücks beziehungsweise Schlangen- und Drachen-Seite des Hauses. Auf der Phönix-Seite des Grundstücks und des Hauses sollte sich zumindest eine freie Fläche befinden. Es ist dabei von untergeordneter Bedeutung, ob das Gelände von Natur aus eine geeignete Form hat oder vom Menschen künstlich in geeigneter Weise angelegt wurde. Neben der Form des Geländes spielt auch der Bewuchs (Bäume und größere Büsche) des Grundstücks selbst sowie des benachbarten Geländes eine Rolle. In städtischen Gebieten übernehmen teilweise geeignete Gebäude sowohl auf dem Grundstück selbst als auch auf benachbartem Gelände die Funktion einer Kleinlandschaft.

Drache, Tiger, Schildkröte und Phönix eines Grundstücks. Die feinstofflichen Strukturen werden in diesem Fall von der natürlichen Kleinlandschaft auf und neben dem Grundstück unterstützt (nach einer alten chinesischen Zeichnung). Für eine günstige Lage sollten die Berge beziehungsweise Hügel nicht höher sein als in dieser Zeichnung.

Die Schildkröten-Seite des Grundstücks beziehungsweise die Schlangen-Seite des Hauses

Es ist günstig, wenn die Schildkröten-Seite des Grundstücks beziehungsweise die Schlangen-Seite des Hauses (Rückseite) im Gelände betont ist. Dies kann eine leichte Anhöhe auf dem Grundstück, aber auch eine Anhöhe des Geländes hinter dem Grundstück sein. Die Geländeform dieser „Kleinlandschaft" stärkt so die feinstoffliche Struktur der Schildkröte des Grundstücks beziehungsweise der Schlange des Hauses.

Die Wirkung von Bäumen

Bäume auf der Rückseite des Grundstücks können einen günstigen Einfluss haben, sie unterstützen ebenfalls die feinstoffliche Struktur der Schildkröte des Grundstücks beziehungsweise der Schlange des Hauses. Wenn solche Bäume auf dem Grundstück stehen, ist eine Höhe von 45 bis 75 % der Haushöhe ideal. Bis 110 % der Höhe des eigenen Hauses ist die Wirkung auf die feinstoffliche Struktur der Schildkröte des Grundstücks beziehungsweise der Schlange des Hauses ebenfalls günstig, allerdings etwas schwächer. Sind die Bäume jedoch höher, wirken sie neutral.

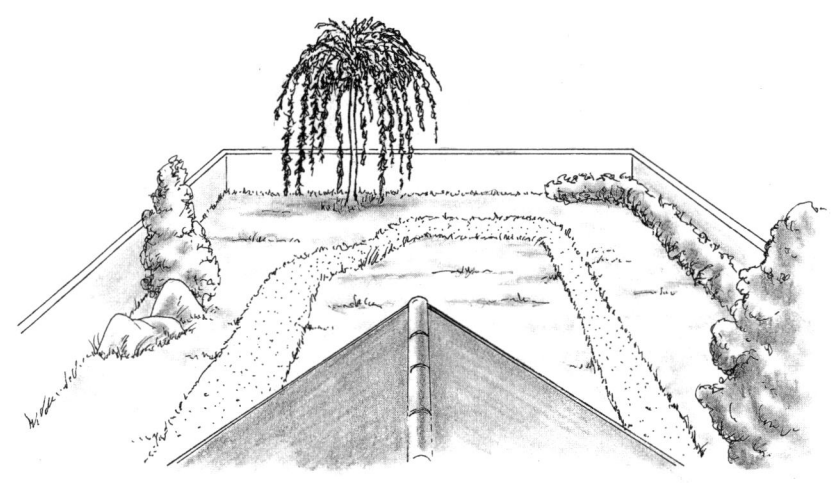

Bäume (auch Einzelbäume) im hinteren Teil des Gartens stärken die Schildkröte des Grundstücks.

Stehen die Bäume dagegen auf dem Nachbargrundstück, dürfen sie etwas höher sein. Eine ideale Höhe ist 60 bis 110 % der Haushöhe. Bis 150 % der eigenen Haushöhe wirken sie ebenfalls günstig auf die feinstoffliche Struktur der Schildkröte des Grundstücks beziehungsweise der Schlange des Hauses, jedoch etwas schwächer. Sind die Bäume jedoch höher, wirken sie neutral.

Die Wirkung von Häusern

Auch Häuser auf einem benachbarten Grundstück können die Schildkröte des Grundstücks beziehungsweise die Schlange des Hauses stärken. Eine ideale Höhe solcher Häuser liegt bei 80 bis 120 % der eigenen Haushöhe. Höhere Häuser wirken eher neutral, ab 215 % sogar störend.

Die Wirkung von Grundstücksmauern

Grundstücksmauern, die höher als 1,30 m sind, können ebenfalls die Schildkröte des Grundstücks stärken. Die Länge der Mauer sollte zumindest 60 % der Seitenlänge der Schildkröten-Seite des Grundstücks betragen. Steht die Mauer nicht an der Grundstücksgrenze, ist die Wirkung eher gering. Der maximale Abstand zwischen Grundstücksgrenze und Grundstücksmauer sollte 1,30 m nicht übersteigen. (Dies gilt sowohl für Mauern auf dem eigenen Grundstück als auch für Mauern auf dem Nachbargrundstück, die die beiden Grundstücke voneinander trennen.)

Grundstücksmauern wirken ebenfalls auf die Schlange des Hauses. Dafür ist es jedoch erforderlich, dass das Haus nicht mehr als 70 % oder mehr auf der Tiger-Seite des Grundstücks steht.

Die Wirkung von ansteigendem beziehungsweise abfallendem Gelände

Wenn das Grundstück nach hinten zur Schildkröten-Seite etwas ansteigt (2 bis 6 ° Steigung), wirkt sich dies günstig auf Schildkröte und Phönix des Grundstücks aus. Bei einer Steigung von 6 bis ca. 30 ° ist die Wirkung neutral. Beträgt sie mehr als 30 ° ist die Wirkung ungünstig. Das Grundstück sollte zur Schildkröten-Seite nicht abfallen. Ähnliches gilt für die Phönix- und Schlangen-Seite des Hauses.

Die Phönix-Seite des Grundstücks und des Hauses

Die Phönix-Seite des Grundstücks und des Hauses (Vorderseite) sollte frei und nicht zum Beispiel durch Bäume blockiert sein.

Der Yang-Drache und der Yin-Tiger

Die Drachen- und die Tiger-Seite werden im Feng Shui traditionell unter dem Aspekt von Yin und Yang betrachtet. So gilt der Drache als Yang und der Tiger als Yin. Die Yang-Struktur des Drachen und die Yin-Struktur des Tigers wirken sich unterschiedlich auf die Umgebung und somit auch auf Menschen und Pflanzen aus.

Die fünf Tiere im Feng Shui

Yin und Yang

Das Prinzip von Yin und Yang ist nicht nur im Feng Shui, sondern auch in der traditionellen chinesischen Medizin (TCM), der chinesischen Ernährungslehre und der chinesischen Astrologie Bestandteil der traditionellen Betrachtung. Die Chinesen sagen, dass alles zwei Seiten hat: Yin und Yang. **Yang** steht dabei für männlich, hell, stark, aktiv, vorwärts, außen, hoch, voll, spitz, heiß, trocken, neu, für den Tag, das Leben. **Yin** steht für weiblich, dunkel, schwach, passiv, rückwärts, innen, tief, leer, rund, kalt, feucht, alt, für die Nacht, den Tod. Bei diesen Qualitäten handelt es sich nicht um eine Bewertung nach gut und schlecht. Die Chinesen streben vielmehr nach einem Gleichgewicht von Yin und Yang, das für den jeweiligen Zweck am besten geeignet ist. In der Regel sollte der Drache den Tiger etwas überragen, da für das menschliche Wohnen und Arbeiten das Yang etwas stärker als das Yin sein sollte. Dies gilt sowohl für die Großlandschaft als auch die Kleinlandschaft eines Grundstücks.

Ein schwarz-weißes Yin-Yang-Symbol. Der weiße Anteil des Symbols steht für Yang, der schwarze Anteil für Yin. In der großen weißen Fläche (Yang) ist ein kleiner schwarzer Punkt (Yin) enthalten und umgekehrt.

Die Drachen-Seite des Grundstücks und des Hauses

Es ist günstig, wenn die Drachen-Seite des Grundstücks und des Hauses (von vorn gesehen die rechte Seite) im Gelände mehr betont ist als die Tiger-Seite (von vorn gesehen die linke Seite). Dies kann eine leichte Erhebung auf dem Grundstück selbst, aber auch eine Anhöhe des Geländes neben dem Grundstück sein. Die Geländeform dieser „Kleinlandschaft" stärkt so die feinstoffliche Struktur des Drachen, aber auch die des Tigers sowohl des Grundstücks als auch des Hauses.

Die Wirkung von Bäumen

Bäume auf der Drachen-Seite des Grundstücks können einen günstigen Einfluss haben, sie unterstützen ebenfalls die feinstoffliche Struktur des Drachens des Grundstücks. Stehen solche Bäume auf dem Grundstück, beträgt ihre ideale Höhe 50 bis 60 % der Haushöhe. Bis 80 % der eigenen Haushöhe ist die Wirkung auf die feinstoffliche Struktur des Drachens noch günstig, jedoch etwas schwächer. Sind die Bäume höher, ist die Wirkung neutral.

Stehen die Bäume dagegen auf den Nachbargrundstück, ist die ideale Höhe auf der Drachen-Seite 60 bis 110 % der Haushöhe. Bis 150 % der eigenen Haushöhe ist die Wirkung günstig, aber etwas schwächer. Bei größerer Höhe ist die Wirkung neutral.

Die Wirkung von Häusern

Häuser auf einem benachbarten Grundstück können den Drachen des Grundstücks stärken. Die Höhe solcher Häuser beträgt im Idealfall zwischen 80 und 120 % der Höhe des eigenen Hauses. Höhere Häuser wirken eher neutral, ab 210 % der eigenen Haushöhe sogar störend.

Die Wirkung von Grundstücksmauern

Grundstücksmauern ab einer Mindesthöhe von 1,10 m können den Drachen des Grundstücks stärken. Die Länge der Mauer sollte dabei zumindest 17 % der Seitenlänge der Drachen-Seite des Grundstücks betragen. Die Wirkung ist stärker, wenn die Grundstücksmauer auf der Drachen-Seite an die der Schildkröten-Seite anschließt. Steht die Mauer nicht an der Grundstücksgrenze, ist die Wirkung eher geringer. Grundstücksmauern betonen auch den Drachen des Hauses. Dafür ist es erforderlich, dass das Haus nicht zu mehr als 70 % auf der Tiger-Seite des Grundstücks steht.

Die Wirkung von ansteigendem beziehungsweise abfallendem Gelände

Es ist günstig, wenn das Gelände auf der Drachen-Seite nicht niedriger ist als auf der Tiger-Seite. Normalerweise ist es am besten, wenn es eben ist oder lediglich zur Schildkröten-Seite des Grundstücks (beziehungsweise Schlangen-Seite des Hauses) leicht ansteigt. Steigt das Gelände zur Drachen-Seite leicht an, ist dies, abhängig vom Einzelfall, eher neutral. Ein starker Anstieg zur Drachen-Seite (über 15 °) wird in der Regel jedoch als ungünstig angesehen.

Die Tiger-Seite des Grundstücks und des Hauses

Wie bereits beschrieben, sollte die Tiger-Seite des Grundstücks und des Hauses (von vorn gesehen die linke Seite) im Gelände weniger betont sein als die Drachen-Seite (von vorn gesehen die rechte Seite). Eine leichte Betonung ist jedoch günstig. Dies kann eine leichte Erhebung auf dem Grundstück selbst, aber auch eine Anhöhe des Geländes neben dem Grundstück sein. Die Geländeform dieser „Kleinlandschaft" stärkt so die feinstoffliche Struktur des Tigers sowohl des Grundstücks als auch des Hauses.

Ist der Tiger zu groß, kann dies Unruhe erzeugen. Probleme in der Ehe können verstärkt, der Wohlstand kann geschwächt, Kreativität gemindert werden. Das Arbeitszimmer sollte nicht auf der Tiger-Seite des Grundstücks liegen, wenn sie zu stark ist.

Die Wirkung von Bäumen

Bäume auf der Tiger-Seite des Hauses können einen günstigen Einfluss haben, sie unterstützen ebenfalls die feinstoffliche Struktur des Tigers des Hauses. Die ideale Höhe solcher Bäume liegt hier bei ca. 50 % der eigenen Haushöhe. Sie sollten dabei jedoch auf dem Grundstück selbst stehen. Stehen sie neben dem Grundstück (auf dem Nachbargrundstück oder an der Straße) wirken sie allenfalls neutral. Die Bäume auf dem Grundstück auf der Tiger-Seite des Hauses sind bis 60 % der eigenen Haushöhe günstig, bei größerer Höhe sind sie neutral, ab 90 % wirken die Bäume auf der Tiger-Seite sogar störend.

Die Wirkung von Grundstücksmauern

Grundstücksmauern ab 1,10 m Höhe können die feinstoffliche Struktur des Tigers des Grundstücks stärken. Die Länge der Mauer sollte zumindest 11 % der Seitenlänge der Tiger-Seite des Grundstücks betragen. Die Wirkung ist stärker, wenn die Grundstücksmauer auf der Tiger-Seite an die der Schildkröten-Seite anschließt. Steht die Mauer nicht an der Grundstücksgrenze, ist die Wirkung eher geringer. Grundstücksmauern wirken auch auf den Tiger des Hauses. Dafür ist es jedoch erforderlich, dass das Haus nicht zu mehr als 70 % auf der Tiger-Seite des Grundstücks steht.

Die Wirkung von Häusern

Häuser auf einem benachbarten Grundstück können sich günstig auswirken, wenn sie etwas niedriger sind als die Häuser auf einem benachbarten Grundstück auf der Drachen-Seite des Grundstücks. Eine Höhe solcher Häuser von 70 bis 110 % ist ideal. Höhere Häuser wirken eher neutral, ab 200 % der eigenen Haushöhe sogar störend.

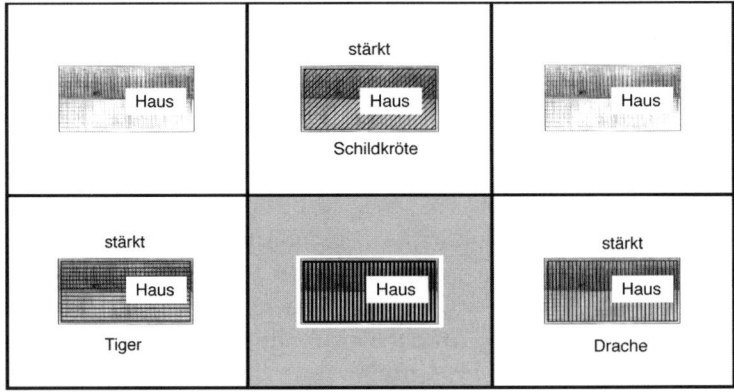

Nachbarhäuser stärken Schildkröte, Drache und Tiger des Grundstücks (mittleres Grundstück in der unteren Reihe).

Spezielle Einflüsse auf der Tiger-Seite

Störend wirken auf jeden Fall Kirchen oder Tempel auf der Tiger-Seite des Grundstücks, unabhängig von ihrer Höhe. Sie gelten als Yin und wirken sich ungünstig auf den Tiger des Grundstücks aus genauso wie Friedhöfe. Auch diese gelten als Yin. Friedhöfe haben nicht nur die ungünstige Wirkung auf der Tiger-Seite des Grundstücks, sondern auch allgemein einen ungünstigen Einfluss, wenn sie in der Nähe des Grundstücks liegen.

Die Wirkung von ansteigendem beziehungsweise abfallendem Gelände

Es ist günstig, wenn – wie bereits beschrieben – das Gelände auf der Tiger-Seite niedriger ist als auf der Drachen-Seite. Normalerweise ist es am besten, wenn das Gelände eben ist oder lediglich zur Schildkröten-Seite des Grundstücks (beziehungsweise Schlangen-Seite des Hauses) leicht ansteigt. Fällt das Gelände zur Tiger-Seite leicht ab, ist dies – abhängig vom Einzelfall – eher neutral. Ein starker Abfall zur Tiger-Seite (über 15 °) wird in der Regel jedoch als ungünstig angesehen.

Spezielle Feng-Shui-Maßnahmen

In der Regel werden Sie keine idealen Bedingungen auf Ihrem Grundstück beziehungsweise in der Umgebung Ihres Grundstücks vorfinden. Es besteht die Möglichkeit, durch spezielle Feng-Shui-Maßnahmen die feinstofflichen Strukturen der Tiere des Grundstücks und des Hauses zu verbessern.

Die Verwendung der Feng Shui Power Disc 99

Mit der Feng Shui Power Disc 99 (s. S. 329) können Sie die feinstofflichen Strukturen der Tiere des Grundstücks und des Hauses optimieren. So macht zum Beispiel ein Gelände, das zur Schildkröten-Seite nach hinten abfällt, deutlich weniger Probleme. Auch wenn die Tiere des Hauses nicht in gleicher Richtung wie die Tiere des Grundstücks liegen, ist die Wirkung der Feng Shui Power Disc 99 günstig.

Spezielle Steinsetzungen

Die feinstofflichen Strukturen der Tiere des Grundstücks und des Hauses lassen sich auch durch eine spezielle Steinsetzung verbessern. Eine günstige Platzierung für diese Steinkonfiguration ist im Schildkröten-Bereich des Grundstücks, die zweitbeste im Drachen- oder Tiger-Bereich des Grundstücks. Der Phönix-Bereich des Grundstücks ist für diese Steinkonfiguration ungeeignet.

In der Mitte der Steinkonfiguration werden drei Einzelsteine unterschiedlicher Größe gesetzt. Der größte Einzelstein mit etwa 20 cm Durchmesser und 40 cm Höhe symbolisiert die Schildkröte (Schildkröten-Stein) und steht in der Anordnung in

Richtung Schildkröte des Grundstücks. Der zweitgrößte Einzelstein symbolisiert den Drachen (Drachen-Stein). Sein Durchmesser beträgt etwa 14 cm, seine Höhe über dem Erdboden etwa 28 bis 30 cm. Dieser Stein steht in der Anordnung in Richtung des Drachens des Grundstücks. Der drittgrößte Einzelstein symbolisiert den Tiger (Tiger-Stein). Sein Durchmesser beträgt etwa 12 cm, die Höhe über dem Erdboden etwa 24 bis 28 cm. Dieser Stein steht in der Anordnung in Richtung des Tigers des Grundstücks. Der lichte Abstand zwischen Schildkröten- und Drachen-Stein sowie zwischen Schildkröten- und Tiger-Stein beträgt ca. 15 cm, der lichte Abstand zwischen Drachen- und Tiger-Stein ca. 40 cm.

Kreisförmig um diese drei Steine herum sowie zwischen diesen Steinen wird blauer Kies geschüttet. Der Abstand zwischen dem Drachen- und dem Tiger-Stein einerseits und dem Rand des kreisförmigen blauen Kiesbettes andererseits sollte ca. 6 cm betragen. Der Abstand zwischen dem Schildkröten-Stein und dem Rand des kreisförmigen blauen Kiesbettes sollte 8 cm oder größer sein, abhängig davon, wie die drei Steine im blauen Kiesbett platziert sind. Um das kreisförmige blaue Kiesbett herum wird ein weißes Kiesbett geschüttet. Die Form des weißen Kiesbettes ist nicht exakt kreisförmig, sollte aber insgesamt eine harmonische Gesamtform ohne Ecken bilden. Die Mindestbreite des weißen Kiesbettes beträgt 6 cm, darf aber auch deutlich größer sein. Wenn Sie die Steinkonfiguration größer gestalten möchten, können Sie auch ganzzahlige Vielfache (bis zum maximal Fünffachen) der angegebenen Größen nehmen. Der Mindestabstand zur Grundstücksgrenze und zum Haus beträgt 30 cm. Auf der Südhalbkugel sind die Platzierungen für Drachen- und Tiger-Stein vertauscht.

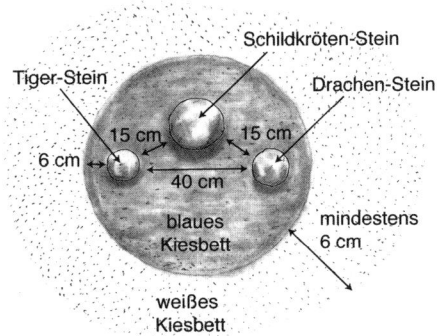

Steinsetzungen für die Tiere des Grundstücks und des Hauses.

Weitere Feng-Shui-Maßnahmen

Eine „Stärkung" des Tigers des Grundstücks oder des Hauses ist in der Regel nicht erforderlich. Es reicht aus, die betreffende Seite des Grundstücks harmonisch zu gestalten. Ist die Tiger-Seite zu stark, ist es besser, die Drachen-Seite zu stärken als die Tiger-Seite zu schwächen. Selbstverständlich besteht auch die Möglichkeit, das Grundstück nachträglich zu modulieren. Fällt das Grundstück nach hinten ab, kann es aufgeschüttet werden. Bäume auf der Vorderseite des Grundstücks können gefällt werden. Besonderheiten zum Fällen beziehungsweise Roden von Gehölzen aus Feng-Shui-Sicht haben wir weiter unten beschrieben (s. S. 90). Beachten Sie die örtlichen Baumschutzsatzungen, wenn sie keine Strafe zahlen möchten. Wenn Gehölze gepflanzt werden, dauert es in der Regel einige Jahre, bis eine ausreichende Wuchshöhe erreicht wird. Bitte beachten Sie: Gehölze, die auf dem Grundstück auf der Tiger-Seite stehen, können zu hoch werden. Auch Grundstücksmauern können in entsprechender Weise geplant werden. Wenn Sie wollen, können Sie an der Grundstücksgrenze Erdwälle aufschütten.

Erdwälle an der Grundstücksgrenze

Aufgeschüttete Erdwälle, die an der Grundstücksgrenze liegen, wirken ähnlich wie Grundstücksmauern. Die Daten für die Mindesthöhe und -länge der Erdwälle finden Sie in den Bildunterschriften zu den einzelnen Beispielen.

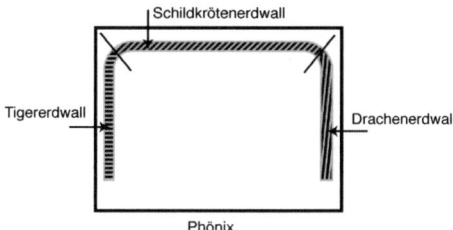

Aufgeschüttete Erdwälle, die an der Grundstücksgrenze liegen, stärken die Schildkröte, den Drachen und den Tiger. In diesem Fall ist die Anlage des Erdwalls hufeisenförmig. Dies ist besonders günstig. Die Mindesthöhe des Erdwalls auf der Schildkröten-Seite beträgt 60 cm, auf der Drachen- und Tiger-Seite jeweils 50 cm. Der gerade Anteil des Erdwalls auf der Schildkröten-Seite, der an der Grundstücksgrenze verläuft, sollte zumindest ²/₃ der Seitenlänge des Grundstücks auf der Schildkröten-Seite betragen. Günstig ist es, wenn der Erdwall auf der Tiger-Seite etwas kürzer ist als der Erdwall auf der Drachen-Seite (ca. 95 %). Es ist in der Regel am besten, wenn die Erdwälle auf der Drachen- und Tiger-Seite jeweils gleich hoch sind.

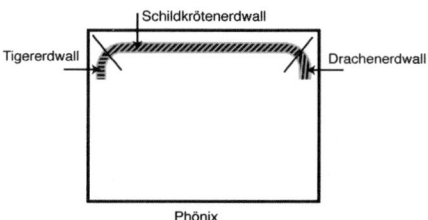

In diesem Fall ist die Anlage des Erdwalls angedeutet hufeisenförmig. Die Mindesthöhe des Erdwalls auf der Schildkröten-Seite beträgt auch hier 60 cm, auf der Drachen- und Tiger-Seite wieder jeweils 50 cm. Der gerade Anteil des Erdwalls auf der Schildkröten-Seite, der an der Grundstücksgrenze verläuft, sollte wieder zumindest ²/₃ der Seitenlänge des Grundstücks auf der

Schildkröten-Seite betragen. Die Mindestlänge des Erdwalls auf der Drachen-Seite beträgt knapp 8 % der Seitenlänge der Drachen-Seite des Grundstücks, die des Erdwalls auf der Tiger-Seite knapp 7 %. Es ist günstig, wenn der Erdwall auf der Tiger-Seite etwas kürzer ist als der auf der Drachen-Seite (ca. 95 %). Es ist in der Regel am besten, wenn die Erdwälle auf der Drachen- und Tiger-Seite jeweils gleich hoch sind.

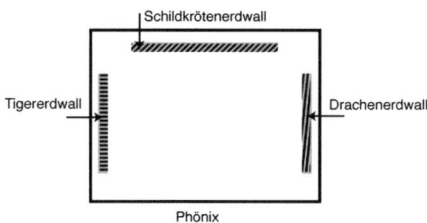

In diesem Fall ist die Anlage des Erdwalls nicht komplett hufeisenförmig. Der Erdwall ist zwischen dem Schildkröten- und dem Drachenanteil sowie zwischen dem Schildkröten- und dem Tigeranteil unterbrochen. Die Mindestlänge des Erdwalls auf der Schildkröten-Seite beträgt 60 % der Seitenlänge der Schildkröten-Seite des Grundstücks. Die Mindestlänge der Erdwälle auf der Drachen- und Tiger-Seite betragen jeweils 50 % der Seitenlänge des Grundstücks auf der jeweiligen Seite. Günstig ist es, wenn der Erdwall auf der Tiger-Seite etwas kürzer ist als der Erdwall auf der Drachen-Seite (ca. 95 %). Die Mindesthöhe des Erdwalls auf der Schildkröten-Seite beträgt in diesem Fall 90 cm, auf der Drachen- und Tiger-Seite jeweils ca. 80 cm. Es ist am günstigsten, wenn die Erdwälle auf der Drachen- und Tiger-Seite jeweils gleich hoch sind.

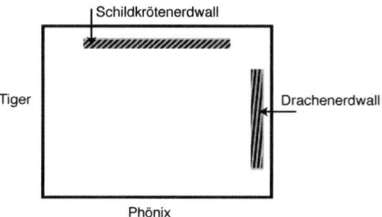

In diesem Fall finden wir lediglich einen Erdwall auf der Schildkröten- und Drachen-Seite des Grundstücks. Die Mindestlänge des Erdwalls auf der Schildkröten-Seite beträgt wieder 60 % der Seitenlänge der Schildkröten-Seite des Grundstücks, die Mindestlänge des Erdwalls auf der Drachen-Seite 50 %. Die Mindesthöhe des Erdwalls auf der Schildkröten-Seite beträgt in diesem Fall 170 cm, auf der Drachen-Seite 1,10 m.

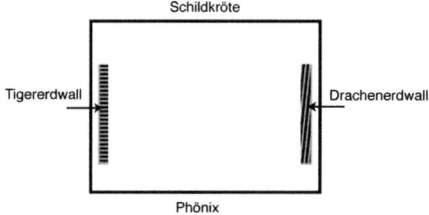

Hier finden wir lediglich einen Erdwall auf der Drachen- und Tiger-Seite des Grundstücks. Die Mindestlänge der Erdwälle auf der Drachen- und Tiger-Seite beträgt jeweils 50 % der Seitenlänge des Grundstücks. Günstig ist es, wenn der Erdwall auf der Tiger-Seite etwas kürzer ist als

der Erdwall auf der Drachen-Seite (ca. 90 %). Die Mindesthöhe der Erdwälle auf der Drachen- und Tiger-Seite beträgt in diesem Fall jeweils ca. 130 cm.

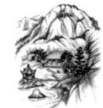

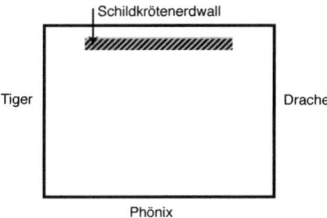

In diesem Fall finden wir lediglich einen Erdwall auf der Schildkröten-Seite des Grundstücks. Die Mindestlänge des Erdwalls auf der Schildkröten-Seite beträgt wieder 60 % der Seitenlänge der Schildkröten-Seite des Grundstücks, die Mindesthöhe des Erdwalls auf der Schildkröten-Seite beträgt in diesem Fall 220 cm.

Die Lage des Hauses auf dem Grundstück in Bezug auf die fünf Tiere des Grundstücks

Das Haus steht am besten in der Mitte des Grundstücks. Wenn das Haus auf der Schildkröten-, Drachen- oder Phönix-Seite des Grundstücks steht, ist dies normalerweise auch kein Problem. Probleme kann es geben, wenn das Haus auf der Tiger-Seite des Grundstücks steht, und zwar insbesondere dann, wenn 70 % oder mehr der Seitenlänge der Tiger-Seite des Grundstücks durch das Haus bebaut sind (und die Drachen-Seite des Grundstücks nicht in gleicher Weise bebaut ist).

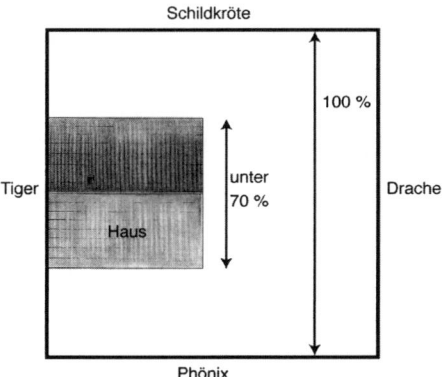

Das Haus steht auf der Tiger-Seite des Grundstücks. Sie ist jedoch zu weniger als 70 % der Seitenlänge bebaut. In der Regel ist eine solche Bebauung unproblematisch.

Die fünf Tiere im Feng Shui

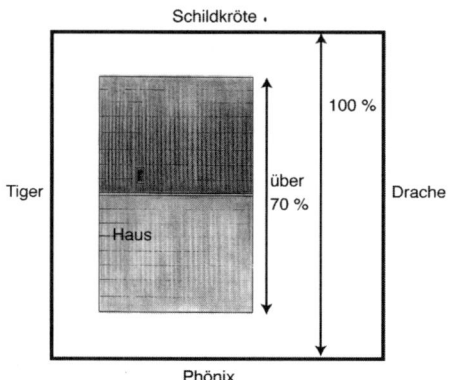

Auch dieses Haus steht auf der Tiger-Seite des Grundstücks. Die Tiger-Seite des Grundstücks ist zu mehr als 70 % der Seitenlänge bebaut. In der Regel ist eine solche Bebauung problematisch.

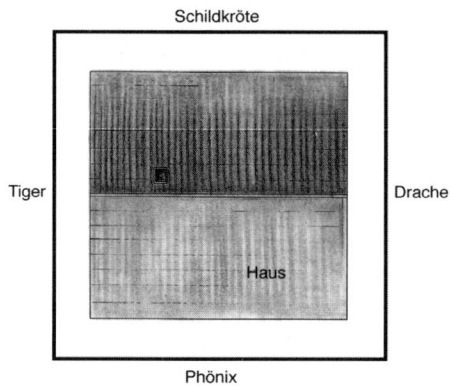

Dies ist eine günstige Platzierung des Hauses. Das Haus steht in der Mitte des Grundstücks.

Feng-Shui-Maßnahmen

Gibt es Probleme, wenn das Haus zu weit auf der Tiger-Seite des Grundstücks steht, können Sie die Situation durch Verwendung der Feng Shui Power Disc 99 verbessern (s. S. 329).

Die Einfahrt zum Grundstück in Bezug auf die fünf Tiere des Grundstücks

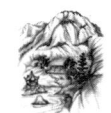

Die Vorderseite des Grundstücks und damit der Phönix-Bereich wird durch die feinstoffliche Struktur des Ming Tang bestimmt (s. S. 32). Im Gegensatz zum Haus kann beim Grundstück die Hauptzufahrt auch auf der Drachen-, Tiger- oder sogar auf der Schildkröten-Seite liegen. Normalerweise ist es am besten, wenn die Hauptzufahrt zum Grundstück auf der Phönix-Seite liegt. Liegt die Einfahrt nicht in der Mitte der Phönix-Seite des Grundstücks, sondern rechts davon (von vorn betrachtet), liegt die Einfahrt damit auch im Bereich des Drachens des Grundstücks. Liegt die Einfahrt links von der Mitte, liegt sie damit auch im Bereich des Tigers des Grundstücks.

Wenn die Hauptzufahrt zum Grundstück in der Mitte liegt, so ist dies in der Regel positiv zu bewerten. Es sollte jedoch darauf geachtet werden, dass die Zufahrt nicht in gerader Linie auf das Haus und insbesondere auf den Haupteingang des Hauses führt. Eine geschwungene Wegführung von der Grundstückseinfahrt zum Haupteingang des Hauses ist wichtig, um ungünstige Einflüsse vom Haus abzuhalten. Liegt die Hauptzufahrt zum Grundstück nicht in der Mitte, ist eine Einfahrt im Drachen-Bereich des Grundstücks in den meisten Fällen günstiger als im Tiger-Bereich. Bei Einfahrten im Drachen-Bereich werden ungünstige Einflüsse, die beispielsweise über Besucher in das Haus kommen, besser gefiltert als bei Einfahrten im Tiger-Bereich des Grundstücks.

Kapitel 3
Die acht Lebensbereiche nach dem Drei-Türen-Bagua

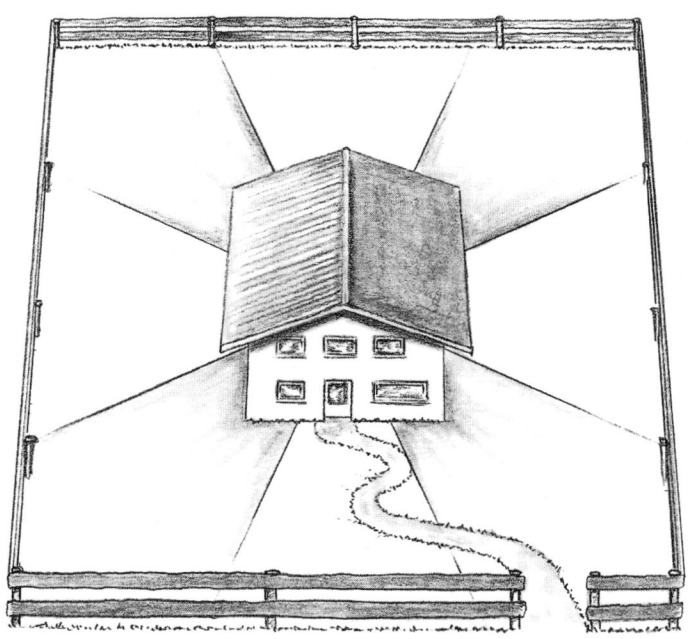

Drei-Türen-Bagua

Das Bagua und die acht Lebensbereiche

Bagua heißt übersetzt acht Zeichen. Gemeint sind damit die acht Trigramme. Ein Trigramm besteht aus drei horizontalen Linien, die entweder durchgezogen oder unterbrochen sind. Eine durchgehende Linie symbolisiert Yang, eine unterbrochene Linie Yin. (Eine kurze Beschreibung der Qualitäten von Yin und Yang haben wir auf Seite 4 gegeben.) Bei drei Linien ergeben sich acht mögliche Kombinationen.

Diesen acht Kombinationen werden im Feng Shui unter anderem acht Lebensbereiche des Menschen zugeordnet. Die Reihenfolge, in der die acht Trigramme auf eine Fläche projiziert werden, ist im Feng Shui traditionell festgelegt: Die acht Trigramme und somit die acht Lebensbereiche werden für Privat- und Geschäftshäuser und auch für Grundstücke und Gärten nach der so genannten Anordnung des „späteren Himmels" projiziert. Dieser Bereich des Feng Shui wird als Yang-Feng-Shui bezeichnet (Feng Shui für Lebende)*.

Trigramm		Lebensbereich
☵	Kan	Karriere, Lebensweg
☶	Gen	Wissen, Lernen
☳	Zhen	Familie, Vergangenheit
☴	Sun	Reichtum, Wohlstand
☲	Li	Ruhm, Erfolg, Wirkung nach außen
☷	Kun	Ehe, Partnerschaft
☱	Dui	Kinder, Kreativität, Zukunft
☰	Qian	Helfende Menschen, geistige Hilfe
	Tai Ji	Spiritualität

---

* Die so genannte Anordnung des „früheren Himmels" dagegen wird bevorzugt benutzt für das so genannte Yin-Feng-Shui (Feng Shui für Gräber und Sakralbauten). Diese Anordnung spielt für die Gartenbetrachtung keine Rolle.

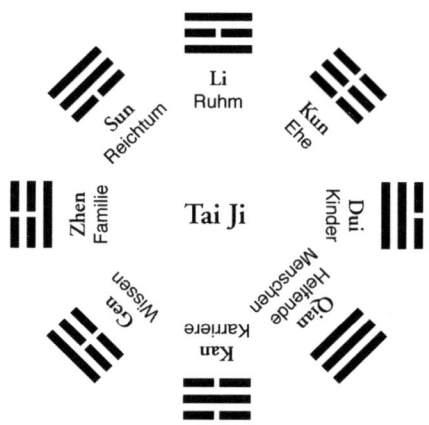

Die Anwendung des Bagua

Über die Zuordnung der acht Lebensbereiche zu bestimmten Sektoren eines Hauses, Grundstücks oder Gartens entsteht eine gern verwendete Analysemethode im Feng Shui, um günstige und ungünstige Aspekte für die dort lebenden oder arbeitenden Menschen zu erkennen. Der Bereich ohne Trigrammzuordnung, Tai Ji, wird hierbei als neunter Lebensbereich in diese Analyse mit einbezogen. Darüber hinaus ist es auch möglich, durch gezielte Feng-Shui-Maßnahmen in den betreffenden Sektoren eine Änderung oder Verbesserung der Lebensqualität der Bewohner zu erreichen.

Das Bagua im Haus und auf dem Grundstück

Wenn Sie für die Bewohner eines Hauses eine komplette Analyse nach dem Drei-Türen-Bagua erstellen wollen, müssten Sie zu ca. 60 % die Bagua-Sektoren des Wohnungs- beziehungsweise Hausgrundrisses berücksichtigen. Die gesamte Grundstücksbetrachtung nach dem Drei-Türen-Bagua und dem im nächsten Kapitel besprochenen Vier-Tiere-Bagua dagegen deckt etwa 20 % der Beurteilungsmöglichkeiten ab. Die übrigen ca. 20 % der Bewertung verteilen sich unter anderem auf die Bewertung einzelner Zimmer im Haus. Für die Bewertung und Gestaltung von Grundstück und Garten sind diese Aspekte wichtig genug, um sie einer gründlichen Betrachtung zu unterziehen.

Die Anordnung der Lebensbereiche nach dem „Drei-Türen-Bagua"

Der Lebensbereich Karriere befindet sich immer in der Mitte der Vorderseite des Grundstücks, des Hauses, der Etage oder des Zimmers. Die Vorderseite eines Zimmers wird in der Regel durch die Zimmertür bestimmt, die hauptsächlich benutzt wird. Die Vorderseite eines Grundstücks wird durch den Ming Tang bestimmt

(s. S. 32). In der Regel befindet sich der Hauptzugang zum Grundstück auch auf der Seite, auf der sich der Ming Tang befindet. Die Vorderseite des Hauses wird durch den Haupteingang bestimmt (dort befindet sich auch die Phönix-Seite des Hauses).

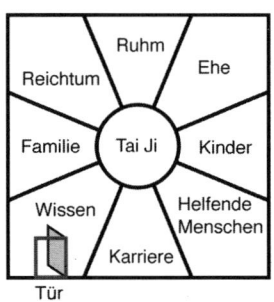
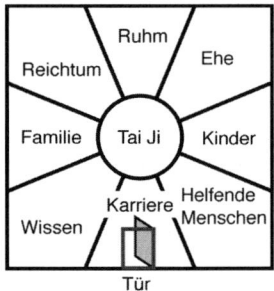
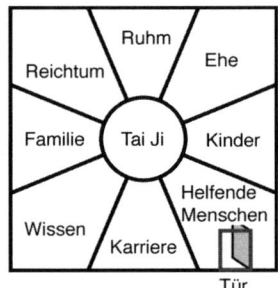

Die Lage der Sektoren auf einem quadratischen Grundriss (zum Beispiel Haus- oder Zimmergrundriss, Grundstücksplan): Der Zugang bestimmt die Anordnung der Lebensbereiche. Der Lebensbereich „Karriere" befindet sich in der Mitte der Vorderseite, die durch den Zugang bestimmt wird. Der Name „Drei-Türen-Bagua" ergibt sich daraus, dass sich der Zugang in den Bereichen „Wissen" (links), „Karriere" (Mitte) oder „helfende Menschen" (rechts) befinden kann.

Die Bagua-Sektoren des Grundstücks

Zunächst wollen wir uns mit der Bewertung der Bagua-Sektoren des Grundstücks unter verschiedenen Gesichtspunkten befassen. Uns interessiert in diesem Zusammenhang die Lage des Zugangs zum Grundstück, Aussparungen in der Grundstücksfläche und die Lage des Hauses auf dem Grundstück.

Die Bedeutung des Grundstückszugangs in einem der drei vorderen Bagua-Sektoren

Die Lage des Zugangs zum Grundstück in einem bestimmten Bagua-Sektor hat eine spezielle Bedeutung für die Menschen, die auf dem Grundstück wohnen oder arbeiten. Wenn das Grundstück mehrere Zugänge (zum Beispiel Einfahrt und Fußgängerzugang) hat, ist der Bagua-Sektor ausschlaggebend, in dem sich der breitere Zugang befindet. In der Regel liegt er in den Bagua-Sektoren „Karriere", „Wissen" oder „Helfende Menschen". Er kann jedoch auch einmal in einem anderen Sektor liegen, wenn Hauptzugang und Ming Tang nicht auf der gleichen Seite des Grundstücks liegen.

Die Wirkung der Bagua-Sektoren auf den Menschen wird durch eine Einfriedung (Mauer, Zaun oder Hecke) deutlich erhöht. Die Wirkung wird ebenfalls erhöht, wenn der Zugang durch ein Tor oder eine Tür verschlossen werden kann. Das Tor oder die Tür sollten sich jedoch nach innen oder zur Seite hin öffnen.

In der folgenden Tabelle können Sie die Bedeutung der Lage des Grundstückszugangs in den einzelnen Bagua-Sektoren ablesen:

Drei-Türen-Bagua

Grundstückszugang im Bagua-Sektor	Bedeutung
Karriere	Den Bewohnern wird ihre Lebensaufgabe eher bewusst. Der mögliche berufliche Werdegang zeichnet sich deutlicher ab. Berufliche Wünsche können leichter umgesetzt werden.
Wissen	Fördert wissenschaftliches Denken sowie die Umsetzung von Wissen (sowohl beruflich als auch privat).
Helfende Menschen	Man erhält aktive und moralische Unterstützung, Erfolg im Außenhandel und im Ausland, man ist viel unterwegs.

Für den Fall, dass der Hauptzugang zum Grundstück nicht auf der Seite des Ming Tang liegt, können Sie die Bedeutung in der folgenden Tabelle nachsehen:

Grundstückszugang im Bagua-Sektor	Bedeutung
Familie	Die Unterstützung durch die Familie, insbesondere ältere Familienangehörige wächst, und man ist eher bereit und in der Lage, die Hilfe anzunehmen.
Reichtum	Das Schaffen von materiellem Wohlstand rückt stärker in den Mittelpunkt des Interesses, auch die äußeren Voraussetzungen hierfür werden gefördert.
Ruhm	Für die Bewohner ist ihre Wirkung nach außen wichtig, es wird erleichtert, äußere Anerkennung zu erfahren.
Ehe	Diese Lage ist günstig für junge Ehepaare, aber auch geschäftlich für eine enge Kooperation mit anderen Firmen oder Geschäftspartnern.
Kinder	Die inneren und äußeren Voraussetzungen für Kreativität und neue Ideen werden gestärkt, neue Projekte können leichter umgesetzt werden.

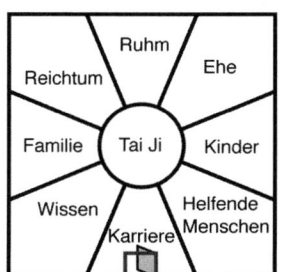

Hauptzugang zum Grundstück
Vorderseite des Grundstücks/Ming Tang

Der Hauptzugang und der Ming Tang liegen in diesem Fall auf der gleichen Seite des Grundstücks. Hier liegt der Hauptzugang im Sektor Karriere.

Drei-Türen-Bagua

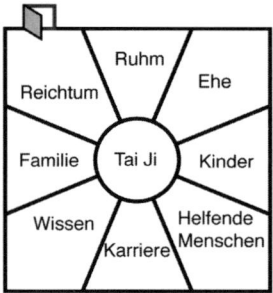

Der Hauptzugang und der Ming Tang liegen in diesem Fall nicht auf der gleichen Seite des Grundstücks. Hier liegt der Hauptzugang im Sektor Reichtum.

Die Bedeutung von Aussparungen in einem Bagua-Sektor des Grundstücks

Aussparungen in einem Bagua-Sektor des Grundstücks bedeuten in der Regel, dass es in dem zugeordneten Lebensbereich Probleme geben kann. Letztendlich kann jedoch jedes Problem über eine Herausforderung auch ins Positive verkehrt werden.

Aussparung im Sektor	Problematische Aspekte	Positive Aspekte
Karriere	Karriere und berufliches Fortkommen können gestört sein.	Es ergeben sich möglicherweise Chancen, die außerhalb liegen (andere Firma, Wohnungs- und/oder Ortswechsel).
Wissen	Aufnahme und Verarbeitung von Wissen können erschwert sein.	Wichtige Informationen und Anregungen können von außen kommen.
Familie	Die Unterstützung durch Eltern und Vorgesetzte kann mangelhaft sein.	Unerwartete Unterstützung kann eher von anderer Seite kommen.
Reichtum	Die Ansammlung oder Aufrechterhaltung von Reichtum und Wohlstand kann behindert sein.	Reichtum und Wohlstand durch Beschreiten neuer Wege.
Ruhm	Vorhandener Ruhm bzw. vorhandenes Ansehen können schneller verschwinden.	Neuer Ruhm oder neues Ansehen sind auf neuen Gebieten möglich.
Ehe	Die Beziehung in der Ehe und zu engen Vertrauten kann gestört sein.	Neue enge Beziehungen sind möglich.
Kinder	Die Verwirklichung von Projekten kann schwerfallen.	Neue Projekte auf neuen Gebieten können, wenn sie sorgfältig geplant werden, durchaus zum Erfolg führen.
Helfende Menschen	Die Unterstützung durch Freunde und Arbeitskollegen kann geringer werden.	Sie sollten Unterstützung von unerwarteter Seite annehmen.

Wenn ein Grundstück nicht quadratisch, sondern länglich rechteckig ist, ergibt sich bereits durch diese längliche Form eine Schwächung bestimmter Bagua-Sektoren. Diese Schwächung ist in ihrer Wirkung vergleichbar mit einer Aussparung, wenngleich der Effekt nicht so stark ist. Zeigt die kurze Seite des Grundstücks nach vorn (zum Ming Tang), ergibt sich eine leichte Schwächung der Bagua-Sektoren auf beiden Seiten: Wissen, Familie, Reichtum sowie Helfende Menschen, Kinder und Ehe. Zeigt die lange Seite des Grundstücks nach vorn, ergibt sich eine Schwächung der hinteren Bagua-Sektoren Reichtum, Ruhm und Ehe. Zusätzlich besteht eine Schwächung der vorderen Bagua-Sektoren Wissen, Karriere und Helfende Menschen. Bei L-förmigen Grundstücken liegt der Bereich Tai Ji in der Mitte des gedanklich zum Rechteck ergänzten Grundstücks. Es kann sein, dass einzelne Lebensbereiche auf dem Grundstück dann fast völlig fehlen.

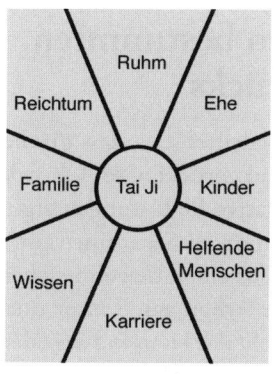

Bei diesem länglich nach hinten gestreckten Grundstück ergeben sich relative Schwächungen der Bagua-Sektoren auf beiden Seiten.

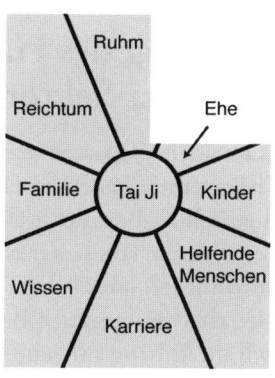

Bei diesem L-förmigen Grundstück fehlt der Bagua-Sektor Ehe fast vollständig. Das Grundstück ist grau hinterlegt. Der Bereich Tai Ji liegt in der Mitte des gedanklich zum Rechteck ergänzten Grundstücks.

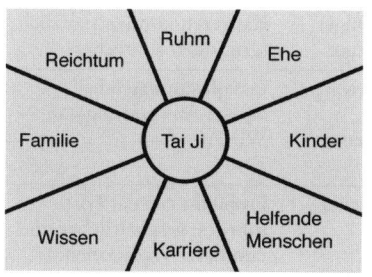

Bei diesem länglich zur Seite gestreckten Grundstück ergeben sich relative Schwächungen der hinteren und auch der vorderen Bagua-Sektoren.

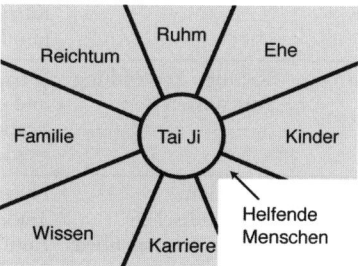

Bei diesem L-förmigen Grundstück fehlt der Bagua-Sektor Helfende Menschen fast vollständig. Der Bereich Tai Ji liegt in der Mitte des gedanklich zum Rechteck ergänzten Grundstücks.

Drei-Türen-Bagua

Wenn Sie die Bewertung Ihres Grundstücks von einem Lageplan vereinfachen möchten, können Sie die im Anhang des Buches befindliche Kopiervorlage der Bagua-Sektoren auf eine durchsichtige Kopierfolie (Overheadfolie) kopieren (gegebenenfalls als Vergrößerung). Die Kopiervorlage befindet sich auf Seite 332). Die beiden gestrichelten Linien dienen der Justierung der Folie auf Ihrem Lageplan. Der Bereich Tai Ji ist nicht abgebildet, da seine Größe von der Größe des Grundstücks auf dem Plan abhängig ist.

Feng-Shui-Maßnahmen

Um die durch ausgesparte Teile des Grundstücks fehlenden Bagua-Sektoren auszugleichen, ergänzen Sie das Grundstück feinstofflich zur Kreisform (s. S. 19 ff.).

Die Platzierung des Hauses in einem bestimmten Bagua-Sektor des Grundstücks

Steht das Haus in einem Bagua-Sektor des Grundstücks, bedeutet dies, dass für die Bewohner ein bestimmter Lebensaspekt in den Vordergrund gerückt wird. Ob sich daraus für den einzelnen Bewohner eher positive oder negative Bedeutungen ergeben, hängt unter anderem von seiner astrologischen Disposition ab. Sie können auch mit Tensor (Einhandrute) oder Pendel bestimmen, ob sich für einen Bewohner eher die positive oder eher die negative Bedeutung ergibt. Die Arbeit mit Tensor und Pendel haben wir im Anhang auf Seite 318) beschrieben. Steht das Haus in zwei oder mehr Sektoren, so ist für diese Betrachtung der Sektor maßgeblich, in dem sich der größte Teil des Hauses befindet.

Haus im Sektor	Thema	Mögliche positive Bedeutungen	Mögliche negative Bedeutungen
Karriere	Lebensplanung, berufliche Karriere	Die Lebensplanung wird klarer, der beruflichen Karriere stehen weniger Hindernisse im Wege.	Die Lebensplanung wird erschwert, berufliche Karrieren können plötzlich (grundlos) abbrechen.
Wissen	Richtige Anwendung von Wissen	Wissen kann im privaten und geschäftlichen Bereich gut angewendet werden.	Unvollständige oder falsche Anwendung von Wissen.
Familie	Tradition, Verwandtschaft, eigene Vergangenheit	Nutzung geschäftlicher Tradition und von Familientradition, Unterstützung durch die Verwandtschaft, Lernen aus eigenen Erfahrungen.	Probleme bei der Fortführung geschäftlicher und familiärer Traditionen, fehlende Unterstützung durch die Verwandtschaft, Hilfe durch die Verwandtschaft wird abgelehnt, eigene Erfahrungen werden nicht positiv verwertet.

Reichtum	Wohlstand, Geldorientierung, Reichtum	Man kommt leichter zu Wohlstand oder kann ihn besser erhalten, man kann besser mit Geld und materiellen Werten umgehen, aus Wohlstand kann Reichtum werden.	Wohlstand und Reichtum können plötzlich verloren gehen, Probleme beim Umgang mit Geld.
Ruhm	Selbstdarstellung, Position im Beruf, Anerkennung	Bessere Selbstdarstellung, größere berufliche und private Anerkennung.	Probleme bei der Selbstdarstellung, berufliche und private Anerkennung ist aus unerfindlichen Gründen erschwert.
Ehe	Teamfähigkeit, geschäftliche Partnerschaft	Teamfähigkeit wird verbessert, geschäftliche Kontakte werden erleichtert.	Probleme mit der Teamarbeit, man findet nur schwer die richtigen Geschäftspartner.
Kinder	Kreativität, eigene Zukunft, eigene Kinder	Kreativität nimmt zu, Pläne lassen sich leicht umsetzen, die Entwicklung der eigenen Kinder verläuft im Prinzip ohne Probleme.	Mangel an Ideen und Kreativität, die eigene Zukunft erscheint düster, Probleme mit den Kindern (z. B. kommunikativer Art).
helfende Menschen	(Moralische) Unterstützung, Außenhandel, Filiale (gründen oder leiten)	Man erhält aktive und moralische Unterstützung, Erfolg im Außenhandel und im Ausland.	Mal wird die dargebotene Hilfe nicht wahrgenommen, mal meint man, ohne sie auskommen zu können.
Mitte – Tai Ji	Spirituelle Entwicklung und Unterstützung.	Die spirituelle Entwicklung wird gefördert.	Die spirituelle Entwicklung wird gehemmt.

Drei-Türen-Bagua

Das Haus steht im Bagua-Sektor Familie. Das Haus ist grau hinterlegt.

Drei-Türen-Bagua

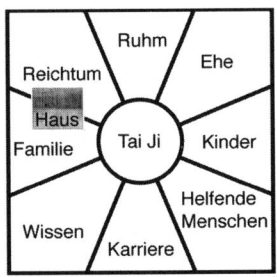

In diesem Fall steht das Haus in den Bagua-Sektoren Reichtum und Familie. Es gilt die Bedeutung des Bagua-Sektors, in dem sich der größte Teil der Grundfläche des Hauses befindet. Bei diesem Haus ist das der Sektor Reichtum.

Feng-Shui-Maßnahmen

Wenn es für eine Person Probleme wegen der Platzierung des Hauses in einem bestimmten Bagua-Sektor gibt, bringt die Verwendung der Feng Shui Power Disc 99 eine Verbesserung, da die Struktur der Bagua-Sektoren des Grundstücks in geeigneter Weise umgewandelt wird.

Die Bagua-Sektoren des Hauses

Die Betrachtung der Bagua-Sektoren des Hauses ist an sich nicht Thema dieses Buches. Für die Betrachtung eines (nicht überdachten) Innenhofes und eines Wintergartens ist es jedoch notwendig, auch kurz auf die Bagua-Sektoren des Hauses einzugehen. Dabei werden die Sektoren auf die Grundfläche des Erdgeschosses des Hauses projiziert. Der Haupteingang des Hauses bestimmt in diesem Fall die Vorderseite des Hauses (Phönix-Seite des Hauses). In der Mitte der Vorderseite des Hauses liegt der Lebensbereich Karriere.

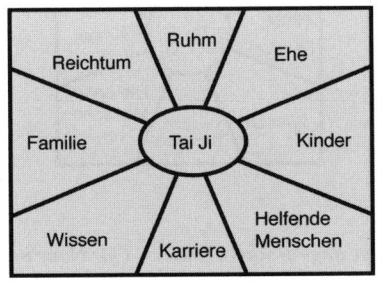

Die Bagua-Sektoren des Hauses. In der Mitte der Vorderseite des Hauses liegt der Lebensbereich Karriere.

Ein Haus mit (nicht überdachtem) Innenhof

Wenn ein Haus einen Innenhof hat, der nicht überdacht ist (Atrium), gibt es für den Innenhof kein eigenes Bagua. Der Innenhof ist dann Bestandteil des Baguas des Gesamthauses.

Innenhof im Sektor des Gesamthauses	Positive Verstärkungen	Aspekte, wie dieser Bereich bearbeitet werden kann
Karriere	Karriere und berufliches Fortkommen können Auftrieb erhalten.	Verwenden Sie genügend Aufmerksamkeit auf die Chancen, die sich Ihnen bieten.
Wissen	Die Aneignung und Verarbeitung von Wissen wird erleichtert.	Lernen müssen Sie schon selbst, auch wenn es Ihnen leichter fällt.
Familie	Sie können auf die Unterstützung durch Eltern und Vorgesetzte zählen.	Gehen Sie auf Eltern und Vorgesetzte zu.
Reichtum	Die Ansammlung oder Aufrechterhaltung von Reichtum und Wohlstand wird gefördert.	Sagen Sie ja zu Ihrem Reichtum und Wohlstand, erfreuen Sie sich Ihrer Möglichkeiten.
Ruhm	Ruhm und Ansehen steigen.	Nutzen Sie die Möglichkeiten einer guten Präsentation.
Ehe	Die Beziehung in der Ehe und zu engen Vertrauten wird gestärkt.	Beziehungen sollten gepflegt werden.
Kinder	Die Umsetzung kreativer Ideen wird erleichtert.	Geben Sie neuen Ideen und Projekten eine Chance.
Helfende Menschen	Die Unterstützung durch Freunde und Arbeitskollegen nimmt zu.	Sie sollten Unterstützung annehmen.
Tai Ji	Spiritualität erhält für Sie eine größere Bedeutung.	Hören Sie mehr auf Ihre innere Stimme.

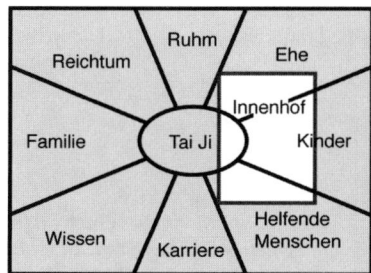

Ein Haus mit einem (nicht überdachten) Innenhof. Der größte Teil des Innenhofes liegt im Lebensbereich Kinder.

Drei-Türen-Bagua

Die Bedeutung des Wintergartens, wenn er sich innerhalb der Haus-Aura befindet

Wintergärten, die nicht weiter als 4,40 m von der Hauswand entfernt enden, sind in der Regel günstiger als größere Wintergärten, denn die Hausaura (s. S. 31) reicht bis etwa 4,40 m von der Hauswand nach draußen in den Gärten beziehungsweise auf das Grundstück. Ein solcher Wintergarten gilt als Hausanbau und wird als eigenständiges Zimmer betrachtet. Für die Bewertung werden die Bagua-Sektoren auf das Haus projiziert. Reichen Wintergärten wesentlich weiter als 4,40 m von der Hauswand in den Garten beziehungsweise in das Grundstück hinein, ergeben sich zusätzliche ungünstige Aspekte in Form von Wirkungen über Aussparungen in den Sektoren des Vier-Tiere-Baguas (s. Kapitel 4).

Wintergarten im Sektor des Hauses	günstige Wirkung	Anregungen, den Wintergarten positiv zu nutzen
Karriere	Man geht bewusster seinen Weg.	Genießen Sie Ihre Stunden im Wintergarten. Sie können hier in aller Ruhe Ihren Lebensweg planen.
Wissen	Unterstützt das Lernen in diesem Bereich.	Sie dürfen den Wintergarten auch für Lernzwecke nutzen.
Familie	Stärkt Familientraditionen im positiven Sinn, stärkt gesunden Konservativismus.	Nutzen Sie aktiv die Familientradition.
Reichtum	Stärkt die Fähigkeit, sich an materiell und spirituell Erreichtem zu erfreuen.	Richten Sie den Wintergarten ganz nach Ihrem individuellen Geschmack ein.
Ruhm	Stärkt die Fähigkeit, sich am materiell und spirituell Erreichten zu erfreuen.	Zeigen Sie Ihren Gästen Ihren Wintergarten.
Ehe	Eheleute halten sich gern zusammen im Wintergarten auf und verbringen dort schöne Stunden.	Genießen Sie die angenehmen Stunden im Wintergarten.
Kinder	Der Wintergarten ist ein guter Ort, um Pläne zu schmieden (Geschäft, Zukunft) und Entscheidungen zu treffen.	Nutzen Sie bewusst die Möglichkeiten, die Ihnen der Wintergarten in diesem Bagua-Sektor bietet.
Helfende Menschen	Bringt Ihnen neue Freunde.	Laden Sie Ihre Freunde und Bekannten ein.

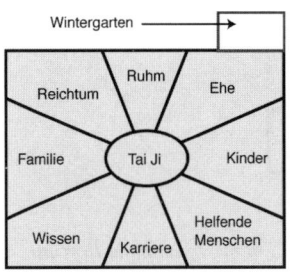

Ein Haus mit einem Wintergarten. Der Wintergarten sollte möglichst nicht weiter als ca. 4,40 m von der Hauswand entfernt enden. In diesem Fall liegt der Wintergarten im Lebensbereich Ehe.

Kapitel 4
Das Vier-Tiere-Bagua für Grundstück und Garten

Wichtiger noch als die Bagua-Betrachtung des Gesamtgrundstücks ist die Betrachtung der vier Bagua-Bereiche, die sich auf dem Grundstück um das Haus herum verteilen. Die vier Bagua-Bereiche werden nach den weiter oben beschriebenen mythischen Tieren der klassischen chinesischen Formschule benannt.

Auf der Vorderseite des Grundstücks befindet sich (vor dem Haus) das Phönix-Bagua. Es ist immer auf der Seite des Grundstücks, auf der sich der Ming Tang (s. S. 32) befindet, auch wenn sich der Hauptzugang des Grundstücks auf einer anderen Seite des Grundstücks befindet. Auf der Hinterseite des Grundstücks befindet

Vier-Tiere-Bagua

sich (hinter dem Haus) das Schildkröten-Bagua. Auf der rechten Seite des Grundstücks ist (rechts neben dem Haus) das Drachen-Bagua zu finden. Auf der linken Seite des Grundstücks liegt (links neben dem Haus) das Tiger-Bagua. Die Bezeichnung rechts und links bezieht sich auf einen Betrachter, der vor dem Grundstück steht und darauf schaut.

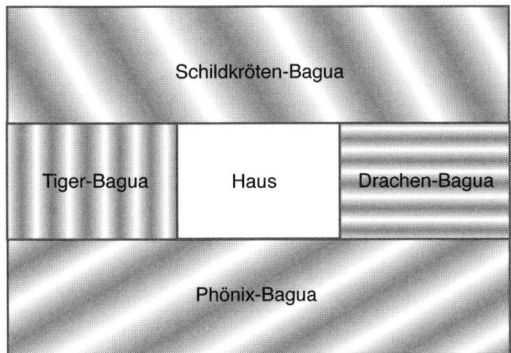

Die vier Bagua-Bereiche auf dem Grundstück. Die längere Seite des Hauses zeigt in diesem Fall nach vorn. Das Schildkröten-Bagua reicht wie das Phönix-Bagua von der linken bis zur rechten Seite des Grundstücks.

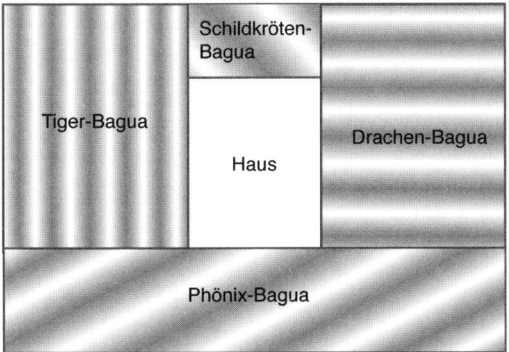

Die vier Bagua-Bereiche auf dem Grundstück. Die kürzere Seite des Hauses zeigt in diesem Fall nach vorn. Drachen- und Tiger-Bagua reichen bis zur Rückseite des Grundstücks. Das Schildkröten-Bagua ist entsprechend kleiner.

Jeder Bagua-Bereich für sich hat acht eigene Sektoren, die den bereits weiter oben beschriebenen acht Lebensbereichen zugeordnet sind. Der Bereich „Karriere" ist hierbei immer der Grundstücksgrenze zugewandt. Das Haus markiert in den jeweiligen Bagua-Bereichen immer den hinteren Teil.

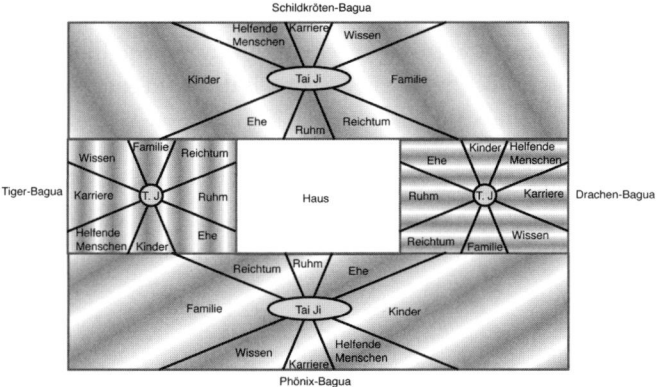

Die vier Bagua-Bereiche auf dem Grundstück mit den Sektoren für die Lebensbereiche. Der Bereich „Karriere" ist hierbei immer der Grundstücksgrenze zugewandt. (Die längere Seite des Hauses zeigt in diesem Fall nach vorn.)

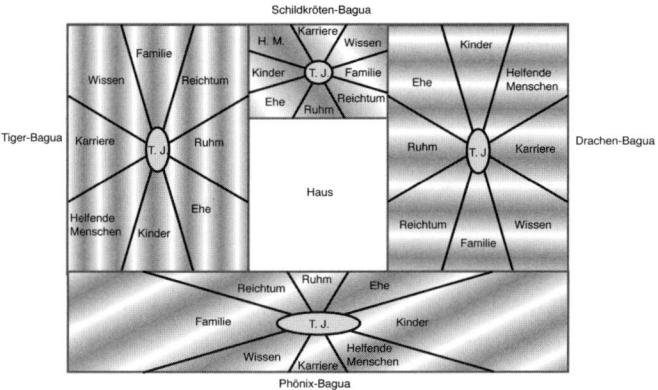

Die vier Bagua-Bereiche auf dem Grundstück mit den Sektoren für die Lebensbereiche. Der Bereich „Karriere" ist hierbei immer der Grundstücksgrenze zugewandt. (Die kürzere Seite des Hauses zeigt in diesem Fall nach vorn.)

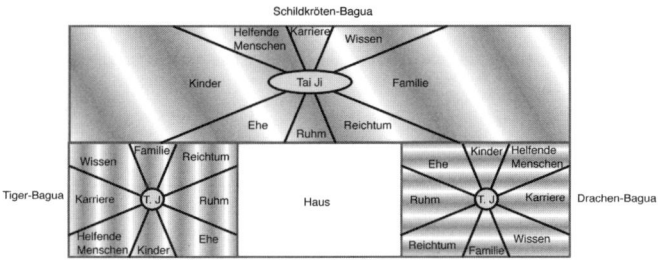

Die vier Bagua-Bereiche auf dem Grundstück mit den Sektoren für die Lebensbereiche. In diesem Fall steht das Haus an der vorderen Grundstücksgrenze. Das Phönix-Bagua fehlt.

Vier-Tiere-Bagua

Die vier Bagua-Bereiche haben jeweils eine etwas andere Wirkung auf den Menschen. Während im Schildkröten-Bagua eher kontinuierliche Einflüsse zu erwarten sind, kann es im Phönix-Bagua zu eher wechselnden und unerwarteten kommen. Einen emotionalen Einfluss finden wir eher im Drachen-Bagua, einen rationalen dagegen im Tiger-Bagua.

Die vier Bagua-Bereiche sind wichtig für die Betrachtung der Einflüsse verschiedenster Objekte auf dem Grundstück auf die Bewohner. Zu diesen Objekten gehören eine Garage, Mülltonnen, Baumstümpfe, ein Teich oder Swimmingpool und andere.

Feng-Shui-Maßnahmen für die vier Bagua-Bereiche

Durch eine Umwandlung der Struktur im Vier-Tiere-Bagua erlaubt es die Feng Shui Power Disc 99, negative Einflüsse in den Bagua-Sektoren herauszufiltern. Positive Einflüsse werden stärker wirksam. Dies gilt zum Beispiel auch für die im Folgenden beschriebenen Probleme, die sich aus Mülltonnen und anderen problematischen Objekten auf dem Grundstück ergeben.

Mülltonnen

Die Platzierung einer Mülltonne in einem Bagua-Sektor wird in der Regel als problematisch angesehen. Eine Mülltonne zum Beispiel im Ruhm-Sektor des Schildkröten-Baguas bewirkt oder zeigt an, dass wiederholte üble Nachrede oder Verleumdung den guten Ruf zerstören können. Im Ruhm-Sektor des Drachen-Baguas bewirkt oder zeigt sie an, dass emotionale Vorbehalte die Entwicklung eines guten Rufes beeinträchtigen können. Im Ruhm-Sektor des Tiger-Baguas können Vorurteile die Entwicklung eines guten Rufes verhindern. Im Ruhm-Sektor des Phönix-Baguas kann aus scheinbar unerfindlichen Gründen ein guter Ruf zerstört werden.

Die Bedeutung von Mülltonnen

Mülltonne im Sektor	Probleme im Schildkröten-Bagua (kontinuierlich)	Probleme im Drachen-Bagua (emotional)	Probleme im Tiger-Bagua (rational)	Probleme im Phönix-Bagua (wechselnde Einflüsse)
Karriere	Festgefahrene Probleme können die Karriere bremsen („Sie fahren mit angezogener Handbremse").	Probleme liegen im emotionalen Bereich.	Alte Vorstellungen und Einstellungen behindern die Karriere.	Unerwartete Einflüsse und Ereignisse können die Karriere behindern oder bremsen.

Wissen	Der Zugriff auf vorhandenes Wissen wird erschwert, die Systematik kann verloren gehen.	Wissen wird mit nicht dazugehörigen Emotionen in Verbindung gebracht.	Wissen ist mit Vorurteilen behaftet.	Das vorhandene Wissen kann mit Fehlinformationen durchsetzt sein.
Familie	Längerfristige ungünstige Einflüsse von älteren Familienangehörigen und Vorgesetzten sind zu erwarten.	Ungünstige Einflüsse von älteren Familienangehörigen und Vorgesetzten können verstärkt werden.	Vorurteile von älteren Familienangehörigen und Vorgesetzten wirken stärker ein.	Unerwartete negative Einflüsse und Ereignisse können über ältere Familienangehörige und Vorgesetzte kommen.
Reichtum	Längerfristige Einflüsse können zu chronischen finanziellen Problemen führen.	Emotionale Blockaden können dazu führen, dass bereits vorhandener Reichtum oder Wohlstand nicht genutzt werden. Aber auch die Möglichkeit, Reichtum oder Wohlstand zu erwerben, wird nicht genutzt.	Vorurteile können dazu führen, dass bereits vorhandener Reichtum oder Wohlstand nicht genutzt werden. Aber auch die Möglichkeit, Reichtum oder Wohlstand zu erwerben, wird nicht genutzt.	Längerfristige Einflüsse können zu chronischen finanziellen Problemen führen. Plötzliche und unerwartete Einflüsse können zu finanziellen Engpässen oder sogar zu Armut führen.
Ruhm	Wiederholte üble Nachrede oder Verleumdung können den guten Ruf zerstören.	Emotionale Vorbehalte beeinträchtigen die Entwicklung eines guten Rufes.	Vorurteile verhindern die Entwicklung eines guten Rufes.	Aus scheinbar unerfindlichen Gründen kann ein guter Ruf zerstört werden.
Ehe	Wiederholte ungünstige Einflüsse können die Partnerschaft stören.	Emotionale Probleme belasten die Partnerschaft.	Falsche Vorstellungen können zu Missverständnissen in der Partnerschaft führen.	Plötzliche und unerwartete Einflüsse können die Partnerschaft stören.
Kinder	„Es steht jemand auf der Leitung."	Ideen und kreative Aktivitäten können emotional gefärbt werden.	Ideen und kreative Aktivitäten können durch Vorurteile behindert werden.	Ideen und Kreativität reißen plötzlich ab.
Helfende Menschen	Man tut sich generell schwer, Hilfe anzunehmen.	Verstärkung emotionaler Vorbehalte, Hilfe anzunehmen.	Helfern werden eigennützige Motive unterstellt.	Gut gemeinte Hilfe wird aus unerfindlichen Gründen abgelehnt.
Mitte – Tai Ji	Kette von ungünstigen Umständen.	Man verfängt sich leicht in den eigenen Emotionen.	Man wird leicht das Opfer eigener Vorurteile.	Plötzliche ungünstige Einflüsse.

Vier-Tiere-Bagua

Es ist vorteilhaft, die Mülltonne im Garten beziehungsweise auf dem Grundstück so aufzustellen, dass das Scharnier des Deckels zum Haus zeigt.

Vier-Tiere-Bagua

Komposthaufen

Bei der Bewertung von Komposthaufen in den Bagua-Sektoren ist entscheidend, ob rein pflanzliche Abfälle kompostiert werden oder ob auch tierische Abfälle den Weg in den Kompost finden. Komposthaufen mit tierischen Abfällen in den Bagua-Sektoren sind als problematisch anzusehen, während Komposthaufen mit rein pflanzlichen Abfällen neutral bis positiv zu bewerten sind.

Die Bedeutung von Komposthaufen mit rein pflanzlichen Abfällen

Die Platzierung eines Komposthaufens mit rein pflanzlichen Abfällen in einem Bagua-Sektor wird in der Regel als unproblematisch angesehen. Die Einflüsse sind abhängig von der Person. Sie sind entweder neutral oder können im Einzelfall auch positiv sein. Allgemeine Aussagen für die einzelnen Bagua-Sektoren sind schwer möglich.

Die Bedeutung von Komposthaufen mit tierischen Abfällen

Die Platzierung eines Komposthaufens mit tierischen Abfällen in einem Bagua-Sektor wird in der Regel als problematisch angesehen. Es empfiehlt sich, den Abfall zu trennen und den Komposthaufen lediglich mit rein pflanzlichen Abfällen anzulegen. Tierische Abfälle sollten anders entsorgt werden beispielsweise in den sogenannten „Grünen Tonnen" oder „Öko-Tonnen", die von öffentlichen Müllabfuhrbetrieben regelmäßig abgeholt werden. Sind tierische Abfälle in „Grünen Tonnen", gelten sie im Prinzip als Mülltonnen. Die Wirkung von „Mülltonnen den Bagua-Sektoren" haben wir weiter oben beschrieben.

Die Bedeutung von Komposthaufen mit tierischen Abfällen

Komposthaufen im Sektor	Probleme im Schildkröten-Bagua (kontinuierlich)	Probleme im Drachen-Bagua (emotional)	Probleme im Tiger-Bagua (rational)	Probleme im Phönix-Bagua (wechselnde Einflüsse)
Karriere	Man kann bei der Planung seiner Karriere oder Lebenswegs die Orientierung verlieren.	Plötzliche emotionale Hürden können die Fortsetzung von Karriere oder Lebensweg behindern.	Man traut sich nicht, in größeren Dimensionen zu denken.	Unerwartete Karriereknicks sind möglich.
Wissen	Man lernt leicht das Falsche oder nicht genug.	Man hat Angst, das Falsche zu lernen oder traut sich beim Lernen nichts zu.	Man weiß nicht, was man lernen soll.	Mal weiß man, was man lernen bzw. wissen muss, mal ist man sich nicht sicher.

Familie	Die Unterstützung von Eltern und Vorgesetzten führt in die falsche Richtung.	Man setzt überholte Vorstellungen von älteren Familienmitgliedern an Stelle der eigenen zeitgemäßen Ideen.	Überholte Vorstellungen erscheinen plausibel.	Man ist zwischen zeitgemäßen und überholten Vorstellungen hin und her gerissen.
Reichtum	Die eigenen falschen finanziellen Entscheidungen können schrittweise in den Ruin führen.	Man schämt sich des eigenen Reichtums bzw. Wohlstands.	Man ist nicht in der Lage, den eigenen Reichtum oder Wohlstand trotz vorhandener Möglichkeiten zu vermehren.	Man kann in kleineren oder größeren Schritten in Armut enden.
Ruhm	Guter Ruf wird schrittweise zerstört.	Man glaubt, keinen guten Ruf zu haben.	Man hält Werbung und Kontaktpflege für überflüssig.	Sie werden getadelt oder gelobt, ohne zu wissen warum.
Ehe	Die Ehe bzw. Partnerschaft geht im Alltäglichen unter.	Man sieht den Partner anders, als er eigentlich ist.	Man erkennt nicht die liebevolle Zuwendung des Partners.	Die Partnerschaft hält den wechselhaften Einflüssen des Alltags nicht stand.
Kinder	Kreativität verliert sich im Detail.	Ihre Ideen und Vorschläge lassen andere aggressiv reagieren.	Was Sie auch vorschlagen, Sie werden immer kritisiert.	Man erfindet Dinge, die keiner haben will, die eigenen Vorschläge finden kein Gehör.
Helfende Menschen	Man lehnt Hilfe ab.	Sie schauen bei jedem Hilfsangebot, wo der Haken ist.	Man meint, keine Hilfe zu benötigen.	Hilfszusagen werden recht bald zurückgezogen.
Mitte – Tai Ji	Spiritualität schwindet kontinuierlich.	Man findet an allem etwas Negatives.	Man weiß zu schnell alles besser.	Negative Einflüsse häufen sich.

Vier-Tiere-Bagua

Baumstümpfe

Baumstümpfe sollten generell weitestgehend ausgegraben werden. In einem Bagua-Sektor werden sie in der Regel als problematisch angesehen. Ein Baumstumpf zum Beispiel im Helfende-Menschen-Sektor des Schildkröten-Baguas bewirkt oder zeigt an, dass man sich auf erwartete oder zugesagte Hilfe nicht verlassen kann. Steht er im Sektor Helfende Menschen des Drachen-Baguas, bewirkt oder zeigt er an, dass aufgrund emotionaler Mißverständnisse Hilfe ausbleiben kann. Der Baumstumpf im Helfende-Menschen-Sektor des Tiger-Baguas kann die Ursache dafür sein, dass aufgrund kommunikativer Störungen Hilfe ausbleibt. Findet er sich im Helfende-Menschen-Sektor des Phönix-Baguas, kann es sein, dass zugesagte oder erwartete Hilfe nicht kommt.

Vier-Tiere-Bagua

Die Bedeutung von Baumstümpfen

Baumstumpf im Sektor	Probleme im Schildkröten-Bagua (kontinuierlich)	Probleme im Drachen-Bagua (emotional)	Probleme im Tiger-Bagua (rational)	Probleme im Phönix-Bagua (wechselnde Einflüsse)
Karriere	Mögliche Karrieren können sich oft gar nicht erst entwickeln.	Die Motivation kann gekappt sein.	Visionen und Ideen können verloren gehen oder zumindest gestutzt werden.	Das Ende einer Karriere kann plötzlich kommen.
Wissen	Die Motivation, Wissen zu erwerben, kann gestört werden.	Emotionale Vorbehalte können die Aneignung von Wissen stören.	Falsche Konzepte können die Aneignung von Wissen stören.	Die Lust am Lernen kann plötzlich vorbei sein.
Familie	Unterstützung durch die Familie oder Vorgesetzte ist nicht besonders ausgeprägt.	Unterstützung, die von älteren Familienangehörigen oder Vorgesetzten ausgeht, kann aufgrund emotionaler Vorbehalte nur unzureichend genutzt werden.	Unterstützung, die von älteren Familienangehörigen oder Vorgesetzten ausgeht, kann aufgrund von Vorurteilen nur unzureichend genutzt werden.	Familiäre Unterstützung oder Unterstützung durch Vorgesetzte kann plötzlich aufhören.
Reichtum	Der Erwerb von Reichtum oder der Erhalt von Wohlstand werden erschwert.	Beim Erwerb von Reichtum oder dem Erhalt des Wohlstandes kann man emotional blockiert sein.	Beim Erwerb von Reichtum oder dem Erhalt des Wohlstandes kann man durch falsche Vorstellungen blockiert sein.	Reichtum und Wohlstand können plötzlich verloren gehen.
Ruhm	Die Möglichkeiten, einen guten Ruf zu erwerben, können begrenzt sein.	Man steht sich selbst bei der Entwicklung eines guten Rufes im Wege.	Man steht sich selbst bei der Entwicklung eines guten Rufes im Wege, da man die falschen Konzepte hat.	Aus unerklärlichen Gründen kann die Entwicklung eines guten Rufes plötzlich gestört werden.
Ehe	Es können ständige Hemmnisse bei der Entwicklung einer guten Partnerschaft auftreten.	Emotionale Probleme stören die Entwicklung einer guten Partnerschaft.	Falsche Vorstellungen können der Entwicklung einer guten Partnerschaft entgegenstehen.	Plötzliche Hemmnisse können die Entwicklung oder den Fortbestand einer guten Partnerschaft stören.
Kinder	Der Entwicklung kreativer Ideen und Vorstellungen sind Grenzen gesetzt.	Emotionale Probleme können die Entwicklung kreativer Ideen und Vorstellungen behindern.	Falsche Vorstellungen können die Entwicklung kreativer Ideen und Vorstellungen behindern.	Bei der Entwicklung kreativer Ideen und Vorstellungen treten plötzlich Hindernisse auf.
Helfende Menschen	Man kann sich auf erwartete oder zugesagte Hilfe nicht verlassen.	Aufgrund emotionaler Missverständnisse kann Hilfe ausbleiben.	Aufgrund kommunikativer Störungen kann Hilfe ausbleiben.	Zugesagte oder erwartete Hilfe kommt nicht.

| Mitte – Tai Ji | Probleme bei der Entwicklung eines gesunden Selbstbewusstseins. | Das emotionale Selbstvertrauen kann gestört sein. | Mangelndes Selbstbewusstsein. | Plötzliche Einbrüche im Selbstwertgefühl. |

Vier-Tiere-Bagua

Garage

Steht eine Garage im Phönix-, Drachen- oder Tiger-Bagua, können Sie die Bedeutung in der jeweiligen Spalte nachschauen. Befindet sich die Garage hinter dem Haus, so bewerten Sie die Lage der Garage nach den bekannten Kriterien für das Schildkröten-Bagua. Es gibt jedoch keine spezielle Bedeutung für das Schildkröten-Bagua. In diesem Fall ist entscheidend, wo die Zufahrt zur Garage liegt. Liegt sie auf der Drachen-Seite, schauen Sie die Bedeutung in der Spalte Drachen-Bagua nach. Hat die Garage eine eigene Zufahrt auf der Rückseite des Grundstückes, schauen Sie die Bedeutung in der Spalte Phönix-Bagua nach. Liegt die Garage hinter dem Haus, ist die Wirkung etwas geringer als vor oder neben dem Haus. Die Bedeutung ist unterschiedlich, abhängig davon, ob die Garage aufgeräumt ist oder nicht.

Die Bedeutung einer aufgeräumten Garage

Garage im Sektor	Wirkungen im Drachen-Bagua (emotional)	Wirkungen im Tiger-Bagua (rational)	Wirkungen im Phönix-Bagua (wechselnde Einflüsse)
Karriere	Sie haben das Gefühl, insbesondere beruflich ohne Ihr Auto nicht auszukommen.	Sie haben die Vorstellung, dass Ihr Auto, insbesondere für Ihr berufliches Fortkommen, sehr wichtig ist.	Sie werden das Auto beruflich viel benutzen.
Wissen	Das Interesse für Dinge, die räumlich entfernter liegen, steigt. Weckt auch das Interesse, neue Horizonte zu entdecken.	Kann bedeuten, dass für einige Familienmitglieder das Interesse für technische Zusammenhänge gefördert wird.	Fördert bis zu einem gewissen Grad den Individualismus (bis Hin zum „Querdenken").
Familie	Fördert die „Markentreue" beim Autokauf, aber auch bei anderen technischen Produkten.	Fördert den Hang zum Perfektionismus.	Fördert die Nutzung des Autos als „Familienauto". Kann aber auch bedeuten, dass ältere Familienangehörige (Vater, Mutter) verstärkt Ansprüche anmelden, mitgenommen zu werden.
Reichtum	Sie nutzen Ihr Auto (und andere technische Gegenstände) auch als Statussymbol und sind eher bereit, dafür auch entsprechendes Geld auszugeben.	Sie legen beim Auto (und anderen technischen Gegenständen) viel Wert auf Qualität.	Sie treffen Ihre Kaufentscheidung zwar auch nach technischen Kriterien, neigen aber genauso zu Spontankäufen.

Vier-Tiere-Bagua

Ruhm	Stärkt das Gefühl, dass das, was Sie auf technischem Gebiet machen, richtig ist, und stärkt damit den Erfolg auf diesem Gebiet.	Ingenieure, Handwerker und andere auf technischem Gebiet tätige Personen haben mit ihrer Tätigkeit Erfolg. Dies gilt auch für Personen, die auf technischem Gebiet Handel treiben oder ihr Auto beruflich viel benutzen.	Sie können sich auf den Erfolg, den Sie auf technischem Gebiet haben, nicht auf Dauer verlassen. Entwickeln Sie Ihre Projekte weiter.
Ehe	Die Verbindung zum Auto wird betont, kann beispielsweise der Ehefrau auf die Nerven gehen.	Allgemeines Interesse für technische Dinge wird betont (Technikliebhaber, auch Heimwerker).	Das Interesse für Technik ist unterschiedlich ausgeprägt, mal wird sie als wichtig erachtet, mal nicht.
Kinder	Kreativität und Innovation wird auf technischem Gebiet gefördert.	Das Interesse an technischen Projekten wird gestärkt.	Projekte werden unterschiedlich intensiv betrieben, möglicherweise auch plötzlich fallen gelassen.
Helfende Menschen	Die Teamarbeit auf technischem Gebiet wird gefördert.	Man findet leichter Personen, die bei technischen Projekten helfen. Die Bereitschaft zur Teamarbeit wird gefördert.	Man findet leichter Leute, die bei technischen Projekten helfen, die Hilfe ist jedoch eher unregelmäßig.
Mitte – Tai Ji	Kann dazu verleiten, eher auf äußere Werte zu achten.	Betont eher das analytische Denken zu stark.	Man ist zwischen emotionalen und verstandesmäßigen Entscheidungen hin und her gerissen und damit schwer einzuschätzen.

Die Bedeutung einer unaufgeräumten Garage

Garage im Sektor	Wirkungen im Drachen-Bagua (emotional)	Wirkungen im Tiger-Bagua (rational)	Wirkungen im Phönix-Bagua (wechselnde Einflüsse)
Karriere	Kann das Gefühl verstärken, dass man Chancen verpasst hat (ohne dass es immer so ist). Teilweise werden vorhandene Chancen auch nicht erkannt.	Tatsächlich verpasste (aktuelle) Chancen.	Es ist möglich, dass Chancen verpasst werden.
Wissen	Man ist sich möglicherweise seines vorhandenen Wissens gar nicht bewusst.	Kann bedeuten, dass man sein vorhandenes Wissen nicht anwendet.	Teilweise wird vorhandenes Wissen genutzt, teilweise nicht.
Familie	Unterstützung durch die Eltern oder Vorgesetzte wird abgelehnt.	Man hält Hilfe von Eltern oder Vorgesetzten nicht für nötig.	Man ist sich nicht bewusst, dass man eigentlich Hilfe von Eltern oder Vorgesetzten benötigt, und lehnt sie deshalb ab.

Reichtum	Kann emotionale Vorbehalte gegen Reichtum bedeuten.	Vorhandener Reichtum wird nicht genutzt.	Kann bedeuten, dass es zu einem Wechsel zwischen übertriebenen Geldausgaben und übertriebenem Sparen kommt.
Ruhm	Kann zu falscher Bescheidenheit führen.	Man nutzt die Einflussmöglichkeiten durch seinen guten Ruf nicht, man tut nichts für die Verbesserung seines Rufes, macht zu wenig Werbung.	Wechsel zwischen falscher Bescheidenheit und Selbstüberschätzung.
Ehe	Die emotionale Verbindung in einer Ehe/Partnerschaft nimmt ab.	Ehe/Partnerschaft wird vernachlässigt, man sieht die guten Qualitäten des Partners nicht.	Die Unzuverlässigkeit der Partner kann zunehmen.
Kinder	Motivation für kreative Aktivitäten lässt nach.	Kreativität wird nicht als notwendig erachtet.	Wechsel zwischen kreativen und wenig kreativen Phasen
Helfende Menschen	Man nimmt dargebotene Hilfe nicht wahr.	Man meint, ohne dargebotene Hilfe auskommen zu können.	Mal wird die dargebotene Hilfe nicht wahrgenommen, mal meint man, ohne sie auskommen zu können.
Mitte – Tai Ji	Emotionale Vorbehalte gegen Spiritualität	Man hält Spiritualität für verzichtbar.	Mal wird Spiritualität für notwendig gehalten, dann wieder für überflüssig.

Ein Schuppen im Garten wirkt ähnlich wie eine unaufgeräumte Garage. Allerdings ergeben sich im Schildkröten-Bagua spezielle Bedeutungen, die den Rahmen des Buches sprengen würden und die wir deshalb hier nicht einzeln aufgeführt haben.

Pavillon

In japanischen und chinesischen Gärten findet man Pavillons zum Verweilen oder für eine Tasse Tee. Auch Gartenhäuser in europäischen Gärten, die nicht zugleich als Geräteschuppen mitbenutzt werden, gelten in dem hier beschriebenen Sinne als Pavillons. Dieser Charakter wird durch großzügige Öffnungen oder Verglasungen gefördert.

Die Bedeutung eines Pavillons

Pavillon im Sektor	Wirkung im Drachen-Bagua (emotional)	Wirkung im Tiger-Bagua (rational)	Wirkung im Phönix-Bagua (wechselnde Einflüsse)
Karriere	Die eigenen emotionalen Störfaktoren bzw. emotionalen Hemmnisse werden abgebaut.	Die Karriere bzw. der Lebensweg können unbeschwerter geplant werden.	Hemmnisse bzw. negative Einflüsse werden neutralisiert.

Vier-Tiere-Bagua

Wissen	Es wird klarer, was man wissen und lernen muss.	Es wird klarer, was man wissen und lernen muss.	Lernstörungen werden verhindert.
Familie	Die Familie hält zusammen.	Die Familie unternimmt mehr zusammen.	Unerwünschte Einflüsse aus der eigenen Vergangenheit nehmen ab.
Reichtum	Man kann sich besser des Reichtums bzw. Wohlstands erfreuen.	Man kann Reichtum bzw. Wohlstand besser für sich nutzen.	Eventuelle Störungen von Wohlstand und Reichtum werden abgemildert.
Ruhm	Die Wirkung nach außen verbessert sich.	Einem guten Ruf steht nichts im Wege.	Der gute Ruf ist nur wenigen Schwankungen unterworfen.
Ehe	Die Partnerschaft wird emotional gefestigt.	Die Partnerschaft wird auf eine gute rationale Grundlage gestellt.	Eine gute Partnerschaft ist nur schwer zu erschüttern.
Kinder	Die eigene Kreativität steckt an.	Die Kreativität ist lang anhaltend.	Ideen und Kreativität reißen nicht ab.
Helfende Menschen	Man merkt, wo andere Hilfe benötigen, und packt zu.	Man kann gut Hilfe organisieren, gut für Außendienstaktivitäten.	Hilfe, die von außen kommt und die selbst gegeben wird, ist ausgeglichen, verstärkt die Solidarität.
Mitte – Tai Ji	Emotionen können gut kontrolliert werden.	Spirituelle Gesetze werden besser erkannt.	Man lebt sowohl rational als auch spirituell, wie es angemessen ist.

Steinlaterne

Steinlaternen sind aus vielen japanischen Gärten nicht wegzudenken. Sie sollen dort nicht den Garten beleuchten, sondern haben eine symbolische Bedeutung und wirken atmosphärisch. Auch in westliche Gärten haben sie bereits Einzug gehalten. Steinlampen haben im Drachen-, Tiger- und Phönix-Bagua in den verschiedenen Sektoren eine spezielle positive Wirkung. Sie ist in der Art vergleichbar mit der Wirkung eines Pavillons in dem betreffenden Sektor, jedoch insgesamt weniger stark. Eine spezielle Wirkung in den einzelnen Sektoren des Schildkröten-Baguas lässt sich nicht allgemein darstellen.

Die Bedeutung einer Steinlaterne

Steinlaterne im Sektor	Wirkung im Drachen-Bagua (emotional)	Wirkung im Tiger-Bagua (rational)	Wirkung im Phönix-Bagua (wechselnde Einflüsse)
Karriere	Emotionale Hemmnisse werden gemildert.	Die Karriere bzw. der Lebensweg können besser geplant werden.	Negative Einflüsse werden abgeschwächt.
Wissen	Man weiß eher, was man noch lernen muss.	Man lernt lieber.	Lernstörungen werden gemildert.

Familie	Die Familie streitet sich weniger.	Die Familie findet eine gemeinsame Basis.	Unerwünschte Einflüsse von Eltern und Vorgesetzten nehmen ab.
Reichtum	Reichtum und Wohlstand werden nicht als störend empfunden.	Reichtum und Wohlstand stehen auf solider Basis.	Wohlstand und Reichtum sind kontinuierlich.
Ruhm	Man wirkt nach außen in angemessener Weise.	Die eigenen Verdienste werden in der Öffentlichkeit anerkannt.	Der gute Ruf kann weniger Schaden nehmen.
Ehe	Eine emotionale Partnerschaft wird gefestigt.	Man versteht sich in der Partnerschaft auch rational gut.	Eine gute Ehe zerbricht nicht an kleinen Meinungsverschiedenheiten.
Kinder	Man ist und wirkt kreativ.	Man ist recht häufig kreativ.	Gute Ideen kommen immer.
Helfende Menschen	Man merkt, wo andere Hilfe benötigen.	Man findet leicht die richtigen Helfer.	Man kann schnell an der richtigen Stelle helfen.
Mitte – Tai Ji	Man reagiert nicht unnötig emotional.	Man entdeckt die eigene Spiritualität.	Man bezieht auch spirituelle Ansätze mit ein.

Vier-Tiere-Bagua

Teich

Die Bedeutung eines Teiches in den Bagua-Bereichen ist abhängig von seiner Größe. Wird unter anderem eine maximale Größe nicht überschritten, die abhängig ist von der Grundfläche des Hauses (s. S. 102), ist die Bedeutung günstig. Die Bedeutung können Sie der nachfolgenden Tabelle entnehmen. Wird die maximale Größe jedoch überschritten, verkehrt sich die Bedeutung ins Gegenteil. Liegt ein relativ zu großer Teich im Sektor Karriere des Schildkröten-Baguas, können einzelne Lebensziele nicht leichter korrigiert werden. Man neigt dazu, auf Zielen zu beharren, die aufgrund der äußeren Umstände nicht mehr zu verwirklichen sind. Die ungünstige Wirkung eines relativ zu großen Teiches wird gemindert, wenn über den Teich eine Brücke oder ein Steg gebaut wird (s. S.104).

Die Bedeutung eines Teiches

Teich im Sektor	Wirkungen im Schildkröten-Bagua (kontinuierlich)	Wirkungen im Drachen-Bagua (emotional)	Wirkungen im Tiger-Bagua (rational)	Wirkungen im Phönix-Bagua (wechselnde Einflüsse)
Karriere	Einzelne Lebensziele können leichter korrigiert werden.	Lebensziele werden emotional besser erfasst.	Lebensziele können besser formuliert werden.	Hilft dabei, Karriereknicks zu vermeiden.
Wissen	Man ist sich seines Wissens stärker bewusst, man weiß, was man kann.	Man hat mehr Spaß beim Lernen.	Man kann mit seinem Wissen besser umgehen.	Gut für Menschen, die nicht so kontinuierlich lernen können.

Vier-Tiere-Bagua

Familie	Stärkt die Unterscheidung zwischen dem, was man aus der Vergangenheit benötigt und pflegen sollte, und dem, was man nicht benötigt.	Man erinnert sich gern und leicht an Bewährtes.	Altes Wissen kann gut integriert bzw. mit neuem verbunden werden.	Erleichtert den Umgang mit den Eltern und älteren Verwandten.
Reichtum	Reichtum und Wohlstand sind leichter zu erwerben und zu erhalten.	Wohlstand und Reichtum erhöhen Wohlbefinden und Genuss.	Man weiß den eigenen Reichtum und Wohlstand richtig zu nutzen.	Wohlstand und Reichtum unterliegen geringeren Schwankungen.
Ruhm	Erleichtert es, sich seiner Außenwirkung bewusst zu werden.	Ruhm und Anerkennung werden ohne Bedenken auch genutzt.	Ruhm, Anerkennung und Ehre können gut und praktisch genutzt werden.	Schwankungen des Ansehens werden gemindert.
Ehe	Erleichtert es, den Partner aus der Distanz zu sehen, neue Einstellungen zu gewinnen und gelassener zu reagieren.	Die emotionale Nähe zum Partner wächst.	Ehe und Partnerschaft haben eine gesunde Basis.	Gefühlsschwankungen in der Partnerschaft werden weniger.
Kinder	Erleichtert das Verlassen alter Denkstrukturen und macht offen für neue Impulse.	Emotionale Hemmnisse für Kreativität werden abgebaut.	Neue Impulse werden kreativ umgesetzt.	Erleichtert es, auf neuen Gebieten kreativ zu sein.
Helfende Menschen	Erleichtert es, neue Menschen ins Leben zu lassen und gut gemeinte Ratschläge zuzulassen.	Emotionale Vorbehalte gegen unerwartete Hilfe werden abgebaut.	Möglichkeiten, die sich aus neuen Kontakten ergeben, lassen sich schneller umsetzen.	Aus flüchtigen Kontakten können leichter Freundschaften werden.
Mitte – Tai Ji	Die spirituelle Entwicklung wird gefördert.	Die Offenheit gegenüber spirituellen Erfahrungen wächst.	Erleichtert die verstandesmäßige Durchdringung spiritueller Erfahrungen.	Die Bedeutung der Spiritualität für die unterschiedlichen Lebensbereiche wächst.

Die günstige Wirkung eines Teiches in den Bagua-Sektoren kann auch dadurch erreicht werden, dass das Wasser symbolisch durch Kieselsteine dargestellt wird. Solche „Wasserflächen" können auch größer sein, als für reale Wasserflächen angegeben ist.

Swimmingpool

Vier-Tiere-Bagua

Die Bedeutung eines Swimmingpools in den Bagua-Bereichen ist ähnlich, aber nicht so stark wie bei einem Teich. Im Phönix-Bagua kann die Wirkung etwas schwanken. Sie ist auch beim Swimmingpool unter anderem abhängig von seiner Größe im Verhältnis zur Grundfläche des Hauses (s. S. 102). Ist der Swimmingpool zu groß, kann sich die Bedeutung ins Gegenteil verkehren. Voraussetzung für die günstige Wirkung eines Swimmingpools ist auch, dass er mit Wasser gefüllt ist. Auf der Seite des Grundstücks, auf der der Ming Tang liegt (s. S. 32), sollte der Swimmingpool eine gerundete Form haben. Eckige Formen können hier ebenfalls ungünstig wirken. Die Bedeutungen im Einzelnen können Sie in der Tabelle für die Teiche ablesen unter Berücksichtigung der Tatsache, dass die positive Wirkung etwas schwächer ist. Wird die maximale Größe jedoch überschritten, verkehrt sich die Bedeutung ins Gegenteil. Der negative Einfluss kann dann eher stärker sein als bei einem Problem mit einem zu großen Teich. Ist ein Swimmingpool zu groß, sollte er möglichst immer abgedeckt sein, solange er nicht zum Schwimmen benutzt wird (s. S. 108).

Probleme bei Swimmingpools ohne Wasser

Ist ein (im Erdboden eingelassener) Swimmingpool ohne Wasser und zudem nicht abgedeckt, hat er in den einzelnen Bagua-Sektoren eine ungünstige Wirkung. Wir wollen hier nur einen Überblick über die Wirkungen auf die einzelnen Lebensbereiche geben. Die Wirkung differenziert sich in den verschiedenen Bagua-Bereichen.

(Im Erdboden eingelassener) Swimmingpool ohne Wasser im Sektor	Probleme
Karriere	Unbeabsichtigte Karriereknicks, Jobverlust.
Wissen	Wissen und positive Verhaltensmuster können verlorengehen.
Familie	Plötzliche Lösung von alten Familienstrukturen.
Reichtum	Reichtum und Wohlstand können verlorengehen.
Ruhm	Der gute Ruf kann im „Nichts" versinken.
Ehe	Das Eheglück kann erheblich leiden, Missverständnisse können verstärkt werden.
Kinder	Mindert die Chancen, einen kreativen Lösungsansatz nutzen zu können.
Helfende Menschen	Die Bereitschaft, sich von Freunden helfen zu lassen, schwindet.
Mitte – Tai Ji	Kann das Glück in allen Lebensbereichen abschwächen.

Oberirdische Swimmingpools ohne Wasser können ebenfalls ungünstig wirken. Das Geschehen in dem zugeordneten Lebensbereich ist einem eher egal.

Vier-Tiere-Bagua

Springbrunnen oder Wasserfall

Springbrunnen oder Wasserfälle haben in den verschiedenen Bagua-Bereichen eine günstige Wirkung. Probleme kann es im Phönix-Bagua geben, wenn sich der Springbrunnen oder Wasserfall weiter als 4,40 m vom Haus entfernt und damit außerhalb der zweiten Aura-Hülle des Hauses befindet. Die Wirkung des Springbrunnens ist sogar vorhanden, wenn er nicht in Betrieb ist, jedoch um etwa 25 % geringer. Für die Wirkung ist es in diesem Fall auch nicht erforderlich, dass das Auffangbecken mit Wasser gefüllt ist.

Die Bedeutung eines Springbrunnens/Wasserfalles

Springbrunnen/ Wasserfall im Sektor	Wirkungen im Schildkröten-Bagua (kontinuierlich)	Wirkungen im Drachen-Bagua (emotional)	Wirkungen im Tiger-Bagua (rational)	Wirkungen im Phönix-Bagua (wechselnde Einflüsse)
Karriere	Kontinuierliche Förderung der Karriere.	Fördert die Arbeitsmotivation und Begeisterungsfähigkeit.	Erleichtert es, die eigenen Chancen zu sehen.	Hilft bei Karrieresprüngen oder -schüben.
Wissen	Stärkt die Motivation, sich Wissen anzueignen.	Mehr Spaß bei der Wissensaufnahme und beim Lernen.	Erleichtert es, neues Wissen in bereits vorhandenes zu integrieren.	Erleichtert kurzes, intensives Lernen. Man muss allerdings darauf achten, dass die Kontinuität dabei nicht verloren geht.
Familie	Fördert Unterstützung durch die Familie oder Vorgesetzte.	Unterstützung, die von älteren Familienangehörigen oder Vorgesetzten ausgeht, kann besser angenommen und genutzt werden.	Unterstützung, die von älteren Familienangehörigen oder Vorgesetzten ausgeht, kann in die bestehende Arbeit und Konzepte besser integriert werden.	Eher lediglich sporadische familiäre Unterstützung oder Unterstützung durch Vorgesetzte.
Reichtum	Der Erwerb von Reichtum oder der Erhalt von Wohlstand werden erleichtert.	Mehr Freude an Reichtum und Wohlstand.	Reichtum und Wohlstand kann besser ein Sinn gegeben werden.	Vermehrung von Reichtum und Wohlstand, jedoch mit starken Schwankungen.
Ruhm	Erfolg, Anerkennung und Ruhm werden begünstigt.	Ruhm und Anerkennung können mehr genossen werden.	Ruhm und Anerkennung können insbesondere geschäftlich gut verwertet werden.	Ruhm und Anerkennung können zwar erreicht werden, sind jedoch starken Schwankungen unterworfen.
Ehe	Die Harmonie in der Ehe und in geschäftlichen Beziehungen wird gefördert.	Ehepartner und Geschäftspartner verstehen sich emotional noch besser.	Ehe und Geschäftspartnerschaft stehen auf einer positiven rationalen Grundlage.	Ehepartner kommen zwar gut miteinander aus, ihre Beziehung kann jedoch Gefühlsschwankungen

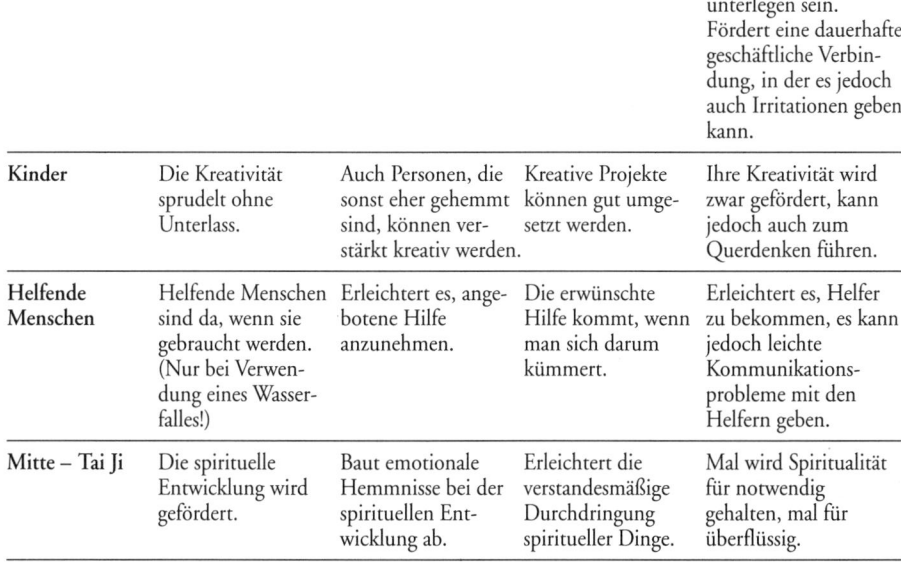

				unterlegen sein. Fördert eine dauerhafte geschäftliche Verbindung, in der es jedoch auch Irritationen geben kann.
Kinder	Die Kreativität sprudelt ohne Unterlass.	Auch Personen, die sonst eher gehemmt sind, können verstärkt kreativ werden.	Kreative Projekte können gut umgesetzt werden.	Ihre Kreativität wird zwar gefördert, kann jedoch auch zum Querdenken führen.
Helfende Menschen	Helfende Menschen sind da, wenn sie gebraucht werden. (Nur bei Verwendung eines Wasserfalles!)	Erleichtert es, angebotene Hilfe anzunehmen.	Die erwünschte Hilfe kommt, wenn man sich darum kümmert.	Erleichtert es, Helfer zu bekommen, es kann jedoch leichte Kommunikationsprobleme mit den Helfern geben.
Mitte – Tai Ji	Die spirituelle Entwicklung wird gefördert.	Baut emotionale Hemmnisse bei der spirituellen Entwicklung ab.	Erleichtert die verstandesmäßige Durchdringung spiritueller Dinge.	Mal wird Spiritualität für notwendig gehalten, mal für überflüssig.

Ein Springbrunnen oder Wasserfall zum Beispiel im Reichtumssektor des Schildkröten-Baguas bewirkt oder zeigt an, dass der Erwerb von Reichtum oder der Erhalt von Wohlstand erleichtert werden. Im Reichtumssektor des Drachen-Baguas bewirkt oder zeigt er mehr Freude an Reichtum und Wohlstand an. Im Reichtumssektor des Tiger-Baguas kann Reichtum und Wohlstand besser ein Sinn gegeben werden. Im Reichtumssektor des Phönix-Baguas kann Reichtum und Wohlstand vermehrt werden, jedoch mit starken Schwankungen.

Spiralbeet oder Steinspirale

Spiralbeete/Steinspiralen sollten eine Richtung *im Uhrzeigersinn* haben (von innen nach außen betrachtet). Es ist günstig, im Innern der Spirale eine Spiegelkugel (auch Rosenkugel genannt) zu platzieren.

Die Bedeutung eines Spiralbeetes/einer Steinspirale, wenn das Spiralbeet/die Steinspirale eine Richtung im Uhrzeigersinn hat (von innen nach außen betrachtet)

Spirale im Sektor	Wirkungen im Schildkröten-Bagua (kontinuierlich)	Wirkungen im Drachen-Bagua (emotional)	Wirkungen im Tiger-Bagua (rational)	Wirkungen im Phönix-Bagua (wechselnde Einflüsse)
Karriere	Der Lebensweg gewinnt an Kontur.	Die negativen Aspekte des Lebensweges werden verstärkt.	Die negativen Aspekte des Lebensweges werden verstärkt.	Unverhoffte Ereignisse können die Karriere beenden.

Vier-Tiere-Bagua

	Wissen	Die Aufnahme von Wissen kann erschwert werden.	Die Aufnahme von Wissen wird erleichtert.	Die Aneignung von Wissen kann zu einseitig werden.	Wissen kann individuell gut vermehrt werden.
	Familie	Unerledigte Probleme können Schwierigkeiten bereiten.	Positive Unterstützung von älteren Familienangehörigen oder Vorgesetzten.	neutral	Sporadische Unterstützung durch ältere Familienangehörige oder Vorgesetzte wird kontinuierlich.
	Reichtum	neutral	neutral	Wohlstand und Reichtum können durch Unachtsamkeit kleine Kratzer bekommen.	Wahrung und kontinuierliche Mehrung von Reichtum und Wohlstand.
	Ruhm	neutral	Ruhm und Ehre werden besser „verdaut".	Damit der Ruhm nicht verblasst, sollte auf Erfolge hingewiesen werden. Aus Anerkennung kann leicht Kritik werden.	Anerkennung kann plötzlich und scheinbar grundlos verloren gehen.
	Ehe	Kleinere Dissonanzen im Bereich von Ehe und Partnerschaft werden geglättet, die Kommunikation verbessert.	Harmonie in Ehe und Partnerschaft steigt.	neutral	neutral
	Kinder	neutral	neutral	Leichte Unterstützung der Kreativität.	neutral
	Helfende Menschen	neutral	neutral	neutral	neutral
	Mitte – Tai Ji	neutral	Kann die Spiritualität erhöhen.	neutral	neutral

Die Bedeutung eines Spiralbeetes/einer Steinspirale, wenn das Spiralbeet/die Steinspirale eine Richtung gegen den Uhrzeigersinn hat (von innen nach außen betrachtet)

Spirale im Sektor	Wirkungen im Schildkröten-Bagua (kontinuierlich)	Wirkungen im Drachen-Bagua (emotional)	Wirkungen im Tiger-Bagua (rational)	Wirkungen im Phönix-Bagua (wechselnde Einflüsse)
Karriere	neutral	Die positiven Aspekte des Lebensweges können verstärkt werden.	neutral	neutral

Wissen	neutral	neutral	neutral	neutral
Familie	neutral	neutral	neutral	neutral
Reichtum	Reichtum und Wohlstand können begünstigt werden.	neutral	Wohlstand und Reichtum können kontinuierlich schwinden.	neutral
Ruhm	neutral	neutral	neutral	neutral
Ehe	neutral	Harmonie in Ehe und Partnerschaft kann steigen.	neutral	Verbessert die Kommunikation in der Ehe.
Kinder	Günstig für die Entwicklung der Kinder (bis ca. 14 Jahre).	neutral	neutral	neutral
Helfende Menschen	neutral	neutral	neutral	Helfer kommen, aber nicht kontinuierlich.
Mitte – Tai Ji	neutral	Kann die Spiritualität erhöhen.	neutral	neutral

Vier-Tiere-Bagua

Die Symbolwirkung eines Klangspieles

Eine Reihe von Gartenbesitzern erfreut sich am Klang eines Klangspiels im Garten. Wenn Sie mehr über den Einfluss eine Klangspiels in den verschiedenen Bagua-Sektoren des Grundstücks wissen wollen, schauen Sie in die nachfolgende Tabelle. Die Wirkung ist nicht sehr ausgeprägt. Die genannten Einflüsse können Sie nur mit Klangspielen erzielen, deren Röhren aus Metall sind. Vermeiden Sie auf jeden Fall schwarze Klangröhren.

Die Bedeutung eines Klangspieles

Klangspiele im Sektor	Wirkungen im Schildkröten-Bagua (kontinuierlich)	Wirkungen im Drachen-Bagua (emotional)	Wirkungen im Tiger-Bagua (rational)	Wirkungen im Phönix-Bagua (wechselnde Einflüsse)
Karriere	Der Lebensweg/ die Karriere kann besser geplant werden.	neutral	neutral	neutral
Wissen	neutral	Die Systematik beim Lernen wird unterstützt.	neutral	neutral

Familie	Bringt klarere Einsicht in die Absichten von älteren Familienangehörigen und Vorgesetzten und macht damit den Kontakt besser planbar.	neutral	neutral	neutral
Reichtum	neutral	Verbessert die Planung in finanziellen Dingen durch Ausschaltung emotionaler Störfaktoren.	neutral	neutral
Ruhm	neutral	neutral	Erfolg und guter Ruf sind besser planbar (z. B. bei Werbestrategien).	Kann bedeuten, dass durch schlechte Planung Erfolg und guter Ruf gefährdet werden.
Ehe	neutral	neutral	neutral	neutral
Kinder	neutral	neutral	neutral	neutral
Helfende Menschen	Die Hilfe kommt, wenn sie benötigt wird.	neutral	neutral	neutral
Mitte – Tai Ji	neutral	neutral	neutral	neutral

Grillplatz

Wenn sie ein größeres Grundstück haben und einen festen Grillplatz einrichten wollen, können Sie den geeigneten Sektor eines beliebigen Vier-Tiere-Baguas unter anderem danach auswählen, mit wem Sie dort grillen und essen möchten. Ein fester Grillplatz, der häufig zum Feiern mit Gästen benutzt werden soll, wäre beispielsweise im Sektor „Helfende Menschen" von einem der Vier-Tiere-Baguas passend. Steht das familiäre Beisammensein im Vordergrund, ist der Sektor „Familie" eines der Vier-Tiere-Baguas geeignet.

Wenn Sie ein kleineres Grundstück oder einen kleineren Garten haben, empfiehlt es sich, eher einen tragbaren oder fahrbaren Grill zu benutzen, der zu den entsprechenden Anlässen aufgebaut und anschließend wieder weggestellt wird. Da Sie diesen Grill somit nur zeitweilig in dem speziellen Bagua-Sektor aufgestellt haben, geht hiervon keine besondere Wirkung auf die Hausbewohner aus.

Kinderspielplatz

Vier-Tiere-Bagua

Kinder benutzen gern den gesamten Garten beziehungsweise das gesamte Grundstück zum Spielen. Häufig möchte man jedoch an spezieller Stelle des Grundstücks einen Sandkasten oder Spielgeräte wie Schaukel oder Rutsche aufbauen. Da der Sandkasten der kreativen Entwicklung der Kinder dienen soll, ist es sinnvoll, den Sandkasten im Sektor „Kinder" eines der Vier-Tiere-Baguas aufzubauen. Im Sektor „Kinder" steht der Aspekt der Kreativität im Vordergrund.

Wichtig wird es jedoch auch sein, rein praktische Aspekte wie Sonneneinstrahlung und Einsehbarkeit des Spielplatzes zu berücksichtigen. Spielplätze sollten nicht vollständig im Schatten, aber möglichst auch nicht in der prallen Sonne liegen. Wichtig ist auch, dass der Spielplatz gerade für kleinere Kinder vom Haus aus gut einsehbar ist, insbesondere von den Räumen aus, in denen sich die beaufsichtigenden Elternteile oder andere beaufsichtigende Personen zur Spielzeit der Kinder den größten Teil der Zeit aufhalten. Selbstverständlich muss auch berücksichtigt werden, dass insbesondere kleinere Kinder nicht vom Spielplatz aus den direkten Weg zur Straße oder zu einem Gewässer nehmen können, das sie gefährden könnte.

Die Bewertung der Bagua-Bereiche von einem Lageplan

Wenn Sie die Bewertung Ihres Grundstücks von einem Lageplan vereinfachen möchten, können Sie die im Anhang des Buches befindliche Kopiervorlage der Bagua-Sektoren auf eine durchsichtige Kopierfolie (Overheadfolie) kopieren (gegebenenfalls als Vergrößerung). Die Kopiervorlage befindet sich auf Seite 332. Die beiden gestrichelten Linien dienen der Justierung der Folie auf Ihrem Lageplan. Der Bereich Tai Ji ist nicht abgebildet, da seine Größe von der Größe der Bagua-Bereiche auf dem Plan abhängig ist.

Kapitel 5
Pflanzen

Pflanzen sind wesentlicher Bestandteil des Gartens. Wir wollen uns in diesem Kapitel deshalb intensiver mit ihnen beschäftigen. In Kapitel 8 finden Sie darüber hinaus mehrere umfangreiche Pflanzentabellen, in denen wir speziell auf die Bedeutungen und Wirkungen der einzelnen Pflanzenarten eingehen.

Die Wirkung der Pflanzen im Garten und auf dem Grundstück

Die einzelnen Pflanzen haben eine spezifische Wirkung auf die Aura und die Geistanteile des Menschen. Dabei spricht jede Pflanze zunächst einmal unabhängig von ihrer Platzierung ein spezielles Thema an, dessen Wirkung auf den Menschen unter anderem von dem Standort der Pflanze im Garten beziehungsweise auf dem Grundstück abhängt. Insbesondere spielt dabei eine Rolle, ob ein Gehölz innerhalb oder außerhalb der Hausaura steht (s. S. 31). Auch die Platzierung in einem Sektor der vier Bagua-Bereiche des Grundstücks oder in einer bestimmten Richtung, vom Haus oder vom Mittelpunkt des Grundstücks aus gesehen, spielt eine Rolle. Auf diese Unterdifferenzierungen wollen wir in diesem Buch jedoch nicht näher eingehen. Steht eine Pflanze als Zimmerpflanze im Haus, kann sich eine besondere Bedeutung ergeben. Auf die speziellen Wirkungen von Zimmerpflanzen gehen wir in Kapitel 8 ein.

Kommunikation mit Pflanzen

Kündigen Sie Gartenarbeiten generell einen Tag vorher an. Sie können dies verbal oder mental tun. Wenn man einen Baum, zum Beispiel einen Apfelbaum, beschneiden will, sollte man dies einen Tag vorher ankündigen, damit der Baum den Saft zurückziehen kann. Grundsätzlich sollten Sie mit allen Pflanzen kurz sprechen, bevor Sie sie pflücken. Am besten bitten Sie die Pflanze um Erlaubnis, sie pflücken zu dürfen. Besonders wichtig ist dies, wenn Sie Pflanzen für Heilzwecke ernten, zum Beispiel für Kräutertees. Die heilende Wirkung wird sich nur dann voll entfalten, wenn von der Pflanze keine Gegenreaktion ausgeht. Wenn Sie der Pflanze ankündigen, dass Sie sie zu Heilzwecken pflücken, können Sie davon ausgehen, dass das Einverständnis vorliegt. Auch Blumen, die Sie zur Dekoration Ihrer Wohnung pflücken oder die Sie jemandem schenken möchten, werden Ihnen oder dem Beschenkten mehr Freude machen, wenn Sie vorher um Erlaubnis fragen.

Das Fällen und Roden von Gehölzen

Sie sollten dem „Geist" des Baumes oder Strauches, den Sie fällen wollen, das Vorhaben mindestens zwei, besser drei Tage vorher mitteilen, damit der Baumgeist seinen Umzug vorbereiten kann. Wiederholen sie Ihre Absicht jeden Tag erneut. Helfen Sie dem Baumgeist, einen neuen Platz zu finden. Nehmen Sie zum Beispiel mit Tensor oder Pendel mit dem „Chef" des Baumgeistes Kontakt auf und bitten diesen, für diesen einen neuen Platz zu suchen. Es hat sich bewährt, mit dem Tensor oder Pendel einen günstigen Termin für das Fällen zu bestimmen.

Wenn Sie einen Baum oder Strauch (die Wurzeln) roden wollen, fragen Sie mindestens einen Tag vor der Rodung, ob der Geist noch in der Wurzel ist. Ist dies der Fall, bitten Sie ihn, hinauszugehen. Nehmen Sie (wie beim Fällen) Kontakt mit dem „Chef" des Baumgeistes auf und bitten diesen, für den Baumgeist einen neuen Platz zu suchen.

Die Bepflanzung vor dem Haus

Die Bepflanzung vor dem Haus sollte den Blick auf die Straße beziehungsweise zur vorderen Grundstücksgrenze nicht verdecken. Pflanzen vor dem Haus sollten in der Regel nicht höher als 1,20 m sein. Nehmen Sie deshalb dafür Pflanzen, deren natürliche Wuchshöhe nicht darüber liegt, oder beschneiden Sie die Pflanzen regelmäßig.

Zur Markierung des Eingangs zum Grundstück können Sie auch höhere Pflanzen nehmen. Wenn Sie einen Sichtschutz zur Straße benötigen oder der Ausblick nach vorn nicht schön ist, besteht auch die Möglichkeit, höhere Pflanzen zu verwenden. Dies ist dann unter den gegebenen Umständen ein Kompromiss. Fragen Sie mit Tensor oder Pendel ab, welche Pflanzen Sie am besten als Sichtschutz nehmen können und welche Höhe besser nicht überschritten werden sollte.

Wenn ein einzelner Baum oder ein einzelner hoher Strauch auf dem Grundstück vor dem Haus stehen soll, darf dieser weder direkt zwischen Ming Tang (s. S. 32) und Hauseingang noch direkt vor dem Hauseingang stehen.

Beispiele für günstige Gehölze vor dem Haus

In der folgenden Tabelle haben wir eine Reihe von Gehölzen angegeben, die für die Bepflanzung vor dem Haus geeignet sind. Weitere botanische Einzelheiten zu den Gehölzen finden Sie in der Tabelle der Gehölze in Kapitel 8. (Der Sumpfporst, Ledum palustre, ist in Kapitel 8 in der Liste der Stauden zu finden.)

Gehölz (mittlere Wuchshöhe)	Spezielle Bedeutung vor dem Haus
Apfelbeere (1 m) (Aronia melanocarpa)	Stärkt die mentale Projektionskraft.
Bleibusch (1 m) (Amorpha canescens)	Man neigt weniger dazu, sich zurückzuziehen.
Gagelstrauch (1,5 m) (Myrica)	Man traut sich eher, auch mal Nein zu sagen.

Pflanzen

niedrige Ginsterarten und -sorten (1 m) *(Cytisus)*	Man kann auch andere Betrachtungsweisen verstehen.
Ginster (bis 1 m) *(Genista)*	kann das Ansehen der Familie nach außen verbessern.
Kissen-Schneeball (0,8 m) *(Viburnum davidii)*	Man findet im letzten Moment doch noch einen Ausweg.
Kriech-Weide (0,8 m) *(Salix repens)*	Man sieht eher das Positive einer Situation.
Maiblumenstrauch (0,8 m) *(Deutzia gracilis)*	Man kann falsche Behauptungen besser entkräften.
Strauch-Pfingstrose (1,5 m) *(Paeonia suffroticosa)*	Man lässt sich nicht so leicht von negativen Emotionen anstecken.
niedrige Rosen (1,2 m) *(Rosa)*	Stärkt die Aufgeschlossenheit gegenüber „jungen" und neuen Ideen.
Schneeige Berberitze (0,8 m) *(Berberis candidula)*	fördert leicht verständliche Kommunikation.
Sumpfporst (1 m) *(Ledum palustre)*	Stärkt die Bereitschaft, Neues auszuprobieren.
Warzen-Berberitze (1 m) *(Berberis verruculosa)*	Die Kommunikation wird überzeugender.
Zierquitte (1 m) *(Chaenomeles japonica)*	Man ist besser in der Lage, die eigene Meinung effizient vorzutragen.

Wenn Sie ein einzelnes höheres Gehölz vor dem Haus pflanzen möchten, finden Sie in der folgenden Tabelle eine kleine Auswahl mit spezieller günstiger Bedeutung. Achten Sie jedoch darauf, dass das Gehölz nicht direkt vor dem Hauseingang oder direkt zwischen Hauseingang und Ming Tang steht. Es sollte lediglich ein einzelnes Gehölz vor dem Haus stehen.

Gehölz (mittlere Wuchshöhe)	**Spezielle Bedeutung vor dem Haus**
Deutzie (3 m) *(Deutzia scabra „Plena")*	kann vor falschen Behauptungen schützen.
Kiefer (10 bis 30 m) *(Pinus sylvestris)*	schützt das Haus vor negativen gedanklichen Einflüssen.
Zypresse (je nach Art 6 bis 25 m) *(Cupressus)*	schützt das Haus vor negativen emotionalen Einflüssen.

Die Kiefer gilt in China als Symbol für langes Leben. Sie steht für Beständigkeit, Zähigkeit, Anpassungsfähigkeit und Bewahrung von Gleichmut. Die Kiefer fehlt kaum in einem chinesischen Garten, sie wird in kleinen Hofgärten als Bonsai gepflanzt. Eine Kiefer darf auch vor dem Haus als einzelner Baum oder Strauch stehen.

Die beiden Tabellen mit Beispielen für günstige Gehölze vor dem Haus gelten zunächst einmal für den Fall, dass die Vorderseite des Hauses (Phönix des Hauses) und die Vorderseite des Grundstücks (Phönix des Grundstücks beziehungsweise Ming Tang) in die gleiche Richtung zeigen. Für den Fall, dass sie in unterschiedliche Richtungen zeigen, gibt es Einschränkungen für folgende Gehölze: Bleibusch, Gagelstrauch, Kriech-Weide und Warzen-Berberitze sollten in diesem Fall auf die Vorderseite des Grundstücks gepflanzt werden, die Strauch-Pfingstrose dagegen auf die Vorderseite des Hauses. Die übrigen genannten Gehölze können sowohl auf der Vorderseite des Hauses als auch auf der Vorderseite des Grundstücks stehen, mit den speziell angegebenen günstigen Bedeutungen für Haus und Bewohner für beide Möglichkeiten der Platzierung.

Besonderheiten bei schief stehenden, kranken oder toten Bäumen

Ein Baum, der sich nah am Haus befindet, schief steht und dabei vom Haus weg zeigt, wirkt ungünstig auf die Hausaura (s. S. 31). Nah bedeutet in diesem Fall, dass der Stamm lediglich 4,40 m oder weniger von der Hauswand entfernt ist.

Ein schiefer Baum, der vom Haus weg zeigt.

Ein kranker Baum mit wenig Blättern wirkt insbesondere dann ungünstig, wenn er vor dem Haus steht. Wenn es nicht gelingt, den Baum gesunden zu lassen, sollte er in geeigneter Weise gerodet werden (s. S. 90).

Pflanzen

Ein kranker Baum mit wenig Blättern.

Abgestorbene (tote) Bäume auf dem Grundstück sollten gerodet werden (s. S. 90). Sie wirken insbesondere dann ungünstig, wenn sie vor dem Haus stehen.

Ein toter Baum.

Tote Bäume mit einem Loch im Stamm haben eine besonders ungünstige Symbolik.

Ein toter Baum mit Loch im Stamm.

Wenn es nicht möglich ist, einen toten Baum in kurzer Zeit zu roden, besteht die Möglichkeit, zumindest vorübergehend den ungünstigen Einfluss zu reduzieren, indem ein Ring aus Kieselsteinen um den Stamm gelegt wird (in ca. 30 cm Abstand zum Stamm). Der Ring selbst darf schmal sein, sollte jedoch deutlich als solcher erkennbar sein.

Bewertung im Rahmen des Vier-Tiere-Baguas

In Kapitel 4 haben wir das Vier-Tiere-Bagua besprochen. Kranke Bäume oder Bäume mit kranken Zweigen können beispielsweise auch Aufschluss über die Lebenssituation der Bewohner des Hauses geben. Veränderungen in den Sektoren können eine Veränderung der Lebenssituation der Bewohner anzeigen. So kann ein kranker Baum im Sektor Ehe in einem der Bereiche des Vier-Tiere-Baguas Probleme in der Ehe oder Partnerschaft anzeigen. Solche Anzeichen können bereits ein bis zwei Jahre zu sehen sein, bis aktuelle Probleme im partnerschaftlichen Bereich auftreten. Andererseits ist es auch möglich, durch aktive Veränderungen in den Sektoren Einfluss auf die Lebenssituation zu nehmen.

Kapitel 6

Wasser-Feng-Shui

Die Form eines Gewässers, die Richtung, in der es vom Haus oder Grundstück aus gesehen liegt, und bei fließenden Gewässern deren Fließrichtung spielen im Feng Shui eine große Rolle. Insbesondere in japanischen Gärten werden Wasserflächen häufig durch Sand, Kiesel- oder Bruchsteine geeigneter Form und Größe dargestellt. Dabei werden verschiedene Farbqualitäten eingesetzt. Bei Verwendung flacher Steine wird durch dachziegelartig überlappende Platzierung eine Fließrichtung (in Richtung der schräg herausragenden Steinteile) dargestellt. Japanische Gärten mit „trockener" Wasserdarstellung werden kare-san-sui (trockene Berg-Wasser-Gärten) genannt. Es ist möglich, die günstige Wirkung bestimmter Wasserführungen auf dem Grundstück auch durch die symbolische Anlage von Wasserläufen mittels gesäumter Kies- oder Bruchstein-(Fluss-)betten zu erreichen. Zunächst einmal wollen wir uns mit günstigen Wasserformen in der Landschaft außerhalb des Grundstücks befassen und problematische Wasserformationen in der Landschaft beschreiben, die für Siedlungen besser zu meiden sind.

Der klassische Wasserdrache in der Formschule

Die Chinesen beschreiben verschiedene Wasserformen, die eine günstige Gegend für eine Siedlung anzeigen. Grundbaustein der verschiedenen Formen ist eine **hufeisenförmige Wasserform**. Der für die menschliche Siedlung günstige Ort liegt im Zentrum des Hufeisens. Die Chinesen bezeichnen diese günstigen Wasserformen als **Wasserdrache**. Die hufeisenförmige Wasserform ersetzt hier die hufeisenförmige Anordnung von Drache, Schildkröte und Tiger als Berg- oder Hügelformation. Die Chinesen benutzen den Begriff Drache sehr vielfältig. Wenn hier von Wasserdrache die Rede ist, so ist eine günstige oder „glückliche" Wasserformation gemeint. Der Drache gilt in China allgemein als Glückssymbol.

Beim hufeisenförmigen Wasserdrachen sind auch bereits Hufeisenformen mit einem Durchmesser von unter 200 m günstig. Für hufeisenförmige Bergformationen hatten wir einen Mindestdurchmesser von 200 m genannt, damit eine besonders günstige Formation entsteht.

Günstige Wirkungen durch fließendes Wasser

Fließt an einem Gebäude oder Grundstück Wasser vorbei, ist gibt es verschiedene Kriterien, die diese Anordnung besonders günstig gestalten können. Dabei spielen Wasserform und Fließrichtung sowie die Lage des Hauses und des Grundstücks zum Wasser eine Rolle. Im Folgenden geben wir einige Beispiele für günstige Wasserformationen.

Das Innere einer hufeisenförmigen Flussformation

Besonders günstig ist die Lage eines Grundstücks oder einer Siedlung im inneren Teil einer hufeisenförmigen Flussformation. Die Lage direkt gegenüber der Krümmung einer solchen Hufeisenform ist dagegen ungünstig.

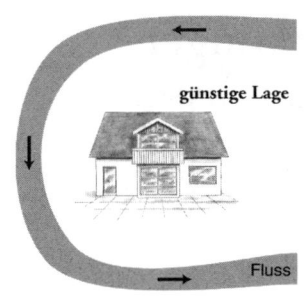 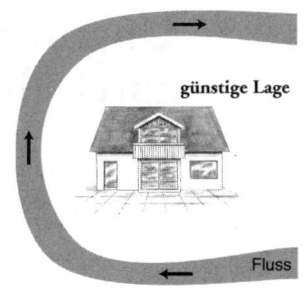

Günstige Lage im Inneren einer hufeisenförmigen Flussformation. Die Fließrichtung gegen den Uhrzeigersinn (linkes Bild) ist noch etwas günstiger als die Fließrichtung im Uhrzeigersinn (rechtes Bild).

Ein Fluss, der in Fließrichtung schmaler wird

Wird ein Fluss in Fließrichtung schmaler, so wird eine Siedlung oder ein Grundstück in diesem Bereich als günstig angesehen. Ähnlich günstig wirkt eine Lage am Abfluss eines Sees.

Günstige Lage an einem Fluss, der in Fließrichtung schmaler wird.

Zusammenfluss von zwei oder mehreren Flussläufen

Vereinigen sich zwei oder mehr Flussläufe zu einem Fluss, so ist die Lage einer Siedlung oder eines Grundstücks in diesem Bereich besonders günstig.

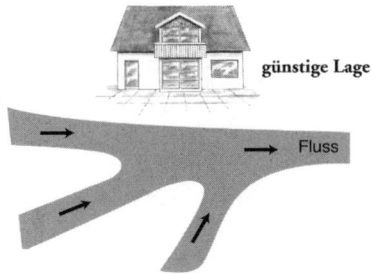

Günstige Lage am Zusammenfluss von zwei oder mehreren Flussläufen zu einem Fluss.

Wasser-Feng-Shui

Ungünstige Wirkungen durch fließendes Wasser

Es gibt auch ungünstige Wasserformationen beziehungsweise ungünstige Lagen an fließenden Gewässern. Einige Beispiele:

Ein Fluss, der in Fließrichtung breiter wird

Wird ein Fluss in Fließrichtung deutlich breiter, wird eine Siedlung oder ein Grundstück in diesem Bereich als ungünstig angesehen. Fließt ein Fluss durch einen See, ist die Lage an dem Teil des Sees, der deutlich breiter wird, ungünstiger als an dem Teil des Sees, der in Fließrichtung schmaler wird.

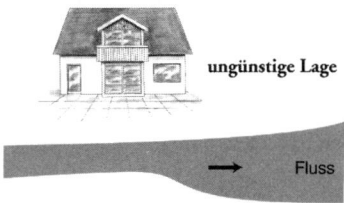

Ungünstige Lage an einem Fluss, der in Fließrichtung breiter wird.

Aufteilung eines Flusses in mehrere Arme

Teilt sich ein Fluss in zwei oder mehrere Arme auf, ist die Lage eines Grundstücks oder einer Siedlung im Teilungsgebiet ungünstig.

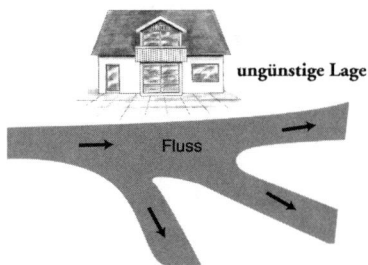

Ungünstige Lage an der Aufteilung eines Flusses in zwei oder mehrere Arme.

Ein Fluss, der in gerader Richtung auf ein Grundstück zu- oder von ihm wegfließt

Fließt ein Fluss in gerader Richtung auf ein Grundstück zu oder von einem Grundstück weg, ist die Lage dieses Grundstücks ungünstig.

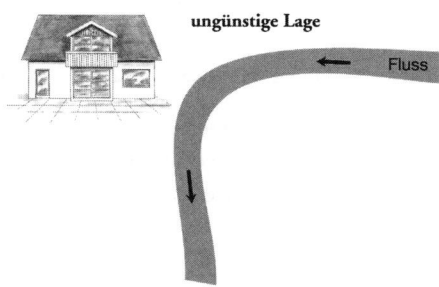

Ungünstige Lage, wenn ein Fluss direkt auf ein Grundstück zufließt.

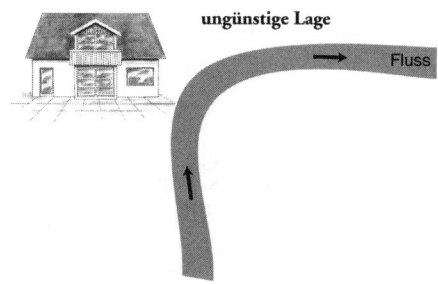

Ungünstige Lage, wenn ein Fluss direkt von einem Grundstück wegfließt.

Das Äußere einer stark gekrümmten Flussformation

Die Lage direkt gegenüber einer scharf gekrümmten Flussformation ist ungünstig.

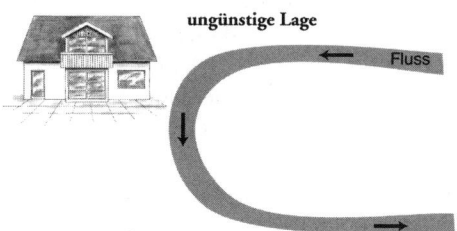

Ungünstige Lage direkt gegenüber einer scharf gekrümmten Flussformation.

Teich oder Swimmingpool auf dem Grundstück

Ein Teich oder Swimmingpool auf dem Grundstück hat eine etwas unterschiedliche Wirkung. Wichtig dafür ist die Lage in Bezug auf das Haus.

Lage eines stehenden Gewässers auf dem Grundstück

In Kapitel 2 haben wir die vier Tiere des Hauses: Drache, Tiger, Phönix und Schlange beschrieben (s. S. 39). In den dazugehörigen Grafiken haben wir die Bereiche der vier Tiere des Hauses dargestellt. Die Bereiche waren, abhängig von der Form des Hauses, rund oder oval. Für die Lage eines stehenden Gewässers auf dem Grundstück ist eine Zuordnung von Sektoren zu den vier Tieren des Hauses maßgebend. Dabei wird den vier Tieren des Hauses jeweils ein 60-°-Sektor zugeordnet, der vom Mittelpunkt des Hauses ausgeht. Zwischen den 60-°-Sektoren liegt jeweils ein 30-°-Sektor ohne Tierzuordnung.

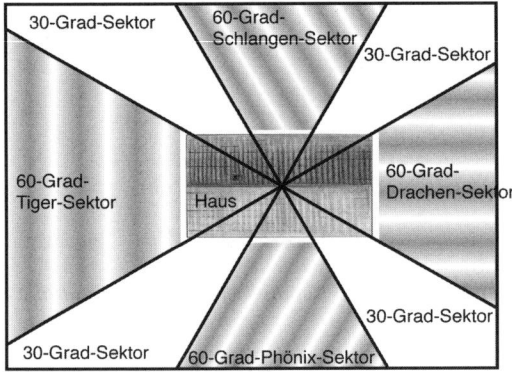

Die Sektoren der vier Tiere des Hauses.

Teiche auf dem Grundstück

Zur Gestaltung des Gartens wird häufig daran gedacht, einen Teich anzulegen. Bereits von Natur aus bestehende Teiche wird man eher in größeren Parkanlagen finden. Für die Feng-Shui-Betrachtung ist von Bedeutung, ob ein solcher Teich auf dem Grundstück selbst liegt oder nicht. Bei kleineren Grundstücken werden natürlich bestehende Teiche häufiger außerhalb des Grundstücks an der Grundstücksgrenze anzutreffen sein.

Befindet sich ein Teich auf dem Grundstück selbst, ist seine Lage zum Haus, seine Entfernung zum Haus und seine Größe im Verhältnis zur Grundfläche des Hauses wichtig.

Die Form eines Teiches

Natürliche Teiche auf dem Grundstück sind normalerweise gerundet. Künstliche Teiche sollten im Prinzip eine ähnliche Form haben wie natürliche. Gerundete Formen sind eckigen vorzuziehen.

Die Größe eines Teiches

Die Größe, die ein Teich auf dem Grundstück nicht überschreiten sollte, ist abhängig von der Lage zum Haus. Ist ein Teich auf dem Grundstück zu groß, können astrologische Grundtendenzen ungünstig beeinflusst werden.

Am größten darf ein Teich im 60-°-Schlangen-Sektor sein. Die maximale Größe beträgt hier ca. 26 % der Grundfläche des Hauses. Die maximale Größe im 60-°-Phönix-Sektor des Hauses beträgt 16 %, in den 60-°-Drachen- und -Tiger-Sektoren jeweils 13 %. Teiche in den 30-°-Sektoren zwischen den 60-°-Sektoren der vier Tiere des Hauses sollten recht klein sein. Die maximale Größe ist hier ca. 2,6 % der Grundfläche des Hauses. Liegt ein Teich außerhalb des Grundstücks, spielt das Größenverhältnis keine Rolle.

Größe eines Teiches im Verhältnis zur Grundfläche des Hauses

Teich im	maximale Größe des Teiches im Verhältnis zur Grundfläche des Hauses
60-°-Schlangen-Sektor	26 %
60-°-Phönix-Sektor	16 %
60-°-Drachen-Sektor	13 %
60-°-Tiger-Sektor	13 %
30-°-Sektoren zwischen den Tiersektoren	2,6 %

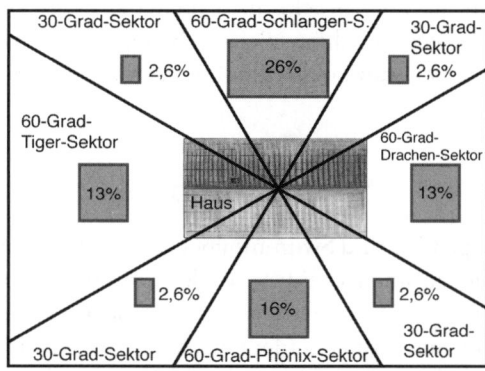

Maximale Größe eines Teiches im Verhältnis zur Grundfläche des Hauses: Damit Sie einen Eindruck von den Größenverhältnissen gewinnen, haben wir die maximale Größe eines Teiches in den einzelnen Sektoren schematisch als Rechteck dargestellt.
Planen Sie Ihren Teich allerdings bitte nicht rechteckig.

Wasser-Feng-Shui

Abstand eines Teiches zum Haus

Teiche auf dem Grundstück sollten am besten außerhalb der Aura des Hauses liegen (s. S. 31). Die Hausaura endet in etwa 4,40 m von der Hauswand entfernt. Zumindest aber sollte ein Drittel der Fläche des Teiches außerhalb der Hausaura liegen, wenn der Teich in einem der 60-°-Sektoren der Tiere des Hauses liegt. Befindet er sich in einem der 30-°-Sektoren, sollte zumindest die Hälfte der Fläche des Teiches außerhalb der Hausaura liegen.

Schmale Brücken und Stege bei zu großen Teichen

Die ungünstige Wirkung eines relativ zu großen Teiches wird gemindert, wenn eine Brücke darüber gebaut wird. Sie hat eine symbolische Bedeutung. Bei kleinen Teichen sollte sie normalerweise ohne Geländer, nicht breiter als 40 cm (20 bis 40 cm breit) und nicht bogenförmig sein.

In vielen Fällen reicht es aus, einen Steg in den Teich hineinzubauen. Auch dieser hat eine symbolische Bedeutung. Er sollte ziemlich genau 40 cm breit sein und zu gut einem Drittel (ca. 35 % der Breite des Teiches an der entsprechenden Stelle) auf den Teich hinaus reichen. Der Steg sollte so gestaltet sein, dass er vom Haus aus auf das Wasser führt.

Auch Trittsteine durch den Teich sind geeignet, ungünstige Wirkungen relativ zu großer Teiche auszugleichen. Die Trittsteine sollten dafür entweder rund sein oder natürlich vorgegebene Formen haben. Sie können so geführt sein, dass sie den ganzen Teich durchqueren oder ähnlich wie ein Steg in den Teich hineinführen. In diesem Fall sollten sie von der Hausseite ausgehen und zumindest zu 50 % in den Teich hineinführen.

Bogenförmige Brücken mit und ohne Geländer bei zu großen Teichen

Bei Teichen ab 10 m² darf die Brücke auch breiter sein, ein Geländer haben und bogenförmig über das Wasser führen. Bei Teichen ab 15 m² darf die Brücke auch Stützen haben, sollte aber zumindest zum Teil auch bogenförmig über das Wasser führen.*

Swimmingpool

Auch in kühleren Gegenden sind Swimmingpools auf dem Grundstück nicht selten anzutreffen. Dabei ist zu unterscheiden, ob der Swimmingpool in den Erdboden eingelassen ist oder (als kreisförmige Konstruktion) oberhalb des Erdbodens aufgebaut ist. Für die Betrachtung ist außerdem wesentlich, dass Swimmingpools in kühleren Gegenden die meiste Zeit des Jahres ohne Wasser sind.

---

* Dies sind die empfohlenen Maßnahmen unter Feng-Shui-Gesichtspunkten. Beachten Sie zusätzlich die geltenden Bauvorschriften.

Die Form eines Swimmingpools

Swimmingpools mit runden Formen haben Yang-Wirkung, mit eckigen Formen Yin-Wirkung. Swimmingpools mit eckigen Formen, die auf der Seite des Ming Tangs (s. S. 32) liegen, stören ihn häufig in seiner Funktion. Runde Formen sind deshalb auf der Seite des Ming Tangs besser. Bei Swimmingpools mit gemischten runden und eckigen Formen ist gegebenenfalls mit Tensor oder Pendel (s. S. 318) zu klären, welche Wirkung überwiegt.

Ein nierenförmiger Swimmingpool neben dem Haus.

Ein rechteckiger Swimmingpool neben dem Haus.

Wasser-Feng-Shui

Die Größe eines Swimmingpools

Die Größe, die ein Swimmingpool auf dem Grundstück nicht überschreiten sollte, ist ähnlich wie beim Teich abhängig von der Lage zum Haus. Bei Swimmingpools spielt zusätzlich eine Rolle, welche Form er hat und ob er im Erdboden eingelassen oder oberirdisch ist. Insbesondere Swimmingpools mit runden Formen findet man auch oberirdisch. Die maximalen Größen können sie der nachfolgenden Tabelle entnehmen. Es ergibt sich eine zusätzliche Differenzierung über die Entfernung zum Haus. Bei Hochhäusern darf er etwas größer sein als hier angegeben. Ist ein Swimmingpool im Verhältnis zur Grundfläche des Hauses zu groß, können sich ungünstige astrologische Einflüsse, die auf die einzelnen Bewohner des Hauses wirken, verstärken. Dies kann durchaus zu erheblichen Problemen führen.

Größe eines Swimmingpools im Verhältnis zur Grundfläche des Hauses

	maximale Größe eines Swimmingpools im Verhältnis zur Grundfläche des Hauses ab 4,40 m Abstand		maximale Größe eines Swimmingpools im Verhältnis zur Grundfläche des Hauses ab 9 m Abstand	
	Swimmingpool mit		Swimmingpool mit	
	eckigen Formen (in den Erdboden eingelassen)	runden Formen (eingelassen/ oberirdisch)	eckigen Formen (in den Erdboden eingelassen)	runden Formen (eingelassen/ oberirdisch)
Swimmingpool im				
60-°-Schlangen-Sektor	20 %	28 %/30 %	30 %	60 %/65 %
60-°-Phönix-Sektor	12 %	16 %/18 %	18 %	28 %/31 %
60-°-Drachen-Sektor	10 %	12 %/14 %	13 %	19 %/21 %
60-°-Tiger-Sektor	10 %	12 %/14 %	13 %	19 %/21 %
30-°-Sektoren zwischen den Tiersektoren	6 %	7-8 %/9 %	8-9 %	12-13 %/14 %

Der Abstand eines Swimmingpools zum Haus

Swimmingpools auf dem Grundstück sollten auf jeden Fall außerhalb der Aura des Hauses liegen (s. S. 31), also mindestens etwa 4,40 m von der Hauswand entfernt sein. Wenn Swimmingpools 9 m oder mehr von der Hauswand entfernt sind, dürfen sie noch etwas größer sein als sonst.

Platzierung eines Swimmingpools auf dem Grundstück

Wenn das Haus nicht in der Mitte des Grundstücks steht, gibt es bevorzugte Platzierungsmöglichkeiten für einen Swimmingpool. Die hier Angegebenen sind jedoch nicht zwingend, andere können trotzdem günstig sein.

Ist das Haus, von der Mitte des Grundstücks aus gesehen, lediglich in Richtung eines Tiersektors hin verschoben, ist eine günstige Platzierungsmöglichkeit im nächsten Tiersektor des Hauses im Uhrzeigersinn. Das heißt, ist das Haus beispielsweise in Richtung des Schlangen-Sektors verschoben, ist ein günstiger Platz im Drachen-Sektor. Ist das Haus beispielsweise in Richtung des Phönix-Sektors verschoben, ist eine günstiger Platz im Tiger-Sektor. Achten Sie bitte darauf, dass Swimmingpools mit eckigen Formen im vorderen Teil des Grundstücks (auf der Seite des Ming Tang) Probleme verursachen können. Auf der Südhalbkugel gilt bei der Auswahl des Tiersektors eine Richtung gegen den Uhrzeigersinn.

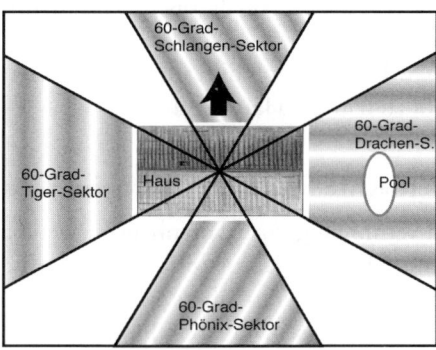

In diesem Beispiel ist das Haus zum Schlangen-Sektor hin verschoben. Der nächste Tiersektor im Uhrzeigersinn ist der Drachen-Sektor, der deshalb eine gute Platzierung ist.

Ist das Haus, von der Mitte des Grundstücks aus gesehen, in Richtung von zwei Tiersektoren verschoben, ist eine günstige Platzierungsmöglichkeit im größten der beiden anderen Tiersektoren des Hauses. Das heißt, ist das Haus beispielsweise in Richtung des Drachen- und des Phönix-Sektors verschoben und ist der Tiger-Sektor der größte Sektor, ist dort ein günstiger Standort.

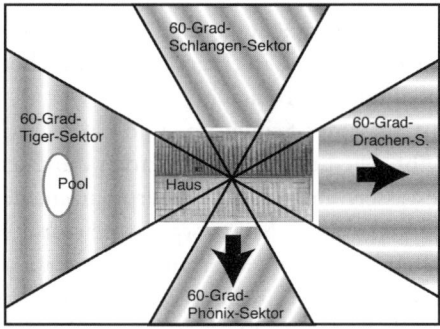

In diesem Beispiel ist das Haus zum Drachen- und zum Phönix-Sektor hin verschoben. Der größte Sektor ist der Tiger-Sektor, der deshalb ein guter Standort für den Swimmingpool ist.

107

Abdeckung von zu großen Swimmingpools

Ein zu großer Swimmingpool sollte möglichst immer abgedeckt sein, solange er nicht zum Schwimmen benutzt wird. Als Abdeckung geeignet sind beispielsweise Rolladenabdeckungen und Kunststoffschwimmfolien. Voraussetzung für eine gute Wirkung ist, dass die Abdeckung eine gerade Fläche bildet. Ist das Schwimmbad ohne Wasser, sollten die so genannten Winterabdeckungen metallverstärkt sein, damit sie nicht durchhängen.

Swimmingpools im Freien jeglicher Bauart ab etwa 80 bis 100 cm Beckentiefe sollten grundsätzlich abgedeckt sein, wenn kein Wasser darin ist. Dies gilt auch für kleinere Swimmingpools, die die Maximalgrößen im Verhältnis zur Grundfläche des Hauses nicht überschreiten.

Eine Abdeckung des Swimmingpools hilft auch bei auftretenden Problemen, wenn sich der Swimmingpool zu nah am Haus befindet.

Überdachte Swimmingpools im Garten

Um Wärmeverlust und Verunreinigungen vorzubeugen, werden Swimmingpools zum Teil auch vollständig mit Glas oder Kunststoffglas überdacht. Die Überdachung ist hierbei häufig aufschiebbar. Solcherart überdachte Swimmingpools können nach den Größenkriterien etwas größer sein (etwa ein Fünftel größer) als nicht überdachte. Befindet sich der Swimmingpool in einem eigenen Haus mit festem Dach, unterliegt er nicht den hier aufgeführten Größenkriterien. Die Betrachtung nach dem Vier-Tiere-Bagua (s. S. 81) als Swimmingpool bleibt jedoch. Unter verschiedenen Gesichtspunkten ist es günstiger, einen Swimmingpool in einem eigenen Haus außerhalb des Wohnhauses in einem Abstand von ca. 5 m zum Haus oder darüber unterzubringen als innerhalb des Wohnhauses selbst (zum Beispiel im Keller oder als direkter Anbau an das Haus).

Badeteiche: „Biopool" und „Bioteich"

Immer mehr Eigenheimbesitzer möchten auf eigenem Grundstück lieber in einem natürlichen Schwimmteich baden als in einem herkömmlichen Pool. Zu unterscheiden sind hier der Biopool und der Bioteich.

Der Biopool besteht aus einer Schwimm- und einer Flachwasserzone, die den Schwimmbereich umgibt. Die beiden Areale werden durch eine Holzkonstruktion getrennt. In der Flachwasserzone gibt es Wasserpflanzen, deren Wurzeln für den Sauerstoffaustausch sorgen sollen. Mikroorganismen und Kleinstlebewesen wie Wasserflöhe sollen die Reinigung des Wassers übernehmen. Da sich das Wasser in der Flachwasserzone recht schnell erwärmt, soll von hier aus die Erwärmung des Wassers auch im Schwimmbereich ausgehen. Der komplette Biopool wird mit einer licht- und frostbeständigen PVC-Folie ausgelegt. Im Allgemeinen wird von einer Mindestfläche von 20 m² ausgegangen.

Der Bioteich braucht dagegen eine Minimalfläche von 60 m². Er besteht aus zwei Wasserkammern (Primär- und Sekundärteich), einer Umwälzpumpe, die den Wasserkreislauf unterstützt und einer „Quelle". Das Primärbecken besteht aus einem Schwimm- und Flachwasserbereich wie beim Biopool. Das zweite Becken wird als Sekundär- oder Klärteich genutzt. Beide Wasserkammern werden durch eine unterirdische Leitung miteinander verbunden. Das System ist insgesamt technisch sehr aufwendig und teuer.

Für den Biopool wird angegeben, dass das Wasser lediglich alle 10 Jahre ausgewechselt werden muss, beim Bioteich gar nicht. Auf chemische Reinigungsmittel wird gänzlich verzichtet. Namhafte Hygieneexperten weisen jedoch darauf hin, dass natürliche Reinigungsfunktion von Biopool und Bioteich nicht ausreichen, um Erkrankungsrisiken ausreichend auszuschließen. Ob zusätzliche alternative Reinigungsmöglichkeiten wie zum Beispiel die Plocher-Produkte ausreichen, um eine geeignete Badewasserqualität herzustellen, müsste weiter überprüft werden.

Unter Feng-Shui-Gesichtspunkten zählen Badeteiche (Biopool und Bioteich) als Teich, sollten sich jedoch nicht innerhalb der Hausaura befinden. Probleme ergeben sich beim Bioteich aus der erforderlichen Mindestgröße, die die maximale Größe bei Eigenheimen in der Regel übersteigen dürfte.

Swimmingpool oder Teich an bewegten Gewässern

Liegt ein Swimmingpool oder Teich (auf dem Grundstück) an einem angrenzenden bewegten Gewässer (Fluss, Meer, größerer See mit Abfluss usw.) sollte der Abstand zur Grundstücksgrenze mindestens 4 m betragen.

Ein Swimmingpool am Meer oder an einem großen See

Liegt ein Haus am Meer oder an einem großen See (mit Abfluss), liegt der Ming Tang (s. S. 32) in der Regel auf der Meer- oder Seeseite. In diesem Fall sind Swimmingpools mit runden Formen eckigen vorzuziehen, damit die Funktion des Ming Tangs nicht gestört wird. Für reine Hotelbetriebe sind auch eckige Swimmingpools tolerabel. Bei gemischten Betrieben mit Hotelzimmern und Appartements zum dauerhaften Wohnen können sich bei eckigen Swimmingpools auf der Seite des Ming Tangs Probleme ergeben, die sich reduzieren, wenn die Appartements in den oberen Stockwerken liegen.

Feinstoffliche Ergänzung der Grundstücksform zum Kreis

Wenn Sie Ihr Grundstück mithilfe der Feng Shui Power Disc 99 oder auch des passenden Steinrondells feinstofflich zum Kreis ergänzen, reduzieren Sie Probleme, die sich durch zu große oder zu nah am Haus gelegene Swimmingpools oder Teiche ergeben. Probleme durch leere Swimmingpools lassen sich genauso bessern.

Kapitel 7
Gestaltung von Grundstück und Garten

In diesem Kapitel wollen wir uns mit einigen praktischen Punkten befassen, die für die Gestaltung des Grundstücks und Gartens wichtig sind. Für den Text im Abschnitt „Praktische Hinweise zur Gartengestaltung" danken wir herzlich Herrn Karsten Wißmann, Landschaftsarchitekt.

Praktische Hinweise zur Gartengestaltung

Garten ist nicht gleich Garten

Wenn wir vom Garten sprechen, müssen wir näher eingrenzen, welchen Garten wir meinen. Reden wir vom dörflichen Bauerngarten, vom Hausgarten eines Einfamilien- oder Doppelhauses, vom Reihenhaus im Neubaugebiet, vom großräumigen Garten einer Stadtvilla, vom Kleingarten, Schrebergarten oder Grabeland am Ortsrand, vom Dachgarten oder etwa von herrschaftlichen Garten- und Parkanlagen, vom Schloss- oder Klostergarten?

Egal, welchen Garten wir planen und gestalten wollen, wir müssen sowohl die äußeren Gegebenheiten als auch die Ansprüche der Nutzer berücksichtigen.

Die Gartennutzer und ihre Ansprüche

Den idealen Garten für Jedermann gibt es nicht! Die Nutzer und ihre Ansprüche an den Garten sind genauso vielfältig wie die unterschiedlichen äußeren Gegebenheiten.

Für unsere Gartenplanung müssen wir unsere Zielvorstellungen konkretisieren:
- Wollen wir im Garten körperlich arbeiten als Ausgleich für den Bürojob, oder wollen wir uns nur erholen?
- Brauchen wir den Garten zur Entspannung und zur Meditation?
- Wollen wir einen reinen Ziergarten oder auch eine Nutzgartenfläche mit Obst, Beerensträuchern, Gemüse, Kräutern und Schnittblumen?
- Oder benötigen wir einen „Kindergarten", der den Ansprüchen und Belastungen unserer Kinder standhält?
- Träumen wir von einem Ziergarten mit exotischen Besonderheiten, oder bevorzugen wir einen Naturgarten mit heimischen Gehölzen und Stauden?
- Soll uns der Garten an die Landschaft und Vegetation von vergangenen Urlaubstagen im Süden erinnern?
- Brauchen wir eine üppige und abwechslungsreiche Gestaltung, oder geben wir uns mit wenigen Gartenelementen zufrieden?

Berücksichtigung der vorhandenen Gegebenheiten

Auf der einen Seite stehen unsere Wunschvorstellungen, auf der anderen Seite müssen wir uns mit den vorhandenen Gegebenheiten abfinden (Relief, Licht, Klima, Wasser, Boden) und sie so gut wie möglich für unsere Gestaltung nutzen.

Zum Beispiel haben ebene Gärten stets einen anderen Charakter als Gärten am Hang, die einen weiten Ausblick ins Umland ermöglichen. In stark verschatteten Gärten, zwischen hohen Häusern oder in altem Baumbestand, muss bei der Pflanzenauswahl vor allem die Schattenverträglichkeit beachtet werden. Daneben spielt das Klima eine maßgebliche Rolle bei der Pflanzenverwendung. Wärmeliebende Arten wachsen vielleicht auch in kälteren Zonen, aber sie blühen eventuell nicht, fruchten nicht, oder die Früchte können aufgrund von fehlender Wärme und Sonne nicht ausreifen. Auch die Wasserverhältnisse beeinflussen den Gartencharakter. Wenn wir ein feuchtes oder gar nasses Grundstück zur Verfügung haben, ist ein Trockenrasen vielleicht nicht das Richtige für unseren Garten. Ebenso gedeihen anspruchsvolle, nährstoffliebende Arten nicht auf mageren Sandböden. Oder säureliebende Moorpflanzen gehen auf Kalkboden trotz aufopferungsvoller Pflege immer wieder ein. Unsere Pflanzenauswahl sollte möglichst die Standortverhältnisse berücksichtigen.

Die Gliederung des Gartens

Die Fläche zwischen Grundstücksgrenze und Haus steht uns als Garten zur Verfügung. Zudem schränkt die Garage oder der Carport mit seiner Zufahrt das Grundstück ein. Die Wege als Verbindung zwischen den Eingängen von Garten und Haus geben ein weiteres Muster vor. Dazu kommen die befestigten Flächen von Terrasse und Sitzplätzen. Rasen, Stauden, Nutzgarten, die Kräuterecke, Gehölzpflanzungen und eventuell Wasserflächen vervollständigen das Mosaik.

Von großer Bedeutung sind die Übergänge von drinnen nach draußen. In allen Jahreszeiten sollte der Ausblick in den Garten möglich sein. Gerade die Blickbeziehungen in den Garten müssen wir bei unseren Planungen berücksichtigen. Sowohl Türen als auch Fenster müssen weiträumig von großen Gehölzen freigehalten werden.

Probleme mit den Bäumen

Beim Pflanzen von Bäumen und Sträuchern wird deren Wuchskraft und die Endgröße häufig unterschätzt. Anfangs niedliche Gehölze wachsen in wenigen Jahren vor die Fenster und verschatten die Räume. Nachdem die Bäume erst einmal eine gewisse Größe erreicht haben, möchte man sie auch nicht mehr fällen, oder eine örtliche Baumschutzsatzung untersagt die Baumfällung.

Nicht nur die Nähe der Bäume zum Haus kann Probleme bereiten, sondern auch ihre Ausdehnung im Verhältnis zur Grundstücksgröße. Gerade in den heutigen kleinen Gärten, insbesondere in den verstädterten Regionen, ist es wenig sinnvoll, Bäume zu pflanzen, die im Alter Kronen-Durchmesser von 15, 20 oder 25 m erreichen. Großbäume, wie Berg-Ahorn, Buche, Platane, Stiel-Eiche oder Sommer-Linde sind für Hausgärten tabu, da sie leicht eine Fläche von 300 m² überstellen und somit kleinere Grundstücke fast vollständig verschatten können.

Problematisch wird es, wenn die Pflanzung entsprechender Bäume im Bebauungsplan als Ausgleichs- und Ersatzmaßnahmen vorgeschrieben sind. Hier sollte man eventuell auf Bäume mit lockererer Krone (zum Beispiel Mehlbeere, Weißdorn, Wildbirne und Wildapfel) oder wenn möglich auf kleinkronige und säulenförmige Wuchsformen der vorgegebenen Arten zurückgreifen, beispielsweise:

Kugel-Ahorn Säulen-Spitzahorn
Kugel-Esche Säulen-Hainbuche
Kugel-Steppenkirsche Säulen-Eiche
Kugel-Robinie Gold-Ulme

Zudem sollten in unseren sonnenarmen Gebieten größere Bäume nicht unbedingt im Süd- oder Westbereich des Gartens gepflanzt werden.

Dieser Baum steht zu nah am Haus. Es sollte darauf geachtet werden, dass Bäume nicht so nah am Haus stehen, dass – wie in diesem Fall – die Blüten direkt auf das Dach fallen.

Pflege und Unterhaltung

Sowohl große als auch kleine Gartenanlagen benötigen ständige Pflege und Unterhaltung. Man kann den Arbeitsaufwand jedoch auf unterschiedliche Art und Weise reduzieren.

Die monotone Lösung ist der „gärtnerische Dreiklang" aus Waschbetonplatten, Zierrasen und Fichten. Außer wöchentlichem Rasenmähen und Auskratzen der Plattenfugen fallen keine weiteren Arbeiten an, da unter der Nadelstreu der Fichten kein Auswuchs hochkommt.

Wesentlich anspruchsvoller wird die Minimierung der Pflege in einem reich strukturierten Garten. Bereits in der Planungsphase bestehen viele Möglichkeiten, den Pflegeaufwand zu reduzieren. Von größter Bedeutung ist dabei die richtige Auswahl der Bepflanzung. Pflanzen, deren Boden-, Wasser-, Klima- und Lichtbedürfnisse erfüllt sind, werden üppig wachsen und bedürfen nur geringer Pflegeeingriffe.

Dagegen benötigen standortfremde Arten immer einen erhöhten Pflegeaufwand und werden sich trotz aller Bemühungen nicht optimal entwickeln.

Zudem sollte man sich gut überlegen, ob der Garten mit hochgezüchteten Arten geschmückt werden soll. Zum Beispiel benötigen „Hochzucht-Rosen" nicht nur einen sonnigen Standort, sondern auch ständige Spritzmittelgaben gegen Blattläuse, Mehltau usw., um ihre volle Blütenpracht zu entwickeln. In geringem Umfang kann man durch Mischkulturen den Schädlingsbefall eindämmen (hier zum Beispiel die Kombination von Rose mit Lavendel).

Zur Reduzierung des Unkrautaufwuchses können Hecken- und Strauchgruppen mit Bodendeckern unterpflanzt werden. Jedoch sollte man ausläuferbildende Arten eher vorsichtig verwenden (Eindämmung in begrenzten Beeten). Man kann sowohl schattenverträgliche bodendeckende Gehölze als auch ausdauernde Stauden als Unterpflanzung einsetzen. Auch Kräuter, wie zum Beispiel Oregano, eignen sich hervorragend zur Begrünung unter Lebensbaumhecken.

Eine andere Möglichkeit der Eindämmung des Unkrautaufwuchses ist die Bodenbedeckung mit Mulch. Die Mulchdecke erschwert das Aufkommen von Unkräutern und erleichtert ihre Beseitigung. Zudem ergeben sich positive Nebeneffekte für die Bepflanzung durch eine ausgeglichenere Bodenfeuchtigkeit.

Für die Rasenflächen muss man sich überlegen, ob es der englische Wembley-Rasen sein muss oder ob ein Teilbereich als Blumenwiese wachsen kann. Die wöchentliche Mahd entfällt, nur im Herbst muss nach dem Aussamen der Kräuter gemäht und das Mähgut beseitigt werden.

Der Jahreszeitengarten

Bei einer ausgewogenen Pflanzenauswahl für unseren Garten werden wir die Jahreszeiten berücksichtigen. Nicht nur die Blüten von Stauden und Sträuchern dokumentieren den Jahreslauf, sondern auch der Laubaustrieb, die Herbstfärbung, der Laubfall, Früchte und auffällig gefärbte Zweige. Zudem beleben immergrüne Gehölze den Garten im Winter.

Bereits von Dezember bis März blüht der gelbe Winterjasmin im Garten. Im Januar gesellt sich die Zaubernuss dazu. Im Februar erscheinen die karminroten Blüten des Seidelbastes. Im März verkünden die gelben Forsythien den Vorfrühling. Im April stehen die Zierkirschen und Magnolien in voller Blüte. Im Mai blühen die Rhododendren und der Schneeball. Im Juni verbreiten die Blüten des Falschen Jasmins ihren Duft, und der Schmetterlingsstrauch lockt die Schmetterlinge an. Im Juli blühen die Waldrebe und die Rosen. Zahlreiche Arten und Sorten blühen den Sommer über bis in den Oktober hinein.

Im Herbst verwandeln sich die Blätter von zahlreichen Bäumen und Sträuchern in ein Farbenmeer. Die Ahornarten färben sich gelb, orange und rot, Birken und Linden werden gelb, Hartriegel und Weißdorn bekommen orange und rote Blätter. Die Farbpalette reicht von hellgelb bis zu rotviolett.

Zudem werden Bäume und Sträucher von zahlreichen Früchten geschmückt; Hartriegel, Weißdorn und Stechpalme rot, Sanddorn und Eberesche orange, Schneeflockenstrauch, Kreuzdorn und Traubenkirsche schwarz, Amberbaum und Flügelnuss grün und die Schneebeere weiß. Daneben leuchten die roten Zweige des Hartriegels und die weiße Rinde der Birken. Auch die immergrünen Nadelgehölze haben im Winter ihren Reiz, zum Teil mit auffällig großen oder gefärbten Zapfen (violette Zapfen der Korea-Tanne).

Licht und Schatten

Licht und Schattenwurf sind ebenfalls wichtige Aspekte bei der Gartenplanung. Hierbei ergeben sich durch unterschiedliche klimatische Voraussetzungen unterschiedliche Zielvorstellungen. In warmen oder heißen Regionen ist im Sommer eher eine Beschattung erwünscht, in kühleren, sonnenarmen Gebieten steht die Besonnung im Vordergrund.

Neben der Beachtung des Schattenwurfes von Gehölzen auf Haus, Fenster und Sitzplätze muss bei der Planung auch der Lichtbedarf der Pflanzen berücksichtigt werden. Einzelheiten zum Lichtbedarf der Pflanzen können Sie den Pflanzen-Tabellen in Kapitel 8 entnehmen. Der jeweilige Lichtbedarf ist dort in der Spalte 6 beschrieben.

Die sonnige Gartenseite ist wesentlich leichter zu bepflanzen als die Schattenseite, da die meisten Arten eher sonnige Standorte bevorzugen. In praller Sonne und geschützten Lagen gedeihen bei uns auch Pflanzen aus dem Mittelmeerraum. Lichthungrige Gehölze wie Schmetterlingsstrauch, Ginster oder Jasmin blühen nicht, wenn sie beschattet werden. Andere Arten werden schiefwüchsig oder sterben ganz ab. Die Auswahl der Gehölze, die vollschattige Standorte verträgt, ist eher gering. Bei der Unterpflanzung mit Stauden, Gräsern oder Bodendeckern sollte man ebenfalls schattenverträgliche Arten und Sorten wählen.

„Geister" auf dem Grundstück und im Garten

Die Chinesen sehen traditionell Grundstück und Garten als belebt an, nicht nur durch Menschen, Tiere und Pflanzen, sondern auch durch unsichtbare Wesenheiten, die Garten und Natur bevölkern. Auch in Europa wird diese Sichtweise zunehmend wieder geteilt, nachdem sie eine Zeitlang in Vergessenheit geraten war.

Es gibt nicht nur Schutzgeister des Menschen, sondern auch Schutzgeister des Hauses und des Grundstücks. Zunächst möchten wir auf diejenigen Schutzgeister eingehen, die sich bereits vor dem Bau des Hauses auf dem Grundstück aufhalten. Es sind dies vor allem bestimmte Naturgeister und Elementale.

Auf dem Grundstück befindliche Schutzgeister für die Tierwelt

Die Naturgeister bilden eine eigene Gruppe. Sie bewohnen bestimmte Areale in der Natur, wie zum Beispiel Wald, Wiese, Berg und Bach. Zu dieser Geistergruppe gehören auch die Schutzgeister für die Tierwelt, die sich auf dem Grundstück befinden. Man sollte sie vor dem Bau eines Hauses um Zustimmung bitten. Es gibt Menschen, die über ihre unmittelbare Wahrnehmung mit diesen Schutzgeistern Kontakt aufnehmen können. Wie auch für die arealgebundenen Naturgeister weiter unten beschrieben, ist es möglich, den Kontakt mittels Tensor oder Pendel herzustellen. Erklären Sie den Schutzgeistern, dass Sie beabsichtigen, auf dem Grundstück ein Haus oder Gebäude zu errichten, um dort zu wohnen oder zu arbeiten. Bitten Sie die Schutzgeister, auf dem Grundstück zu bleiben und das Haus und seine Bewohner zu schützen. Das hilft bereits, Unfälle beim Bau des Hauses zu vermeiden, und schützt auch später das Haus, das Grundstück und die Bewohner.

Es ist gut, zusätzlich ein kleines Opfer in Form von Früchten oder anderen Lebensmittel darzubringen. Die Lebensmittel sollten vor Baubeginn in der Mitte des geplanten Hauses auf einige Blätter gelegt werden. Wichtig ist, dass diese Gabe tatsächlich als Opfer gemeint ist. Die Gaben sollten dort einen Tag liegenbleiben, anschließend können sie kompostiert werden. Wenn das Haus bereits gebaut ist, sollten die Gaben an eine Ecke des Hauses gelegt werden, die von außen möglichst nicht einsehbar ist. Wenn man diese Zeremonie für die Schutzgeister für die Tierwelt durchführt, ist es gut, die Elementale auf dem Grundstück gleich mit in die Zeremonie einzuschließen.

Elementale

Eine andere Gruppe bilden die **Elementale** (Elementargeister). Sie sind uns in der Regel wohlgesinnt oder verhalten sich neutral. Zu den Elementalen gehören Zwerge, Nixen, Elfen, Feen, Feuergeister und andere. Beispielsweise ist es Aufgabe der Elfen, sich um das Wachstum der Pflanzen zu kümmern.

Arealgebundene Naturgeister

Eine Sonderform der Naturgeister bilden die **arealgebundenen Naturgeister**, die – wie der Name schon sagt – an bestimmte Areale in der Natur gebunden sind. Da sie nicht mit Menschen zusammenleben möchten, können sie Probleme auf einem Grundstück hervorrufen, das bebaut wird, wenn sie vorher keine Möglichkeit hatten, von diesem Grundstück fortzuziehen. Aufgabe des Eigentümers beziehungsweise Bauherrn ist es, vor dem Bau des Hauses den „Umzug" zu veranlassen. Ist dies vor dem Bau des Hauses nicht geschehen, kann es auch später noch nachgeholt werden. Nehmen Sie zum Beispiel mit Tensor oder Pendel Kontakt auf mit dem „Chef" der auf dem Grundstück befindlichen arealgebundenen Naturgeister und bitten Sie ihn, ein

anderes geeignetes Areal zu finden und die Umsiedlung zu veranlassen. Fragen Sie nach ein bis zwei Stunden, ob die Umsiedlung erfolgt ist. Vergessen Sie nicht, sich anschließend beim „Chef" zu bedanken.

Rund ums Grundstück

Die Vorgeschichte des Grundstücks

Bevor die Chinesen ein Grundstück kaufen, erkundigen sie sich genau nach seiner Vorgeschichte. Wenn ein Gelände schon einmal vom Menschen auf für uns ungünstige Art und Weise genutzt wurde, gehen sie davon aus, dass Probleme auf dem Grundstück fortbestehen können. Im Zweifelsfall würden sie für ein solch problematisches Grundstück weniger bezahlen. Ein Teil des gesparten Geldes wird in einer Feng-Shui-Beratung angelegt.

Als ungünstig sehen es die Chinesen an, wenn ein Grundstück als Friedhof, Kirche, Polizeistation oder Krankenhaus genutzt wurde. Ebenfalls als ungünstig werden ein Grundstück, auf dem ein Haus abgebrannt war, sowie ehemalige Schlachtfelder und Hinrichtungsstätten beurteilt.

Friedhof: Gelegentlich liest man in den Medien von Problemen oder öffentlichen Diskussionen, wenn ein Bauherr zum Beispiel einen Supermarkt auf das Gelände eines Friedhofs bauen möchte. Im traditionellen China wäre ein solches Ansinnen von vornherein ausgeschlossen gewesen. Niemand wäre auf die Idee gekommen, sein Wohn- oder Geschäftshaus auf einem solchen Gelände zu errichten. Dort blieben Gräber oft jahrhundertelang unbebaut. Während der Herrschaft Maos ist vergeblich versucht worden, die Bevölkerung zu überzeugen, dass Gebäude auf alten Friedhöfen gebaut werden können. Auf Friedhöfen befinden sich nach Ansicht der Chinesen noch „Geistanteile" Verstorbener sowie diverse andere Geister.

Sie betrachten aufmerksam die Umgebung des Grundstücks. So würden sie zum Beispiel nicht gern direkt neben einem Friedhof wohnen. Die Chinesen gehen davon aus, dass es unsichtbare Wege zwischen Friedhöfen gibt, die zum Beispiel für schlechten Schlaf verantwortlich sein können, wenn sie durch ein Haus führen.

Kirche: Kirchen werden von vielen Menschen benutzt, um ihre Probleme dort abzuladen. Dabei kommt es häufig vor, dass auch „Geister" und schlechte Gedanken, die sich bei dem Betreffenden aufgehalten haben, in der Kirche oder im Tempel zurückgelassen werden.

Polizeistation: In eine Polizeistation kommen zum einen viele Menschen, die akute Probleme haben, zum anderen auch Personen, die mit dem Gesetz in Konflikt geraten sind. Beide haben die Tendenz, dort „Geister" und schlechte Gedanken abzuladen, die sie zumindest in der Akutsituation mit sich herumgeschleppt haben. Denken Sie auch daran, was sich früher in Polizeistationen abgespielt hat.

Krankenhaus: Das Krankenhaus nimmt Menschen mit vielfältigen Problemen auf, sowohl körperlicher als auch akuter psychischer Art. Darüber hinaus sterben viele der behandelten Patienten im Krankenhaus. Die besuchenden Angehörigen sind häufig ebenfalls in schlechter psychischer Verfassung. Daraus ergeben sich sowohl Probleme mit „Geistern" und negativen Gedanken, die Patienten und Angehörige im Krankenhaus lassen, als auch mit Geistanteilen Verstorbener, die nach dem Tod des Patienten orientierungslos sind.

Grundstück, auf dem ein Haus abgebrannt ist (insbesondere durch Brandstiftung): Brennt ein Haus, zumal noch durch Brandstiftung ab, zieht dies regelmäßig eine Reihe „unerwünschter Geister" an, die die Tendenz haben, auch nach dem Brand auf dem Grundstück zu verweilen.

Feuerzeremonie

Wenn Sie ein Grundstück von aktuellen und vergangenen Fremdeinflüssen reinigen wollen, ist es gut, eine Feuerzeremonie durchzuführen. In der Mitte des Grundstücks sollte eine etwa 15 cm tiefe Grube mit ca. 45 cm Durchmesser ausgehoben werden. Um die Grube herum werden zur Eingrenzung Steine (zum Beispiel Ziegel- oder Natursteine) gelegt. Die Grube wird mit Holzkohle plan gefüllt, ohne dass die Grube innen ausgekleidet wird. Die Holzkohle wird (zum Beispiel mit Grillanzünder) angezündet. Die vorherige Entzündung der Holzkohle (insbesondere bei feuchtem Wetter) beispielsweise auf einem Holzkohlegrill ist empfehlenswert. Wenn die Kohle gut durchgeglüht ist, wird 250 g nicht jodiertes Salinensalz gleichmäßig darübergestreut. Nehmen Sie normales, nicht jodiertes Speisesalz, jedoch kein Meersalz. Anschließend sollte man ca. eine Stunde beim Feuer bleiben. Dabei ist die Anwesenheit des Bauherrn erforderlich, die Anwesenheit des Grundstückseigentümers (falls nicht mit dem Bauherrn identisch) wünschenswert. Anschließend sollte die Feuerstelle mit Erde bedeckt werden.

Während der Zeremonie werden die „Geister", die sich auf dem Grundstück befinden, aufgefordert, das Grundstück zu verlassen. Nach Abschluss der Zeremonie, das heißt nach Bedecken der Feuerstelle mit Erdreich, sollten der Bauherr, Grundstückseigentümer und die Bewohner, soweit diese daran teilnehmen wollen, die Grenze des Grundstücks abschreiten. Sie sollten sich mindestens 24 Stunden vor der Zeremonie gedanklich darauf vorbereiten.

Ungünstige Einflüsse aus der Umgebung

Vorsicht vor geraden Wegen und Straßen, die auf das Haus zuführen

Gerade Wege, die auf das Haus zuführen, können bei den Hausbewohnern zu Nervosität und Schlafstörungen führen. Disponierte Personen werden auf „dumme Gedanken" gebracht und treffen vermehrt Fehlentscheidungen. Geschwungene Wege zur Haustür sind günstiger.

Achten Sie auch auf T-Kreuzungen, die auf das Haus weisen. Bei Häusern an T-Kreuzungen haben wir das gleiche Phänomen, ebenso wenn scharfe Straßenkurven oder Sackgassen auf das Haus zeigen. Wenn eine Hochstraße (Fly-Over) auf das Haus zeigt, sind eher die oberen Stockwerke betroffen, die sich auf Höhe der Hochstraße befinden.

Auf das Haus zufließende oder vom Haus wegfließende Gewässer wirken ähnlich wie gerade Wege oder Straßen, die auf das Haus zuführen.

Dachfirste von Nachbarhäusern

Dachfirste von Nachbarhäusern, die auf den Eingang oder ein Fenster zeigen, können bei den Bewohnern zu Angstgefühlen, aber andererseits auch zu einer gewissen Gefühlskälte führen. Zusätzlich setzen sie die Schutzfunktion der menschlichen Aura herab.

Windtunneleffekt

Eine schmale Lücke zwischen zwei Häusern, die auf die Haustür zeigt, erzeugt den sogenannten Windtunneleffekt. Die Wirkung ist ähnlich wie bei den Dachfirsten, kann jedoch insgesamt etwas stärker sein.

Geheime Pfeile – An Jian

Stellen Sie sich vor, Sie sehen, wie ein Schütze gerade einen Pfeil abschießt. Sie sehen zwar den Pfeil nicht fliegen, können dann aber wieder sein Auftreffen beobachten. Ähnlich ergeht es einem Hellsichtigen, der „sieht", wie ein Geheimer Pfeil von einer Gebäudeecke in Richtung eines anderen Gebäudes abgeht, den weiteren Bewegungsablauf nicht wahrnimmt, dann jedoch deutlich die Wirkung des Geheimen Pfeils in der Aura des getroffenen Gebäudes beobachtet.

Die Chinesen nennen Einflüsse, die von Gebäudeecken, Dachfirsten oder anderen spitzen Gebäudeteilen mit gerader Wirkrichtung auf ein anderes Gebäude ausgehen, Geheime Pfeile – auf chinesisch An Jian. Diese Pfeile werden deshalb als „geheim" bezeichnet, weil ihr Verlauf zwischen dem Ausgangspunkt, zum Beispiel an einer Gebäudeecke, und seinem Eintreffen an einem anderen Gebäude auch für den Hellsichtigen unsichtbar ist. Die Geheimen Pfeile öffnen das Haus allgemein für ungünstige Einflüsse.

Ähnlich wie Gebäudeecken und Dachfirste können auch Spiegelfassaden Ausgang von Geheimen Pfeilen sein. „Spiegelnde" Glasscheiben ohne Metallbedampfung zählen nicht als Spiegel. Auch nicht jede metallbedampfte Isolierglasscheibe wirkt automatisch in diesem Sinne als Spiegel.

Astloser Baumstamm oder Pfahl vor der Eingangstür

Ein astloser Baumstamm oder Pfahl vor der Eingangstür vermindert den Zustrom günstiger Energien ins Haus und öffnet das Haus für ungünstige Einflüsse. Der Eingangsbereich eines Hauses sollte also frei sein von Baumstämmen, Pfählen oder Masten.

Ein astloser Baumstamm direkt vor der Eingangstür.

Brunnen auf dem Grundstück

Der Brunnen spielt von alters her in Märchen eine besondere Rolle. An dieser Stelle seien nur die deutschen Märchen „Frau Holle" und der „Froschkönig" erwähnt. Befinden sich Brunnen auf dem Grundstück oder im Haus, können Probleme ab einem inneren Durchmesser von ca. 50 cm auftreten. Es kann vermehrt zu Fehlsteuerungen des Körpers, aber auch zu Unfällen kommen.

Feng-Shui-Maßnahmen bei ungünstigen Einflüssen aus der Umgebung des Hauses

Mit der Feng Shui Power Disc 99 verbessern Sie die Funktion der Grundstücks- und Hausaura. Damit lassen sich vielfältige Feng-Shui-Probleme auf dem Grundstück und aus der Umgebung des Grundstücks reduzieren, wie beispielsweise:

- Gerade Wege, die auf das Haus zuführen,
- Dachfirste von Nachbarhäusern, die auf das Haus zeigen,
- der Windtunneleffekt,
- Geheime Pfeile, die von benachbarten Häusern ausgehen,
- astlose Bäume oder Pfähle vor dem Hauseingang,
- Brunnen auf dem Grundstück.

Weitere Hinweise zur Gartengestaltung

Beleuchtung

Es ist nicht nur aus praktischen Erwägungen sinnvoll, den Zugang zum Grundstück beziehungsweise die Einfahrt nachts zu beleuchten (zum Beispiel Dauerbeleuchtung mittels Energiesparlampe). Gleiches gilt für den Hauseingang. Dies führt unter anderem zu einer Betonung der Eingänge. Darüber hinaus wirkt das Haus bewohnt. Gegebenenfalls kann auch der Weg zum Haus beleuchtet werden, wobei für den Weg zum Haus möglicherweise eine Schaltung mittels Bewegungsmelder ausreicht.

Zäune

Wenn Zäune um ein Grundstück oder einen Garten gebaut werden, sollten sie sich in gutem Zustand befinden. Insbesondere wenn einzelne Abschnitte des Zaunes gut sichtbar defekt sind (zum Beispiel fehlende Latten in einem Lattenzaun), kann dies eine Symbolik für Raub (oder Einbruch) sein.

Wege zum Haus

Der Weg zum Hauseingang auf dem Grundstück sollte möglichst geschwungen oder bogenförmig angelegt werden. Gerade Wege sind ungünstig, insbesondere wenn sich ein gerader Weganteil mit direkter Richtung auf die Haustür in ca. 4,40 m Entfernung von der Hauswand befindet. Dort beginnt etwa die Hausaura (s. S. 31).

Terrasse

Terrassen am Haus werden gern im Süden oder Südwesten angelegt, um mittags und in der zweiten Tageshälfte in eher kühleren Gegenden die Sonneneinstrahlung zu nutzen. Ungünstig ist es, wenn eine solche Terrasse bei der Planung dazu führt, dass der Hausgrundriss L-förmig wird. Eine Aussparung des Hausgrundrisses im Südwesten kann zu einer gesundheitlichen Schwächung der Frau im Haus führen und auch die Position der Frau in der Familie schwächen. Analog wäre eine gesundheitliche Beeinträchtigung des Mannes im Haus beziehungsweise Schwächung seiner Position in der Familie, wenn eine Aussparung des Hausgrundrisses, zum Beispiel durch eine L-Form, im Nordwesten vorliegt. Eine solche Aussparung wegen einer Terrassenanlage ist jedoch wegen der schlechteren Besonnung seltener anzutreffen.

Pergola

Eine Pergola sollte nicht pfeilartig auf das Haus zeigen und nicht länger sein als 40 % der längsten Hausseite. Die Querbalken der Pergola sollten nicht zu spitz sein. Für kleinere Gärten ist eine Pergola aus Feng-Shui-Sicht weniger geeignet. Für kleinere Innenhöfe gilt diese Einschränkung nicht.

Plattenwege

Geschwungene Wege im Garten sind geraden Wegen in der Regel vorzuziehen. Bei geraden Wegen kann durch unregelmäßige Musterung im Weg die gerade Richtung abgemildert werden. Es ist durchaus möglich, unterschiedliche Steinarten zu mischen (Kunststeine und Natursteine). Wenn Steine gemischt werden, sollten die Farbtöne gut zusammen passen. Allzu große Farbkontraste sind besser zu meiden, während unterschiedliche Größen der Steine durchaus ein harmonisches Gesamtbild ergeben können. Aus praktischen Gründen ist selbstverständlich darauf zu achten, dass der Weg insbesondere bei Nässe nicht rutschig ist (durch Materialwahl, Längs- und Quergefälle).

Statuen

Statuen, die Menschen, Tiere oder auch Engel abbilden, werden gern verwendet, um im Garten Akzente zu setzen. Wenn Tierstatuen als „Wächter" an der Einfahrt beziehungsweise dem Zugang zum Grundstück stehen sollen, werden gern Löwen, aber auch Hunde verwendet. Es sollten dann zwei Statuen der gleichen Tierart verwendet werden, die beidseits des Zugangs stehen und den Blick nach draußen gerichtet haben. Wenn eine Statue als Torso künstlerisch bewusst gestaltet wird, wirkt dies nicht ungünstig als Feng-Shui-Symbol. Beschädigte Statuen wirken jedoch ungünstig und sollten entfernt werden.

Günstige und ungünstige Lage von Grundstück und Haus

Am Ende dieses Kapitels fassen wir für Sie einige wichtige Punkte zusammen. Es ist ungünstig, direkt auf der Spitze von Schildkröte, Drache oder Tiger zu bauen. Auch der Hausbau in einer Senke ist nicht günstig. Wenn das Gelände nicht eben ist, sollte der vordere Teil (Phönix) tiefer liegen, als der hintere (Schildkröte). Wasser (insbesondere bewegtes Wasser) sollte vor dem Haus, aber außerhalb der Aura des Hauses liegen. In der Regel ist es günstig, vor dem Haus eine freie Fläche zu haben. Liegt das Haus an einem Hang, so sollte der hintere Teil zum Hang liegen, zumindest aber die Drachen-Seite des Hauses. Auf keinen Fall sollte die Vorderseite des Hauses zum Hang zeigen, besser auch nicht die Tiger-Seite des Hauses. Einfahrten auf der Drachen-Seite des Hauses werden im Allgemeinen als günstiger angesehen als Einfahrten auf der Tiger-Seite des Hauses. Dies hängt damit zusammen, dass die Drachen-Seite Yang ist, die Tiger-Seite Yin.

Kapitel 8
Pflanzen-Tabellen

Pflanzen-Tabellen

In Kapitel 5 haben wir uns allgemein mit Pflanzen im Garten und auf dem Grundstück beschäftigt. In diesem Kapitel können Sie die Bedeutung sowie weitere Daten zu einer großen Zahl von Pflanzenarten nachschlagen. Dabei können Sie sowohl eine Bewertung der in Ihrem Garten beziehungsweise auf Ihrem Grundstück wachsenden Pflanzen vornehmen als auch eine Änderung der Bepflanzung oder eine komplette Neuanlage nach der Wirkung der Pflanzen auf Haus und Bewohner sorgfältig planen.

Eine geeignete Pflanze auf dem Grundstück oder im Haus kann u. a. dabei helfen, ein bestimmtes Thema zu bearbeiten. Vielleicht haben Sie schon einmal den Eindruck gehabt, dass Sie unterschiedliche, zum Teil auch widerstrebende rationale und emotionale Anteile in sich haben. Die Chinesen bezeichnen diese unterschiedlichen Anteile als Geistanteile. Die notwendige Koordination und „Zusammenarbeit" dieser Geistanteile kann durch eine geeignete Pflanze gefördert werden. Wir fühlen uns dann innerlich ausgeglichener und besser in der Lage, anstehende Probleme zu lösen. Darüber hinaus kann uns eine geeignete Pflanze bei der Entwicklung bestimmter Fähigkeiten helfen.

Das umfangreiche Tabellarium gibt Ihnen die Möglichkeit, anhand der Bedeutung der Pflanzen mehrere Pflanzenarten in die nähere Auswahl zu ziehen, selbstverständlich unter Berücksichtigung gärtnerischer Gesichtspunkte wie zu erwartende Wuchshöhe, Anforderungen an Bodenbeschaffenheit, Sonneneinfall u. a. Sie können dann mit Hilfe von Tensor oder Pendel (s. S. 318) die am besten geeignete Pflanzenart auswählen. Sie können in Ihre Fragestellung auch einbeziehen, welche Pflanzenart für bestimmte Personen im Haus am günstigsten ist und welcher Standort dabei für die betreffende Pflanze am besten zu wählen ist (s. S. 129).

Aus praktischen Gründen haben wir die Pflanzen in drei Kategorien aufgeteilt: Gehölze, Stauden und Zimmerpflanzen. Alle drei Tabellen sind jeweils nach den gebräuchlichsten deutschen Gattungsnamen alphabetisch geordnet. Weitere häufig gebrauchte deutsche Namen sind ebenfalls in der Tabelle gelistet mit einem Verweis, unter welchem Namen Sie die Gattung in der Tabelle finden können. Die einzelnen Arten sind jeweils direkt im Anschluss an den Gattungsnamen gelistet.

Wenn Sie lediglich den botanischen Pflanzennamen kennen oder sich nicht sicher sind, unter welchem deutschen Pflanzennamen Sie die Pflanze finden, können Sie im Anschluss an die jeweilige Tabelle unter dem jeweiligen botanischen Namen den deutschen Pflanzennamen finden. Für die botanischen Namen sind lediglich die Gattungsnamen aufgeführt, da auch die deutschen Pflanzennamen nach den Gattungsnamen geordnet sind.

So werten Sie die Tabellen optimal aus

Gehölze

Wie oben schon erwähnt finden Sie in der *ersten Spalte (Deutscher Name)* den gebräuchlichsten deutschen Gattungsnamen.

In der *zweiten Spalte (Botanischer Name)* finden Sie den botanischen Gattungsnamen und bei den einzelnen Arten ebenfalls die botanische Bezeichnung sowie in Klammern deren Synonyme.

Die *Herkunft (dritte Spalte)* bezeichnet die ursprünglichen Wuchsgebiete in Abkürzungen (siehe unten). Heute sind zahlreiche Arten aus Asien und Nordamerika in Europa weit verbreitet und werden zum Teil als „heimisch" angesehen.

Abkürzungen:

As:	Asien	**n:**	nördliches
Af:	Afrika	**O:**	Ost
Am:	Amerika	**ö:**	östliches
Aus:	Australien	**S:**	Süd
Chi:	China	**s:**	südliches
Eu:	Europa	**W:**	West
Jap:	Japan	**w:**	westliches
Kor:	Korea	**gem:**	gemäßigt(e)
Mm:	Mittelmeerraum	**B:**	Breiten
Nhk:	Nordhalbkugel	**M:**	Mittel/Zentral
N:	Nord	**Kl:**	Klein

Zur Verdeutlichung zwei Beispiele:
öN-Am: östliches Nord-Amerika; **Kl-As:** Klein-Asien.

Die *Wuchshöhe (Spalte 4)* ist in Metern (m) angegeben. Große Differenzen bei der Höhenangabe entstehen durch unterschiedliche Wuchsstandorte. Die maximalen Höhen, die nicht immer und dann in Klammern angegeben sind, werden nur in den ursprünglichen Herkunftsgebieten beziehungsweise an optimalen Standorten erreicht.

Der *Blütenmonat* wird in der nächsten *Spalte* (5) mit den römischen Ziffern I bis XII angegeben (zum Beispiel I – Januar, II – Februar usw.). Der Blühzeitraum bezieht sich in der Regel auf Mitteleuropa. In wärmerem Klima blühen die Pflanzen oft früher, in kühlerem Klima später. Für die Südhalbkugel sind die Blühzeiträume um ca. 6 Monate verschoben. Darunter finden Sie in der selben Spalte die *Blütenfarbe*.

In *Spalte 6* finden Sie den optimalen *Standort* für Ihre Pflanze, den wir als Piktogramm angegeben haben: ○: sonnig, (○): wächst auch in der Sonne, ◐: halbschattig, (◐): wächst auch im Halbschatten, ●: schattig, (●): wächst auch im Schatten.

Die *7. Spalte* beinhaltet *Bemerkungen,* und zwar sind für die einzelnen Gattungen die Anzahl der bekannten Arten sowie Besonderheiten (zum Beispiel Kletterpflanze) genannt. Für die genannten Arten wurden Besonderheiten wie **Herbstfärbungen, Fruchtansatz, Frosthärte, Giftigkeit** usw. angegeben. Die Berücksichtigung eventu-

Pflanzen-Tabellen

eller Giftigkeit ist insbesondere dann wichtig, wenn Kinder im Garten spielen sollen. Die Angabe der Giftigkeit kann keinen Anspruch auf Vollständigkeit erheben.

Die *Spalte 8* für die *Gehölze: Bedeutung nahe am Haus (in der Hausaura)* ist im Folgenden ausführlich erläutert. Wenn sich ein Gehölz ganz oder teilweise innerhalb der Hausaura befindet (das heißt nicht weiter als 4,40 m vom Haus entfernt, s. S. 31), wird für die Bewohner des Hauses ein bestimmtes Thema betont. Voraussetzung ist allerdings, dass sich die betreffende Person häufig in dem Zimmer aufhält, an dessen Außenwand das betreffende Gehölz wächst. Eine spürbare Wirkung in oberen Stockwerken ergibt sich nur bei Gehölzen, die eine entsprechende Höhe erreichen.

Ob sich die Betonung des Themas für den Einzelnen eher günstig oder ungünstig auswirkt, hängt von seiner psychischen Konstitution, dabei unter anderem auch von seinen persönlichen astrologischen Einflüssen ab, die auch bestimmen, ob eine Person eher ein Yin- oder ein Yang-Typ ist. Es ist davon auszugehen, dass ca. $^2/_3$ der Frauen Yin-Typen und $^1/_3$ Yang-Typen sind. Von den Männern sind ca. $^2/_3$ Yang-Typen und $^1/_3$ Yin-Typen. Dabei wirken Yin-Gehölze auf Yin-Personen eher günstig, auf Yang-Personen eher ungünstig. Yang-Gehölze wirken auf Yang-Personen eher günstig, auf Yin-Personen eher ungünstig. Bei einer Reihe von Pflanzen ist die Differenzierung der Wirkung auf Yin- und Yang-Typen nicht möglich. Die individuellen Gegebenheiten, die dazu führen, dass sich ein Gehölz auf eine Person günstig auswirkt, auf eine andere ungünstig, hängt von komplexeren psychologischen beziehungsweise Persönlichkeitsmerkmalen ab, die am besten mit dem Tensor oder Pendel abgefragt werden. Auch die Bestimmung, ob eine Person in dieser Hinsicht als Yin- oder Yang-Typ zählt, kann gut mittels Tensor oder Pendel vorgenommen werden. Die Arbeit mit Tensor und Pendel haben wir im Anhang auf Seite 318 beschrieben.

Falls sich eine Differenzierung der Wirkung nach Yin- und Yang-Typ ergibt, fragen Sie beispielsweise: *„Trifft für ... (Name der Person) die Yang-Wirkung zu?"*. Fragen Sie zur Sicherheit auch: *„Trifft für ... (Name der Person) die Yin-Wirkung zu?"*. Sie sollten nur für eine Frage ein JA bekommen. Falls sich die Wirkung dagegen nach günstig und ungünstig differenziert, fragen Sie beispielsweise: *„Trifft für ... (Name der Person) die günstige Wirkung zu?"*. Fragen Sie zur Sicherheit auch: *„Trifft für ... (Name der Person) die ungünstige Wirkung zu?"*. Sie sollten nur für eine Frage ein JA bekommen.

Abhilfe bei ungünstigen Wirkungen können Sie mit der Feng Shui Power Disc 99 schaffen. Sie ist in der Lage, durch die Harmonisierung der Haus- und Grundstücksaura die jeweils ungünstigen Yin- oder Yang-Einflüsse von Pflanzen in der Hausaura zu neutralisieren. Dies gilt auch für die nicht nach Yin und Yang differenzierten Wirkungen. Der günstige Einfluss bleibt dagegen erhalten.

Es besteht auch die Möglichkeit, zumindest vorübergehend den ungünstigen Einfluss zu reduzieren, indem ein Ring aus Kieselsteinen um den Stamm der Pflanze gelegt wird (in ca. 30 cm Abstand zum Stamm). Der Ring selbst darf schmal sein, sollte jedoch deutlich als Ring erkennbar sein. Auch der Akt des Auslegens der Kieselsteine spielt hierbei eine Rolle. Die Absicht, die damit verbunden ist, speichert sich als Information in den Steinen ab. Es ist deshalb vorteilhaft, das Auslegen der Kieselsteine alle zwei Jahre zu wiederholen.

Die letzte *Spalte (9)* bei den *Gehölzen* gibt Hinweise auf die Wirkung der betreffenden Pflanze auf die Bewohner eines Hauses, wenn sie im *Garten (außerhalb der Hausaura)* gepflanzt ist. Voraussetzung für diese Wirkung ist, dass die Pflanze auf dem betreffenden Grundstück und nicht auf einem Nachbargrundstück wächst. Die Bedeutung ist in der Regel für die jeweilige Pflanzengattung angegeben, falls eine weitere Differenzierung sinnvoll scheint, auch für die jeweiligen Pflanzenarten. Dabei ist zu beachten, dass im Prinzip jedes Pflanzenindividuum die angegebene Bedeutung etwas modifiziert. Für die meisten Pflanzengattungen wäre es nicht sinnvoll, eine differenziertere Bedeutung für die einzelnen Arten zu geben, da sich die unterschiedlichen Bedeutungen der Arten mit den unterschiedlichen Bedeutungen der Pflanzenindividuen überschneiden.

Stauden

Die *Spalten 1 bis 7* sind bei Stauden und Gehölzen identisch. Die Erläuterung dieser Spalten finden Sie auf den Seiten 127 ff. Die Feng-Shui-Betrachtung ist für die *Stauden* unabhängig von deren Standort in Bezug auf die Hausaura in einer *Spalte (8)* angegeben. Die Angaben darin sprechen für sich selbst und bedürfen keiner weiteren Erläuterung. Bitte beachten Sie, dass die Spalte 5 (Blütenmonat/Blütenfarbe) in der Stauden-Tabelle halb weiß und halb grau hinterlegt ist, bei der angegebenen Zählung aber weiter als eine Spalte zählt.

Zimmerpflanzen

Die Liste der Zimmerpflanzen besteht aus nur zwei Spalten. In der *ersten Spalte* finden Sie den *deutschen Namen* der Pflanzen und deren *botanischen Namen in Klammern* dahinter. Die *zweite Spalte* gibt die *Bedeutung* für die Bewohner eines Hauses an.

Pflanzenwahl mit Tensor oder Pendel

Am Beginn dieses Kapitels haben wir erwähnt, dass Sie mithilfe von Tensor oder Pendel die am besten geeignete Pflanzenart auswählen können. Fragen Sie zum Beispiel: *„Ist ... (Name der Pflanzenart) am besten geeignet?"* Wenn Sie die Pflanze für eine bestimmte Person auswählen möchten, fragen Sie: *„Ist ... (Name Pflanzenart) für ... (Name der Person) am besten geeignet?"* Bei Gehölzen kann es sinnvoll sein, auch den Standort in die Fragestellung mit einzubeziehen: *„Ist ... (Name Pflanzenart) für ... (Name der Person) an diesem Standort am besten geeignet?"* Stellen Sie sich dabei den betreffenden Standort vor oder stellen Sie sich auf dem Grundstück dorthin. Falls mehrere Standorte zur Auswahl stehen, können Sie auch fragen: *„Ist für ... (Name Pflanzenart) dieser Standort am besten geeignet?"* Wenn Sie den Standort für ein Gehölz auswählen, überprüfen Sie zum Schluss noch einmal, ob die zu erwartende Wuchshöhe für den Standort zuträglich ist.

Gehölze (Bäume und

Die Gehölzliste beinhaltet Baum- und Straucharten, die in der Regel in Baumschulen erhältlich men. Verholzende Stauden sind in der Staudenliste aufgeführt.

Tabelle der Gehölze (Bäume und Sträucher sowie Bambus)

Deutscher Name	Botanischer Name	Herkunft	Höhe in m	Blütenmonat/-farbe
Ahorn in Arten	Acer	As, Eu, N-Am, M-Am, N-Af		
- Feld-Ahorn	Acer campestre	Eu	5-15	V/gelb
- Rotstieliger Schlangenhaut-Ahorn	Acer capillipes	Jap	7-9	V/gelb
- Feuer-Ahorn	Acer ginnala (A. tataricum ssp. ginnala)	Chi, Jap	5-7	gelb
- Dreilappiger Ahorn, Felsen-Ahorn, Französischer A.	Acer monspessulanum	Mm, Kaukasus	5-8	IV-V/gelb
- Eschen-Ahorn	Acer negundo	N-Am	8-15 (25)	III-IV/gelb
- Schneeballblättr. Ahorn Italienischer Ahorn	Acer opalus (A. italum, A. opulifolium)	Mm	8-12	gelb
- Fächer-Ahorn, Japanischer Ahorn	Acer palmatum	Jap, Chi, Korea	5-8	V/purpur
- Streifen-Ahorn	Acer pensylvanicum	öN-Am	6-9 (12)	V/gelb
- Spitz-Ahorn	Acer platanoides	Eu	20-30	gelbgrün
- Berg-Ahorn	Acer pseudoplatanus	Eu	25-30	V-VI/gelbgrün
- Rot-Ahorn Scharlach-Ahorn Sumpf-Ahorn	Acer rubrum	öN-Am	10-25 (40)	III-IV/rot
- Rostbart-Ahorn	Acer rufinerve	Jap	6-8 (10)	V/gelb
- Silber-Ahorn	Acer saccharinum (A. dasycarpum)	öN-Am	15-30 (40)	III/grüngelb
- Zuckerahorn	Acer saccharum	öN-Am	15-20 (30)	IV/gelbgrün

Sträucher sowie Bambus)

sind. Aufgrund von Größe und Wirkung sind die Bambusarten in diese Tabelle aufgenom-

Gehölze

Standort	Bemerkungen	Bedeutung nahe am Haus (in der Hausaura)	Bedeutung im Garten (außerhalb der Hausaura)
	ca. 150 Strauch- und Baumarten	**Yang-Personen:** Erleichtert es, die eigenen Vorstellungen mit gesellschaftlichen Verpflichtungen in Einklang zu bringen. **Yin-Personen:** Kann zu einer Fixierung der gesellschaftlichen Stellung führen.	Unterstützt das Erlangen von Amt, Ansehen und Würde.
○ (●)	frosthart		
○ (◐)	junge Triebe rot, rote Herbstfärbung, frosthart		
○ ◐	rote Herbstfärbung, frosthart		
○ (◐)	frosthart		
○ ◐	zweihäusig, frosthart, schnellwüchsig		
○ (◐)	frosthart		
○ ◐	frosthart		
○ ●	grün-weiß-gestreifte Borke, frosthart		
○ ◐	frosthart		
○ ◐	schnellwüchsig, frosthart		
○	leuchtend rote Herbstfärbung bei saurem Boden, zweihäusig, Gerbstoffe, frosthart		
○ (◐)	grün-weiß-gestreifte Äste, rote Herbstfärbung, frosthart		
○ (◐)	Blattunterseite silbrigweiß, Zuckersaft, frosthart		
○ ●	Herbstfärbung orange, rot, gelb, frosthart		

Gehölze

Deutscher Name	Botanischer Name	Herkunft	Höhe in m	Blütenmonat/-farbe
Akazie in Arten	Acacia	Af, Aus, N-Am, M-Am, Polynesien		
-	Acacia baileyana		5-7	gelb
- Mimose, Silberakazie	Acacia dealbata		24	I-III/gelb
- Süße Akazie	Acacia farnesiana	N-Am, M-Am	9-10	gelb
- *Catclaw Acacia*	Acacia greggii	N-Am	5-6	gelb
- Sydney-Akazie Goldgeflecht	Acacia longifolia	Aus	6	I-III/gelb
- Echte Akazie	Acacia pulchella		0,6-1,5	I-III/gelb
Akebie in Arten	Akebia	O-As		
Fingerblättrige Akebie	Akebia quinata	Chi, Jap, Korea	6-10	V/violett
Alpenrose - siehe Rhododendron				
Amberbaum in Arten	Liquidambar	O-As, SO-As, N-Am, M-Am,		
- Amerikanischer Amberbaum,	Liquidambar styraciflua	öN-Am, Mexiko	10-25 (45)	V/grün
Apfel in Arten	Malus	Eu, As, N-Am		
-	Malus baccata	O-As	15	weiß
-	Malus coronaria	öN-Am	9	rosa
- Kultur-Apfel	Malus x domestica	Kreuzung	5-10	
- Vielblütiger Apfel	Malus floribunda	Jap	4-6 (10)	rosa
-	Malus hupehensis	Chi	12	rosa
-	Malus niedzwetskyana	M-As	6	rot
-	Malus prattii	W-Chi	10	weiß

Gehölze

Standort	Bemerkungen	Bedeutung nahe am Haus (in der Hausaura)	Bedeutung im Garten (außerhalb der Hausaura)
	über 1100 Strauch-, Baumarten und Lianen	**Im günstigen Fall:** Fördert den Überblick, seine Ziele langfristig zu verfolgen. **Im ungünstigen Fall:** Kann zur Versteifung auf ein bestimmtes Ziel führen.	Fördert die Kontinuität im Denken und Handeln.
○	immergrün, frostempfindlich		
○	immergrün, frostempfindlich		
○	frostempfindlich		
○	frostempfindlich		
○	immergrün, Fruchtschmuck, frostempfindlich		
○	immergrün, frostempfindlich, + 5 °C		
	5 Arten, Kletterpflanzen	**Im günstigen Fall:** Erleichtert es, emotional auf unterschiedliche Situationen zu reagieren. **Im ungünstigen Fall:** Kann dazu führen, dass man zu emotional reagiert.	Fördert die emotionale Flexibilität.
○ ◐	Schlinger, meist einhäusig, Frucht purpurviolett, roh essbar, süßlich, frosthart		
	4 Baumarten	**Yang-Personen:** Man ist eher in der Lage, seine mentalen Fähigkeiten auszudrücken. **Yin-Personen:** Vorhandene Anlagen können emotional blockiert sein.	Erlaubt eine bessere Umsetzung der vorhandenen Anlagen.
○	Rinde mit Korkleisten, frosthart		
	ca. 35 Strauch- und Baumarten, zahlreiche Kulturformen und Sorten	**Im günstigen Fall:** Fördert die emotionale Durchsetzungskraft. **Im ungünstigen Fall:** Man traut seinen eigenen Ideen nicht.	Erleichtert es, dass sich gesetzte Impulse entwickeln.
○	Frucht (1 cm) rot, gelb, frosthart		
○	rote Frucht (5 cm), frosthart		
	zahlreiche Obstsorten		
○	gelbe Frucht (2 cm), frosthart, rasch wachsend		
○	rote Frucht (1 cm), frosthart		
○	rote Frucht (5 cm)		
○	rote Frucht (1 cm), frosthart		

Gehölze

Deutscher Name	Botanischer Name	Herkunft	Höhe in m	Blütenmonat/-farbe
-	Malus prunifolia	Chi	9	weiß
-	Malus sargentii (M. toringo ssp. sargentii)	Jap	4	weiß
-	Malus siboldii (M. toringo)	Jap	2,5	weiß
- Holzapfel, Wildapfel	Malus sylvestris	Eu	9	weiß
-	Malus trilobata	SO-Eu, Israel	15	weiß
-	Malus yunnanensis	SW-Chi	6-12	weiß
-	Malus tschonoskii	Jap	8-12	weiß
Apfelbeere in Arten	**Aronia**	N-Am		
- Zwergvogelbeere	Aronia arbutifolia	öN-Am	3	weiß
- Apfelbeere	Aronia melanocarpa	öN-Am	1-2,5	V/weiß
Apfelsine: siehe Citrus				
Aprikose: siehe Kirsche				
Aralie in Arten	**Aralia**	S-As, O-As, Am, Malaysia		
- Japanische Aralie, Angelikabaum	Aralia elata (A. chinensis)	O-As	5-7 (10)	VIII-IX/weiß
Araukarie: siehe Schmucktanne				
Azalee: siehe Rhododendren				
Bärentraube in Arten	**Arctostaphylos** (Comarostaphylis)			
- Bärentraube	Arctostaphylos patula	söN-Am	1,5 (2)	weiß, rosa
- Immergrüne Bärentraube	Arctostaphylos uva-ursi	N-Eu, N-As, N-Am	0,1	rosa, weiß

Gehölze

Standort	Bemerkungen	Bedeutung nahe am Haus (in der Hausaura)	Bedeutung im Garten (außerhalb der Hausaura)
○	rote Frucht (2,5 cm), frosthart		
○	rote Frucht (0,8 cm), frosthart		
○	Frucht (1 cm) rot, gelb, frosthart		
○	rote Frucht (2,5 cm), frosthart		
○	rotgrüne Frucht (2 cm), frosthart		
○	rote Frucht (1,5 cm), frosthart		
○	gelbe Frucht (3 cm), frosthart		
	2 Straucharten	**Im günstigen Fall:** Stärkt die mentale Projektionskraft. **Im ungünstigen Fall:** Kann zu Wechsel von großen Ideen und Selbstzweifel führen.	Erleichtert es, Wichtiges von Unwichtigem zu unterscheiden.
○ ◑	orange-rote Herbstfärbung, schwarze Frucht (0,6 cm), frosthart		
○ ◐	schwarze kleine Äpfel (1 cm), frosthart		
	ca. 40 Strauch- und Baumarten und Stauden	**Im günstigen Fall:** Hilft, Gefahren rechtzeitig zu erkennen. **Im ungünstigen Fall:** Gefahren können leicht überbewertet werden.	Hilft, Unfälle von Kindern zu vermeiden
○ ◑	Rinde + Samen giftig, Herbstfärbung gelb, orange, purpur, schwarze Frucht (0,6 cm), frosthart		
	ca. 50 Strauch- und Baumarten, immergrün	**Im günstigen Fall:** Die Fähigkeit, sich emotional zu engagieren, kann gestärkt werden. **Im ungünstigen Fall:** Kann zu einer gewissen Gleichgültigkeit führen.	Stärkt das emotionale Gleichgewicht auch in wechselnden Situationen.
○	braune Frucht, frostempfindlich		
○	rote Beeren, frosthart		

135

Gehölze

Deutscher Name	Botanischer Name	Herkunft	Höhe in m	Blütenmonat/-farbe
Bambus, verschiedene Gattungen				
Bambus in Arten	**Bambusa**	Chi, Jap		
-	Bambusa multiplex (B. glaucescens)	Chi	3-15	
-	Bambusa ventricosa	S-Chi	5-25	
Bambus in Arten	**Semiarundinaria** (Arundinaria)	Chi, Jap, Himalaja		
-	Semiarundinaria fastuosa (Arundinaria f.)	Jap	7	
Breitblatt-Bambus in Arten	**Pseudosasa**	Jap, Chi, Taiwan, Kor		
-	Pseudosasa japonica	Jap	6	
Flachrohr-Bambus in Arten	Phyllostachis	O-As, Himalaja		
-	Phyllostachis aurea	SO-Chi	2-10	
-	Phyllostachis aureosulcata	NO-Chi	3-6	
-	Phyllostachis bambusoides	Chi	3-8	
-	Phyllostachis flexuosa	Chi	2-10	
-	Phyllostachis nigra	O-Chi, M-Chi	3-5	
-	Phyllostachis violascens (P. glauca, P. aurea 'violascens', P. bambusoides 'violascens')	Chi	5	
Schirm-Bambus in Arten	**Fargesia** (Sinarundinaria)	M-Chi, NO-Himalaja		
-	Fargesia murieliae (F. spathacea, Thamnocalamus spathaceus, Arundinaria m., Sinarundinaria m.)	M-Chi	4	
-	Fargesia nitida (Arundinaria n., Sinarundinaria n.)	M-Chi	5	

Bastardindigo: siehe Bleibusch

Standort	Bemerkungen	Bedeutung nahe am Haus (in der Hausaura)	Bedeutung im Garten (außerhalb der Hausaura)
	Baumaterial, Sprossen z. T. essbar		
	100-120 Bambusarten	Die günstigen Wirkungen werden verstärkt wirksam, wenn nahe am Haus.	Steht für Jugend und Frische, aber auch für jugendliche Unbefangenheit.
○ ◐	ausläuferbildend, frostempfindlich		
○ ◐	ausläuferbildend, frostempfindlich (7 °C).		
	10-20 Bambusarten	Bringt nahe am Haus noch mehr neue Ideen hervor (als in der rechten Nachbarspalte beschrieben).	Bringt neuen Schwung in die Gefühle, bringt neue Ideen hervor.
◐ ○			
	3-6 Bambusarten, immergrün	Siehe Spalte rechts.	Verstärkt Aktivitäten in der Anfangsphase.
◐	frosthart, ausläuferbildend		
	ca. 80 Bambusarten, immergrün	Zusätzlich (zur rechten Nachbarspalte) wird die Unbefangenheit im Handeln gestärkt.	Erlaubt es, seine Kreativität voll zu entfalten.
○ ◐	gelbgrüne Blätter, braungelbes Rohr		
○ ◐			
○ ◐			
○ ◐			
○ ◐	Triebe ab 3. Jahr schwarz		
○ ◐			
	4 Bambusarten, immergrün	Nahe am Haus traut man sich eher, Neues zu beginnen.	Macht unbefangen im Gefühlsleben.
○	frosthart		
◐	frosthart		

Gehölze

Gehölze

Deutscher Name	Botanischer Name	Herkunft	Höhe in m	Blütenmonat/ -farbe
Bastardzypresse	**Cupressocyparis**			
- Bastardzypresse	Cupressocyparis leylandii	Kreuzung (Engl.)	15-20 (35)	
Baumwürger in Arten	**Celastrus**	weltweit		
- Rundblättriger Baumwürger	Celastrus orbiculatus (C. articulatus)	Chi, Jap, Sachalin	10 (14)	grün-gelb
Berberitze in Arten	**Berberis**	Nhk		
- Schneeige Berberitze	Berberis candidula	W-Chi	0,6-1,2	V/gelb
-	Berberis hookeri	Himalaja	1-1,5	V-VI/gelb
-	Berberis julianae	Chi	2-4	V-VI/gelb
-	Berberis thunbergii	Jap	2-3	V/gelb
- Warzen-Berberitze	Berberis verruculosa	W-Chi	1-2	V-VI/gelb
- Gewöhnliche Berberitze, Sauerdorn	Berberis vulgaris	Eu	3	V/gelb
Besenheide	**Calluna**	Eu, Sibirien		
- Besenheide, Heidekraut	Calluna vulgaris	Eu, As, N-Marokko, Azoren	0,2-1	VIII-X/rosalila, weiß, gelb
Birke in Arten	**Betula**	Nhk		
- Kupfer-Birke	Betula albosinensis	W-Chi	6-10 (25)	IV/grüngelb
- Gold-Birke	Betula ermanii	Jap, Kor, Russland	15-20	IV/gelbgrün

Standort	Bemerkungen	Bedeutung nahe am Haus (in der Hausaura)	Bedeutung im Garten (außerhalb der Hausaura)
	Hybridgattung aus Cupressus und Chamaecyparis	**Yang-Personen:** Emotionen können zu Beginn einer Aktivität zunächst im Vordergrund stehen. **Yin-Personen:** Fördert emotionale Verhaftung an bestimmte Ziele und Vorstellungen.	Hilft, Verstand und Gefühl in Einklang zu bringen.
○ ◐	Nadelgehölz, frosthart		
	ca. 30 Straucharten und Kletterpflanzen	**Im günstigen Fall:** Fördert die Toleranz gegenüber Gefühlsschwankungen von Familienmitgliedern im Haus. **Im ungünstigen Fall:** Kann eigene Gefühlsschwankungen stärker werden lassen.	Diese Bepflanzung wirkt harmonisierend auf das Familienleben.
○ ◐	zweihäusig Frucht gelb + orange, giftig		
	ca. 450 Straucharten, Wurzel + Rinde giftig	**Yang-Personen:** Stärkt die Überzeugungskraft in der Kommunikation. **Yin-Personen:** Die Kommunikation kann zu emotional werden.	Fördert klare sprachliche Äußerung.
○ ●	immergrün, frosthart		
○ (◐)	frosthart		
○ (◐)	schwarze Beeren, frosthart		
○ (◐)	orange-rote Herbstfärbung, Heckenpflanze, rote Beeren, frosthart		
○ ●	immergrün, frosthart		
○ ◐	stark duftend, rote Beeren, essbar, Vitamin-C-haltig, frosthart		
	1 Strauchart	**Yang-Personen:** Fördert die emotionale Konzentration auf ein Ziel. **Yin-Personen:** Emotionales Interesse an einer Sache kann schneller verlorengehen.	Fördert eine gefühlsmäßige Verflachung.
○ (◐)	ca. 500 Kreuzungen, Bodendecker, Heidegarten, kalkmeidend, frosthart		
	ca. 60 Strauch- und Baumarten	**Yang-Personen:** Stärkt die überzeugende Logik in der Kommunikation (z. B. bei Rechtsanwälten und Geschäftsleuten). **Yin-Personen:** Man kann sich leicht in einzelne Argumente verbeißen.	Erlaubt einen differenzierteren Ausdruck in der Kommunikation.
○	orangebraune Rinde, frosthart		
○	weiße Rinde, frosthart		

Gehölze

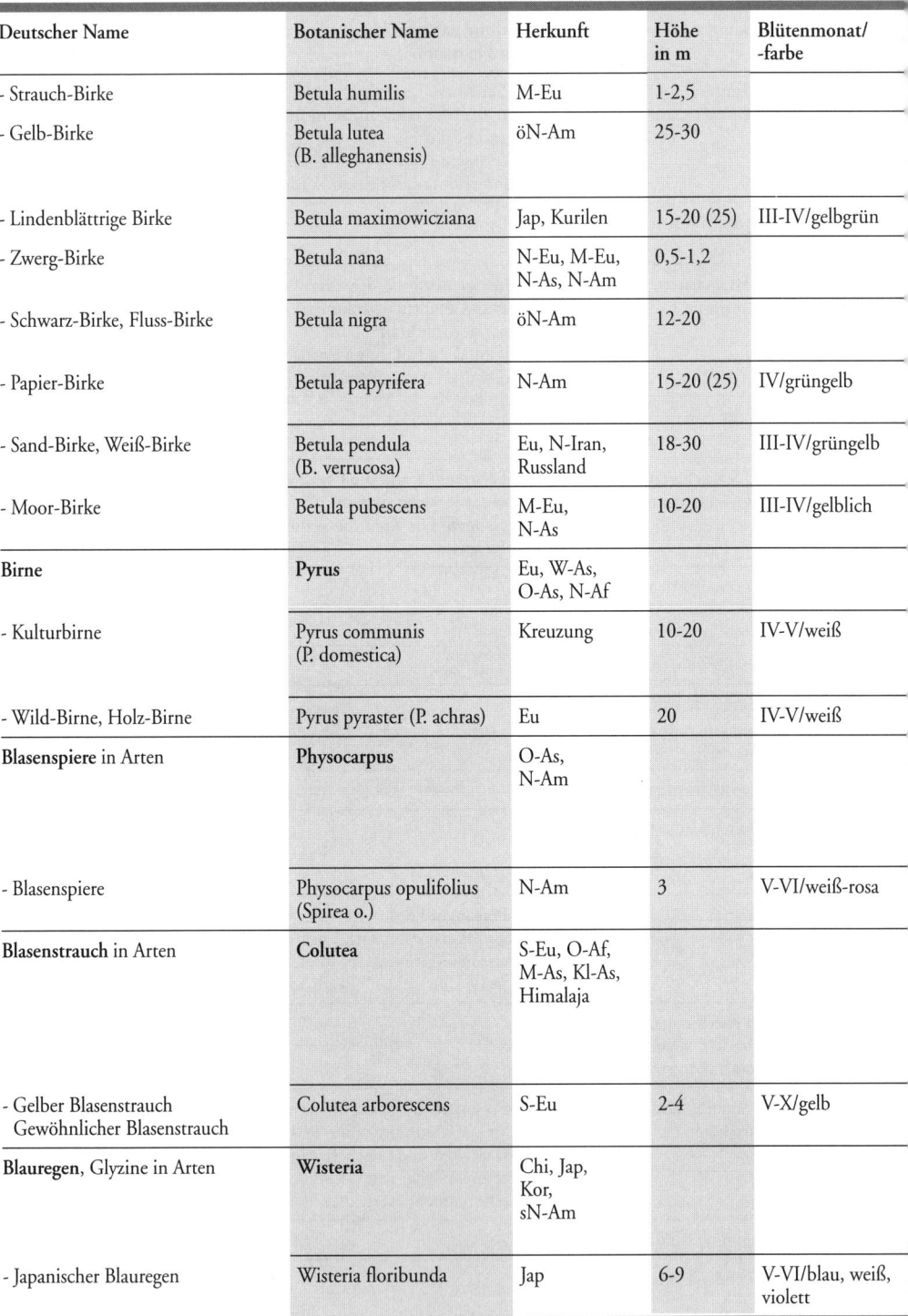

Gehölze

Deutscher Name	Botanischer Name	Herkunft	Höhe in m	Blütenmonat/ -farbe
- Strauch-Birke	Betula humilis	M-Eu	1-2,5	
- Gelb-Birke	Betula lutea (B. alleghanensis)	öN-Am	25-30	
- Lindenblättrige Birke	Betula maximowicziana	Jap, Kurilen	15-20 (25)	III-IV/gelbgrün
- Zwerg-Birke	Betula nana	N-Eu, M-Eu, N-As, N-Am	0,5-1,2	
- Schwarz-Birke, Fluss-Birke	Betula nigra	öN-Am	12-20	
- Papier-Birke	Betula papyrifera	N-Am	15-20 (25)	IV/grüngelb
- Sand-Birke, Weiß-Birke	Betula pendula (B. verrucosa)	Eu, N-Iran, Russland	18-30	III-IV/grüngelb
- Moor-Birke	Betula pubescens	M-Eu, N-As	10-20	III-IV/gelblich
Birne	**Pyrus**	Eu, W-As, O-As, N-Af		
- Kulturbirne	Pyrus communis (P. domestica)	Kreuzung	10-20	IV-V/weiß
- Wild-Birne, Holz-Birne	Pyrus pyraster (P. achras)	Eu	20	IV-V/weiß
Blasenspiere in Arten	**Physocarpus**	O-As, N-Am		
- Blasenspiere	Physocarpus opulifolius (Spirea o.)	N-Am	3	V-VI/weiß-rosa
Blasenstrauch in Arten	**Colutea**	S-Eu, O-Af, M-As, Kl-As, Himalaja		
- Gelber Blasenstrauch Gewöhnlicher Blasenstrauch	Colutea arborescens	S-Eu	2-4	V-X/gelb
Blauregen, Glyzine in Arten	**Wisteria**	Chi, Jap, Kor, sN-Am		
- Japanischer Blauregen	Wisteria floribunda	Jap	6-9	V-VI/blau, weiß, violett

Gehölze

Standort	Bemerkungen	Bedeutung nahe am Haus (in der Hausaura)	Bedeutung im Garten (außerhalb der Hausaura)
○	frosthart		
○	gelbbraune Rinde, gelbe Herbstfärbung, frosthart		
○ (◐)	grauweiße Rinde, frosthart		
	rotgelbe Herbstfärbung, frosthart		
○ (◐)	rotbraune Rinde, gelbe Herbstfärbung, frosthart		
○	weiße Rinde, hellgelbe Herbstfärbung, Birkensirup, frosthart		
○	weiße Rinde, gelbe Herbstfärbung, frosthart		
○	gelbe Herbstfärbung, kalkmeidend, frosthart		
	ca. 30 Strauch- und Baumarten	Siehe Spalte rechts.	Stärkt die geistige Vitalität (auch im hohen Alter).
○	chin. Li, zahlreiche Obstsorten, grüne Frucht (5 - 15 cm), essbar, frosthart		
○	Frucht klein, frosthart		
	ca. 10 Straucharten	**Im günstigen Fall:** Erzeugt eine heitere Grundstimmung. **Im ungünstigen Fall:** Ungünstige Ereignisse aus der Vergangenheit kommen überdurchschnittlich häufig ins Bewusstsein.	Macht unabhängig von der Beurteilung durch andere.
○ ●	rote Frucht (0,6 cm), frosthart, kalkmeidend, schnittverträglich		
	ca. 25 Strauch- und Baumarten	**Yang-Personen:** Emotionen können zu stark ausgelebt werden. **Yin-Personen:** Fördert die Fixierung auf das wiederholte Erleben bestimmter Situationen wegen des damit verbundenen Gefühlswertes.	Positive Emotionen können besser ausgelebt werden.
○	Knallschoten (8 cm), Blätter + Samen giftig, frosthart		
	10 Arten, Kletterpflanzen, giftig	**Yang-Personen:** Kann dazu führen, dass man Probleme unterschätzt. **Yin-Personen:** Erleichtert es, ein Problem zu durchschauen.	Fördert die unkomplizierte Annäherung an Probleme.
○ (◐)	bohnenartige Hülsen (15 cm), frosthart, windend, giftig		

Gehölze

Deutscher Name	Botanischer Name	Herkunft	Höhe in m	Blütenmonat/-farbe
- Chinesicher Blauregen	Wisteria sinensis (W. chinensis)	Chi	8-10	V-VI/weiß, violett-blau
Blauschote in Arten	**Decaisnea**	W-Chi, Himalaja		
- Blauschotenstrauch	Decaisnea fargesii	W-Chi	3-6	VI/grüngelb
Bleibusch in Arten	**Amorpha**	N-Am		
- Bastardindigo	Amorpha fruticosa	öN-Am	2-3 (5)	VII-VIII violett-blau
- Bleibusch	Amorpha canescens	N-Am	1	VI-VII violett-blau
Bocksdorn in Arten	**Lycium**	gem B, Subtropen		
- Bocksdorn, Teufelszwirn	Lycium barbarum (L. hamilifolium)	Chi	2,5 (3,5)	purpur, rosa
Brombeere, Himbeere in Arten	**Rubus**			
- Brombeere	Rubus fruticosus agg.	Eu	1-3	VI-VII weiß, rosa
- Himbeere	Rubus idaeus	Eu	0,6-2	V-VI/weiß
- Oregon-Himbeere	Rubus leucodermis	wN-Am	2	V/weiß
- Zimt-Himbeere, Wohlriechende Himbeere	Rubus odoratus	öN-Am	2,5	rosa
Buche in Arten	**Fagus**	Nhk		
- Rot-Buche	Fagus sylvatica	Eu	25-30	V
- Amerikanische Buche	Fagus grandifolia (F. americana)	N-Am	10-25 (40)	

Standort	Bemerkungen	Bedeutung nahe am Haus (in der Hausaura)	Bedeutung im Garten (außerhalb der Hausaura)
○ (◐)	grüne Hülsen (15 cm), frosthart, windend, giftig		
	2 Straucharten	**Im günstigen Fall:** Erhöht das Organisationstalent. **Im ungünstigen Fall:** Man verzettelt sich leichter.	Bringt auf neue Ideen und fördert gleichzeitig deren Umsetzung.
○	kobaltblaue bohnenartige Früchte (10 cm), frosthart		
	15 Straucharten	**Im günstigen Fall:** Eine meditative oder kontemplative Haltung wird unterstützt. **Im ungünstigen Fall:** Man neigt dazu, sich zurückzuziehen.	Alleinsein macht nicht so viel aus.
○ (◐)	schnellwüchsig, frosthart		
○ (◐)	frosthart		
	ca. 100 Straucharten, z. T. Klimmer	**Im günstigen Fall:** Erleichtert es, auch komplexe Probleme praktisch anzugehen. **Im ungünstigen Fall:** Kann zu übertriebener Bauernschläue führen.	Erleichtert es, Wichtiges von Unwichtigem zu unterscheiden.
○	orangerote Beeren (2 cm), stark giftig, frosthart		
	ca. 250 Straucharten, Kletterpflanzen und Stauden	**Im günstigen Fall:** Freude am Teilen bzw. Weggeben. **Im ungünstigen Fall:** Man ist dazu verleitet, mehr wegzugeben, als man hat.	Fördert die emotionale Fähigkeit, teilen zu können.
○ ●	ausläuferbildend, schwarze Frucht, essbar		
○ (◐)	ausläuferbildend, rote Frucht, essbar		
○ (◐)	ausläuferbildend, blauschwarze Frucht, essbar		
	Frucht (2 cm), frosthart		
	10 Baumarten	**Yang-Personen:** Fördert die Ausdauer bei längerfristigen Projekten. **Yin-Personen:** Projekte erscheinen einem leicht zu groß.	Verstärkung der Kreativität.
○ ●	Frucht schwach giftig, Heckenpflanze, frosthart		
	gelbe Herbstfärbung, frosthart		

Gehölze

Gehölze

Deutscher Name	Botanischer Name	Herkunft	Höhe in m	Blütenmonat/-farbe
Buchsbaum in Arten	**Buxus**	Eu, As, Af, M-Am		
- Gewöhnlicher Buchsbaum	Buxus sempervirens	Eu, N-Af, Kl-As	2-5 (8)	III-IV
Buschklee	**Lespedeza**	O-As, Aus, N-Am		
- Buschklee	Lespedeza thunbergii	N-Chi, Jap	1-2	IX-XI purpur-rosa
Citrus in Arten	**Citrus**	SO-As, O-Pazifik		
- Pomeranze, Bitterorange	Citrus aurantium	SO-As	10	V-VII/weiß
- Zitrone	Citrus limon	SO-As	2-7	IV-VII/rot, purpur
- Zitronat-Zitrone Fiongerzitrone	Citrus medica	SW-As	3-5	weiß, purpur
- Mandarine, Clementine	Citrus reticulata	SO-As	2-8	weiß
- Apfelsine, Orange	Citrus sinensis	Chi	2-7 (12)	weiß
Dattelpalme in Arten	**Phoenix**	Af, W-As, S-As, Philippinen		
- Dattelpalme	Phoenix dactylifera	N-Af, Iran, Pakistan	25-30	

Gehölze

Standort	Bemerkungen	Bedeutung nahe am Haus (in der Hausaura)	Bedeutung im Garten (außerhalb der Hausaura)
	ca. 70 Strauch- und Baumarten, immergrün	**Im günstigen Fall:** Man kann mehr aus seinem Potential machen. **Im ungünstigen Fall:** Man traut sich Dinge nicht zu.	Stärkt das geistige Potential.
○●	Blätter + Frucht stark giftig, Heckenpflanze, frosthart, schnittverträglich		
	ca. 40 Straucharten, Halbsträucher, Kräuter, z. T. einjährig	**Im günstigen Fall:** Man konzentriert sich in Mitteilungen eher auf das Wesentliche. **Im ungünstigen Fall:** Unwesentliches wird zu sehr betont.	Erleichtert es, Gefühle auch für sich behalten zu können.
○	frosthart		
	16 Strauch- und Baumarten		
○	orange Frucht (5 - 7 cm), essbar, frostempfindlich (3 -5 °C)	**Yang-Personen:** Es kann eine gewisse Gefühlskälte entstehen. **Yin-Personen:** Erleichtert es, ungünstige emotionale Erfahrungen nicht zu konservieren.	Trotz schlechter Erfahrungen in einem bestimmten Umfeld kann man eine Sache dennoch rational weiterführen.
○	gelbe Frucht (7 - 15 cm), essbar, frostempfindlich (3 -5 °C)	**Im günstigen Fall:** Man kann traditionelle Werte neu interpretieren. **Im ungünstigen Fall:** Man bricht zu leicht mit der Tradition.	Erleichtert es, alte Muster zu überwinden
○	gelbe Frucht (30 cm), essbar, frostempfindlich (3 - 5 °C)	**Yang-Personen:** Man kann die eigenen Energien in Kreativität umwandeln. **Yin-Personen:** Man kann leicht die Bodenhaftung verlieren.	Verbindung von kreativ ausgerichteter Vitalität und Bodenständigkeit.
○	orange Frucht (4 - 8 cm), essbar, frostempfindlich (3 - 5 °C)	**Yang-Personen:** Probleme in einer Beziehung können rational besser durchleuchtet werden. **Yin-Personen:** Probleme in einer Beziehung können emotional überbewertet werden.	Vitalität und Harmonie können in einer Beziehung gut miteinander verbunden werden.
○	orange Frucht (6 - 10 cm), essbar, frostempfindlich (3 - 5 °C)	**Im günstigen Fall:** Man kann sich selbst besser motivieren. **Im ungünstigen Fall:** Kann zur Sprunghaftigkeit der Arbeitsfreude führen.	Wirkt unterstützend, dass die täglichen oder regelmäßigen Arbeiten besser verrichtet werden.
○	17 Palmenarten	**Im günstigen Fall:** Erleichtert das Durchhaltevermögen durch einen besseren Überblick. **Im ungünstigen Fall:** Es besteht die Tendenz, noch durchzuhalten, obwohl es nicht mehr notwendig ist.	Erleichtert es, auch ungünstige Situationen heiter und innerlich gelassen zu überstehen.
○	Frucht essbar, immergrün, frostempfindlich (10 - 15 °C)		

Gehölze

Deutscher Name	Botanischer Name	Herkunft	Höhe in m	Blütenmonat/-farbe
Deutzie in Arten	**Deutzia**	O-As, Himalaja, Philippinen, Mexiko		
- Maiblumenstrauch	Deutzia gracilis	Jap	0,6-1	V-VI/weiß
-	Deutzia scabra	Jap	3	VI-VII/weiß
Dickmännchen: siehe Schattengrün				
Diervilla in Arten	**Diervilla**	N-Am		
- Diervilla	Diervilla lonicera	N-Am	1	VI-IV grün-gelb
Douglasie	**Pseudotsuga**	Jap, Chi, Taiwan, N-Am, Mexiko		
- Douglasfichte, Douglasie	Pseudotsuga menziesii (P. douglasii, P. taxifolia)	wN-Am	35-50 z. T. 100	
Duftblüte in Arten	**Osmanthus**	As, sN-Am, Pazifik		
-	Osmanthus delavayi (Siphonosmanthus d.)	W-Chi	2-4 (6)	weiß
-	Osmanthus heterophyllus	Jap, Taiwan	4-5	weiß
Eberesche in Arten	**Sorbus**	Nhk		
- Amerikanische Eberesche	Sorbus americana	öN-Am	9 (10)	V-VI/weiß
- Mehlbeere	Sorbus aria	M-Eu, S-Eu,	6-12 (25)	V-VI/weiß
- Eberesche, Vogelbeere	Sorbus aucuparia	Eu	6-12 (15)	V-VI/weiß
- Schmuck-Eberesche	Sorbus decora	öN-Am	6-8 (10)	V-VI/weiß
- Speierling, Sperbe	Sorbus domestica (Pyrus d.)	S-Eu, Kl-As	10-15 (20)	V-VI/weiß

Gehölze

Standort	Bemerkungen	Bedeutung nahe am Haus (in der Hausaura)	Bedeutung im Garten (außerhalb der Hausaura)
	ca. 60 Straucharten	**Im günstigen Fall:** Man kann sich bei falschen Behauptungen treffend und zielsicher verteidigen. **Im ungünstigen Fall:** Man wähnt sich vor übler Nachrede sicher.	Kann vor falschen Behauptungen schützen.
○	frosthart		
○ (◐)	nach Honig duftend, frosthart		
	3 Straucharten	**Im günstigen Fall:** Fördert die Motivationsfähigkeit. **Im ungünstigen Fall:** Man lenkt die Aufmerksamkeit leicht auf unwichtige Dinge.	Fördert passende spontane Ideen
○ ◐	frosthart		
	6 - 8 Arten	**Yang-Personen:** Man lässt sich (bis zur Verwegenheit) nicht beeindrucken. **Yin-Personen:** Man beschäftigt sich zu lange mit alten Ängsten und Mustern.	Hilft, (auch größere) Ängste abzubauen.
○ (◐)	Nadelgehölz, hängende Zapfen (5 - 10 cm), frosthart		
	15 - 20 Strauch- und Baumarten, immergrün	**Yang-Personen:** Man trennt sich eher zu abrupt Neues zu beginnen. **Yin-Personen:** Veränderung und Neubeginn macht Spaß.	Erleichtert es, sich von Altem zu trennen und vom Alten.
○	stark duftend, blauschwarze Frucht (1 cm), frosthart		
○	duftend, blauschwarze Frucht (1 cm), bedingt frosthart		
	ca. 100 Strauch- und Baumarten	**Yang-Personen:** Fördert Ausdauer und Kontinuität. **Yin-Personen:** Man bricht ein Projekt oft ohne triftigen Grund ab.	Fördert den Erfolg durch kontinuierliches Arbeiten.
○	rote Frucht (0,8 cm), bitter schmeckend, gelb-rote Herbstfärbung, frosthart		
○ (◐)	orangerote Frucht (1 cm), essbar, mehlig, frosthart		
○ ◐	orangerote Frucht (0,8 cm), gelbe Herbstfärbung, frosthart		
○ ◐	rote Frucht (1 cm), orangerote Herbstfärbung, frosthart		
○ ◐	grüngelbe Frucht (2 - 4 cm), essbar, herbsauer, frosthart		

Gehölze

Deutscher Name	Botanischer Name	Herkunft	Höhe in m	Blütenmonat/-farbe
- Schwedische Mehlbeere, Oxelbeere	Sorbus intermedia (S. suecica, S. scandica)	N-Eu	10-12	V-VI/weiß
-	Sorbus koehneana	Chi	2-4 (5)	V-VI/weiß
- Späte Vogelkirsche	Sorbus serotina	Jap	5-8	V-VI/weiß
- Elsbeere	Sorbus torminalis	Eu, Kl-As, N-Af	10-20	V-VI/weiß
- Vielfiedrige Eberesche	Sorbus vilmorinii	sw-Chi	4-6	V-VI/weiß
Efeu in Arten	**Hedera**	N-Af, Eu, Himalaja, Chi, Jap		
- Gewöhnlicher Efeu	Hedera helix	Eu	10-20	IX-X/grüngelb
- Irischer Efeu	Hedera hibernica (H. helix 'Hibernica')	Irland	6-10 (20)	IX-X/grüngelb
Eibe in Arten	**Taxus**			
- Gewöhnliche Eibe	Taxus baccata	Eu, N-Af, N-Iran, Kaukasus	6-18 (20)	III-IV/gelb
- Japanische Eibe	Taxus cuspidata	NO-Chi, Jap	10-15	
Eiche in Arten	**Quercus**			
- Zerr-Eiche	Quercus cerris	S-Eu	20-30	
- Scharlach-Eiche	Quercus coccinea	öN-Am	15-25	
- Ungarische Eiche	Quercus frainetto (Q. conferta, Q. pannonica)	SO-Eu, Türkei	15-25	
- Persische Eiche	Quercus macranthera	Kaukasus, Iran	12-20	V-VI/grüngelb
- Klettenfrüchtige Eiche	Quercus macrocarpa	öN-Am	15	
- Sumpf-Eiche	Quercus palustris	öN-Am	15-25	
-Trauben-Eiche, Winter-Eiche	Quercus petraea (Q. sessiliflora)	Eu	20-40	V-VI/güngelb
- Pontische Eiche, Armenische Eiche	Quercus pontica	Kl-As, Armenien, Kaukasus	4-6	V-VI/grüngelb

Gehölze

Standort	Bemerkungen	Bedeutung nahe am Haus (in der Hausaura)	Bedeutung im Garten (außerhalb der Hausaura)
○	orangerote Frucht (1,5 cm), frosthart		
○ (☽)	weiße Frucht (0,6 cm), frosthart		
○ (☽)	orangerote Frucht, frosthart		
○ ☽	gelbbraune Frucht, (1,5 cm), essbar, frosthart		
○ (☽)	rote, weißrosa Frucht (1 cm), frosthart		
	9 - 11 Arten, Kletterpflanzen	**Im günstigen Fall:** Das Selbstbewusstsein strahlt nach außen aus. **Im ungünstigen Fall:** Man hält es nicht für nötig, sich nach außen besonders darzustellen.	Hilft, sein Licht nicht unter den Scheffel zu stellen.
(☽) ●	Bodendecker, giftig, frosthart		
(☽) ●	Bodendecker, giftig, frosthart		
	5 - 10 Nadelgehölzarten, zweihäusig	**Im günstigen Fall:** Man lernt aus der Vergangenheit, indem man seine Fehler erkennt und es nun besser macht. **Im ungünstigen Fall:** Schlechte Erfahrungen werden zu schnell verdrängt.	Befreit von den Schatten der Vergangenheit.
○ ☽ (●)	rote Beeren, frosthart, sehr stark giftig, außer Samenhülle		
○ ☽	rote Beeren, frosthart, sehr stark giftig, außer Samenhülle		
	ca. 600 Strauch- und Baumarten	**Yang-Personen:** Man kann sich selbst leichter einschätzen. **Yin-Personen:** Man überschätzt sich leicht.	Fördert Kontinuität im Handeln.
○	Eicheln (2,5 - 4 cm), frosthart		
○	kalkmeidend, frosthart		
○	frosthart		
○	frosthart		
○	frosthart		
○	frosthart		
○ (☽)	frosthart		
○	frosthart		

Gehölze

Deutscher Name	Botanischer Name	Herkunft	Höhe in m	Blütenmonat/-farbe
- Stiel-Eiche, Sommer-Eiche	Quercus robur (Q. pedunculata)	Eu	25-40	gelbgrün
- Amerikanische Rot-Eiche	Quercus rubra (Q. borealis maxima)	öN-Am	20-25 (50)	
Eisenholzbaum: siehe Parrotie				
Erbsenstrauch in Arten	**Caragana**	Eu, M-As, Chi,		
- Erbsenstrauch	Caragana arborescens	Sibirien	4-6	V/gelb
Erdbeerbaum	**Arbutus**	Mm, M-Am, wN-Am		
- Erdbeerbaum	Arbutus unedo	SO-Eu, Kl-As	6-8	weiß
Erle in Arten	**Alnus**	Nhk		
- Italienische Erle, Herzblättrige Erle	Alnus cordata	Italien, Kreta	15 (25)	III/grüngelb
- Schwarz-Erle, Rot-Erle *European Alder*	Alnus glutinosa	Eu, W-As, N-Af	10-25	III-IV/bräunlich
- Grau-Erle, Weiß-Erle	Alnus incana	Eu, Kaukasus	6-20	III-IV
Esche in Arten *Ash*	**Fraxinus**	Eu, As, N-Am		
- Weiß-Esche	Fraxinus americana	öN-Am	25 (40)	
- Gewöhnliche Esche	Fraxinus excelsior	Eu, Kl-As	25-40	IV-V
- Blumen-Esche, Manna-Esche	Fraxinus ornus	S-Eu, Kl-As	8-10 (15)	V-VI/weiß
Essigbaum: siehe Sumach				
Eukalyptus in Arten	**Eucalyptus**	Aus, Pazifik		

Standort	Bemerkungen	Bedeutung nahe am Haus (in der Hausaura)	Bedeutung im Garten (außerhalb der Hausaura)
○ ◐	frosthart		
○	kalkmeidend, frosthart		
	ca. 80 Strauch- und Baumarten	**Im günstigen Fall:** Geniale Einfälle bleiben keine Eintagsfliege. **Im ungünstigen Fall:** Spontane Ideen bedürfen der Anpassung an die gegebenen Verhältnisse.	Durch gute und zeitgerechte Ideen ist man immer eine Nasenlänge voraus.
○ ◐	frosthart, schwach giftig		
	ca. 14 Strauch- und Baumarten	**Yang-Personen:** Die Qualität der eigenen Ideen und Projekte wird überschätzt. **Yin-Personen:** Die Qualität der eigenen Ideen und Projekte wird richtig eingeschätzt.	Stärkt die Urteilskraft auch für eigene Belange.
○	rote Frucht (2 cm), immergrün, frosthart		
	ca. 35 Strauch- und Baumarten	**Im günstigen Fall:** Stärkt die innere Unabhängigkeit im gesellschaftlichen Umfeld. **Im ungünstigen Fall:** Mit gesellschaftlichen Konventionen wird zu schnell gebrochen.	Schützt davor, sich zu sehr an gesellschaftliche Konventionen anpassen zu müssen, und fördert die emotionale Unabhängigkeit.
○ (◐)	frosthart		
○ ◐	frosthart		
○ (◐)	frosthart		
	ca. 65 Baumarten	**Im günstigen Fall:** Die gewonnene Stärke geht nicht zu Lasten der Flexibilität. **Im ungünstigen Fall:** Man glaubt, aufgrund eigener Stärke auf Kompromisse oder einvernehmliche Lösungen verzichten zu können.	Man verbindet die eigene Stärke mit Flexibilität und Anpassungsvermögen.
○	frosthart, Heilpflanze		
○ ◐	frosthart		
○ (◐)	angenehm duftend, frosthart		
	über 600 Strauch- und Baumarten	**Im günstigen Fall:** Man ist besser in der Lage, feinere Impulse aufzunehmen. **Im ungünstigen Fall:** Man überschätzt seine Fähigkeiten, auf emotionale Nuancen einzugehen.	Die emotionale Empfänglichkeit wird verbessert.

Gehölze

Gehölze

Deutscher Name	Botanischer Name	Herkunft	Höhe in m	Blütenmonat/-farbe
- Tasmanischer Eukalyptus	Eucalyptus coccifera	Tasmanien	15-20	weiß
- Blaugummibaum, Bluegum	Eucalyptus globulus	Aus	15-30 (50)	weiß
- Mostiger Eukalyptus	Eucalyptus gunnii (E. divaricata)	Tasmanien	10-20 (25)	weiß
- Schnee-Eukalyptus	Eucalyptus niphophila (E. pauciflora ssp. niphophila)	Aus	6-10	weiß
-	Eucalyptus pauciflora	Aus	8-12 (20)	weiß
- Dreh-Eukalyptus	Eucalyptus perriniana	Aus	4-6 (10)	weiß
- *Manna Gum*	Eucalyptus viminalis	Aus	10-30 (50)	weiß
Faulbaum: siehe Kreuzdorn				
Feigenbaum, Feige in Arten	**Ficus**	Tropen, Subtropen, Mm		
- Echter Feigenbaum	Ficus carica	Mm, W-As	2-3	
Felsenbirne	**Amelanchier**	Eu, As, N-Am		
- Kanadische Felsenbirne	Amelanchier canadensis	öN-Am	5-6	IV/weiß
- Kahle Felsenbirne	Amelanchier laevis	N-Am	3-6 (8)	IV-V/weiß
- Kupfer-Felsenbirne	Amelanchier lamarckii	N-Am (unklar)	4-8 (10)	IV/weiß
Feuerdorn in Arten	**Pyracantha**	S-Eu, SW-As, Chi, Taiwan, Himalaja		
- Schmalblättriger Feuerdorn	Pyracantha angustifolia	W-Chi	3	weiß

Gehölze

Standort	Bemerkungen	Bedeutung nahe am Haus (in der Hausaura)	Bedeutung im Garten (außerhalb der Hausaura)
○	immergrün, frosthart, aromatische Blätter		
○	immergrün, bedingt frosthart		
○	immergrün, bedingt frosthart		
○	immergrün, frosthart		
○	immergrün, frosthart		
○	immergrün, bedingt frosthart		
○	immergrün, bedingt frosthart		
	ca. 800 Strauch- und Baumarten und Kletterpflanzen	**Yang-Personen:** Man macht sich zu leicht etwas vor. **Yin-Personen:** Die eigenen Chancen werden besser erkannt.	Fördert eine positive Lebenseinstellung und vertreibt Trübsinn.
○	Scheinfrucht essbar, Laub: fotoallergische Reaktionen, frostempfindlich		
	ca. 25 Strauch- und Baumarten	**Yang-Personen:** Die Dynamik in der Kreativität wird gefördert. **Yin-Personen:** Fördert den Spaß an der Kreativität.	Bringt kreative Ideen in laufende Aktivitäten.
○	blauschwarze Frucht (1 cm), essbar, Herbstfärbung gelb-orange-rot, kalkmeidend, frosthart		
○ ◐	Beeren dunkelpurpur (1,5 cm), essbar, orange-rote Herbstfärbung, kalkmeidend, frosthart		
○ ◐	Beeren blauschwarz (1 cm), essbar, orange-rote Herbstfärbung, kalkmeidend, frosthart		
	7 Strauch- und Baumarten, immergrün	**Im günstigen Fall:** Positive Emotionen können besser ausgelebt werden. Dies gilt eher für Yang-Personen. **Im ungünstigen Fall:** Positive Emotionen werden nicht ausgelebt. Dies betrifft eher Yin-Personen.	Fördert die emotionale Robustheit.
○	immergrün, orangerote Beeren (0,8 cm), bedingt frosthart		

Gehölze

Deutscher Name	Botanischer Name	Herkunft	Höhe in m	Blütenmonat/-farbe
- Feuerdorn - Gartenformen	Pyracantha in Sorten	Kreuzung	1,5-4	weiß
Fichte in Arten	**Picea**	Nhk, kühl-gem		
- Fichte, Rotfichte	Picea abies	Eu	20-40 (50)	
- Mähnen-Fichte	Picea breweriana	wN-Am	10-15 (35)	
- Serbische Fichte Omorika-Fichte	Picea omorika	Serbien, Bosnien	15-25	
- Orient-Fichte	Picea orientalis	Kaukasus, NO-Türkei	30-40 (60)	
- Stech-Fichte	Picea pungens	swN-Am	15-20	
- Purpur-Fichte	Picea purpurea	NW-Chi	15 (20)	
- Sitka-Fichte,	Picea sitchensis	wN-Am	25-50 (60)	
Fiederspiere in Arten	**Sorbaria**	O-As, Himalaja		
- Sibirische Fliederspiere	Sorbaria sorbifolia (Spirea s.)	N-As, Jap	1,5-3	VI-VII/weiß
Fingerkraut in Arten	**Potentilla**	Nhk		
- Fingerstrauch, Fünffingerstrauch	Potentilla fruticosa	N-Am, Eu, N-As	1-1,5	VI-X/gelb
Flieder in Arten	**Syringa**			
- Königsflieder	Syringa x chinensis	Kreuzung	3-4	V/rosa-lila
- Ungarischer Flieder	Syringa josikaea	Ungarn	4	V-VI/purpur
- Bogen-Flieder, Hänge-Flieder	Syringa reflexa	M-Chi	3-4	VI/rosa, karmin

Standort	Bemerkungen	Bedeutung nahe am Haus (in der Hausaura)	Bedeutung im Garten (außerhalb der Hausaura)
○ (☽)	immergrün, Beeren gelb, orange, rot, zumeist frosthart		
	30 - 40 Nadelgehölzarten, immergrün	**Im günstigen Fall:** Fördert die Unabhängigkeit. **Im ungünstigen Fall:** Kann zu einer gewissen Eintönigkeit und Einförmigkeit Im Denken und Handeln führen.	Kleine Formen: sich nicht erschrecken lassen. Große Formen: auch einmal Neues wagen.
○ (☽)	braune Zapfen (10 - 15 cm), (kalkmeidend), frosthart		
○	rotbraune Zapfen (7 - 14 cm), (kalkmeidend), frosthart		
○	braune Zapfen (3 - 7 cm), frosthart		
○ (☽)	braune Zapfen (5 - 10 cm), (kalkmeidend), frosthart		
○	blassbraune Zapfen (6 - 10 cm), frosthart		
○ (☽)	purpurbraune Zapfen (2,5 - 6 cm), (kalkmeidend), frosthart		
(○)	blassbraune Zapfen (6 - 10 cm), (kalkmeidend), frosthart		
	10 Straucharten	**Yang-Personen:** Neue Ideen werden in ein nicht passendes Umfeld gebracht. **Yin-Personen:** Neue Ideen können besser auf ihre Eignung abgeschätzt werden, Bestehendes zu ersetzen.	Erleichtert das Umsetzen neuer Ideen.
○ ●	ausläuferbildend, frosthart		
	ca. 500 Strauch- und Staudenarten, ein- und zweijährige	**Im günstigen Fall:** Man setzt seine Kräfte ökonomisch ein. **Im ungünstigen Fall:** Man verausgabt sich zu leicht.	Stärkt die mentale Projektionskraft.
○ (☽)	frosthart		
	ca. 20 Strauch- und Baumarten	**Yang-Personen:** Störung der Gedanken durch Emotionen. **Yin-Personen:** Bessere Konzentration und Motivation.	Führt zu geistiger Klarheit, schirmt die Gedanken vor störenden Emotionen ab.
○	duftend, frosthart		
○ (☽)	duftend, frosthart		
○	duftend, frosthart		

Gehölze

155

Gehölze

Deutscher Name	Botanischer Name	Herkunft	Höhe in m	Blütenmonat/-farbe
- Gewöhnlicher Flieder	Syringa vulgaris	Eu	4-7	V-VI/violett
Flügelnuss in Arten	**Pterocarya**	M-As, O-As, Jap		
- Flügelnuss, Kaukasische Flügelnuss	Pterocarya fraxinifolia	Kaukasus, N-Iran	15-20 (25)	V/grün
Flusszeder in Arten	**Calocedrus**			
- Kalifornische Flußzeder, Rauchzypresse	Calocedrus decurrens (Heyderia d., Libocedrus d.)	wN-Am	20-40 (50)	
Forsythie, Goldglöckchen in Arten	**Forsythia**	SO-Eu, O-As		
-	Forsythia x intermedia	Kreuzung	1,5	IV-V/gelb
Forsythie: siehe auch Weiße Forsythie				
Gagel in Arten	**Myrica**	weltweit		
- Gagel, Gagelstrauch	Myrica gale	Eu, N-As, N-Am	0,5-1,5	IV-V/braun
Geißblatt: siehe Heckenkirsche				
Geißklee in Arten	**Cytisus** (Argyrocytisus)	Eu, W-As, N-Af		
- Kriech-Ginster	Cytisus decumbens (Genista d.)	S-Eu	0,2-0,3 (0,8)	V/gelb
- Purpur-Ginster	Cytisus purpureus (Chamaecytisus p.)	SO-Eu	0,4-0,5 (0,8)	V-VI/purpur
- Besen-Ginster	Cytisus scoparius (Sarothamnus s.)	W-Eu	1,5-2	V-VI/gelb

Gehölze

Standort	Bemerkungen	Bedeutung nahe am Haus (in der Hausaura)	Bedeutung im Garten (außerhalb der Hausaura)
○ (☾)	duftend, frosthart		
	10 Baumarten	**Im günstigen Fall:** Stärkt die Integrität.	
		Im ungünstigen Fall: Es kommen unnötige Zweifel bei Projekten, die anderen helfen sollen.	Gut für Firmen: man steht mehr hinter dem, was man tut.
○ (☾)	grüne geflügelte Nüsschen, frosthart		
	3 Nadelgehölzarten, immergrün	**Yang-Personen:** Man sonnt sich leicht in seiner eigenen Uneigennützigkeit. **Yin-Personen:** Ein fairer Ausgleich mit den Interessen anderer wird leichter erreicht.	Bessere Überprüfung der eigenen Motivation.
○ ☾	rotbraune Zapfen, (2 - 2,5 cm), Gerbstoffe, frosthart		
	ca. 7 Straucharten	**Im günstigen Fall:** Man kann seine eigenen Ressourcen besser einschätzen. **Im ungünstigen Fall:** Die eigenen Ressourcen werden leicht überschätzt.	Eigene Ressourcen können besser genutzt werden.
○ ☾	zahlreiche Formen und Sorten, frosthart		
	ca. 50 Strauch- und Baumarten	**Im günstigen Fall:** Die emotionale Abwehrkraft steigt. **Im ungünstigen Fall:** Die eigene emotionale Abwehrkraft wird überschätzt; man setzt sich unnötig Belastungen aus.	Schützt empfindliche Emotionen vor äußeren Einflüssen.
○	zweihäusig, Sumpfpflanze, frosthart		
	ca. 50 Strauch- und Baumarten	**Yang-Personen:** Die „weibliche" Betrachtungsweise kann leicht unterschätzt werden. **Yin-Personen:** Man ist eher in der Lage, auch die „weibliche" Betrachtungsweise mit einzubeziehen.	Man gibt der „weiblichen" Betrachtungsweise mehr Raum.
○	frosthart		
○	frosthart		
○	berauschende Wirkung durch Cytisin + Spartein, frosthart, giftig		

Gehölze

Deutscher Name	Botanischer Name	Herkunft	Höhe in m	Blütenmonat/-farbe
Gerbrindeneiche in Arten	**Lithocarpus**			
- Gerbrindeneiche	Lithocarpus densiflorus	söN-Am	10-20 (40)	IV-V/IX grüngelb
Geweihbaum in Arten	**Gymnocladus**	O-As, N-Am		
Geweihbaum	Gymnocladus dioica (G. canadensis)	N-Am	12-20	VI/weißlich
Gewürzstrauch in Arten	**Calycanthus**	N-Am		
- Echter Gewürzstrauch	Calycanthus floridus	söN-Am	2-3	V-VI rotbraun
Gingko	**Gingko**	S-Chi		
- Gingko, Fächerblattbaum *Ginkgo*	Gingko biloba	S-Chi	15-20(30)	VI-V
Ginster in Arten	**Genista** (Chamaespartium)	Eu, Mm, W-As		
- Goldland-Ginster	Genista lydia	O-Balkan	0,5-1	V-VI/gelb
- Strahlen-Ginster	Genista radiata (Cytisanthus r.)	S-Eu	0,8	V-VI/gelb
- Flügel-Ginster, Pfeil-Ginster	Genista sagittalis (Genistella s., Chamaespartium sagittale)	M-Eu, S-Eu	0,2	VI/gelb
- Färber-Ginster	Genista tinctoria	Eu, Kl-As	0,4-0,8	VI-VIII/gelb
Ginster: siehe auch Geißklee				

Gehölze

Standort	Bemerkungen	Bedeutung nahe am Haus (in der Hausaura)	Bedeutung im Garten (außerhalb der Hausaura)
	ca. 300 Strauch- und Baumarten	**Yang-Personen:** Führt leicht zum Moralisieren und einem gewissen Fanatismus. **Yin-Personen:** Fördert die Fähigkeit, moralische Werte zu vermitteln.	Erleichtert es, moralische Aspekte in eine rationale Welt einzubringen.
○ ◐	bucheckernartige Frucht, frosthart		
	4 Baumarten	**Im günstigen Fall:** Verbessert die Rhetorik und gibt der Stimme einen angenehmeren Klang. **Im ungünstigen Fall:** Man verliebt sich zu leicht in die eigenen Argumente.	Unterstützt die eigene Darstellungskraft, sodass auch kleine Dinge größer erscheinen können.
○	meist zweihäusig, Samen giftig		
	2 - 3 Straucharten	**Im günstigen Fall:** Man ist gut in der Lage, seine Präsentation in der Öffentlichkeit gut dosiert vorzunehmen. **Im ungünstigen Fall:** Man ist versucht, zu häufig tiefzustapeln.	Man kann, wenn es sein muss, sein Licht auch mal unter den Scheffel stellen.
○ ◐	schwach giftig, besonders abends stark duftend, frosthart		
	1 Nadelbaumart	**Im günstigen Fall:** Stärkt die Begeisterungsfähigkeit für neue Ideen. **Im ungünstigen Fall:** Man traut seinen eigenen (guten) Ideen nicht.	Erleichtert es, von anderen oder von einem selbst gesteckte Grenzen zu sprengen.
○ (◐)	zweihäusig, männliche Bäume schlanker, weibliche Bäume breiter, frosthart		
	ca. 90 Strauch- und Baumarten, giftig	**Yang-Personen:** Man ist zu sehr auf das familiäre Ansehen bedacht. **Yin-Personen:** Man ist besser in der Lage, einen Ausgleich zwischen den Interessen der eigenen Familie und anderen zu erreichen.	Kann das Ansehen der Familie nach außen verbessern.
○	blaugrüne Blätter, frostempfindlich		
○			
○	erscheint immergrün durch geflügelte Sprossen, frosthart		
○ (◐)	frosthart, Färberpflanze		

Gehölze

Deutscher Name	Botanischer Name	Herkunft	Höhe in m	Blütenmonat/-farbe
Glanzmispel in Arten	**Photinia** (Heteromeles, Stranvaesia)	Himalaja, SO-As		
- Glanzmispel, Scharlach-Glanzmispel	Photinia villosa	Chi, Jap, Korea	5	V-VI/weiß
Götterbaum in Arten	**Ailanthus**			
Götterbaum	Ailanthus altissima	Chi	25	VI,/grün-gelb
Goldlärche	**Pseudolarix**	Chi		
- Goldlärche	Pseudolarix amabilis (P. kaempferi)	S-Chi, O-Chi	10-20	
Goldregen in Arten	**Laburnum**	S-Eu, W-As		
- Goldregen, Bohnenbaum, Kleebaum	Laburnum anagyroides (L. vulgare)	S-Eu	5-7 (8)	V-VI/hellgelb
Granatapfel in Arten	**Punica**	SO-Eu, SW-As		
- Granatapfel	Punica granatum	SO-Eu, SW-As, Himalaja	2-8	rot
Hainbuche in Arten	**Carpinus**	Eu, As, N-Am		
Hainbuche, Weißbuche	Carpinus betulus	Eu, Kaukasus, N-Iran	10-25	(grün)

Gehölze

Standort	Bemerkungen	Bedeutung nahe am Haus (in der Hausaura)	Bedeutung im Garten (außerhalb der Hausaura)
	ca. 60 Strauch- und Baumarten	**Im günstigen Fall:** Eigene Vorstellungen und Wünsche werden behutsam (diplomatisch) geäußert. **Im ungünstigen Fall:** Die eigenen Interessen geraten zu sehr ins eigene Blickfeld.	Erleichtert das unbeschwerte Vorbringen von Gedanken und Wünschen.
○ ◐	rote Frucht, orange-rote Herbstfärbung, frosthart		
	5 Strauch- und Baumarten	**Im günstigen Fall:** Moralische Aspekte lassen sich mit den realen Erfordernissen gut kombinieren. **Im ungünstigen Fall:** Man ist zwischen moralischen und realen Aspekten hin und her gerissen.	Moralische Aspekte gewinnen bei den eigenen Aktivitäten leichter die Oberhand.
○ (◐)	meist zweihäusig, frosthart		
	1 Nadelgehölzart	**Yang-Personen:** Familientradition kann einen zu stark bestimmen. **Yin-Personen:** Man kann aus der Familientradition Kraft schöpfen.	Man ist sich seiner Qualitäten bewusst und gründet darauf sein Selbstbewusstsein.
○	braune Zapfen (6 - 8 cm), frosthart		
	2 Baumarten	**Im günstigen Fall:** Man zieht Kraft aus seinen Erfolgen. **Im ungünstigen Fall:** Man ist nicht in der Lage, die eigenen Erfolge für sich positiv zu nutzen.	Man kann Dinge leichter mit Erfolg zu Ende bringen.
○ (◐)	Hülsenfrüchte, frosthart, sehr stark giftig		
	2 Strauch- und Baumarten	**Yang-Personen:** Man verzehrt sich nach Erfolg. **Yin-Personen:** Man ist besser in der Lage, seinen Erfolg zu genießen und auch seinen Mitstreitern zu gönnen	Man hat Erfolg, der jedoch langsam heranreifen muss.
○	orange Frucht (12 cm), essbar, frostempfindlich		
	35 - 40 Baumarten	**Im günstigen Fall:** Man kann besser unterscheiden, ob es wirklich die eigene oder eine übernommene Meinung ist. **Im ungünstigen Fall:** Kann Eigenbrötelei unterstützen.	Eigene Entscheidungen werden erleichtert.
○ ●	auch Heckenpflanze, frosthart		

Gehölze

Deutscher Name	Botanischer Name	Herkunft	Höhe in m	Blütenmonat/-farbe
Hartriegel in Arten	**Cornus**	Nhk		
- Weißer Hartriegel	Cornus alba (Swida a., Thelycrania a.)	Sibirien, N-Chi, Korea	3-4 (5)	V/gelbweiß
- Wechselblättriger Hartriegel	Cornus alternifolia (Swida a.)	öN-Am	3-6	V-VI/gelbweiß
- Teppich-Hartriegel	Cornus canadensis (Chamaepericlymenum canadense)	N-Am, N-As	0,1-0,2	VI/weiß
- Pagoden-Hartriegel	Cornus controversa (Swida c.)	Himalaja, Chi, Jap, Kor	5-8 (10)	VI/weiß
- Blumen-Hartriegel,	Cornus florida	öN-Am	4-6	V-VI/weiß
- Japanischer Blumen-Hartriegel	Cornus kousa	Jap, Korea	6 (7)	V-VI/weiß
- Kornelkirsche	Cornus mas	Eu, W-As	4-7	III-IV/gelb
- Nuttalls Blüten-hartriegel,	Cornus nuttallii	wN-Am	3-6 (12)	V/weiß
- Roter Hartriegel	Cornus sanguinea	Eu	3-4 (6)	V-VI/weiß
Hasel in Arten	**Corylus**	Nhk		
- Haselnuss	Corylus avellana	Eu, W-As	5 (7)	III-IV/grüngelb
- Baumhasel	Corylus colurna	SO-Eu, Kl-As, Kaukasus, Himalaja	15-18 (20)	VI-VII/gelblich
- Lambertsnuss	Corylus maxima	SO-Eu, Kaukasus	5 (6)	III/gelb

Hasel: siehe auch Scheinhasel

Standort	Bemerkungen	Bedeutung nahe am Haus (in der Hausaura)	Bedeutung im Garten (außerhalb der Hausaura)
	ca. 45 Strauch- und Baumarten, verholzende Stauden	**Im günstigen Fall:** Man ist in der Lage, die Argumente anderer bereits in die eigene Rede einfließen zu lassen (Einwandvorwegnahme). **Im ungünstigen Fall:** Man versucht zu stark, andere zu überzeugen.	Hilft, Dinge eleganter vortragen oder vorstellen zu können.
○ (◐)	weißlich-hellblaue Frucht, rote Wintertriebe, frosthart		
○ ◐	blauschwarze Frucht, rote Herbstfärbung, frosthart		
◐	hellrote Frucht (1 - 2 cm), Bodendecker, Wurzelausläufer, frosthart		
○ ◐	blauschwarze Frucht, frosthart		
○ ◐	rote Herbstfärbung, scharlachrote Frucht (1,5 cm), frosthart		
○ ◐	rosa Frucht (2 cm), frosthart		
○ ◐	rote Frucht (2 cm), essbar, frosthart		
○ ◐	rote-orange Frucht (1 cm), frosthart		
○ ◐	schwarzviolette Frucht, schwach giftig, frosthart		
	10 - 15 Strauch- und Baumarten	**Im günstigen Fall:** Man ist in der Lage, falls erforderlich, seinen eigenen Wohlstand oder Reichtum nach außen nicht oder nur in Maßen zu zeigen. **Im ungünstigen Fall:** Man schottet sich mental und emotional nach außen zu sehr ab.	Kann ein emotional unbefangenes Verhältnis zum Wohlstand bringen.
○ ◐ (●)	Nüsse, essbar, frosthart		
○ ◐	Nüsse, essbar, frosthart		
○ (◐)	Nüsse, essbar, frosthart		

Gehölze

Gehölze

Deutscher Name	Botanischer Name	Herkunft	Höhe in m	Blütenmonat/-farbe
Heckenkirsche, Geißblatt in Arten	**Lonicera**			
- Kriechende Heckenkirsche	Lonicera acuminata	Himalaja	0,5-1 (5)	VI-VII/gelblich
- Blaue Heckenkirsche	Lonicera caerulea	Eu	1-2,5	IV-V/gelbweiß
- Echtes Geißblatt, Jelängerjelieber	Lonicera caprifolium	M-Eu, Kl-As	3-6 (8)	V-VII/gelbweiß rötlich
- Immergrünes Geißblatt	Lonicera henryi	W-Chi	4-6 (8)	V-VI/gelb rot
- Kalifornische Heckenkirsche	Lonicera ledebourii	öN-Am	2 (3)	V-VI/gelb rötlich
- Baum-Heckenkirsche, Schirm-Heckenkirsche	Lonicera maackii	Chi, Jap, Korea	4-5	V-VI/gelb
	Lonicera pileata	Chi	0,8	V/weiß
- Tatarische Heckenkirsche	Lonicera tatarica	S-Russland, M-As	3-4	V-VI/weiß-rot
- Gewöhnliche Heckenkirsche	Lonicera xylosteum	M-Eu, Sibirien	2-3	V-VI/gelblich
Heide, Glockenheide in Arten	**Erica**	Eu, Af, W-As, M-As		
- Baumheide	Erica arborea	SW-Eu, Mm, O-Af	6 (15)	grauweiß
- Schneeheide	Erica carnea (E. herbacea)	M-Eu, SO-Eu	0,2-0,3 (0,6)	II-IV/weiß purpur
- Grau-Heide	Erica cinerea	Eu	0,2-0,6	VI-VII purpur violett
- Glocken-Heide, Moor-Heide	Erica tetralix	W-Eu	0,2-0,5	VI-IX
- Cornwall-Heide	Erica vagans	Engl., Frankr. Spanien	0,3-0,5 (0,8)	IX-X/rosa

Heide: siehe auch Besenheide

Gehölze

Standort	Bemerkungen	Bedeutung nahe am Haus (in der Hausaura)	Bedeutung im Garten (außerhalb der Hausaura)
	ca. 180 Straucharten und Kletterpflanzen, Beeren meist schwach giftig	**Im günstigen Fall:** Man ist spontan in der Lage, die Bedürfnisse anderer zu erkennen. **Im ungünstigen Fall:** Zuviel Spontaneität ist nicht immer angebracht, sie kann auch zu falschen Entscheidungen führen.	Fördert das Handeln aus dem Hier und Jetzt.
(☾) ●	korallenrote Beeren, bedingt frosthart		
(○) ☽	schwarze Doppelbeeren, essbar, frosthart		
○ ☽	abends süß duftend, orangerote Beeren, frosthart		
(☾) ●	schwarze Beeren, frosthart		
○ ●	schwarze Beeren, frosthart		
○ ☽	stark duftend, rote Beeren, frosthart		
○ ●	purpurviolette Beeren, Bodendecker, frosthart		
○ ☽	hellrote Beeren, schwach giftig, frosthart		
○ ●	rote Beeren, schwach giftig, frosthart		
	über 700 Straucharten	**Im günstigen Fall:** Erlaubt auch Einsichten in die Situation und Beweggründe anderer. **Im ungünstigen Fall:** Kann zu übertriebener Selbstreflexion führen.	Kann die Selbstreflexion fördern.
○	nach Honig duftend, bedingt frosthart		Es werden eher die eigenen Ansichten reflektiert.
○ (☽)	frosthart		Es werden eher die eigenen Absichten reflektiert.
○ (☽)	keine Wintersonne! bedingt frosthart		Man ist besser in der Lage, Beziehungen zu anderen zu überdenken.
○ (☽)	frosthart		Fördert eher meditative Ansichten.
○ (☽)	bedingt frosthart		Wirkt klärend, wie die eigenen Emotionen sind.

Gehölze

Deutscher Name	Botanischer Name	Herkunft	Höhe in m	Blütenmonat/-farbe
Heidelbeere, Preiselbeere	**Vaccinium**	weltweit		
- Amerikanische Heidelbeere, Sumpf-Heidelbeere	Vaccinium corymbosum	öN-Am	1-2	V/weiß rosa
- Großfrüchtige Moosbeere *Cranberry*	Vaccinium macrocarpon	öN-Am, N-As	0,1-0,3	V-VI/weiß rosa
- Preiselbeere	Vaccinium vitis-idaea	N-Eu, N-As, N-Am	0,1-0,3	V-VI/weiß rosa
Hemlocktanne in Arten	**Tsuga**	M-As, SO-As, N-Am		
- Kanadische Hemlocktanne	Tsuga canadensis	öN-Am	15-20 (25)	
- Nordjapanische Hemlocktanne	Tsuga diversifolia	Jap	5-12 (15)	
- Westamerikanische Hemlocktanne	Tsuga heterophylla	wN-Am	15-35 (40)	
- Berg Hemlocktanne	Tsuga mertensiana	N-Am	8-10 (15)	
Hibiskus, Eibisch in Arten	**Hibiscus**	warm gem, Tropen, Subtropen		
- Chinesischer Roseneibisch	Hibiscus rosa-sinensis	unbekannt	2-3 (5)	rot, gelb, weiß
- Garten-Eibisch, Strauch-Eibisch	Hibiscus syriacus	Chi, Indien	1,5-3	VI-IX/rosa
Hickory in Arten	**Carya**	O-As, N-Am,		
- Ferkelnuss	Carya glabra	öN-Am	25 (40)	
- Königsnuss	Carya lacinosa	N-Am	40	
- Schindelborkige Hickory	Carya ovata	öN-Am	20-25 (40)	
- Bitternuss, Spottnuss	Carya tomentosa (C. cordiformis)	öN-Am	25 (30)	

Gehölze

Standort	Bemerkungen	Bedeutung nahe am Haus (in der Hausaura)	Bedeutung im Garten (außerhalb der Hausaura)
	ca. 450 Strauch- und Baumarten	**Im günstigen Fall:** Der Elan bzw. der Antrieb in der Mitte eines Vorhabens können gesteigert werden. **Im ungünstigen Fall:** Kann zu unnötigen Reflexionen in der Mitte eines Vorhabens führen.	Gibt Vitalität, in der Mitte eines Vorhabens nicht „durchzuhängen" oder aufzugeben.
○ ◐	blauschwarze Frucht, essbar, süßlich, frosthart Garten-Heidelbeere		
○	rote Frucht, essbar, kriechend, frosthart		
○ ◐	rote Frucht, essbar, herbsauer, ausläuferbildend, frosthart		
	10 - 11 Nadelbaumarten, immergrün	**Yang-Personen:** Man ist zu schnell geneigt, alte Vorstellungen über Bord zu werfen. **Yin-Personen:** Erlaubt ein sorgfältiges Abwägen zwischen Altem und Neuem.	Alte Vorstellungen können leichter durch neue ersetzt werden.
○ ◐	Zapfen (2 cm), frosthart		
◐	Zapfen (2 cm), extrem frosthart		
◐ (●)	Zapfen (2 cm), windempfindlich, frosthart		
○ (◐)	Zapfen (5 - 8 cm), frosthart		
	ca. 200 Strauch- und Baumarten und Stauden	**Im günstigen Fall:** Man ist in der Lage, genau das zu treffen, was andere von einem erwarten. **Im ungünstigen Fall:** Man legt zuviel Wert auf die eigene Präsentation.	Man ist gut in der Lage, seine Wirkung nach außen einzuschätzen. Man ist in der Lage, sich nach außen gut zu präsentieren.
○	frostempfindlich (+ 15 °C)		
○ (◐)	frostempfindlich		
	ca. 20 Baumarten	**Im günstigen Fall:** Man ist in der Lage, andere für sich zu gewinnen. **Im ungünstigen Fall:** Kann zu einer gewissen Arroganz führen.	Gibt Überlegenheit durch gute Einschätzung anderer.
○ ◐	Nüsse (5 cm), gelbe Herbstfärbung, frosthart		
○ ◐	Nüsse, junge Triebe orangerot		
○ ◐	Nüsse (6 cm), essbar, gelbe Herbstfärbung, frosthart		
○ ◐	Nüsse (4 cm), frosthart		

Gehölze

Deutscher Name	Botanischer Name	Herkunft	Höhe in m	Blütenmonat/-farbe
Himbeere: siehe auch Brombeere				
Holunder in Arten	**Sambucus**	Eu, As, N-Af, Aus, N-Am, S-Am		
- Kanadischer Holunder	Sambucus canadensis	N-Am	3-5	VI-VII/weiß
- Schwarzer Holunder	Sambucus nigra	Eu, Kl-As, W-Sibirien	3-7	VI-VII/weiß
- Trauben-Holunder, Roter Holunder	Sambucus racemosa	Eu, Kl-As, Chi	2-4	IV-V/gelbgrün
Hortensie in Arten	**Hydrangea**	O-As, N-Am, S-Am		
- Rauhe Hortensie	Hydrangea aspera	Himalaja	1,5-3 (4)	rosa, violett
- Garten-Hortensie	Hydrangea macrophylla	Kreuzung	1-1,5 (2)	VI-IX/rosa, violett
- Rispen-Hortensie	Hydrangea paniculata	Jap, Chi, Russland	2-3 (7)	VI-IX/weiß rosa
- Kletter-Hortensie	Hydrangea petiolaris	Jap, Taiwan, Kor	10-15 (20)	VI-VII/weiß
Hopfen in Arten	**Humulus**	n gem Zonen		
- Gemeiner Hopfen	Humulus lupulus	Eu, W-As, N-Am	2,5-6 (8)	
Hopfenbuche in Arten	**Ostrya**	Eu, As, N-Am, M-Am		
- Gewöhnliche Hopfenbuche	Ostrya carpinifolia	S-Eu, Kaukasus	10-15 (20)	
-	Ostrya virginiana	öN-Am	6-10 (15)	
Immergrün in Arten	**Vinca**	Eu, N-Af, M-As		

Standort	Bemerkungen	Bedeutung nahe am Haus (in der Hausaura)	Bedeutung im Garten (außerhalb der Hausaura)
	ca. 25 Strauch- und Baumarten und Stauden, schwach giftig, außer Blüten + Beeren	**Im günstigen Fall:** Man ist eher in der Lage, auf andere kommunikativ einzugehen. **Im ungünstigen Fall:** Man hat feste Vorstellungen, was andere für gut und richtig halten sollen.	Erleichtert es, Dinge mitzuteilen, die man sich nicht zu sagen traut.
○ ◐	rotschwarze Beeren, essbar, frosthart		
○ ◐	schwarze saftreiche Steinfrüchte, essbar, enthalten viel Vitamin A, B, C, Invertzucker, Kalium, frosthart		
○ ◐	rote Steinfrucht, roh ungenießbar, Brech- + Abführmittel, frosthart		
	ca. 80 Strauch- und Baumarten und Kletterpflanzen	**Im günstigen Fall:** Man ist gut in der Lage, sich der Situation angemessen zu präsentieren. **Im ungünstigen Fall:** Man kann schon einmal danebengreifen.	Kultiviert das Handeln und die Ausdrucksform.
◐	frosthart		
○ ◐	frosthart		
○ (◐)	angenehm duftend, frosthart		
○ ●	Haftwurzelkletterer, süßlich duftend		
	2 Staudenarten		
◐ ○	rechtswindend, zweihäusig, Heilpflanze, Bierwürze, frosthart		
	ca. 10 Baumarten	**Im günstigen Fall:** Man kann sich emotional besser auf andere einstellen. **Im ungünstigen Fall:** Man neigt verstärkt zu Selbstkritik.	Stärkt das emotionale Gleichgewicht.
○	hopfenartiger Fruchtstand, frosthart		
○	hopfenartiger Fruchtstand, weiß, frosthart		
	7 Halbstraucharten und Stauden	**Im günstigen Fall:** Man hat mehr Spaß auch bei langwierigen Projekten. **Im ungünstigen Fall:** Man kann sich leicht in etwas verbeißen.	Beharrlichkeit führt zum Ziel.

Gehölze

Gehölze

Deutscher Name	Botanischer Name	Herkunft	Höhe in m	Blütenmonat/-farbe
- Großblättriges Immmergrün	Vinca major	S-Eu, Kl-As	0,2-0,4	V-IX blau
- Kleinblättriges Immergrün	Vinca minor	S-Eu, M-Eu	0,1-0,3	V-IX/blau
Irische Heide in Arten	**Daboecia**	W-Eu		
- Irische Heide	Daboecia cantabrica (D. polifolia)	W-Eu	0,25-0,5	VII-IX rot, weiß
Jasmin in Arten	**Jasminum**	Eu, As, Af		
-Winter-Jasmin	Jasminum nudiflorum	N-Chi, O-As	3	XII-IV/gelb
Jasmin: siehe auch Pfeifenstrauch				
Johannisbeere, Stachelbeere in Arten	**Ribes**	n gem Zone		
- Alpen-Johannisbeere	Ribes alpinum	Eu, NW-Af, Sibirien	1-2 (2,5)	IV-V/grüngelb
- Gold-Johannisbeere	Ribes aureum (R. odoratum)	mN-Am	2 (3)	IV-V/gelb
- Sparrige Stachelbeere	Ribes divaricatum	wN-Am	2-3	IV-V/grüngelb
- Blut-Johannisbeere	Ribes sanguineum 'Atrorubens'	wN-Am	2	IV-V rot
Judasbaum in Arten	**Cercis**			
- Gewöhnlicher Judasbaum	Cercis siliquastrum	SO-Eu, SW-As	3,5-6 (10)	purpur-rosa
Jungfernrebe: siehe Wilder Wein				

Gehölze

Standort	Bemerkungen	Bedeutung nahe am Haus (in der Hausaura)	Bedeutung im Garten (außerhalb der Hausaura)
○ ●	Bodendecker, immergrün, bedingt frosthart		
○ ●	Bodendecker, immergrün, frosthart, giftig		
	2 Straucharten	**Im günstigen Fall:** Man ist besser in der Lage, andere zu motivieren. **Im ungünstigen Fall:** Man denkt, wenn es nicht weitergeht, auch an eine Lösung mit Gewalt.	Fördert jugendliche Unbekümmertheit.
○ (◐)	Kulturform der Irischen Heide, frosthart		
	ca. 200 Straucharten und Kletterpflanzen	**Im günstigen Fall:** Man ist besser in der Lage, sich in andere hineinzudenken oder einzufühlen. **Im ungünstigen Fall:** Man ist eher geneigt, sich bei anderen einzumischen.	Selbstbejahung führt zu Freundschaft mit anderen.
○ (◐)	Spreizklimmer, Kletterhilfe, frosthart		
	ca. 150 Straucharten	**Im günstigen Fall:** Verbessert die Kommunikation in der Familie. **Im ungünstigen Fall:** Man möchte innerhalb der Familie der Wortführer sein.	Erlaubt es, Gefühle und Aktivitäten im Leben auf einen Nenner zu bringen, Gefühle können besser in Aktivitäten umgesetzt werden.
○ ●	rote Frucht (0,7 cm), frosthart		
○ ●	stark duftend, schwarze Beeren (1 cm), herbsauer, frosthart		
○ (◐)	Stachelbeeren, (1 cm), mäßig schmeckend		
○	schwarze Beeren (0,5 cm), frosthart		
	ca. 6 Strauch- und Baumarten	**Im günstigen Fall:** Stärkt die mentale Projektionskraft. **Im ungünstigen Fall:** Man verrennt sich leichter in eigene Ideen.	Verhindert, dass man eigene gute Ideen und Vorstellungen in Frage stellen kann.
○	Frucht: braune Hülsen, frosthart		

Gehölze

Deutscher Name	Botanischer Name	Herkunft	Höhe in m	Blütenmonat/-farbe
Kamelie in Arten	**Camellia**	SO-As		
- Japanische Kamelie	Camellia japonica	Chi, Jap, Kor	9-10	diverse
Kampferbaum: siehe Zimtbaum				
Kastanie in Arten	**Castanea**	S-Eu, As, N-Am, N-Af		
- Marone, Edelkastanie	Castanea sativa	S-Eu, N-Af	15-35	VI-VII
Kastanie: siehe auch Rosskastanie				
Kerrie	**Kerria**			
- Kerrie, Ranunkelstrauch	Kerria japonica	Chi, Jap	1,5-2	IV-V/gelb
Keuschbaum in Arten	**Vitex**	Tropen, Mm		
- Mönchspfeffer	Vitex agnus-castus	Mm, M-As	2-2,5 (8)	IX-X/blau-violett
Kiefer in Arten	**Pinus**	Nhk		
- Grannen-Kiefer	Pinus aristata	N-Am	10-15	
- Zirbel-Kiefer, Arve	Pinus cembra	Eu, Sibirien	15-20 (25)	
- Dreh-Kiefer	Pinus contorta	nwN-Am	10-20 (25)	
- Schlangenhaut-Kiefer	Pinus leucodermis (P. heldreichii l.)	SO-Eu	8-10 (15)	
- Berg-Kiefer, Latsche, Leg-Föhre	Pinus mugo (P. montana)	M-Eu, S-Eu	4,5-6	

Standort	Bemerkungen	Bedeutung nahe am Haus (in der Hausaura)	Bedeutung im Garten (außerhalb der Hausaura)
	ca. 250 Strauch- und Baumarten	**Im günstigen Fall:** Man kann die eigene Überzeugungskraft stärken. **Im ungünstigen Fall:** Man kann auf andere eingebildet wirken, da man sich manchmal unangemessen oder ungeschickt präsentiert.	Durch Einklang von Gefühl und Verstand gewinnt man nach außen an Brillanz.
○	immergrün, kalkmeidend, frostempfindlich		
	12 Strauch- und Baumarten	**Im günstigen Fall:** Man kann sich in der Wirkung nach außen brillant darstellen. **Im ungünstigen Fall:** Man kann manchmal etwas unbeholfen wirken.	Man ist sich seiner eigenen Qualitäten bewusst, ein gesundes Selbstbewusstsein ist auf jeden Fall vorhanden.
○ (●)	Frucht essbar		
	1 Strauchart	**Im günstigen Fall:** Man reisst andere mit. **Im ungünstigen Fall:** Man redet auch dann noch auf andere ein, wenn diese bereits alles verstanden haben.	Verhindert, dass man sich insbesondere in der Anfangsphase den Elan nehmen lässt.
○ ◐	frosthart		
	ca. 250 Strauch- und Baumarten	**Yang-Personen:** Man fühlt sich durch emotionale Argumente eher überfordert. **Yin-Personen:** Man ist eher in der Lage, emotionale Argumente gezielt einzusetzen	Stärkt die Fähigkeit, in einer Beziehung emotional zu argumentieren.
○	aromatisch, frostempfindlich		
	ca. 120 Nadelbaumarten, Kiefer fast in jedem chinesischen Garten, in Hofgärten als Bonsai, gilt dort als Symbol für langes Leben	**Im günstigen Fall:** Stärkt die Souveränität **Im ungünstigen Fall:** Man klammert sich zu stark an Ziele und Vorstellungen.	Beständigkeit, Zähigkeit und Anpassungsfähigkeit werden gestärkt. Man passt sich notfalls an, behält dabei aber das Ziel fest im Auge.
	Zapfen (4 - 10 cm), frosthart		Fördert emotionale Beständigkeit.
○	Zapfen erst nach ca. 60 Jahren, Zirbelnuss essbar, frosthart		Führt zu Beständigkeit in Wünschen und Geschmacksvorstellungen.
○	Zapfen (3 - 6 cm), frosthart		Stärkt Verlässlichkeit, zugesagte Hilfe wird eingehalten.
○	Zapfen (5 - 8 cm), frosthart		Man bleibt sich selbst treu.
○ (◐)	Zapfen (2 - 6 cm), frosthart		Führt zu Verlässlichkeit in sozialen Kontakten.

Gehölze

Gehölze

Deutscher Name	Botanischer Name	Herkunft	Höhe in m	Blütenmonat/-farbe
- Österreichische Schwarzkiefer	Pinus nigra ssp. nigra (P. austriaca)	M-Eu, S-Eu	20-30 (45)	
- Mazedonische Kiefer, Rumelische Kiefer	Pinus peuce	SO-Eu	10-15 (25)	
- Pinie, Schirmkiefer	Pinus pinea	Mm	15-20 (30)	
- Gelb-Kiefer	Pinus ponderosa	öN-Am, M-Am	15-35 (60)	
- Weymouths-Kiefer	Pinus strobus	N-Am	25-30 (40)	
- Waldkiefer, Föhre	Pinus sylvestris	Eu, O-As	10-30 (40)	
- Tränen-Kiefer	Pinus wallichiana (P. chylla, P. excelsa, P. griffithii)	Himalaja	15-20 (30)	
Kirsche in Arten	**Prunus** (Amygdalus)	Nhk, S-Am		
- Aprikose, Marille	Prunus armeniaca	Chi		IV/weiß
- Süß-Kirsche, Vogel-Kirsche	Prunus avium	Eu, N-Af, W-As	15-20 (30)	IV-V/weiß
- Kirsch-Pflaume, Myrobalane	Prunus cerasifera (P. myrobalana, P. domestica var.m.)	SO-Eu, W-As	5-8 (10)	III-IV/weiß
- Pflaume	Prunus domestica			
- Mandel	Prunus dulcis	N-Af, M-As, SW-As	8	rosa

Standort	Bemerkungen	Bedeutung nahe am Haus (in der Hausaura)	Bedeutung im Garten (außerhalb der Hausaura)
○	Zapfen (5 - 9 cm), frosthart		Fördert emotionale Beständigkeit als Basis für eine stabile verlässliche Zweierbeziehung.
○	Zapfen (8 - 15 cm), frosthart		Beständigkeit in Werten und Vorstellungen wird gefördert.
○	Zapfen (12 - 15 cm) (Pinienkerne), frosthart		Führt zu mehr Beständigkeit im äußeren Ausdruck.
○	Zapfen (8 - 15 cm), frosthart		Man bleibt bei seiner Meinung und wird dadurch verlässlich für andere.
○ (◐)	Zapfen (8 - 20 cm), frosthart		Die Verlässlichkeit im Vertreten fremder oder anderer Interessen nimmt zu.
○	Zapfen (2,5 - 7 cm), frosthart		Führt zu mehr Beständigkeit in Lebensstil und Gewohnheiten.
○	Nadeln (12 - 20 cm), Zapfen (15 - 25 cm), frosthart		Man kann sich auf das Urteil verlassen.
	ca. 200 Strauch- und Baumarten		
○	Frucht essbar, frostempfindlich		Das Thema der Aprikose ist Beziehung und Emotionen, die Wirkung im Einzelnen ist sehr stark abhängig von der Platzierung auf dem Grundstück.
○ (◐)	rote Kirsche, essbar, frosthart	**Yang-Personen:** Umgangsformen werden angenehmer. **Yin-Personen:** Man überschätzt seine eigene Ausstrahlungskraft.	Macht auch aus gewöhnlichen Situationen etwas Besonderes.
○ (◐)	Frucht gelb, rot (2 - 3 cm), essbar, frosthart	**Im günstigen Fall:** Stärkt die Lebensfreude. **Im ungünstigen Fall:** Man kann sich in Einzelheiten verlieren.	Stärkt das emotionale Gleichgewicht.
	roh essbar	**Yang-Personen:** Man neigt eher zur Selbstüberschätzung. **Yin-Personen:** Man wird selbstsicherer und vermittelt dies auch nach außen.	Erleichtert es, sich von anderen abzugrenzen.
○	Frucht (6 cm), Kern essbar, frosthart	**Yang-Personen:** Man bekommt starke Emotionen besser in den Griff. **Yin-Personen:** Kann zu einer gewissen Selbstverliebtheit führen.	Es kommt nicht so leicht zu einem Gefühlsüberschwang.

Gehölze

Gehölze

Deutscher Name	Botanischer Name	Herkunft	Höhe in m	Blütenmonat/-farbe
- Lorbeerkirsche	Prunus laurocerasus	O-Eu, SW-As	8	V/weiß
- Weichsel-Kirsche	Prunus mahaleb	Eu, W-As	4-6 (10)	IV-V/weiß
- Japanische Aprikose	Prunus mume	Chi, Korea	9	rosa, weiß
- Trauben-Kirsche	Prunus padus	Eu, N-As, Jap	6-10 (18)	IV-V/weiß
- Pfirsich in Sorten	Prunus persica			
- Scharlach-Kirsche	Prunus sargentii	Jap, Sachalin	6-10 (15)	IV/rosa
- Spätblühende Traubenkirsche	Prunus serotina	öN-Am	5-8 (25)	IV-V/weiß
- Mahagoni-Kirsche	Prunus serrula (P. s. var. tibetica)	W-Chi	9	IV-V/weiß
- Schlehe, Schwarzdorn	Prunus spinosa	Eu, N-Af, W-As	1-3 (5)	IV-V/weiß
- Mirabelle	Prunus syriaca insititia			

Standort	Bemerkungen	Bedeutung nahe am Haus (in der Hausaura)	Bedeutung im Garten (außerhalb der Hausaura)
○ ●	immergrün, Blätter + Samen giftig, frosthart	**Yang-Personen:** Man hat mehr Freude an den kleinen Dingen des Lebens. **Yin-Personen:** Beziehungen werden leicht überbewertet.	Kann zu einer Veränderung der Wahrnehmung führen, die Wirkung ist im Einzelnen stark personenabhängig.
○	rote Frucht, bitter, essbar, frosthart	**Im günstigen Fall:** Stärkt die Lebensfreude. **Im ungünstigen Fall:** Man kann sich in Einzelheiten verlieren.	Stärkt das emotionale Gleichgewicht.
○	saure Frucht (3 cm), essbar, frosthart		Das Thema der japanischen Aprikose ist Beziehung und Emotionen, die Wirkung im Einzelnen ist sehr stark abhängig von der Platzierung auf dem Grundstück.
○ ☽	stark duftend, kleine bittere Kirsche, essbar, frosthart	**Im günstigen Fall:** Stärkt die Lebensfreude. **Im ungünstigen Fall:** Man kann sich in Einzelheiten verlieren.	Stärkt das emotionale Gleichgewicht.
	roh essbar		Das 1. Thema ist: Wie beständig sind Emotionen? Das 2. Thema: Wie gründlich ist die Reinigung? Die Wirkung im Einzelnen ist sehr stark abhängig von der Platzierung auf dem Grundstück.
○	bittere Kirsche (1 cm), frosthart	**Im günstigen Fall:** Stärkt die Lebensfreude. **Im ungünstigen Fall:** Man kann sich in Einzelheiten verlieren.	Stärkt das emotionale Gleichgewicht.
○ ☽	bittere Kirsche (1 cm), essbar, Pflanze giftig, frosthart	**Im günstigen Fall:** Stärkt die Lebensfreude. **Im ungünstigen Fall:** Man kann sich in Einzelheiten verlieren.	Stärkt das emotionale Gleichgewicht.
○ (☽)	Frucht (1 cm), frosthart	**Im günstigen Fall:** Stärkt die Lebensfreude. **Im ungünstigen Fall:** Man kann sich in Einzelheiten verlieren.	Stärkt das emotionale Gleichgewicht.
○ (☽)	schwarzblaue Frucht (1 cm), essbar nach Frost, frosthart	**Yang-Personen:** Erleichtert die Konzentration auf das Wesentliche. **Yin-Personen:** Probleme, sich selbst Ziele zu stecken.	Erleichtert es, unangenehme Wahrheiten gut zu verpacken.
○	Frucht essbar		Thema: Emotionales Interesse am äußeren Geschehen. Die Wirkung im Einzelnen ist sehr stark abhängig von der Platzierung auf dem Grundstück.

Gehölze

Gehölze

Deutscher Name	Botanischer Name	Herkunft	Höhe in m	Blütenmonat/-farbe
- Mandelbäumchen	Prunus triloba	Chi	1,5-2 (3)	IV-V/rosa
Kiwi: siehe Strahlengriffel				
Klappernuss: siehe Pimpernuss				
Kleeulme in Arten	**Ptelea**	N-Am		
- Kleeulme, Lederstrauch	Ptelea trifoliata	öN-Am	3-5 (8)	VI/gelbgrün
Knöterich in Arten	**Polygonum**	Nhk		
- Knöterich, Schling-Knöterich	Polygonum aubertii, (Bilderdykia a., Fallopia a.)	Chi, Tibet	8-15	VII-IX/weiß
Kolkwitzie	**Kolkwitzia**	Chi		
- Kolkwitzie	Kolkwitzia amabilis	W-Chi	2 - 3	V-VI/rosa-weiß
Kopfeibe in Arten	**Cephalotaxus**	SO-As		
- Chinesische Kopfeibe	Cephalotaxus fortunei	Chi	6-12	
- Japanische Kopfeibe	Cephalotaxus harringtoniana	Chi, Jap, Korea	3-10	
Korkbaum in Arten	**Phellodendron**	O-As		
- Amur-Korkbaum	Phellodendron amurense	Chi, Mandschurei	10-12 (15)	VI/gelbgrün
- Japanischer Korkbaum	Phellodendron japonicum	Jap	10-25	VI-VII/weißlich
Kornelkirsche: siehe Hartriegel				

Standort	Bemerkungen	Bedeutung nahe am Haus (in der Hausaura)	Bedeutung im Garten (außerhalb der Hausaura)
○	rote Frucht (1 cm), frosthart	**Yang-Personen:** Man kann seine rationalen Fähigkeiten besser und situationsgerechter einsetzen. **Yin-Personen:** Man erkennt oft eigene Ideen nicht als solche.	Das rationale Denken wird insbesondere bei eher emotional reagierenden Personen gestärkt.
	3 Strauch- und Baumarten	**Im günstigen Fall:** Schafft eine ausreichende Distanz zum äußeren Geschehen. **Im ungünstigen Fall:** Kann zur Trennung von Verstand und Emotionen führen.	Schützt gegen schlechte Emotionen von außen.
○ ●	geflügelte Nüsse, frosthart		
	7 verholzende Staudenarten und Kletterpflanzen	**Yang-Personen:** Man neigt dazu, den eigenen Standpunkt zu vehement zu verteidigen. **Yin-Personen:** Schafft größere Distanz zu ehemals belastenden Situationen.	Schützt davor, sich unnötigerweise provozieren zu lassen.
○ ☽ (●)	Schlinger, frosthart		
	1 Strauchart	**Im günstigen Fall:** Man hat immer noch Zeit für ein Späßchen. **Im ungünstigen Fall:** Kann zu einer Aversion gegen Routinearbeiten führen.	Verhindert, dass man sich durch Routinearbeit zu sehr einspannen lässt.
○ ☽	Bienenweide, frosthart		
	9 Nadelbaumarten	**Im günstigen Fall:** Erleichtert es, einen Neuanfang zu machen. **Im ungünstigen Fall:** Man greift nicht genügend auf Bewährtes zurück.	Erhält jugendliche Spontaneität und Unerschrockenheit auch im Alter.
☽	grün-braune Frucht, frosthart		
(○) ☽	grüne Frucht, frosthart		
	10 Baumarten	**Yang-Personen:** Es kann zu einer besseren Koordination von Familie und Beruf kommen. **Yin-Personen:** Es kommt zu einem übersteigerten Pflichtgefühl.	Stärkt das innere Gleichgewicht.
○	zweihäusig, aromatische Blätter, frosthart		
○	frosthart		

Gehölze

Gehölze

Deutscher Name	Botanischer Name	Herkunft	Höhe in m	Blütenmonat/-farbe
Kranzspiere in Arten	**Stephanandra**	O-As		
- Kranzspiere	Stephanandra incisa	Jap, Korea	1,5 (2)	VI-VII/grünweiß
Kreuzdorn in Arten	**Rhamnus**	weltweit		
- Echter Kreuzdorn, Purgier-Kreuzdorn	Rhamnus catharticus	M-Eu	2-6 (8)	V-VI/gelbgrün
- Faulbaum, Pulverholz	Rhamnus frangula (Frangula alnus)	Eu	2-4 (5)	V-VI/grünweiß
Kuchenbaum	**Cercidiphyllum**	Chi, Jap		
- Kuchenbaum, Katsurabaum, Judasblatt	Cercidiphyllum japonicum	Chi, Jap	8 - 10 (20)	rot
Küstenmalve: siehe Strauchpappel				
Lärche in Arten	**Larix**	Nhk		
- Europäische Lärche	Larix decidua (L. europaea)	Eu	25-45	
- Japanische Lärche	Larix kaempferi (L. leptolepis)	Jap	25-30	
- Amerikanische Lärche	Larix laricina	N-Am	12-25	
Lavendelheide in Arten	**Pieris**	N-Am Jap		
- Vielblütige Lavendelheide	Pieris floribunda (Andromeda fl.)	söN-Am	1,5-2	IV-V/weiß
- Japanische Lavendelheide	Pieris japonica (Andromeda Jap)	Chi, Jap, Taiwan	2-3 (4)	III-V/weiß

Standort	Bemerkungen	Bedeutung nahe am Haus (in der Hausaura)	Bedeutung im Garten (außerhalb der Hausaura)
	4 Straucharten	**Im günstigen Fall:** Erleichtert es, auch in schwierigen Situationen eine Lösung zu finden. **Im ungünstigen Fall:** Es besteht die Tendenz, zuviel zu delegieren.	Arbeit lässt sich besser mit Inhalt füllen.
○ (☽)	frosthart		
	125 Strauch- und Baumarten	**Im günstigen Fall:** Erleichtert das Verständnis für vergangene Ereignisse. **Im ungünstigen Fall:** Man mäkelt zuviel an der eigenen Vergangenheit herum.	Erleichtert es, sich von negativen Gefühlen zu befreien.
○ ☽	Rinde + unreife Frucht schwach giftig, frosthart		
○ ●	Früchte führen zu Durchfall, giftig, frosthart		
	1 Baumart	**Im günstigen Fall:** Man bekommt auch die Feinheiten mit. **Im ungünstigen Fall:** Urteile können zu schnell gefällt werden.	Man benötigt weniger Faktoren, um eine Entscheidung herbeiführen zu können.
○ (☽)	rote Herbstfärbung, zweihäusig, bedingt frosthart		
	10 - 14 Nadelbaumarten, Nadeln abwerfend	**Im günstigen Fall:** Sie nehmen sich Zeit für persönliche Aufmerksamkeiten. **Im ungünstigen Fall:** Sie treten gern in kleine Fettnäpfchen.	Fördert die Entscheidungsfähigkeit in einem verantwortungsvollen Rahmen.
○	dauerhaftestes europäisches Nadelholz, frosthart		
○	bedingt frosthart		
○	frosthart		
	7 Straucharten giftig	**Im günstigen Fall:** Sie sind besser in der Lage, langfristige Perspektiven zu erkennen. **Im ungünstigen Fall:** Man denkt zu sehr an die Vorteile der Familie oder der Gruppe, in der man arbeitet.	Erhält die Motivation auch bei länger währenden Aktivitäten.
(☽) ●	immergrün, frosthart		
(☽) ●	immergrün, frosthart		

Gehölze

Gehölze

Deutscher Name	Botanischer Name	Herkunft	Höhe in m	Blütenmonat/-farbe
Lebensbaum in Arten	**Thuja**	N-Am, O-As		
- Abendländischer Lebensbaum	Thuja occidentalis	öN-Am	10-20 (30)	
- Riesen-Lebensbaum	Thuja plicata	wN-Am	20-35 (65)	
- Japanischer Lebensbaum	Thuja standishii	Jap	8-20	
Lederhülsenbaum in Arten	**Gleditsia**	As, N-Am, S-Am		
- Gleditschie, Lederhülsenbaum	Gleditsia triacanthos	öN-Am	10-30	VI-VII/hellgrün
Lederstrauch: siehe Kleeulme				
Liguster in Arten	**Ligustrum**	Eu, N-Af, As, Aus		
- Kugel-Liguster	Ligustrum delavayanum (L. ionandrum, L. prattii)	Chi, Burma	2	VI-VII/weiß
- Ovalblättriger Liguster	Ligustrum ovalifolium	Jap	3 (5)	VI-VII/weiß
- Gewöhnlicher Liguster, Rainweide	Ligustrum vulgare	Eu, N-Af, Kl-As	2-5 (7)	VI-VII weiß
Linde in Arten	**Tilia**	Eu, As, N-Am		
- Amerikanische Linde	Tilia americana	N-Am	18-30 (40)	VI/gelb
- Winter-Linde	Tilia cordata	Eu	18-25 (30)	VII/gelbweiß

Gehölze

Standort	Bemerkungen	Bedeutung nahe am Haus (in der Hausaura)	Bedeutung im Garten (außerhalb der Hausaura)
	6 Nadelbaumarten, sehr stark giftig	**Im günstigen Fall:** Man nutzt die Ressourcen deshalb besser, weil man einen besseren Überblick hat. **Im ungünstigen Fall:** Ziele können unscharf werden.	Erleichtert es, Ressourcen optimal auszunutzen.
○ (◐)	Zapfen (1 cm), frosthart		Verbessert das Haushalten mit den eigenen Kraftreserven.
○ (◐)	Zapfen (1,5 cm), frosthart		Verbessert die Möglichkeit, sein Durchhaltevermögen richtig einzuschätzen.
○ (◐)	Zapfen, bedingt frosthart		Verbessert die Möglichkeit, seine Frustrationstoleranz richtig einzuschätzen.
	14 Baumarten	**Im günstigen Fall:** Man hat mehr Spaß bei Aktivitäten, die Ausdauer erfordern. **Im ungünstigen Fall:** Man denkt eher abschnittsweise, man hangelt sich so durch.	Erlaubt es, seine Leistungsgrenze besser auszuschöpfen.
○	honigreich, Frucht: ledrige Hülsen (45 cm), frosthart, Blätter giftig		
	ca. 50 Strauch- und Baumarten	**Im günstigen Fall:** Verbessert die eigene Ausstrahlung. **Im ungünstigen Fall:** Das eigene Verhalten kann Irritationen erzeugen.	Macht Kommunikation freundlicher und verbindlicher.
○ ◐	bedingt frosthart		
○ ◐	bedingt frosthart		
○ ●	schwarze Beeren, giftig, frosthart		
	20 - 45 Baumarten	**Im günstigen Fall:** Man kann seine Autonomie anderen gut vermitteln. **Im ungünstigen Fall:** Kann eine Distanzlosigkeit fördern.	Erlaubt es einem, seine Unabhängigkeit zu bewahren.
○ ◐	duftend, frosthart		Man ist nicht gleich Feuer und Flamme, wenn jemand ein neues Projekt vorstellt.
○ ◐	süßlich duftend, Honig-Linde, frosthart		Man kann sich emotional besser abgrenzen.

Gehölze

Deutscher Name	Botanischer Name	Herkunft	Höhe in m	Blütenmonat/-farbe
- Krim-Linde	Tilia x euchlora	Kreuzung	15-20	VII
- Bastard-Linde Holländische Linde	Tilia x intermedia	Kreuzung	25-35 (40)	VI/gelb
- Sommer-Linde	Tilia platyphyllos (T. grandifolia)	W-Eu, M-Eu, S-Eu	30-35 (40)	VI-VII/gelb
- Silber-Linde	Tilia tomentosa (T. alba, T. argentea)	SO-Eu, Kl-As	25-30	VII/gelb
Lorbeerbaum	**Laurus**	Mm, Azoren, Kanaren		
- Lorbeerbaum	Laurus nobilis	Mm	12-18	gelb
Lorbeerrose, Kalmie in Arten	**Kalmia**	N-Am, Kuba		
- Schmalblättrige Lorbeerrose, Kleiner Berglorbeer	Kalmia angustifolia	öN-Am	0,6 (1)	VI-VII blaurosa
- Breitblättrige Lorbeerrose, Großer Berglorbeer	Kalmia latifolia	öN-Am	1,5-3	V-VI/rosa
Losbaum in Arten	**Clerodendrum**	Tropen, Subtropen		
-	Clerodendrum bungei	Chi	1,5-2	purpur rosa
-	Clerodendrum trichotomum var. fargesii (C. fargesii)	Chi, Jap	2-5	weiß
-	Clerodendrum thomsoniae	Chi	3	weiß karmin
Magnolie in Arten	**Magnolia**	O-As, N-Am, S-Am		

Gehölze

Standort	Bemerkungen	Bedeutung nahe am Haus (in der Hausaura)	Bedeutung im Garten (außerhalb der Hausaura)
○	frosthart		Man kann seine eigenen Interessen besser von Gruppeninteressen unterscheiden.
○	duftend, frosthart		Man lässt sich von intellektuellen oder weltanschaulichen Konzepten weniger vereinnahmen.
○ ◐	sehr gute Bienenweide, frosthart		Man lässt sich beruflich nicht so vereinnahmen.
○	stark duftend, frosthart		Man kann die Interessen der Familie besser von den eigenen trennen.
	2 Strauch- und Baumarten	**Yang-Personen:** Die eigene Machtfülle wird mit Überzeugungskraft verbunden. **Yin-Personen:** Man füllt den selbst gesteckten Rahmen nicht aus.	Schutz vor Machtverlust: Erleichtert es, die erreichte soziale Position zu halten.
○	immergrün, aromatische Blätter, Küchengewürz, frostempfindlich		
	7 Straucharten, Blätter giftig	**Im günstigen Fall:** Man lässt penetrante Einmischung von außen an sich abperlen. **Im ungünstigen Fall:** Man macht leicht aus einer Mücke einen Elefanten.	Fördert Gleichmut in sozialen Kontakten.
○ ◐	immergrün, frosthart		
○ ◐	immergrün, kein Rückschnitt! frosthart		
	ca. 400 Strauch- und Baumarten und Kletterpflanzen	**Yang-Personen:** Alte Konzepte werden vorschnell über Bord geworfen. **Yin-Personen:** Man traut sich, Altes hinter sich zu lassen.	Befreit von gedanklichem Ballast.
○	duftend, frostempfindlich		
○	blaue Beeren, frostempfindlich		
○	immergrüne Kletterpflanze, frostempfindlich (+ 16 °C)		
	ca. 125 Strauch- und Baumarten	**Yang-Personen:** Man ist eher geneigt, die negativen Aspekte einer Sache zu sehen. **Yin-Personen:** Die Begeisterungsfähigkeit nimmt zu, die Verbindung von emotionalen und körperlichen Aspekten nimmt zu, kann das Liebesleben bereichern.	Fördert die Fähigkeit, auch in vergänglichen Dingen den bleibenden Wert zu sehen.

Gehölze

Deutscher Name	Botanischer Name	Herkunft	Höhe in m	Blütenmonat/-farbe
- Gurken-Magnolie, Gurkenbaum	Magnolia acuminata	öN-Am	20-30	IV-VI/grüngelb
- Großblütige Magnolie	Magnolia grandiflora	söN-Am	6-18 (30)	VII-IX/weiß, rosa
- Kobushi-Magnolie	Magnolia kobus	Jap	10 (12)	IV-V/weiß
- Siebolds Magnolie Sommer Magnolie	Magnolia sieboldii (M. parviflora)	Chi, Jap, Korea	2,5-6 (8)	VI-VII/weiß
- Tulpen-Magnolie	Magnolia x soulangiana	Kreuzung (Frankr.)	4-8	IV-V weiß-rosa
- Stern-Magnolie	Magnolia stellata	Jap	2-3	III-IV/weiß
Mahonie in Arten	**Mahonia**	O-As, N-Am, M-Am		
- Gewöhnliche Mahonie	Mahonia aquifolium	wN-Am	1	IV-V/gelb
- Schmuckblatt-Mahonie, Lederblatt-Mahonie	Mahonia bealei (M. japonica var. bealei)	Chi	2	III-IV/gelb
Mammutbaum	**Sequoia**	N-Am		
- Küstenmammutbaum, Redwood	Sequoia sempervirens	öN-Am	20-50 (110)	
Mammutbaum	**Sequoiadendron**	N-Am		
- Bergmammutbaum	Sequoiadendron giganteum (Wellingtonia gigantea, Sequoia gigantea)	wN-Am	30-50	
Mandarine: Citrus				
Mandel: siehe Kirsche				
Marone: siehe Kastanie				
Maulbeere in Arten	**Morus**	Af, As. N-Am, S-Am		
- Weißer Maulbeerbaum	Morus alba	Chi	10	
- Schwarzer Maulbeerbaum	Morus nigra	Chi, Kor, Mandschurei	12	

Standort	Bemerkungen	Bedeutung nahe am Haus (in der Hausaura)	Bedeutung im Garten (außerhalb der Hausaura)
	orange Frucht, gurkenähnlich, frosthart		
	immergrün, Blüten (20-25 cm) duftend, frostempfindlich		
○ ◐	frosthart bis -34 °C		
◐ (●)	angenehmer Duft, frosthart		
○ (◐)	frosthart		
○	frosthart bis -37 °C.		
	ca. 70 Straucharten, giftig, außer Beeren	**Im günstigen Fall:** Man kann Ärger schneller überwinden. **Im ungünstigen Fall:** Man hackt länger auf irgendwelchen Personen herum, Ärger wirkt lange nach.	Fördert die rationale Durchleuchtung emotionaler Turbulenzen.
○ ●	immergrün, blauschwarze Beeren, frosthart		
◐ ●	immergrün, blauschwarze Beeren, frostempfindlich		
	1 Nadelbaumart	Pflanzen Sie diesen Baum <u>nie</u> in die Nähe Ihres Hauses!!! Er wird zu groß.	Die Grenzen des eigenen Denkens können gesprengt werden.
○ ◐	Zapfen (3 cm), frosthart		
	1 Nadelbaumart	Auch diesen Baum sollten Sie nicht in die Nähe Ihres Hauses pflanzen.	Fördert das Denken ohne Grenzen.
○ (◐)	Zapfen (4,5 cm), frosthart		
	ca. 10 Strauch- und Baumarten	**Im günstigen Fall:** Man überzeugt durch Ausstrahlung. **Im ungünstigen Fall:** Man sucht die Fehler eher bei anderen als bei sich selbst.	Stärkt die Kraft, sich vor äußeren Einflüssen zu schützen
○	rote Frucht, essbar, fade, frosthart		
○	violettrote Frucht, essbar, frosthart		

Gehölze

Gehölze

Deutscher Name	Botanischer Name	Herkunft	Höhe in m	Blütenmonat/ -farbe
- Rote Maulbeere	Morus rubra	öN-Am	12	
Mirabelle: siehe Kirsche				
Mispel	**Mespilus**	SO-Eu, SW-As		
- Mispel	Mespilus germanica	S-Eu, N-Iran, Kaukasus	3-5 (6)	V-VI weiß
Ölbaum in Arten	**Olea**	Mm, Af, M-As, Aus		
- Ölbaum, Olive	Olea europaea	S-Eu, Kl-As	10	weiß
Ölweide in Arten	**Elaeagnus**	As, S-Eu, N-Am		
- Schmalblättrige Ölweide, Russische Olive *Russian Olive*	Elaeagnus angustifolia	Mm bis M-As, Chi	5-7	V-VI gelb-silbrig
- Silber Ölweide	Elaeagnus commutata (E. argentea)	N-Am	3-5	V-VI gelb-silbrig
- Vielblütige Ölweide, Essbare Ölweide	Elaeagnus multiflora (E. edulis)	Jap, Chi	3-5	V/gelblich
Oleander in Arten	**Nerium**	Mm, M-As, Chi		
- Oleander	Nerium oleander	Mm, M-As, Chi	2-3 (6)	weiß, rosa gelb
Orange: siehe Citrus				
Osterluzei: siehe Pfeifenwinde				
Pappel in Arten	**Populus**	n gem B		
- Weiß-Pappel, Silber-Pappel	Populus alba	Eu, N-Af, M-As	20-30 (40)	
- Balsam-Pappel	Populus balsamifera (P. tacamahaca)	N-Am	18-25 (30)	

Standort	Bemerkungen	Bedeutung nahe am Haus (in der Hausaura)	Bedeutung im Garten (außerhalb der Hausaura)
○	frosthart		
	1 Baumart	**Yang-Personen:** Man ist in der Lage, bei anderen Emotionen zuzulassen. **Yin-Personen:** Man traut sich, Altes hinter sich zu lassen.	Schützt eine Entscheidung vor störenden Emotionen.
○ ◐	braune Frucht (5 cm), nach Frost essbar, frosthart		
	ca. 20 Strauch- und Baumarten	**Yang-Personen:** Man ist besser in der Lage, emotionale Einbrüche zu verarbeiten. **Yin-Personen:** Man beschäftigt sich zu sehr mit der eigenen Vergangenheit.	Man kommt besser an seine tieferen Gefühle heran.
○	immergrün, purpur Frucht (4 cm), essbar, Olivenöl, frostempfindlich		
	ca. 45 Strauch- und Baumarten	**Yang-Personen:** Man lässt sich eher zu einer harten Reaktion verleiten. **Yin-Personen:** Man entwickelt mehr Verständnis für andere.	Man lässt sich nicht so leicht die Stimmung verderben.
○	angenehm duftend, olivenförmige Frucht, essbar, mehlig süß, frosthart		
○	stark duftend, braun-silbrige Steinfrucht, essbar, mehlig, frosthart		
○ (◐)	rotbraune Frucht, essbar, saftig, herbsauer,		
	1 bis 2 Strauch- und Baumarten	**Im günstigen Fall:** Positive Eigenschaften aus der Jugendzeit bleiben erhalten. **Im ungünstigen Fall:** Das eigene Verhalten kann aufgesetzt wirken.	Erleichtert den Umgang mit Jugendlichen und Kindern.
○	immergrün, giftig, frostempfindlich (+ 2 - 5 °C)		
	ca. 35 Baumarten, meist zweihäusig	**Im günstigen Fall:** Man arbeitet ökonomischer. **Im ungünstigen Fall:** Man ist durch Kleinigkeiten leicht genervt.	Thema: Leichtigkeit im Denken führt zum Lernerfolg, der sich dann auch in der Praxis niederschlägt.
○	frosthart		Lernen fällt leichter.
○ ◐	während des Austriebs duftend, frosthart		Lernen führt zum Erfolg.

Gehölze

Gehölze

Deutscher Name	Botanischer Name	Herkunft	Höhe in m	Blütenmonat/-farbe
- Baumwoll-Pappel	Populus deltoides	öN-Am	25-30	
- Großblatt-Pappel Chinesische Halsbandpappel	Populus lasiocarpa	Chi	10-20	
- Schwarz-Pappel	Populus nigra	M-Eu, S-Eu, W-As, NW-Af	20-30 (35)	
- Pyramiden-Pappel Säulen-Pappel	Populus nigra 'Italica' (P. pyramidalis, P. fastigiata)	Italien	25-30	
- Birken-Pappel	Populus simonii (P. brevifolia)	Chi	12-15	
- Espe, Zitterpappel Espe, Aspe	Populus tremula	Eu, N-Af, As	10-20 (30)	
Parrotie	**Parrotia**			
Eisenholzbaum, Parrotie	Parrotia persica	Kl-As, N-Iran	6-10	III/rot
Paulownie in Arten	**Paulownia**	As		
- Paulownie, Blauglockenbaum	Paulownia tomentosa (P. imperialis)	Chi	12-15	IV-V/violett-blau
Perückenstrauch	**Cotinus**	Mm, As, Chi, N-Am		
- Perückenstrauch, Fisettholz	Cotinus coggygria (Rhus cotinus)	Mm, As, Chi	3-5	VI-VII/gelbgrün
Pfeifenstrauch, Falscher Jasmin in Arten	**Philadelphus**	O-Eu, As, N-Am, M-Am		
- Europäischer Pfeifenstrauch	Philadelphus coronarius	S-Eu, Kaukasus	2-3 (4)	V-VI/weiß
- Großblütiger Pfeifenstrauch	Philadelphus inodorus var. grandiflorus (P. grandiflorus)	öN-Am	3-4 (5)	V/weiß

Gehölze

Standort	Bemerkungen	Bedeutung nahe am Haus (in der Hausaura)	Bedeutung im Garten (außerhalb der Hausaura)
○	frosthart		Emotionale Erfahrungen können erfolgreich in die Arbeit integriert werden.
○	frosthart		Erleichtert das Lernen und Unterrichten.
○ ◐	frosthart		Systematisches Lernen wird gefördert.
○	männlicher Klon, frosthart		Wissen wird leichter anwendbar.
○	Empfindlich bei Spätfrost		Man vertraut auf sein Wissen.
○ ◐	frosthart		Das Lernen in der Kleingruppe wird erleichtert.
	1 Baumart	**Yang-Personen:** Rationale Fähigkeiten und Gefühlswärme kommen in Einklang. **Yin-Personen:** Es ist schwer, sich zwischen Verstand und Gefühl zu entscheiden.	Steigert die Gefühlswärme auch in Situationen, in denen in erster Linie Verstandesqualitäten gefragt sind.
○ (◐)	Herbstfärbung gelb, orange-purpur, frosthart		
	6 Baumarten	**Im günstigen Fall:** Man wirkt nach außen unbefangen. **Im ungünstigen Fall:** Man kann nicht über seinen eigenen Schatten springen.	Verstärkt die Kontrolle über die eigenen Gefühle.
○	frosthart		
	2 Strauch- und Baumarten	**Im günstigen Fall:** Man kann seine Stärken besser zur Geltung bringen. **Im ungünstigen Fall:** Man traut sich zu wenig zu.	Verstärkt die charmanten Züge einer Person.
○	Frucht perückenartig, schwach giftig, frosthart		
	ca. 40 Straucharten	**Im günstigen Fall:** Man kann andere leicht um den Finger wickeln. **Im ungünstigen Fall:** Man kann leicht jemanden verprellen.	Stärkt die Selbstsicherheit im Handeln.
○ ◐	stark duftend, frosthart		
○ (◐)	kein Duft! frosthart		

Gehölze

Deutscher Name	Botanischer Name	Herkunft	Höhe in m	Blütenmonat/ -farbe
Pfeifenwinde in Arten	**Aristolochia**	gem Zonen, Tropen		
- Pfeifenwinde, Osterluzei	Aristolochia macrophylla (A. durior, A. sipho)	N-Am	8-10	VI-VIII gelbgrün/ purpur-braun
Pfingstrose in Arten	**Paeonia**	Eu, As, N-Am		
- Strauch-Pfingstrose Strauch-Paeonie	Paeonia suffruticosa	Chi, Tibet	1-1,5 (2,2)	V/weiß, rosa rot violett
Pfirsich: siehe Kirsche				
Pflaume: siehe Kirsche				
Pimpernuss in Arten	**Staphylea**	n gem Zonen		
- Pimpernuss, Klappernuss	Staphylea colchica	Trans-Kaukasus	3,5-4	V/gelbweiß
Pinie: siehe Kiefer				
Platane in Arten	**Platanus**	N-Am, M-Am, SO-Eu, SO-As,		
- Ahornblättrige Platane, Gemeine Platane	Platanus x acerifolia (P. x hispanica, P. x hybrida)	(Kreuzung)	20-30 (45)	gelbgrün
- Amerikanische Platane	Platanus occidentalis	öN-Am, sN-Am	25-30	
- Orientplatane	Platanus orientalis	SO-Eu	25-30	

Gehölze

Standort	Bemerkungen	Bedeutung nahe am Haus (in der Hausaura)	Bedeutung im Garten (außerhalb der Hausaura)
	ca. 300 Kletterpflanzen, Straucharten und Stauden	**Im günstigen Fall:** Verhindert, dass sich Emotionen ungünstig auf den Körper auswirken. **Im ungünstigen Fall:** Vegetative Begleitreaktionen können verstärkt auftreten.	Verstärkt das emotionale Engagement.
	Schlinger, Kletterhilfe, giftig, frostempfindlich		
	ca. 30 Straucharten, Halbsträucher und Stauden	**Im günstigen Fall:** Man ist eher in der Lage, eigene Fehler zu erkennen und abzustellen. **Im ungünstigen Fall:** Man konzentriert sich zu sehr auf mentale Themen und verliert damit den Blick für die praktischen Dinge des Lebens.	Kultiviert das Denken und führt zu einer Dämpfung negativer Emotionen.
○	frosthart		
	11 Strauch- und Baumarten	**Im günstigen Fall:** Man ist eher in der Lage, Schwerpunkte zu setzen. **Im ungünstigen Fall:** Man lässt sich immer wieder durch banale Dinge kurzzeitig erschrecken.	Man lässt sich nicht so leicht aus der Ruhe bringen.
○ ◐	Frucht: braune Kapseln mit klappernden Samen, kalkliebend, frosthart		
	6 Baumarten	**Im günstigen Fall:** Man ist eher in der Lage, die eigenen Interessen mit den Interessen der Gruppe in Einklang zu bringen. **Im ungünstigen Fall:** Man ordnet sich in einer Gruppe zu sehr unter.	Erleichtert es, sich in eine Gruppe einzufügen.
○ (◐)	kugelige Frucht, schnittverträglich, frosthart	Erleichtert es, sich innerhalb einer Familie (Sippe) einzufügen.	
○	frostempfindlich		Erleichtert es, sich in eine große Gruppe einzufügen.
○	frosthart		Erleichtert es, sich in den Freundeskreis einzufügen.

Gehölze

Deutscher Name	Botanischer Name	Herkunft	Höhe in m	Blütenmonat/-farbe
Prachtglocke in Arten	**Enkianthus**	SO-As		
-	Enkianthus campanulatus	Jap	2-4 (5)	weißgelb
-	Enkianthus perulatus	Jap	1,5-2	weiß
Preiselbeere: siehe Heidelbeere				
Prunkspiere in Arten	**Exochorda**	M-As, Chi, Korea		
- Chinesische Radspiere	Exochorda racemosa	Chi	3-4	V/weiß
Quitte	**Cydonia**			
- Quitte	Cydonia oblonga	SW-As	5 (6)	V/rosa
Quitte: siehe auch Zierquitte				
Ranunkelstrauch: siehe Kerrie				
Rebhuhnbeere in Arten	**Gaultheria**	O-As, Aus, Am		
- Niederliegende Rebhuhnbeere	Gaultheria procumbens	öN-Am	0,2	VII-VIII/rosa
- Hohe Rebhuhnbeere	Gaultheria shallon	wN-Am	0,4-0,8 (1,2)	V-VI/weiß, rosa
Rhododendron, Alpenrose in Arten	**Rhododendron**	Eu, As, Aus, N-Am		
- Rhododendron in Sorten	Rhododendron	Kreuzung	2,5-4	V-VI/diverse
- Rhododendron: zahlreiche immergrüne großblumige Hybriden, Gristeder-Hybriden, Repens-Hybriden, Williamsanu				
Azalee in Sorten	„Azalea"	Kreuzung	0,5-1,5	V/diverse
- Azaleen: zahlreiche laubabwerfende Gandavense Hybriden, Knap Hill-Exbury-Hybriden, Mollis-Hybriden, New Zeala Hybriden, Indica-Hybriden, Kaempferi-Hybriden, Kurume-Hybriden, Kyushu-Hybriden, Oldhamii-Hybrid				

Gehölze

Standort	Bemerkungen	Bedeutung nahe am Haus (in der Hausaura)	Bedeutung im Garten (außerhalb der Hausaura)
	10 Strauch- und Baumarten	**Im günstigen Fall:** Man ist im Prinzip in der Lage, auch bei anderen einen Stimmungsumschwung zu bewirken. **Im ungünstigen Fall:** Sie nutzen dargebotene Chancen nicht.	Stärkt die Fähigkeit, eine Sache ins Positive zu wenden.
○	frosthart		
◐	rote Herbstfärbung, frosthart		
	4 Straucharten	**Im günstigen Fall:** Man wirkt seriöser. **Im ungünstigen Fall:** Ihr Verhalten und Ihr Aussehen wirken gestelzt.	Man lässt sich nicht so leicht aufs Glatteis führen.
○	Frucht: braune Kapseln, frosthart		
	1 Strauch- oder Baumart	**Im günstigen Fall:** Jugendliche Aspekte im Aussehen und Verhalten werden verstärkt. **Im ungünstigen Fall:** Die Kommunikation mit jüngeren Menschen wird erschwert.	Steigert bei älteren Menschen das Durchsetzungsvermögen.
○	birnenartige Frucht, nur gekocht essbar, frosthart		
	ca. 170 Straucharten	**Im günstigen Fall:** Man hat Spaß daran, Neues zu entdecken. **Im ungünstigen Fall:** Man sieht Probleme, wo keine sind.	Stärkt die Fähigkeit, sich in neue und unbekannte Gebiete einzuarbeiten.
◐ (●)	immergrün, rote Frucht, aromatisch duftend, Bodendecker, frosthart		
◐ (●)	immergrün, schwarzrote Frucht, ausläuferbildend, frosthart		
	500 - 900 Strauch- und Baumarten, Blätter giftig bis stark giftig	**Im günstigen Fall:** Man ist eher in der Lage, sich an äußeren Dingen zu erfreuen. **Im ungünstigen Fall:** Man klammert sich gern an Äußerlichkeiten.	Führt zu einer Verbesserung der Lebensqualität durch Kultivierung der äußeren Umstände.
(◐) ◐	lockerer Boden		

...ybriden, Yakushimanum-Hybriden, Wildarten und Zwergformen.

○ ◐

...am-Hybriden, Occidentale Hybriden, Rustica Hybriden und zahlreiche immergrüne Gable-Hybriden, Glenn Dale-...atsuki-Hybriden, Shammarello-Hybriden, Vuykianum-Hybriden.

Gehölze

Deutscher Name	Botanischer Name	Herkunft	Höhe in m	Blütenmonat/-farbe
Rizinus: siehe Wunderbaum				
Robinie in Arten	**Robinia**	N-Am		
- Robinie, Scheinakazie	Robinia pseudoacacia	öN-Am	20-25	V-VI/weiß
Rose in Arten	**Rosa**	Eu, As, N-Af, N-Am		
- Feld-Rose, Kriech-Rose	Rosa arvensis (R. repens)	W-Eu, S-Eu, W-As	0,5-2	VI/weiß
- Eschen-Rose	Rosa blanda	öN-Am	3	VI-VII/rosa
- Hunds-Rose, Gemeine Heckenrose	Rosa canina	Eu, N-As, N-Af	3	V-VII/rosa-weiß
- Wiesen-Rose, Carolina-Rose	Rosa carolina (R. humilis, R. virginiana var h.)	öN-Am	1 (1,5)	VII-VIII/rosa
- Rotblättrige Rose, Bereifte Rose, Hecht-Rose	Rosa glauca (R. rubrifolia, R. ferruginea)	M-Eu, S-Eu	2 (3)	VI-VII/purpurrot
- Moschus-Rose	Rosa moschata	W-As	3	weiß
- Kragen-Rose	Rosa multibracteata	Chi	2,5-3 (4)	VII/hellrosa
- Vielblütige Rose	Rosa multiflora (R. polyantha)	Chi, Jap, Korea	2-3 (5)	VI-VII/weiß
- Glanz-Rose	Rosa nitida	nöN-Am	0,5-0,8	VI-VII/rosa
- Bibernell-Rose, Dünen-Rose	Rosa pimpinellifolia (R. spinosissima)	Eu, As	0,5-1 (1,5)	V-VI weiß, gelbweiß
- Wein-Rose, Schottische Rose	Rosa rubiginosa (R. eglanteria)	Eu, N-Af, W-As	2,5	rosarot
- Apfel-Rose, Kartoffel-Rose	Rosa rugosa	O-As (Küste)	1-2	VI-X/rosa, weiß
- Virginische Rose	Rosa virginiana (R. carolensis, R. lucida)	öN-Am	1,5	VI-VIII/hellrosa

- Rosen: zahlreiche Kletter-Rosen, Strauch-Rosen, Zwerg-Rosen, Bodendeckende Rosen, Bourbon-Rosen, Boursault-Rose rosen, Polyantha-Rosen, Portland-Rosen, Rambler-Rosen, Schottische Rosen, Sempervirens-Rosen, Sweet-Brian

Standort	Bemerkungen	Bedeutung nahe am Haus (in der Hausaura)	Bedeutung im Garten (außerhalb der Hausaura)
	ca. 20 Strauch- und Baumarten	**Im günstigen Fall:** Erhöht die Systematik in der Darstellung. **Im ungünstigen Fall:** Man verzettelt sich in guten Formulierungen.	Erlaubt es, besser zu formulieren.
○	Frucht: braune Hülsen, stark giftig, frosthart		
	ca. 150 Straucharten und Kletterpflanzen	**Im günstigen Fall:** Gibt neuen Lebensmut. **Im ungünstigen Fall:** Man ist zu stark auf Jugendlichkeit fixiert.	Führt zu einer Kultivierung des Geistes und des Arbeitsstils, stärkt die Aufgeschlossenheit gegenüber „jungen" und neuen Ideen.
○ ◐	duftend, rote Frucht (2 cm), ausläuferbildend, frosthart		
○	rote Frucht (1 cm), frosthart		
○ (◐)	scharlachrote Frucht, essbar, Vitamin-C-haltig, ausläuferbildend, frosthart		
○ (◐)	rote Frucht (0,8 cm), ausläuferbildend, frosthart		
○ (◐)	rote Frucht (1,5 cm), schnittverträglich, frosthart		
○	nach Moschus duftend, orangerote Frucht, frostempfindlich		
○	orangerote Frucht (1,5 cm)		
○ ◐	stark nach Honig duftend, rote Frucht, frosthart		
○	hellrote Frucht (1 cm), ausläuferbildend, frosthart		
○	schwarze Frucht (1,5 cm), ausläuferbildend, frosthart		
○	rote Frucht, frosthart		
○	duftend, scharlachrote Frucht (2,5 cm), Ausläufer bildend, Heckenpflanze, frosthart		
○ (◐)	wohlriechend, rote Frucht (1,5 cm), ausläuferbildend, frosthart		

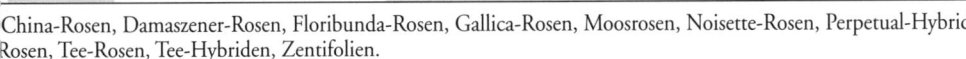

China-Rosen, Damaszener-Rosen, Floribunda-Rosen, Gallica-Rosen, Moosrosen, Noisette-Rosen, Perpetual-Hybrid-Rosen, Tee-Rosen, Tee-Hybriden, Zentifolien.

Gehölze

Deutscher Name	Botanischer Name	Herkunft	Höhe in m	Blütenmonat/-farbe
Rosskastanie in Arten	**Aesculus**	O-As, N-Am, SO-Eu		
- Kalifornische Rosskastanie	Aesculus californica	öN-Am	6-8	VI-VIII/weiß-rosa
- Rotblühende Rosskastanie	Aesculus x carnea	Kreuzung	10-15 (20)	V/rot
- Gelbe Rosskastanie	Aesculus flava (A. octandra)	öN-Am	15-25	V-VI/gelb
- Gemeine Rosskastanie	Aesculus hippocastanum	SO-Eu	25 (30)	V/weiß
- Strauch-Rosskastanie	Aesculus parviflora	söN-Am	3-4 (5)	VII-VIII/weiß
Rüster: siehe Ulme				
Säckelblume in Arten	**Ceanothus**	N-Am, M-Am		
- Säckelblume	Ceanothus arboreus	N-Am	2-6 (8)	blau
Sanddorn in Arten	**Hippophae**	Eu, As		
- Gemeiner Sanddorn	Hippophae rhamnoides	Eu, As	3-6 (10)	III-V/grün
Schattengrün in Arten	**Pachysandra**	Chi, Jap		
- Schattengrün, Dickmännchen	Pachysandra terminalis	N-Chi, Jap	0,2-0,3	V/weiß
Scheinbeere: siehe Rebhuhnbeere				
Scheinbuche in Arten	**Nothofagus**	s B		
- Scheinbuche, Südbuche	Nothofagus antarctica	Chile, Feuerland	6-15	V/grüngelb

Gehölze

Standort	Bemerkungen	Bedeutung nahe am Haus (in der Hausaura)	Bedeutung im Garten (außerhalb der Hausaura)
	ca. 15 Strauch- und Baumarten, unreife Frucht + Schale giftig, chin. Li	**Im günstigen Fall:** Schaft eine private, fast familiäre Atmosphäre. **Im ungünstigen Fall:** Man fühlt sich emotional allein gelassen.	Hilft, Gedanken zu ordnen, fördert die emotionale Zuwendung zu anderen.
○	duftend, stachellose Frucht, frosthart		
○ ◐	geringer Fruchtansatz, frosthart		
○	stachellose Frucht, frosthart		
○ (◐)	stachelige Früchte, Kastanien, frosthart		
○ ◐	stachellose Frucht		
	ca. 55 Strauch- und Baumarten	**Im günstigen Fall:** Wiederholte, fast automatische körperliche Bewegungen (z. B. Jonglieren) werden erleichtert. **Im ungünstigen Fall:** Man stellt sich leicht etwas tapsig an.	Die Koordination zwischen mentalem Befehl und körperlicher Ausführung wird verbessert.
○	immergrün, kalkliebend, frostempfindlich		
	3 Strauch- und Baumarten	**Im günstigen Fall:** Erhöht die Ausdauer. **Im ungünstigen Fall:** Man ist zu stark auf die körperlichen Funktionen fixiert.	Stärkt die körperliche Vitalität.
○	zweihäusig, orange Frucht, essbar, vitaminreich, stark ausläuferbildend, drückt Asphalt hoch, kalkliebend, frosthart		
	4 Halbstraucharten und Stauden	**Im günstigen Fall:** Insbesondere Herz, Lunge und Magen-Darmtrakt sind geschützt. **Im ungünstigen Fall:** Vegetative Reaktionen können kurzfristig aus nichtigem Anlass provoziert werden.	Schützt die vegetativen Funktionen vor negativen Gefühlen wie Missgunst.
●	immergrün, Bodendecker, giftig, frosthart		
	ca. 20 Strauch- und Baumarten	**Yang-Personen:** Gedanken werden besser strukturiert. **Yin-Personen:** Man sieht den Wald vor lauter Bäumen nicht.	Man ist eher in der Lage, sich in den Alltag einzufügen.
○ ◐	kalkmeidend, frosthart		

Gehölze

Deutscher Name	Botanischer Name	Herkunft	Höhe in m	Blütenmonat/-farbe
Scheineller in Arten	**Clethra**	O-As, N-Am, Madeira		
- Scheineller, Zimterle	Clethra alnifolia	öN-Am	2 (3)	VII-IX weiß
Scheinhasel in Arten	**Corylopsis**	O-As		
- Glockenhasel, Schlüsselblumenstrauch	Corylopsis pauciflora	Jap, Taiwan	1-1,5 (2)	III-IV/gelb
- Ährige Scheinhasel	Corylopsis spicata	Jap, Chi	2 (3,5)	III-IV/gelb
Scheinkerrie	**Rhodotypos**	Chi, Jap, Kor		
- Scheinkerrie	Rhodotypos scandens (R. kerrioides)	Chi, Jap, Kor	2	V-VI/weiß
Scheinspiere in Arten	**Holodiscus**	N-Am, S-Am		
- Scheinspiere	Holodiscus discolor	wN-Am	2-4	VI-VII/gelbweiß
Scheinzypresse in Arten	**Chamaecyparis**	Taiwan, Jap, N-Am		
- Lawson-Zypresse	Chamaecyparis lawsoniana (Cupressus l.)	wN-Am	15-40 (60)	
- Alaska-Zypresse	Chamaecyparis nootkatensis (Cupressus n.)	wN-Am	20-30	
- Feuerzeder Hinoki-Zypresse	Chamaecyparis obtusa (Cupressus o.)	Jap, Taiwan	20 (40)	
- Sawara-Scheinzypresse	Chamaecyparis pisifera (Cupressus p.)	Jap	20 (45)	
- Kugel-Zypresse	Chamaecyparis thyoides	öN-Am	15 (25)	
Schirmakazie in Arten	**Albizia (Paraserianthes)**	Af, As, Aus		

Gehölze

Standort	Bemerkungen	Bedeutung nahe am Haus (in der Hausaura)	Bedeutung im Garten (außerhalb der Hausaura)
	ca. 60 Strauch- und Baumarten	**Yang-Personen:** Man macht sich leicht etwas vor. **Yin-Personen:** Man sieht die Dinge gelassener.	Erlaubt es, die positive Lebenseinstellung auch in schwierigen Situationen zu bewahren.
○ ●	duftend, verträgt keine Trockenheit, frosthart		
	7 - 10 Strauch- und Baumarten	**Yang-Personen:** Man reitet gern auf Unwesentlichem herum. **Yin-Personen:** Man erkennt schneller die Bedeutung seines Handelns für sich selbst.	Verstärkt die Konzentration auf das Wesentliche.
○ (◐)	leichter Primelduft, verträgt keine Trockenheit, spätfrostgefährdet		
○ (◐)	duftend, verträgt keine Trockenheit, spätfrostgefährdet		
	1 Strauchart	**Yang-Personen:** Man wird sich seiner Führungsqualitäten leichter bewusst. **Yin-Personen:** Man lehnt Führungspositionen aus verschiedenen Gründen ab.	Hilft, Irrwege leichter zu vermeiden.
○ ●	erbsengroße Nüsschen, frosthart		
	8 Straucharten	**Yang-Personen:** Die (eigene) Überzeugungskraft in einer Beziehung wächst. **Yin-Personen:** Man kommt nicht auf den Punkt.	Kann die Selbständigkeit in schwierigen Beziehungen stärken
○ (◐)	frosthart		
	7 Nadelbaumarten, giftig, zahlreiche kleinere Züchtungen	**Yang-Personen:** Man kann besser Nutzen aus der Tradition ziehen. **Yin-Personen:** Man bleibt eher im Alten verhaftet.	Man ist eher in der Lage, alte Dinge zu überwinden und daraus Neues entstehen zu lassen.
○ (◐)	frosthart		
○ (◐)	frosthart		
(○) ◐	frosthart		
○ ◐	frosthart		
○	frosthart		
	ca. 150 Strauch- und Baumarten und Kletterpflanzen	**Yang-Personen:** Verleiht eine körperliche Robustheit. **Yin-Personen:** Verleitet zu Tagträumen.	Hilft, sich ein dickes Fell wachsen lassen.

Gehölze

Deutscher Name	Botanischer Name	Herkunft	Höhe in m	Blütenmonat/ -farbe
-	Albizia distachya (A. lophanta, Paraserianthes l.)	W-Aus	5-7 (10)	weißgelb
- Persische Albizie	Albizia julibrissin	W-As	6 (12)	VII-VIII/purpur
Schirmtanne	**Sciadopitys**	Jap		
- Schirmtanne	Sciadopitys verticillata	Jap	10-20	
Schlehe: siehe Kirsche				
Schmucktanne in Arten	**Araucaria**	Tropen		
- Schmucktanne	Araucaria araucana (A. imbricata)	Chile, Argentinien	15-25 (50)	
Schneeball in Arten	**Viburnum**	weltweit		
- Korea-Duft-Schneeball	Viburnum carlesii	Kor	1-1,5	IV-V/rosa
- Immergrüner Kissen-Schneeball	Viburnum davidii	Chi	0,5-0,8	VI/weißrosa
- Duft-Schneeball	Viburnum farreri (V. fragans)	Chi	2-3	XI-IV/weiß
- Wolliger Schneeball	Viburnum lantana	Eu, N-Af, Kl-As, Kaukasus	1,5-3,5 (5)	V/weiß
- Gewöhnlicher Schneeball, Wasser-Schneeball, Wasserholder	Viburnum opulus	Eu, N-Af, Kl-As, Sibirien	4 (5)	V-VI/weiß
- Gefüllter Japan-Schneeball	Viburnum plicatum (V. tomentosum 'Sterile')	Kreuzung	2-3	V-VI/weiß
- Immergrüner Großblatt-Schneeball	Viburnum rhytidophyllum	Chi	3-5	V-VI/weiß
- Mittelmeer-Schneeball, Laurustinus	Viburnum tinus	S-Eu, Mm	1,5-2,5 (4)	III-IV/weißrosa
Schneebeere in Arten	**Symphoricarpos**	N-Am, M-Am, Chi		

Standort	Bemerkungen	Bedeutung nahe am Haus (in der Hausaura)	Bedeutung im Garten (außerhalb der Hausaura)
○	frostempfindlich		
○	frostempfindlich		
	1 Nadelbaumart	**Yang-Personen:** Erhöht die Beharrlichkeit. **Yin-Personen:** Man versucht, anderen zu helfen, und kommt selbst dabei zu kurz.	Hilft, den richtigen Weg zu finden.
◐ ○	Zapfen (6 - 10 cm), frosthart		
	18 Nadelbaumarten	**Yang-Personen:** Man erhebt Führungsansprüche. **Yin-Personen:** Man kann sich nicht unterordnen.	Man lässt sich nicht beirren.
○	Zapfen (15 cm), Samen essbar, frostempfindlich		
	ca. 150 Strauch- und Baumarten, Rinde + Blätter giftig, Früchte gekocht essbar	**Yang-Personen:** Man pfuscht anderen gern ins Handwerk. **Yin-Personen:** Man findet im letzten Moment noch den richtigen Ausweg.	Erleichtert es, aus einer scheinbar ungünstigen Situation doch noch etwas zu machen.
○ ◐	intensiv süßlich duftend, schwarze Frucht (0,6 cm), frosthart		
(○) ◐	blaue Frucht (0,6 cm), bedingt frosthart		
○ (◐)	rote Frucht (0,5 cm), frosthart		
○ (●)	schwarze Frucht (0,8 cm), frosthart		
○ ◐	rote Früchte (0,8 cm), Gelee, Marmelade, frosthart		
○ (◐)	sterile Blüten, frosthart		
○ ●	schwarze Frucht (0,8 cm), frosthart		
○ ◐	schwarze Frucht (0,6 cm), frosthart		
	ca. 17 Straucharten, Beeren schwach giftig	**Yang-Personen:** Steigert die Eleganz des Ausdrucks. **Yin-Personen:** Führt zu geringen Abschweifungen.	Verstärkt die Fähigkeit, eine Sache auf den Punkt zu bringen.

Gehölze

Gehölze

Deutscher Name	Botanischer Name	Herkunft	Höhe in m	Blütenmonat/-farbe
- Schneebeere	Symphoricarpos albus var. laevigatus (S. racemosus, S. rivularis)	wN-Am	2	VI-IX/weißrosa
- Korallenbeere	Symphoricarpos orbiculatus	öN-Am, Mexiko	2	VI-VII/gelbweiß
Schneeflockenstrauch in Arten	**Chionanthus**	O-As, N-Am		
- Schneeflockenstrauch	Chionanthus virginicus	N-Am	3 (5)	VI/weiß
Schneeglöckchenbaum in Arten	**Halesia**	O-As, N-Am		
- Schneeglöckchenbaum	Halesia carolina (H. tetraptera)	söN-Am	6-8	IV-V/weiß
- Silberglocke	Halesia monticola	N-Am	6-12	V/weiß
Schnurbaum in Arten	**Sophora**	gem B, Tropen		
- Japanischer Schnurbaum	Sophora japonica	Chi, Jap, Kor	15-25 (30)	VII-VIII gelbweiß
- Amerikanischer Schnurbaum	Sophora secundiflora	N-Am, M-Am	8-10	violett
Schönfrucht in Arten	**Callicarpa**	Tropen, Subtropen		
- Schönfrucht, Liebesperlenstrauch	Callicarpa bodinieri var. giraldii	Chi, Kor	2-3 (4)	VII-VIII/lila
Schönmalve, Zimmerahorn in Arten	**Abutilon**	Tropen, Subtropen		
- Schönmalve	Abutilon 'Kentish Belle'	Kreuzung	1-1,2 (2,5)	gelb, rot

Gehölze

Standort	Bemerkungen	Bedeutung nahe am Haus (in der Hausaura)	Bedeutung im Garten (außerhalb der Hausaura)
○ ◐	weiße Beeren (1 cm), Knackbeeren, leicht giftig, ausläuferbildend, frosthart		
○ ●	rote Frucht (0,6 cm), frosthart		
	ca 100 Strauch- und Baumarten	**Im günstigen Fall:** Man behält den Überblick trotz vieler Detailkenntnisse. **Im ungünstigen Fall:** Man hält sich an Nebensächlichkeiten fest.	Schärft die Wahrnehmung auch für kleine Unterschiede.
○ (◐)	meist zweihäusig, duftend, kalkmeidend, frosthart		
	5 Strauch- und Baumarten	**Im günstigen Fall:** Die Präzision im Ausdruck und in der Ausführung werden verbessert. **Im ungünstigen Fall:** Man hält sich zu lange mit Details auf, verliert den Überblick und macht dadurch Fehler.	Hilft, die Arbeit im Detail zu verbessern.
○ ◐	attraktive Blüte, braune Frucht, Winterschmuck, frosthart		
○ ◐	attraktive Blüte, braune Frucht (5 cm), Winterschmuck, frosthart		
	ca. 50 Strauch- und Baumarten und Stauden	**Im günstigen Fall:** Man verbindet Kreativität mit Systematik. **Im ungünstigen Fall:** Man kann das Ziel aus dem Auge verlieren.	Fördert die Geradlinigkeit im Denken.
	Rinde + Früchte stark giftig, Hülsen, wärmeliebend, ältere Pflanzen frosthart		
○	Rinde + Früchte stark giftig		
	ca. 140 Strauch- und Baumarten	**Im günstigen Fall:** Man kann gemeinsame Interessen bündeln. **Im ungünstigen Fall:** Es können unverhofft Meinungsverschiedenheiten auftreten.	Bereichert die emotionalen Werte von Freundschaften.
○	rotviolette Frucht, giftig, frosthart		
	ca. 150 Strauch- und Baumarten, Stauden und Kräuter	**Im günstigen Fall:** Man ist immer wieder in der Lage, Mitarbeiter neu zu motivieren. **Im ungünstigen Fall:** Man neigt dazu, emotional Druck auszuüben.	Bringt Ausdauer in langfristige Vorhaben und mehr Leichtigkeit in die Aktivitäten.
○	halbimmergrün, frostempfindlich		

Gehölze

Deutscher Name	Botanischer Name	Herkunft	Höhe in m	Blütenmonat/-farbe
- Schönmalve	Abutilon pictum (A. striatum hort.)	Brasilien	2 (5)	orange
Seidelbast in Arten	**Daphne**	Eu, As, N-Af		
- Rosmarin-Seidelbast, Heideröschen	Daphne cneorum	S-Eu, O-Eu	0,2-0,4	IV-V/rosa
- Seidelbast, Kellerhals	Daphne mezereum	Eu, Kl-As, Sibirien	1-1,2 (2)	III-IV/rosa
Sicheltanne	**Cryptomeria**	Chi, Jap		
- Sicheltanne	Cryptomeria japonica	Chi, Jap	10-15 (25)	
Silberstrauch in Arten	**Perovskia**	As		
- Silberstrauch, Blauraute	Perovskia abrotanoides	W-As, Himalaja	0,5-1	VII-X/violett-blau
Skimmie in Arten	**Skimmia**	SO-As		
- Skimmie	Skimmia japonica	Jap	0,5-2 (6)	V/weiß
Sommerflieder, Schmetterlingsstrauch in Arten	**Buddleja** (Buddleia)	As, Af, N-Am, S-Am		
- Wechselblättriger Sommerflieder	Buddleja alternifolia	Chi	2-3 (4)	violett
- Sommerflieder	Buddleja davidii	Chi, Jap	3-4	VII-IX/violett
Spindelstrauch in Arten	**Euonymus**	As, Aus, Eu, N-Am, M-Am,		
- Korkspindel, Geflügeltes Pfaffenhütchen	Euonymus alatus	Jap, Chi	2-3 (4)	V-VI/grüngelb

206

Standort	Bemerkungen	Bedeutung nahe am Haus (in der Hausaura)	Bedeutung im Garten (außerhalb der Hausaura)
○	immergrün, frostempfindlich		
	ca. 50 Straucharten, sehr stark giftig	**Im günstigen Fall:** Stärkt die Wertschätzung für äußere Schönheit und Proportion. **Im ungünstigen Fall:** Schönheit und Proportion werden leicht überbewertet, kann Pedanterie fördern.	Schärft und stärkt das Wahrnehmungsvermögen.
○ (●)	wohlriechend, gelbbraune Beeren, giftig, frosthart		
◐ (●)	sehr starker Duft, rote Steinfrucht, giftig, frosthart		
	1 Nadelbaumart	**Yang-Personen:** Stärkt den Drang, Neues zu entwickeln, was jedoch auch zu einem gewissen Übereifer führen kann. **Yin-Personen:** Stärkt die Tendenz, Altes zu erhalten.	Neues kann sich gut entwickeln.
○ (◐)	braune Zapfen, frosthart		
	7 Halbstraucharten	**Im günstigen Fall:** Man behält seine Vision. **Im ungünstigen Fall:** Man zweifelt seine eigenen Zielvorstellungen an.	Verhindert, dass man auf den letzten Metern aufgibt.
○	frostempfindlich		
	4 Strauch- und Baumarten	**Yang-Personen:** Man setzt zu sehr seine Ellenbogen ein. **Yin-Personen:** Leise Töne überzeugen besser.	Fördert Pragmatismus und Durchhaltevermögen.
● ◐	immergrün, zweihäusig, rote Frucht, Winterschmuck, frosthart		
	ca. 100 Strauch- und Baumarten, Kletterpflanzen und Stauden	**Im günstigen Fall:** Man kann seine eigene Ruhe und Ausstrahlung auf andere übertragen. **Im ungünstigen Fall:** Man zweifelt an der eigenen Darstellung.	Das innere Gleichgewicht ist eine solide Grundlage für die äußeren Aktivitäten.
○	stark duftend, frosthart		
○	herber Duft, Blätter + Samen schwach giftig, frosthart		
	ca. 175 Strauch- und Baumarten und Kletterpflanzen, stark giftig	**Im günstigen Fall:** Man ist in der Lage, emotionale Barrieren schnell zu überbrücken. **Im ungünstigen Fall:** Man ist zu schnell bereit, auf Verhaltenskonventionen zu verzichten.	Steigert die Fähigkeit, schnell Kontakte zu knüpfen.
○ ◐	rote Frucht, rote Herbstfärbung, stark giftig, frosthart		

Gehölze

Gehölze

Deutscher Name	Botanischer Name	Herkunft	Höhe in m	Blütenmonat/-farbe
- Pfaffenhütchen	Euonymus europaea (E. europaeus)	Eu, W-As, Kaukasus	2-6	V-VI/grüngelb
- Großfrüchtiges Pfaffenhütchen	Euonymus planipes (E. sachalinensis)	Jap, Sachalin	3-4 (5)	V/grüngelb
Spierstrauch in Arten	**Spiraea**	Eu, As, N-Am, Mexiko		
- Schneespiere, Brautspiere	Spirea x arguta	Kreuzung	1,5-2	IV-V/weiß
- Birkenblättriger Spierstrauch	Spirea betulifolia	NO-As, Jap	0,5-1	VI/weiß
- Weiße Polster-Spiere	Spirea decumbens	M-Eu	0,2-0,5	VI/weiß
- Japanische Strauch-Spiere	Spirea nipponica	Jap	1,5-2,5 (3)	V-VI/weiß
- Pflaumenblättriger Spierstrauch	Spirea prunifolia (S. p. var. plena)	Jap, Chi, Taiwan	2-3	IV-V/weiß
- Frühlings-Spiere, Gras-Spiere	Spirea thunbergii	Jap, Chi	1,2 - 1,5	III-V/weiß
- Pracht-Spiere	Spirea x vanhouttei	Kreuzung	2-2,5 (3)	V-VI/weiß
Stachelbeere: siehe Johannisbeere				
Stachelpanax in Arten	**Eleutherococcus**	As		
- Stachelpanax	Eleutherococcus sieboldianus (Acanthopanax s.)	Chi, Jap	2-3	
Stechginster in Arten	**Ulex**	Eu, N-Af		
- Europäischer Stechginster	Ulex europaeus	W-Eu	1 (2)	IV-VI/gelb
Stechpalme in Arten	**Ilex**	gem B, Topen, Subtropen		
- Gewöhnliche Stechpalme, Hülse	Ilex aquifolium	Eu, W-As, NW-Af	3-6 (25)	V-VI
- Japanische Hülse	Ilex crenata	Jap	2-3,5	V-VI

Gehölze

Standort	Bemerkungen	Bedeutung nahe am Haus (in der Hausaura)	Bedeutung im Garten (außerhalb der Hausaura)
○ ◐	rote Frucht, stark giftig, gelb-rote Herbstfärbung, Insektennahrung, frosthart		
○ ●	rote Frucht, stark giftig, orange Herbstfärbung, frosthart		
	ca. 80 Straucharten	**Yang-Personen:** Gute Beobachtungs- und Auffassungsgabe sind Grundlage für den Erfolg. **Yin-Personen:** Es dreht sich zuviel um einen selbst.	Fördert die Fähigkeit, Aktivitäten spielerisch und leicht zu entwickeln.
○	streng duftend, frosthart		
○ ◐	ausläuferbildend		
○ (◐)	ausläuferbildend		
○ ◐	frosthart		
○	frosthart		
○ ◐	reichblühend, frosthart		
○ (●)	zahlreiche Blüten, frosthart		
	ca. 30 Strauch- und Baumarten und Kletterpflanzen	**Yang-Personen:** Kann zu einer übermäßigen Ausschöpfung körperlicher Ressourcen führen. **Yin-Personen:** Vergrößert die Eleganz und Anmut der Bewegung.	Verbessert das Körpergefühl.
○	frostempfindlich		
	ca. 20 Straucharten, immergrün	**Yang-Personen:** Man erwartet zuviel von einer Beziehung. **Yin-Personen:** Man ist bereit, mehr in eine Beziehung einzubringen.	Verhindert, dass eine Beziehung auf Dauer langweilig wird.
○	frostempfindlich		
	ca. 400 Strauch- und Baumarten und Kletterpflanzen, zweihäusig, stark giftig	**Im günstigen Fall:** Erlaubt es, auch schwierige Situationen schnell zu erfassen. **Im ungünstigen Fall:** Man ist geneigt, vorschnell ein Urteil zu fällen.	Ordnet die Gedanken und führt zu logischem Handeln.
◐ ●	immergrün, rote Frucht, etwas frostempfindlich		
○ ●	immergrün, zweihäusig, schwarze Frucht, frosthart		

Gehölze

Deutscher Name	Botanischer Name	Herkunft	Höhe in m	Blütenmonat/ -farbe
- Amerikanische Hülse	Ilex opaca	N-Am	10-15	
- Rote Winterbeere	Ilex verticillata	öN-Am	3 (5)	VII-VIII/weiß
Strahlengriffel in Arten	**Actinidia**	O-As		
- Scharfzähniger Strahlengriffel	Actinidia arguta	Jap, Chi, Kor	6-8	VI/weiß
- Chinesischer Strahlengriffel, Kiwi	Actinidia chinensis	Chi	6-8	VI/weißgelb
- Flamingo Strahlengriffel	Actinidia kolomikta	Sibirien, Chi, Jap, Sachalin	3 (6)	VI/weiß
Strauchpappel in Arten	**Lavatera**	Eu, Mm, As, Aus, N-Am		
- Küstenmalve	Lavatera assurgentiflora	öN-Am	1,5-2	rot
Strauchveronika in Arten	**Hebe**	Aus, S-Am		
-	Hebe albicans	Neuseeland	0,3-0,6	weiß
-	Hebe canterburiensis (H. 'Tom Marshall')	Neuseeland	0,3-0,6 (0,9)	weiß
-	Hebe cupressoides	Neuseeland	0,8-1,2	lila
-	Hebe recurva	Neuseeland	0,3-0,5	weiß
Südbuche: siehe Scheinbuche				
Sumpfzypresse in Arten	**Taxodium**	N-Am, M-Am		
- Sumpfzypresse, Sumpfeibe	Taxodium distichum	söN-Am	20-40 (50)	
Sumach in Arten	**Rhus** (Toxicodendron)	N-Am, S-Af, O-As, Aus		

Gehölze

Standort	Bemerkungen	Bedeutung nahe am Haus (in der Hausaura)	Bedeutung im Garten (außerhalb der Hausaura)
	immergrün, rote Frucht, frosthart		
○ (☾)	strenger Duft, Insektennahrung, rote Beeren, zweihäusig, ausläuferbildend, frosthart		
	ca. 40 Kletterpflanzenarten, windend, Kletterhilfe,	**Yang-Personen:** Man geht mit zu viel Energie an die Arbeit. **Yin-Personen:** Man ist in der Lage, zwei Dinge gleichzeitig zu tun.	Vertreibt störende Gedanken bei der Arbeit.
○	zweihäusig, stachelbeerartige Frucht, essbar, süß, Vitamin-C-haltig, frosthart		
○	zweihäusig, Kiwi-Frucht (3 - 5 cm), essbar, Vitamin-C-haltig, frostempfindlich		
○	duftend, stachelbeerartige Frucht, essbar, frosthart		
	ca. 25 Straucharten, Halbsträucher und Stauden	**Yang-Personen:** Stärkt die Fähigkeit, sich selbst zu motivieren. **Yin-Personen:** Man hört zu stark auf andere.	Erlaubt es, auch unter widrigen Umständen fröhlich zu bleiben.
○	frostempfindlich		
	ca. 100 Strauch- und Baumarten, immergrün	**Im günstigen Fall:** Zielsetzungen können schnell erkannt und formuliert werden. **Im ungünstigen Fall:** Man ändert zu schnell seine Meinung.	Erlaubt auch in verwirrenden Situationen eine schnelle Orientierung.
○	frostempfindlich		
○	frosthart		
○	frostempfindlich		
○	frostempfindlich		
	2 Nadelbaumarten	**Im günstigen Fall:** Man ist in der Lage, Tätigkeiten einen neuen Sinn zu geben. **Im ungünstigen Fall:** Man kann sich leicht einmal verschätzen.	Man ist in der Lage, unter den gegebenen Voraussetzungen etwas Neues zu schaffen.
○	braune Zapfen (3 cm), frosthart		
	ca. 200 Strauch- und Baumarten und Kletterpflanzen, meist zweihäusig	**Im günstigen Fall:** Man verliert sein Ziel nicht aus dem Auge. **Im ungünstigen Fall:** Man passt sich zu sehr an.	Man kann seine Meinung gut verbergen.

Gehölze

Deutscher Name	Botanischer Name	Herkunft	Höhe in m	Blütenmonat/ -farbe
- Scharlach-Sumach	Rhus glabra	N-Am, Mexiko	2-3	VII-VIII grünlich
- Essigbaum Hirschkolben-Sumach	Rhus typhina	öN-Am	4-6 (12)	VI-VII
Tamariske in Arten	**Tamarix**	W-Eu, O-As, Mm		
- Frühlings-Tamariske	Tamarix parviflora (T. tetrandra var. purpurea)	Mm, W-As	3-5	V-VI/rosa
-	Tamarix ramosissima (T. odessana, T. pentandra)	SO-Eu, As	2-3	VII-IX/rosa
Tanne in Arten	**Abies**	Eu, N-Af, As, N-Am		
- Colorado-Tanne, Grau-Tanne,	Abies concolor	N-Am	20-25 (40)	
- Nikko-Tanne, Scheitel-Tanne	Abies homolepis (A. brachyphylla)	Jap	20-30	
- Korea-Tanne	Abies koreana	Kor	4-10 (12)	
- Kaukasus-Tanne, Nordmann-Tanne	Abies nordmanniana	Kaukasus	25-30 (40)	
- Veitchs-Tanne	Abies veitchii	Jap	15-25 (30)	
Taubenbaum	**Davidia**	Chi		
- Taubenbaum, Taschentuchbaum	Davidia involucrata	Chi	8-15 (20)	V/grün/ weiß
Teebaum in Arten	**Leptospermum**	SO-As, Aus		
-	Leptospermum grandifolium (L. rodwayanum)	Aus	4	weiß

212

Gehölze

Standort	Bemerkungen	Bedeutung nahe am Haus (in der Hausaura)	Bedeutung im Garten (außerhalb der Hausaura)
○	stark ausläuferbildend, rote Fruchtkolben, rote Herbstfärbung, frosthart		
○	stark ausläuferbildend, rote Fruchtkolben, rote Herbstfärbung, frosthart		
	54 Strauch- und Baumarten	**Im günstigen Fall:** Man ist ein guter Animateur. **Im ungünstigen Fall:** Es gehen einem manchmal die Ideen aus.	Bringt südliche Lebensfreude.
○	frosthart		
○	frosthart		
	ca. 50 Nadelbaumarten	**Im günstigen Fall:** Das Alte ist im Neuen noch enthalten. **Im ungünstigen Fall:** Es kommt zu einem Bruch mit dem Alten.	Altes wird durch Neues ergänzt.
○ (☾)	Zapfen (8 - 15 cm), hitzeverträglich, frosthart		Erleichtert beruflichen Neuanfang.
● ☾	violette Zapfen (10 cm), frosthart		Neuanfang in Beziehungen.
○ (☾)	violette Zapfen (4 - 7 cm), frosthart		Neue Konzepte entwickeln sich aus alten.
○ (☾)	grünbraune Zapfen (15 cm), frosthart		Bringt neuen Lebensmut.
○	graugrüne Zapfen (6 - 7 cm), frosthart		Neuanfang bei Emotionen und gefühlsmäßigen Einstellungen.
	1 Baumart	**Im günstigen Fall:** Hilft, schneller zu verzeihen. **Im ungünstigen Fall:** Die Tendenz, sich zurückzuziehen, kann verstärkt werden.	Hilft, verletzte, subtile Gefühle zu heilen.
○ ☾	walnussartige Frucht, aromatische Blätter, frosthart		
	ca. 80 Strauch- und Baumarten	**Im günstigen Fall:** Man arbeitet sich schnell in neue Gebiete ein. **Im ungünstigen Fall:** Man wechselt zu schnell das Thema.	Man fühlt sich unter neuen Gegebenheiten schnell zu Hause.
○	frostempfindlich		

Gehölze

Deutscher Name	Botanischer Name	Herkunft	Höhe in m	Blütenmonat/-farbe
-	Leptospermum lanigerum (L. pubescens)	Aus	3-5	weiß
-	Leptospermum scoparium	Aus, Neuseeland	3	weiß
Traubenheide in Arten	**Leucothoe**	As, Madagaskar, N-Am S-Am		
- Traubenheide	Leucothoe fontanesiana (L. catesbaei, L. walteri)	söN-Am	1-1,5 (2)	V-VI/weiß
Trompetenbaum in Arten	**Catalpa**	O-As N-Am		
- Gewöhnlicher Trompetenbaum	Catalpa bignonioides	söN-Am	10-15 (20)	VI-VII/weiß
- Gelber Trompetenbaum	Catalpa ovata	Chi	6-10 (15)	VII-VIII gelb, gefleckt
- Mississippi-Catalpa	Catalpa speciosa	N-Am	15	VI-VII/weiß
Trompetenblume in Arten	**Campsis**	Chi, N-Am		
- Amerikanische Trompetenblume, Klettertrompete	Campsis radicans (Bignonia r., Tecoma r.)	N-Am	10	VII-IX/orange
Tulepobaum in Arten	**Nyssa**	O-As, N-Am		
- Tulepobaum, Nymphenbaum	Nyssa sylvatica (N. multiflora)	öN-Am	10 - 20	IV/grün
Tulpenbaum in Arten	**Liriodendron**	O-As, N-Am		
- Amerikanischer Tulpenbaum	Liriodendron tulipifera	öN-Am	25-30 (35)	V-VI/gelb
Ulme in Arten	**Ulmus**	gem n B		

Standort	Bemerkungen	Bedeutung nahe am Haus (in der Hausaura)	Bedeutung im Garten (außerhalb der Hausaura)
○	aromatisch duftend, frostempfindlich		
○	frostempfindlich		
	ca. 50 Baumarten	**Yang-Personen:** Man nimmt sich zu viel vor. **Yin-Personen:** Man kann Arbeit und Freizeit gut trennen.	Man kann mit mehreren Sachen gleichzeitig jonglieren.
◐ (●)	immergrün, ausläuferbildend, frosthart		
	11 Baumarten, schwach giftig	Günstige und ungünstige Einflüsse können auch für die gleiche Person wechseln. **Zeitweise** ist man in Hochstimmung, **zeitweise** etwas deprimiert.	Verhindert, dass man sich unnötig Sorgen macht.
○ ◐	bohnenförmige Frucht (35 cm), frosthart		
	häufig in Tempelgärten, bohnenförmige Frucht (30 cm), frosthart		
○	bohnenförmige Frucht (20 - 25 cm), frosthart		
	2 Kletterpflanzenarten	**Im günstigen Fall:** Man bringt andere gezielt zum Lachen. **Im ungünstigen Fall:** Kann zu Sarkasmus führen.	Fördert einen pointierten, nicht verletzenden Humor.
○	Kletterpflanze, leicht frostempfindlich		
	5 Baumarten	**Yang-Personen:** Man geht eine Sache beherzt an. **Yin-Personen:** Man neigt zum Zaudern.	Fördert Tat- und Entschlusskraft.
○ ◐	rote Herbstfärbung, frosthart		
	2 Baumarten	**Im günstigen Fall:** Man bringt das Schiff sicher in den Hafen (betrifft hauptsächlich Yin-Personen). **Im ungünstigen Fall:** Man macht unnötige Fehler im letzten Teil eines Projektes (betrifft hauptsächlich Yang-Personen).	Hilft, aus Mittelmaß noch etwas Besonderes zu machen.
○	goldgelbe Herbstfärbung, giftig, frosthart		
	ca. 45 Strauch- und Baumarten	**Im günstigen Fall:** Man ist gut in der Lage, an Traditionen anzuknüpfen. **Im ungünstigen Fall:** Man macht zuviel Wind um eine neue Sache.	Verbindet Tradition mit Moderne.

Gehölze

Gehölze

Deutscher Name	Botanischer Name	Herkunft	Höhe in m	Blütenmonat/-farbe
- Amerikanische Weißulme	Ulmus americana	öN-Am	25-30 (40)	
- Feld-Ulme, Feld-Rüster	Ulmus carpinifolia (U. minor, U. campestris, U. diversifolia, U. foliacea)	Eu, N-Af, SW-As	20-30 (40)	III-IV/rotbraun
- Berg-Ulme	Ulmus glabra (U. montana, U. scabra)	N-Eu, M-Eu, SW-As	25-40	III-IV/braun
- Flatter-Ulme	Ulmus laevis (U. effusa)	M-Eu, O-Eu	15-35	III-IV/grünrot
Urweltmammutbaum	**Metasequoia**	Chi		
- Urwelt-Mammutbaum	Metasequoia glyptostroboides	Chi	25-40	
Wacholder in Arten	**Juniperus** (Sabina)	Nhk		
- Chinesischer Wacholder	Juniperus chinensis	Chi, Jap, Kor	1-6 (20)	
- Gewöhnlicher Wacholder	Juniperus communis	Eu, As, N-Am, N-Af	5-8	
- Sadebaum	Juniperus sabina	S-Eu, Kl-As, Sibirien	2-4 (5)	
- Bleistiftzeder Virginia-Sadebaum	Juniperus virginiana	öN-Am	15-30	
Waldrebe in Arten	**Clematis** (Atragene)	weltweit		
- Alpen-Waldrebe	Clematis alpina	Alpen, Karpaten	2-3	V-VI/blauviolett
- Herbst-Waldrebe	Clematis paniculata (C. dioscoreifolia, C. maximowicziana, C. terniflora)	Jap, Kor	10	IX-X/weiß
- Gold-Waldrebe	Clematis tangutica	Chi, Mongolei	3-5 (6)	VI/gelb
- Gewöhnliche Waldrebe	Clematis vitalba	W-Eu, M-Eu, Kaukasus	30	VII-X/gelbweiß

Gehölze

Standort	Bemerkungen	Bedeutung nahe am Haus (in der Hausaura)	Bedeutung im Garten (außerhalb der Hausaura)
○ ◐	frosthart		
○ ◐	kalkliebend, frosthart		
○ (◐)	kalkliebend, frosthart		
. ;	frosthart		
	1 Nadelbaumart, fossile Art aus Tertiär	Günstige und ungünstige Einflüsse können auch für die gleiche Person wechseln. **Zeitweise** ist man stolz auf die Tradition, **zeitweise** zweifelt man ihre Bedeutung an.	Alter Glanz kehrt zurück.
○ (◐)	Nadeln abwerfend, Zapfen (2 cm), frosthart		
	50 - 60 Nadelbaumarten, meist zweihäusig	**Im günstigen Fall:** Man ist in der Lage, den gemeinsamen Nenner für zwei oder mehr unterschiedliche Meinungen zu finden. **Im ungünstigen Fall:** Man will mit seinen eigenen Werten und Vorstellungen dominieren.	Man toleriert andere Meinungen, ist sich aber des Wertes des eigenen sorgfältig gebildeten Urteils bewusst.
○ (◐)	zweihäusig, frosthart		
○	schwarzbraune Frucht, Wacholderbeeren Heilmittel + Räucherwerk, schwach giftig, frosthart		
○ (◐)	blauschwarze Frucht, frosthart		
	blaue Frucht, zum Teil zweihäusig, sehr stark giftig, frosthart		
	ca. 200 Kletterpflanzenarten, giftig	**Yang-Personen:** Die gewinnende Ausstrahlung wird verstärkt. **Yin-Personen:** Man wirkt häufig etwas penetrant.	Verstärkt die Fähigkeit, auch nach peinlichen Vorfällen die Unbefangenheit zu bewahren.
○ ◐	frosthart		
○ (◐)	benötigt Kletterhilfe, frosthart		
○ ◐	attraktive Blüte, federartige Samenstände, frosthart		
○ ◐	unangenehm duftend, silbrige Fruchtstände, in Bäumen kletternd, frosthart		

Gehölze

Deutscher Name	Botanischer Name	Herkunft	Höhe in m	Blütenmonat/-farbe
- Italienische Waldrebe	Clematis viticella	S-Eu, Kl-As	2-4 (5)	VI-IX/violett
Walnuss in Arten	**Juglans**	Eu, As, N-Am, S-Am		
- Butternuss	Juglans cinerea	öN-Am	30	
- Schwarznuss	Juglans nigra	öN-Am	30-50	
- Walnuss, Welschnuss	Juglans regia	S-Eu, Kl-As, W-Chi	15-30	
Weide in Arten	**Salix**	weltweit, außer Aus		
- Weiß-Weide, Silber-Weide	Salix alba	Eu, N-As, W-As,	15-25	IV-V/gelb
- Ohr-Weide, Öhrchen-Weide	Salix aurita	Eu, W-As	1,5-3	III-IV/gelb
- Sal-Weide	Salix caprea	Eu, N-As	5-8	III-IV silbrig, gelb
- Asch-Weide, Grau-Weide	Salix cinerea	Eu, W-As	5	III-IV/gelb
- Knack-Weide, Bruch-Weide	Salix fragilis	Eu, W-As	6-15 (20)	IV-V/grüngelb
- Schweizer Weide	Salix helvetica	Alpen, Karpaten	0,6-1	III-IV silbrig, gelb
- Woll-Weide	Salix lanata	N-Eu, N-As,	1	III-IV/gelb
- Purpur-Weide	Salix purpurea	S-Eu, W-Eu	3-5 (10)	III-IV/rot, gelb
- Korb-Weide, Hanf-Weide, Elb-Weide	Salix viminalis	Eu, N-As	3-8 (10)	IV-V/gelb
Weidenmyrte in Arten	**Agonis**	Aus		
- Weidenmyrte	Agonis flexuosa	Aus	6-8 (12)	weiß
Weigelie in Arten	**Weigelia**	O-As		
- Weigelie, Liebliche Weigelie	Weigelia florida	Chi, Kor	2,5-3 (3,5)	V-VI/rosa

Standort	Bemerkungen	Bedeutung nahe am Haus (in der Hausaura)	Bedeutung im Garten (außerhalb der Hausaura)
○ ◐	frosthart		
	ca. 15 Strauch- und Baumarten	**Yang-Personen:** Man verschätzt sich in der eigenen Leistungsfähigkeit. **Yin-Personen:** Man geht mit seinen Kräften ökonomischer um.	Man schont seine Reserven.
○	Nüsse essbar, frosthart		
○	Nüsse essbar, frosthart		
○ (◐)	Nüsse essbar, frosthart		
	ca. 300 Strauch- und Baumarten, chin. Liu	**Im günstigen Fall:** Man kultiviert die Fähigkeit, etwas Positives an einer Sache zu sehen. **Im ungünstigen Fall:** Man lässt sich leicht von Äußerlichkeiten blenden.	Man ist besser in der Lage, das Schöne in äußeren Formen zu erkennen.
○	gelbe Kätzchen (5 cm), frosthart		
○ (◐)	gelbe Kätzchen (2 cm), frosthart		
○ (◐)	gelbe Kätzchen (3 cm), frosthart		
○ (◐)	gelbe Kätzchen, frosthart		
○ (◐)	gelbe Kätzchen (7 cm), frosthart		
○	gelbe Kätzchen (2 cm), frosthart		
○	gelbe Kätzchen (5 -8 cm), frosthart		
○ (◐)	silbergraue Kätzchen (3 cm), frosthart		
○	gelbgrüne Kätzchen (4 cm), frosthart		
	10 - 12 Strauch- und Baumarten	**Im günstigen Fall:** Man weiß, worauf etwas hinausläuft. **Im ungünstigen Fall:** Man kommt nur abschnittsweise voran.	Erhöht Ausdauer und Zähigkeit.
○ (◐)	immergrün, aromatische Blätter, kalkmeidend, frostempfindlich, + 10 °C		
	12 Straucharten	**Im günstigen Fall:** Man hat mehrere Trümpfe im Ärmel. **Im ungünstigen Fall:** Man verschätzt sich in seinen Reserven.	Man hat immer noch einen Joker.
○ (◐)	frosthart		

Gehölze

Gehölze

Deutscher Name	Botanischer Name	Herkunft	Höhe in m	Blütenmonat/-farbe
Wein in Arten	**Vitis**	gem n B		
-	Vitis coignetiae (V. kaempferi)	Jap, Kor	15	rot
- Weinrebe	Vitis vinifera		7	
Wein: siehe auch Wilder Wein				
Weißdorn in Arten	**Crataegus**	n gem B		
- Scharlach-Weißdorn	Crataegus coccinea (C. pedicellata)	öN-Am	5-7	V/weiß, rosa
- Hahnensporn-Weißdorn	Crataegus crus-galli	öN-Am	5-9	V-VI/weiß
- Zweigriffeliger Weißdorn	Crataegus laevigata (C. oxyacantha)	Eu	2-6 (10)	V/weiß
- Eingriffeliger Weißdorn	Crataegus monogyna	Eu, W-As	2-6 (10)	V-VI/weiß
Weiße Forsythie	**Abeliophyllum**	Korea		
- Weiße Forsythie, Schneeforsythie	Abeliophyllum distichum	Kor	1,5	III-V/rosa, weiß
Wilder Wein in Arten	**Parthenocissus**	N-Am, O-As		
- Wilder Wein	Parthenocissus quinquefolia (Ampelopsis q., Vitis q.)	öN-Am	10-20	VII-VIII/weiß
-	Parthenocissus tricuspidata	Jap, Chi, Kor	12-20	VI-VII/gelbgrün
Winterblüte in Arten	**Chimonanthus**	Chi		
- Winterblüte	Chimonanthus praecox (C. fragans, Calycanthus pr.)	Chi	2-3 (4)	II-III gelblich, rot

Standort	Bemerkungen	Bedeutung nahe am Haus (in der Hausaura)	Bedeutung im Garten (außerhalb der Hausaura)
	ca. 65 Straucharten und Kletterpflanzen	**Yang-Personen:** Man muss immer die erste Geige spielen. **Yin-Personen:** Man wird gern um Rat gefragt.	Auch längere Anspannungen machen einem nichts aus.
○	Selbstklimmer, schwarze Frucht, rote Herbstfärbung, frosthart		
○ (◐)			
	ca. 200 Strauch- und Baumarten	**Im günstigen Fall:** Man kann gut mit körperlichen Kräften haushalten. **Im ungünstigen Fall:** Man macht sich selbst Stress.	Schützt Herz und innere Organe vor negativen Emotionen, die auch von außen kommen können.
○ (◐)	apfelförmige Frucht (2 cm), auffallend rot, frosthart		
○ (◐)	rote Frucht (1,5 cm), frosthart		
○ ◐	rote Frucht, essbar, frosthart		
○ ◐	rote Frucht, essbar, frosthart		
	1 Strauchart	**Im günstigen Fall:** Man gewinnt schnell Freunde. **Im ungünstigen Fall:** Man setzt sich selbst in ein falsches Licht.	Man kann gut auf einzelne Personen zugehen.
○ (◐)	geflügelte Nüsse, frosthart		
	10 Kletterpflanzenarten	**Im günstigen Fall:** Schützt das Haus vor Zwietracht, die von außen kommt. **Im ungünstigen Fall:** Die Bewohner sind zu sehr mit sich selbst beschäftigt.	Steigert die Reputation in der Öffentlichkeit.
○ ●	Haftscheibenkletterer, schwarz-blaue Frucht, scharlachrote Herbstfärbung, frosthart		
○ ◐	Haftscheibenkletterer, schwarz-blaue Frucht, Herbstfärbung orange bis karmin, frosthart		
	6 Straucharten	**Im günstigen Fall:** Intuition kann in neue Ideen besser einfließen. **Im ungünstigen Fall:** Man produziert eine Menge Ideen, die aber noch der Reife bedürfen.	Bereitet den Weg für neue Ideen.
○ (◐)	Frucht reift in warmen Sommern, frosthart		

Gehölze

Deutscher Name	Botanischer Name	Herkunft	Höhe in m	Blütenmonat/ -farbe
Wollmispel in Arten	**Eriobotrya**	O-As		
- Japanische Mispel, Loquate	Eriobotrya japonica	Chi, Jap	8	weiß
Wunderbaum	**Ricinus**	W-As, NO-Af		
- Wunderbaum	Ricinus communis	W-As, NO-Af	10	grüngelb
Zaubernuss in Arten	**Hamamelis**	O-As, N-Am		
- Japanische Zaubernuss	Hamamelis japonica	Jap	3-4	I-III/gelb
- Chinesische Zaubernuss	Hamamelis mollis	Chi	3-5	II-III/gelb
- Virginianische Zaubernuss	Hamamelis virginiana	öN-Am	3-6	X-XI/gelb
Zeder in Arten	**Cedrus**	Himalaja, Mm		
- Atlas-Zeder	Cedrus atlantica (C. libani ssp. a.)	N-Af	15-40	
- Himalaja-Zeder	Cedrus deodara	Himalaja	15-40 (60)	
- Libanon-Zeder	Cedrus libani	Libanon	20-30 (40)	
Zedrachbaum in Arten	**Melia**	SO-As, Aus		
- Zedrachbaum	Melia azedarach	Chi, Indien	8-10	violett

Standort	Bemerkungen	Bedeutung nahe am Haus (in der Hausaura)	Bedeutung im Garten (außerhalb der Hausaura)
	ca. 30 Strauch- und Baumarten	**Im günstigen Fall:** Man kann seine Umgebung selbst unter ungünstigen Umständen selbst mitgestalten. **Im ungünstigen Fall:** Man schätzt seine Umgebung falsch ein.	Man ist eher in der Lage, sich unter den gegebenen Umständen einzurichten.
○	immergrün, orange-gelbe Frucht, frostempfindlich		
	1 Strauchart	**Im günstigen Fall:** Man kann auch unter widrigen Umständen das Beste aus einer Situation machen. **Im ungünstigen Fall:** Man hält an alten Erinnerungen fest.	Man ist in der Lage, auch langjährigen Ballast abzuwerfen.
○	Samen stark giftig, frostempfindlich		
	5 - 6 Straucharten	**Im günstigen Fall:** Das Verständnis für andere Menschen steigt. **Im ungünstigen Fall:** Es können gehäuft Missverständnisse in der Kommunikation auftreten.	Stärkt die Resistenz gegen emotionale Anfeindungen.
○ (◐)	frosthart		
○ (◐)	frosthart		
○ ◐ (●)	frosthart		
	4 Nadelbaumarten	**Im günstigen Fall:** Stärkt die intellektuelle Brillanz. **Im ungünstigen Fall:** Man versucht zu häufig zu analysieren.	Stärkt die Fähigkeit, gemachte Erfahrungen zu überdenken und daraus neue Schlussfolgerungen zu ziehen.
○	Zapfen (5 - 8 cm), frosthart		
○ (◐)	Zapfen (7 - 10 cm), bedingt frosthart		
○	Zapfen (9 - 10 cm), etagenförmige Krone, frosthart		
	3 - 5 Strauch- und Baumarten	**Im günstigen Fall:** Man kann besser auch einmal über seinen Schatten springen. **Im ungünstigen Fall:** Es ist einem zu Vieles egal.	Das innere Gleichgewicht wird gestärkt, man kann auch einmal über kleine Dinge hinwegsehen.
○	duftende Blüten, frostempfindlich + 7 °C		

Gehölze

Gehölze

Deutscher Name	Botanischer Name	Herkunft	Höhe in m	Blütenmonat/-farbe
Zierquitte in Arten	**Chaenomeles**	O-As		
- Japanische Zierquitte	Chaenomeles japonica (Cydonia maulei)	Jap	1-2	III-IV/rot
- Rosenquitte	Chaenomeles lagenaria (C. speciosa, Cydonia japonica, Cydonia speciosa, Pyrus japonica)	Chi, Jap	3	III-IV/rosa, rot
Zimmerahorn: siehe Schönmalve				
Zimmeraralie in Arten	**Fatsia**	O-As		
- Zimmeraralie, Fingerpalme	Fatsia japonica (Aralia japonica, A. siboldii)	Jap, Kor	1,5-3 (4)	weiß
Zimtbaum in Arten	**Cinnamomum**	O-As, Aus		
- Kampferbaum	Cinnamomum camphora	O-As	12 (20)	gelbgrün
Zimterle: siehe Scheineller				
Zistrose in Arten	**Cistus**	S-Eu, W-As, N-Af		
-	Cistus creticus (C. incanus ssp. c.)	öMm	0,5-1	rosa
-	Cistus ladanifer (C. ladanifera)	SW-Eu, N-Af	1-1,2 (2)	weiß
-	Cistus monspeliensis	SW-Eu, N-Af	0,5-0,7 (1)	weiß
Zürgelbaum in Arten	**Celtis**	gem B, Tropen		
- Südlicher Nesselbaum	Celtis australis	S-Eu, Himalaja	15-21	V grüngelb

224

Standort	Bemerkungen	Bedeutung nahe am Haus (in der Hausaura)	Bedeutung im Garten (außerhalb der Hausaura)
	3 Straucharten	**Im günstigen Fall:** Man ist in der Lage, allgemein verbreitete Vorurteile infrage zu stellen. **Im ungünstigen Fall:** Man tanzt mit seinen Vorstellungen allzu oft aus der Reihe.	Stärkt die Entschlusskraft. Man traut sich eher, eine eigene Meinung zu bilden.
○ ☽	gelbe Frucht, essbar, aromatisch duftend, frosthart		
○ ☽	gelbgrüne Frucht, essbar, frosthart		
	2 - 3 Strauch- und Baumarten	**Im günstigen Fall:** Stärkt sowohl das vegetative als auch das emotionale Gleichgewicht. **Im ungünstigen Fall:** Man kann etwas schreckhaft werden.	Schützt die vegetativen Funktionen vor äußeren Einflüssen und bringt Stabilität in die Gefühlswelt.
○ ●	immergrün, schwarze Frucht, frostempfindlich		
	ca. 250 Strauch- und Baumarten	**Yang-Personen:** Man neigt dazu, alles über einen Kamm zu scheren. **Yin-Personen:** Erhöht die Kompromissbereitschaft.	Erleichtert den Gleichklang von Gefühl und Verstand.
○	immergrün, frostempfindlich + 10 °C		
	ca. 20 Straucharten, immergrün	**Im günstigen Fall:** Man kann eigene Vorurteile leichter überwinden. **Im ungünstigen Fall:** Man neigt dazu, eigene Vorstellungen und Wünsche zu sehr zu hinterfragen.	Man kann seine eigenen Vorurteile in Frage stellen.
○	frostempfindlich		
○	frostempfindlich		
○	frostempfindlich		
	ca. 70 Strauch- und Baumarten	**Im günstigen Fall:** Man kann die Probleme anderer besser durchschauen. **Im ungünstigen Fall:** Man meint, dass die eigene Lösung auch für andere die beste ist.	Man kommt zu unerwarteten Lösungen.
○ (☽)	gelb-schwarze Steinfrucht, essbar, frosthart		

Gehölze

Gehölze

Deutscher Name	Botanischer Name	Herkunft	Höhe in m	Blütenmonat/-farbe
- Mississippi-Celtis	Celtis laevigata	sN-Am	12-18 (24)	V
- Nesselbaum	Celtis occidentalis	öN-Am	9-12 (20)	V
Zwergmispel, Felsenmispel, Steinmispel in Arten	**Cotoneaster**	Eu, As, N-Af		
- Spitzblättrige Zwergmispel	Cotoneaster acutifolius (C. lucidus)	Chi	3	V-VI/weiß, rot
- Runzlige Zwergmispel	Cotoneaster bullatus	Chi	3	V-VI/rot
- Graue Felsenmispel	Cotoneaster dielsianus (C. applanatus)	Chi	2,5-3,5	V/rosa, weiß
- Sparrige Zwergmispel	Cotoneaster divaricatus	Chi	2-3	VI/weiß, rot
-	Cotoneaster franchetii	Chi, Burma	2	VI/weiß, rosa
- Fächer-Zwergmispel	Cotoneaster horizontalis	Chi,	1	VI/weiß, rot
- Vielblütige Zwergmispel	Cotoneaster multiflorus	Kaukasus, O-As	2-3	V-VI/weiß
- Nan-Shan-Zwergmispel	Cotoneaster praecox (C. adpressus var. praecox)	Chi	0,8	V/rosa
-	Cotoneaster sternianus (C. franchetii var. sternianus)	Tibet, Burma	2-3	V-VI/rot
Zylinderputzer in Arten	**Callistemon**	Aus		
-	Callistemon pallidus	Aus	3	weißgelb
-	Callistemon rigidus	Aus	1-2	rot
Zypresse in Arten	**Cupressus**	Nhk		
- Rauborkige Arizona-Zypresse	Cupressus arizonica	N-Am	10-15 (25)	
- Monterey-Zypresse	Cupressus macrocarpa	N-Am	6-25 (30)	
- Mittelmeer-Zypresse, Echte Zypr.	Cupressus sempervirens	Mm	15-20 (45)	

Gehölze

Standort	Bemerkungen	Bedeutung nahe am Haus (in der Hausaura)	Bedeutung im Garten (außerhalb der Hausaura)
○ (◐)	orange-rote Steinfrucht, frosthart		
○ (◐)	rote Steinfrucht, frosthart		
	ca. 200 Strauch- und Baumarten	**Yang-Personen:** Man versucht, eine Klärung zu erzwingen. **Yin-Personen:** Man kann ein Problem (für eine Zeit) auch mal ungeklärt stehen lassen.	Man reagiert auf Rückschläge mit Humor.
○ (◐)	schwarze Frucht, frosthart		
○ ◐	rote Frucht, frosthart		
○ ◐	rote Frucht, frosthart		
○ (◐)	rote Frucht (1 cm), frosthart		
○	immergrün, rote Frucht (1 cm), frosthart		
○ ◐	rote Frucht, frosthart		
○ (◐)	rote Frucht, frosthart		
○	rote Frucht (1,2 cm), frosthart		
○	immergrün, rote Frucht (1 cm), frosthart		
	ca 25 Strauch- und Baumarten, immergrün	**Im günstigen Fall:** Man ist in der Lage, jemanden auf andere Gedanken zu bringen. **Im ungünstigen Fall:** Den Clown spielen.	Humor ist, wenn man trotzdem lacht.
○	frostempfindlich		
○	frostempfindlich		
	ca. 24 Nadelbaumarten	**Yang-Personen:** Man neigt dazu, sich im eigenen Erfolg zu sonnen. **Yin-Personen:** Man kann die eigene Leistung besser einschätzen.	Erfolg wird eher als selbstverständlich angesehen.
○	männl. u. weibl. Blüten auf getrennten Zweigen, frosthart		
○	frosthart		
○	frosthart		

Liste der botanischen Gattungsnamen der Gehölze (Bäume und Sträucher sowie Bambus)

In dieser Liste finden Sie die botanischen Gattungsnamen der Gehölze mit den entsprechenden deutschen Gattungsnamen, unter denen sie in der Tabelle der Gehölze aufgeführt sind.

Gehölze

Botanischer Name	Deutscher Name
A	
Abies	Tanne
Abeliophyllum	Weiße Forsythie
Abutilon	Schönmalve
Acacia	Akazie
Acanthopanax	Stachelpanax
Acer	Ahorn
Actinidia	Strahlengriffel
Aesculus	Rosskastanie
Agonis	Weidenmyrte
Ailanthus	Götterbaum
Akebia	Akebie
Albizia	Schirmakazie
Alnus	Erle
Amelanchier	Felsenbirne
Amorpha	Bleibusch
Ampelopsis	Wilder Wein
Amygdalus	Kirsche
Andromeda	Lavendelheide
Aralia	Aralie
	Zimmeraralie
Araucaria	Schmucktanne
Arbutus	Erdbeerbaum
Arctostaphylos	Bärentraube
Argyrocytisus	Geißklee
Aristolochia	Pfeifenwinde
Aronia	Apfelbeere
Arundinaria	Bambus
Atragene	Waldrebe
Azalea	Rhododendron
B	
Bambusa	Bambus
Betula	Birke
Berberis	Berberitze
Bignonia	Trompetenblume
Bilderdykia	Knöterich
Buddleia	Sommerflieder
Buddleja	Sommerflieder
Buxus	Buchsbaum
C	
Callicarpa	Schönfrucht
Callistemon	Zylinderputzer
Calluna	Besenheide
Calocedrus	Flusszeder
Calycanthus	Gewürzstrauch
	Winterblüte
Camellia	Kamelie
Campsis	Trompetenblume
Caragana	Erbsenstrauch
Carpinus	Hainbuche
Carya	Hickory
Castanea	Kastanie
Catalpa	Trompetenbaum
Ceanothus	Säckelblume
Cedrus	Zeder
Celastrus	Baumwürger
Celtis	Zürgelbaum
Cephalotaxus	Kopfeibe
Cercidiphyllum	Kuchenbaum
Cercis	Judasbaum
Chaenomeles	Zierquitte
Chamaecyparis	Scheinzypresse
Chamaecytisus	Geißklee
Chamaepericlymenum	Hartriegel
Chamaespartium	Ginster
Chimonanthus	Winterblüte
Chionanthus	Schneeflockenstrauch
Cinnamomum	Zimtbaum
Cistus	Zistrose
Citrus	Citrus
Clematis	Waldrebe
Clerodendrum	Losbaum
Clethra	Scheineller
Colutea	Blasenstrauch
Comarostaphylis	Bärentraube
Cornus	Hartriegel
Corylopsis	Scheinhasel
Cotinus	Perückenstrauch

Corylus	Hasel	*Hibiscus*	Hibiskus
Cotoneaster	Zwergmispel	*Hippophae*	Sanddorn
Crataegus	Weißdorn	*Holodiscus*	Scheinspiere
Cryptomeria	Sicheltanne	*Humulus*	Hopfen
Cupressocyparis	Bastardzypresse	*Hydrangea*	Hortensie
Cupressus	Zypresse		
	Scheinzypresse	**I / J**	
Cydonia	Quitte, Zierquitte	*Ilex*	Stechpalme
Cytisanthus	Ginster	*Jasminum*	Jasmin
Cytisus	Geißklee	*Juglans*	Walnuss
		Juniperus	Wacholder

D

Daboecia — Irische Heide
Daphne — Seidelbast
Davidia — Taubenbaum
Decaisnea — Blauschote
Deutzia — Deutzie
Diervilla — Diervilla

K

Kalmia — Lorbeerrose
Kerria — Kerrie
Kolkwitzia — Kolkwitzie

L

Laburnum — Goldregen
Larix — Lärche
Laurus — Lorbeerbaum
Lavatera — Strauchpappel
Leptospermum — Teebaum
Lespedeza — Buschklee
Leucothoe — Traubenheide
Libocedrus — Flusszeder
Ligustrum — Liguster
Liquidambar — Amberbaum
Liriodendron — Tulpenbaum
Lithocarpus — Gerbrindeneiche
Lonicera — Heckenkirsche
Lycium — Bocksdorn

E

Elaeagnus — Ölweide
Eleutherococcus — Stachelpanax
Enkianthus — Prachtglocke
Erica — Heide
Eriobotrya — Wollmispel
Eucalyptus — Eukalyptus
Euonymus — Spindelstrauch
Exochorda — Prunkspiere

F

Fagus — Buche
Fallopia — Knöterich
Fargesia — Schirm-Bambus
Fatsia — Zimmeraralie
Ficus — Feigenbaum
Forsythia — Forsythie
Frangula — Kreuzdorn
Fraxinus — Esche

M

Magnolia — Magnolie
Mahonia — Mahonie
Malus — Apfel
Melia — Zedrachbaum
Mespilus — Mispel
Metasequoia — Urweltmammutbaum
Morus — Maulbeere
Myrica — Gagel

N

Nerium — Oleander
Nothofagus — Scheinbuche
Nyssa — Tulepobaum

G

Gaultheria — Rebhuhnbeere
Genista — Ginster, Geißklee
Genistella — Ginster
Gingko — Gingko
Gleditsia — Lederhülsenbaum
Gymnocladus — Geweihbaum

O

Olea — Ölbaum
Osmanthus — Duftblüte
Ostrya — Hopfenbuche

H

Halesia — Schneeglöckchenbaum
Hamamelis — Zaubernuss
Hebe — Strauchveronika
Hedera — Efeu
Heteromeles — Glanzmispel
Heyderia — Flusszeder

P

Pachysandra — Schattengrün

Gehölze

Gehölze

Paeonia	Pfingstrose	*Sequoia*	Mammutbaum
Paraserianthes	Schirmakazie	*Sequoiadendron*	Mammutbaum
Parrotia	Parrotie	*Sinarundinaria*	Bambus
Parthenocissus	Wilder Wein	*Siphonosmanthus*	Duftblüte
Paulownia	Paulownie	*Skimmia*	Skimmie
Perovskia	Silberstrauch	*Sophora*	Schnurbaum
Phellodendron	Korkbaum	*Sorbaria*	Fiederspiere
Philadelphus	Pfeifenstrauch	*Sorbus*	Eberesche
Phoenix	Dattelpalme	*Spiraea*	Spierstrauch
Phyllostachis	Bambus	*Spirea*	Blasenspiere
Photinia	Glanzmispel		Fiederspiere
Physocarpus	Blasenspiere	*Staphylea*	Pimpernuss
Picea	Fichte	*Stephanandra*	Kranzspiere
Pieris	Lavendelheide	*Stranvaesia*	Glanzmispel
Pinus	Kiefer	*Swida*	Hartriegel
Platanus	Platane	*Symphoricarpos*	Schneebeere
Polygonum	Knöterich	*Syringa*	Flieder
Populus	Pappel	**T**	
Potentilla	Fingerkraut	*Tamarix*	Tamariske
Prunus	Kirsche	*Taxodium*	Sumpfzypresse
Pseudolarix	Goldlärche	*Taxus*	Eibe
Pseudosasa	Bambus	*Tecoma*	Trompetenblume
Pseudotsuga	Douglasie	*Thelycrania*	Hartriegel
Ptelea	Kleeulme	*Thuja*	Lebensbaum
Pterocarya	Flügelnuss	*Tilia*	Linde
Punica	Granatapfel	*Toxicodendron*	Sumach
Pyracantha	Feuerdorn	*Tsuga*	Hemlocktanne
Pyrus	Birne	**U**	
	Eberesche	*Ulex*	Stechginster
	Zierquitte	*Ulmus*	Ulme
Q		**V**	
Quercus	Eiche	*Vaccinium*	Heidelbeere
R		*Viburnum*	Schneeball
Rhamnus	Kreuzdorn	*Vinca*	Immergrün
Rhododendron	Rhododendron	*Vitex*	Keuschbaum
Rhodotypos	Scheinkerrie	*Vitis*	Wein
Rhus	Perückenstrauch		Wilder Wein
	Sumach	**W**	
Ribes	Johannisbeere	*Weigelia*	Weigelie
Ricinus	Wunderbaum	*Wellingtonia*	Mammutbaum
Robinia	Robinie	*Wisteria*	Blauregen
Rosa	Rose		
Rubus	Brombeere		
S			
Sabina	Wacholder		
Salix	Weide		
Sambucus	Holunder		
Sarothamnus	Geißklee		
Sciadopitys	Schirmtanne		
Semiarundinaria	Bambus		

Stauden, Gräser

Die Tabelle der Stauden, Gräser und Farne enthält Pflanzen, die in der Regel in Stauden aufgrund ihrer Größe und Wirkung in der Tabelle der Gehölze. Die Beschreibung der

Tabelle der Stauden, Gräser und Farne

Deutscher Name	Botanischer Name	Herkunft	Höhe in m	Blüten-monat
Adonisröschen in Arten	**Adonis**	Eu, As		
- Sommer-Adonisröschen	Adonis aestivalis	M-Eu, S-Eu	0,2-0,4	V-VII
- Frühlings-Adonisröschen	Adonis vernalis	O-Eu, Italien	0,2	IV-V
Akelei in Arten	**Aquilegia**	Nhk		
- Gemeine Akelei	Aquilegia vulgaris	Eu, N-Af	0,5-0,6	V-VI
Alant in Arten	**Inula**	Eu, Af, As		
- Zwergalant	Inula ensifolia	S-Eu, O-Eu	0,25-0,3 (0,6)	VII-VIII
- Echter Alant	Inula helenium	Eu, W-As	1-1,5 (2)	VII-VIII
- Alant	Inula magnifica (I. afghanica)	Kaukasus	1,5-1,8	VII-VIII
Alpenglöckchen in Arten	**Soldanella**	Eu		
- Alpen-Troddelblume	Soldanella alpina	M-Eu, S-Eu	0,05-0,15	III-IV
Alpenveilchen in Arten	**Cyclamen**	Mm, N-Af		
- Garten-Alpenveilchen	Cyclamen hederifolium (C. neapolitanum)	S-Eu, Mm	0,1	IX-X
Alraun: siehe Falsche Alraunwurzel				
Ampfer in Arten	**Rumex**	n Zonen		
- Wiesen-Sauerampfer	Rumex acetosa (Acetosa pratensis)	n Zonen	0,3-1	V-VII
Andenpolster in Arten	**Azorella**	S-Am, Neuseeland		
- Andenpolster	Azorella trifurcata (A. nivalis, Bolax glebaria)	S-Am	0,05-0,1	V-VI

und Farne

gärtnereien erhältlich sind. Bambusarten mit Ausnahme des Zwergbambus finden Sie einzelnen Spalten finden Sie auf den Seiten 127 ff.

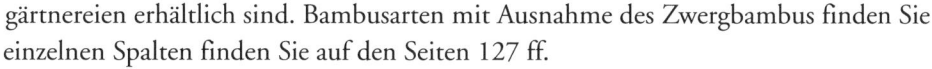

Stauden

Blüten-farbe	Standort	Bemerkungen	Bedeutung
		ca. 20 Staudenarten und Einjährige	Fördert eine partnerschaftliche Beziehung zwischen Kindern und Erwachsenen.
rot, gelb	○	frosthart	
gelb	○	giftig, kalkliebend, frosthart	
		ca. 70 Staudenarten	Auch mit zunehmendem Alter bleibt die Verbindung zu den eigenen Träumen und Wünschen erhalten.
blau, rosa	(○) ◐	selbst aussamend, kalkliebend, frosthart	
		ca. 100 Staudenarten, Halbsträucher, Ein- und Zweijährige	Erhöht bei eher intellektuell geprägten Menschen die Bodenhaftigkeit.
gelb	○	kalkliebend, frosthart	
gelb	○ ◐	Heil-, Gewürz- und Färbepflanze, frosthart	
gelb	○	Stützhilfe, frosthart	
		10 Staudenarten	Verhindert, dass man sich zu schnell beleidigt zurückzieht.
violettblau	◐	kalkliebend, Steingarten, frosthart	
		19 Pflanzenarten (Knollen)	Gibt Kraft in schwierigen Zeiten.
weiß, rosa	○ (◐)	selbst aussamend, kalkliebend, frosthart	
		ca. 200 Staudenarten, Ein- und Zweijährige	Wirkt stabilisierend auf die Funktion innerer Organe unter diversen emotionalen Belastungen.
rotgrün	○	Gewürzpflanze, frosthart, in großen Mengen giftig	
		ca. 70 Staudenarten, immergrün	Man lässt sich von fremden Meinungen nicht so leicht beeindrucken und bei eigenen Objekten nicht so leicht beeinflussen.
grüngelb	○	Bodendecker, immergrün, frostempfindlich	

Stauden

Deutscher Name	Botanischer Name	Herkunft	Höhe in m	Blüten-monat
Anis: siehe Bibernelle				
Anemone in Arten	**Anemone**	weltweit		
- Herbstanemone	Anemone hupehensis	Chi	0,6-1	VIII-X
- Japan-Anemone	Anemone japonica (A. elegnas, A. x hybrida)	Kreuzung	0,8-1,2 (1,5)	VIII-X
- Buschwindröschen	Anemone nemorosa	Eu, NO-As	0,15	III-V
- Waldwindröschen, Waldanemone	Anemone sylvestris	M-Eu, O-Eu	0,3	IV-V
Aster in Arten	**Aster** (Crinitaria, Microglossa)	Nhk		
- Frühlingsaster, Alpenaster	Aster alpinus	Eu	0,15-0,2	V-VI
- Bergaster, Kalkaster	Aster amellus	M-Eu, S-Eu	0,4-0,6	VII-VIII
- Schleieraster	Aster cordifolius	öN-Am	0,6-1,2 (1,5)	IX-X
- Kissenaster	Aster dumosus	N-Am	0,3-0,4	VIII-IX
- Goldhaaraster	Aster linosyris	M-Eu, S-Eu	0,6	VII-IX
- Rauhblattaster, Neuenglische Aster	Aster novae-angliae	öN-Am	1-1,5	IX-X
- Glattblattaster, Neubelgische Aster	Aster novi-belgii	N-Am	0,8-1,4	IX-X
- Frühlingsaster	Aster tongolensis	Chi, Himalaja	0,4-0,5	V-VI
Bärenklau in Arten	**Heracleum**	Eu, As, N-Am		
- Großer Bärenklau, Herkulesstaude	Heracleum pubescens (H. giganteum)	Kaukasus	2,5	VII
Baldrian in Arten	**Valeriana**	weltweit außer Aus		
- Echter Baldrian	Valeriana officinalis	Eu, As	0,4-1,6 (2)	V-VIII
Ballonblume in Arten	**Platycodon**	O-As,		
- Ballonblume, Ballonglocke	Platycodon grandiflorus	Jap, Chi	0,4-0,6	VII-VIII
Bambus: siehe Zwergbambus und Gehölztabelle				
Banane in Arten	**Musa**	SO-As, Aus		
-	Musa acuminata (M. cavendishii)	SO-As, Aus	4-6	
-	Musa coccinea (M. uranoscopus)	SO-As	1,5	

Blüten-farbe	Standort	Bemerkungen	Bedeutung
		ca. 120 Staudenarten	Verstärkt die Fähigkeit, seine eigene positive Meinung über andere diesen auch mitzuteilen.
rosa	◐ (●)	frosthart	
diverse	◐ (●)	frosthart	
weiß	● ◐	im Sommer einziehend, frosthart	
weiß	○	kalkliebend, frosthart	
		ca. 250 Staudenarten, Halbsträucher, Ein- und Zweijährige	Erhält die innere Fröhlichkeit.
rosa	○	kalkliebend, frosthart	
violett	○	kalkliebend, frosthart	
hellviolett	○	Schnittblume, frosthart	
diverse	○	Bodendecker, frosthart	
gelb	○	frosthart	
diverse	○	Stützhilfe, frosthart	
diverse	○	Schnittblume, Stützhilfe, frosthart	
violett	○	Schnittblume, frosthart	
		ca. 70 Staudenarten	Schützt Organe des Bauchraums vor irritierenden Gefühlen.
weiß	○ ◐	selbst aussamend, Hautreizungen bei Sonne, frosthart	
		ca. 200 Staudenarten, Halbsträucher, Sträucher und Einjähriger	Führt zu einer ruhigeren Betrachtungsweise einer Situation.
rosa	○ ◐	feuchter Standort, Heilpflanze, frosthart	
		1 Staudenart	Verstärkt die Fähigkeit, sich besser auf öffentlichem Parkett zu bewegen.
blau	○ ◐	spät austreibend, frosthart	
			Verbessert die körperliche Stabilität und bewirkt, dass Sinneswahrnehmungen besser eingeordnet werden können.
weiß, cremegelb	○	gelbe Frucht (15 - 20 cm), essbar, frostempfindlich (+ 7 °C)	
gelb	○	orange Frucht (5 cm), essbar, Schnittblume, frostempfindlich (+ 7 °C)	

Stauden

Stauden

Deutscher Name	Botanischer Name	Herkunft	Höhe in m	Blüten-monat
Bartfaden in Arten	**Penstemon**	N-Am, M-Am		
- Bartfaden	Penstemon barbatus (Chelone barbata)	wM-Am, Mexiko	1 (1,8)	VII-IX
Basilikum in Arten	**Ocimum**	Af, As		
- Basilikum	Ocimum basilicum	As	0,1-0,4 (0,6)	VI-VIII
Begonie in Arten	**Begonia**	Tropen, Subtropen		
zahlreiche **Zuchtformen**: Stamm-Begonien, Begonia-Rex-Hybriden, Rhizom-Begonien, Begonia-Semperflorens-Hybride				
Beifuß: siehe Edelraute				
Beinwell in Arten	**Symphytum**	Eu, N-Af, W-As		
- Großblütiger Beinwell	Symphytum grandiflorum (S. ibericum)	Kaukasus, Türkei	0,25 (0,4)	V-VII
- Gemeiner Beinwell	Symphytum officinale	Eu, W-As	0,5 (1,5)	V-VII
Bergenie in Arten	**Bergenia** (Megasea)	Asien		
- Bergenie, Löffelblatt	Bergenia cordifolia	Mongolei, Sibirien	0,3-0,4 (0,6)	III-V
Bertramwurzel in Arten	**Anacyclus**	Mm		
- Zwergmargerite	Anacyclus pyrethrum, (A. p. var. depressus)	Mm	0,05	VI-VIII
Besenheide: siehe Heidekraut				
Bibernelle in Arten	**Pimpinella**	Eu, N-Af, As, S-Am		
- Anis	Pimpinella anisum	Mm, Kl-As	0,15-0,5	VII-VIII
Binse in Arten	**Juncus**	weltweit		
- Zwergbinse	Juncus ensifolius	N-Am	0,3	VI-VIII
Bitterklee	**Menyanthes**			
- Bitterklee	Menyanthes trifoliata	Nhk	0,3	V-VI
Bitterwurz in Arten	**Lewisia**	wN-Am		
- Bitterwurz, Markisenblume	Lewisia cotyledon	N-Am	0,2 (0,3)	V-VII

Blüten-farbe	Standort	Bemerkungen	Bedeutung
		ca. 250 Staudenarten und Halbsträucher	Erleichtert, sich auch im Alter visionäres Denken zu erhalten.
rosa, rot	○	Schnittblume, frostempfindlich	
		ca. 35 Staudenarten, Sträucher und Einjährige	Man ist eher in der Lage, sich seine Herzenswünsche zu erfüllen.
	○	einjährige Gewürzpflanze, frostempfindlich	
		ca. 900 Staudenarten, Sträucher, Kletterpflanzen und Einjährige	Erlaubt, auch an entfernteren Zielen festzuhalten.

rauch-Begonien, Knollen-Begonien und Winterblütige Begonien (frostempfindlich + 12° C, Zimmerpflanze).

Blüten-farbe	Standort	Bemerkungen	Bedeutung
		25 - 35 Staudenarten	Verstärkt das Verständnis für die Probleme anderer.
rahmweiß	● (◐)	Bodendecker, frosthart	
rotviolett	○ ◐	frosthart	
		6 - 8 Staudenarten	Erhält eine kindliche Unbefangenheit.
rosa	◐	kriechend, immergrün, nachblühend, frosthart	
		9 Staudenarten und Einjährige	Macht besonnener in Äußerungen.
weiß	○	mattenbildend, frostempfindlich	
		ca. 150 Staudenarten, Ein- und Zweijährige	Man kann sich immer wieder neu motivieren.
	○	Heil- + Gewürzpflanze,	
		ca. 300 Grasarten, immergrün	Man gibt nicht so schnell auf.
braun	○	Sumpfpflanze, in Europa verwildert, frosthart	
		1 Staudenart	Erleichtert das Überleben auch in schwierigen Situationen.
weiß	○	Wasserpflanze (0-10 cm), Moorboden	
		20 Staudenarten	Man überblickt eine Situation komplett und hält dies auch für selbstverständlich.
weiß-rosa orange	◐	frostempfindlich kalkmeidend, Alpinum	

Stauden

Stauden

Deutscher Name	Botanischer Name	Herkunft	Höhe in m	Blüten-monat
Blaugras in Arten	**Sesleria**	Eu		
- Blaugras	Sesleria caerulea	Eu, Mm	0,25	III-V
Blaukissen in Arten	**Aubrieta**	Eu, M-As		
- Blaukissen	Aubrieta x cultorum (A. deltoidea)	Kreuzung	0,1	IV-V
Bleiwurz in Arten	**Ceratostigma**	Af, SO-As		
- Bleiwurz	Ceratostigma plumbaginoides (Plumbago larpentiae)	Chi	0,2-0,45	IX-X
Blumenbinse	**Butomus**			
- Blumenbinse	Butomus umbellatus	Eu, As	0,8-1	VI-VIII
Bohnenkraut in Arten	**Satureja**	Nhk		
- Bohnenkraut, Pfefferkraut	Satureja hortensis	SO-Eu	0,1-0,25	VII-IX
- Winter-Bohnenkraut	Satureja montana	Eu	0,1-0,5	VIII-IX
Borretsch in Arten	**Borago**	Eu, Mm		
- Borretsch, Gurkenkraut	Borago officinalis	Mm	0,15-0,6	VI-VII
Brandkraut in Arten	**Phlomis**	Eu, As, N-Af		
- Brandkraut	Phlomis samia	SO-Eu, Kl-As	0,8 (1)	VI-VII
Braunelle in Arten	**Prunella**	Eu, N-Af, As, N-Am		
- Großblütige Braunelle	Prunella grandiflora	Eu, Kl-As	0,15	VI-VII
Buschmalve: siehe Sommermalve				
Chinaschilf in Arten	**Miscanthus**	Af, O-As		
- Riesen-Chinaschilf	Miscanthus japonicus (M. floridulus, M. sinensis 'Giganteus')	Chi, Jap	2,5-3	IX-X
- Silberfahnengras	Miscanthus sacchariflorus	Amurgebiet	0,8-2	IX-XI
- Eulaliagras, Feinhalm-Chinaschilf	Miscanthus sinensis 'Gracillimus'	Chi, Jap	1,3-1,8	
Christophskraut in Arten	**Actea**	n gem B		
- Christophskraut	Actaea alba (A. pachypoda)	öN-Am	0,8-0,9	VII-IX

Blüten-farbe	Standort	Bemerkungen	Bedeutung
		33 Grasarten, immergrün	Verleiht Ausdauer und Zähigkeit.
blaugrün	○	kalkliebend, frosthart	
		ca. 12 Staudenarten, immergrün	Man kann besser auf sich aufmerksam machen.
violett	○	farbkräftige Kulturformen, mattenbildend, kalkliebend, frosthart	
		8 Staudenarten und Halbsträucher	Bringt Klarheit ins Denken, schützt vor Ablenkung.
azurblau	○	Blatt: rote Herbstfärbung, frostempfindlich	
		1 Staudenart	Man lässt sich nicht so schnell erschrecken.
rosa	○	Wasserpflanze (10 - 40 cm), Wasserrand, frosthart	
		ca. 30 Staudenarten, Halbsträucher und Einjährige	Man verliert auch bei Routinearbeiten nicht seine Motivation.
weiß, lila	○	Gewürzpflanze, frostempfindlich	
rosa	○	Gewürzpflanze, frosthart	
		3 Staudenarten und Einjährige	Man eckt nicht so schnell an.
blau	○ ◐	Heil- + Gewürzpflanze einjährig, selbst aussamend, frosthart	
		ca. 100 Staudenarten, Halbsträucher und Sträucher	Man kann seinen eigenen Standpunkt besser behaupten.
gelb	○	Schnittblume, frosthart	
		7 Staudenarten	Erweckt das Interesse an neuen Erfahrungen.
violett	(○) ◐	Bodendecker, frosthart	
		17 - 20 Grasarten	Man ist großzügiger zu sich selbst und anderen.
	○ (●)	Riesengras, Schnittgras, Rückschnitt nach Winterende, frosthart	
silberweiß	○	Ziergras, Schnittgras, Rückschnitt nach Winterende, frostempfindlich	
	○ (●)	Riesengras, Schnittgras, Rückschnitt nach Winterende, frosthart	
		8 Staudenarten	Vergrößert die Impulsivität und Schaffenskraft.
weiß	◐ ●	giftig, weiße Frucht, kalkmeidend, frosthart	

Stauden

Stauden

Deutscher Name	Botanischer Name	Herkunft	Höhe in m	Blüten-monat
Nieswurz in Arten	**Helleborus**	Eu, W-As		
- Christrose, Schwarze Nieswurz	Helleborus niger	Alpen, Karpaten	0,25	XII-III
Chrysantheme in Arten	**Chrysanthemum**	As, Mm		
- Herbstmargerite	Chrysanthemum arcticum	subarkt. Zone	0,3-0,4	IX-X
- Bunte Margerite	Chrysanthemum coccineum (Tanacetum c., Pyrethrum c., Pyrethrum roseum)	Kaukasus, Iran	0,5-0,8	V-VII
- Garten-Chrysantheme	Chrysanthemum x hortorum	Kreuzung (O-As)	0,7	IX-XI
- Wiesenmargerite	Chrysanthemum leucanthemum (Leucanthemum vulgare)	Eu, Kaukasus, Sibirien	0,5-0,7	V-VII
- Sommermargerite	Chrysanthemum maximum (C. x superbum)	Pyrenäen (Kreuzung)	0,8	VI-IX
Dahlie in Arten	**Dahlia**	M-Am, Mexiko		
- Dahlie, Georgine	Dahlia Hybriden	Kreuzung	1-1,5	VII-IX
Dickanthere: siehe Pachysandra				
Dill in Arten	**Anethum**	SW-As		
- Echter Dill	Anethum graveolens (Peucedanum g.)	Eu, Kl-As	0,5-1,2	VII-IX
Diptam	**Dictamnus**	Eu, As		
- Diptam, Brennender Busch	Dictamnus albus (D. fraxinella)	S-Eu, O-As, Himalaja	0,8-1	V-VI
Distel: siehe Edeldistel und Eberwurz				
Dost: siehe Oregano				
Dotterblume in Arten	**Caltha**	n Zonen		
- Sumpfdotterblume	Caltha palustris	n gem Zonen	0,3	III-V
Dreimasterblume in Arten	**Tradescantia**	N-Am, M-Am, S-Am		
- Garten-Tradescantie	Tradescantia x andersoniana	Kreuzung	0,4-0,6	VI-IX

Stauden

Blüten-farbe	Standort	Bemerkungen	Bedeutung
		15 Staudenarten	Man geht gelassen seinen Weg.
weiß	●	giftig, kalkliebend, frosthart	
		20 Staudenarten	Stärkt die Ausdauer und die Fähigkeit, etwas ins Positive zu verkehren.
weiß	○ (◐)		
hellrosa	○	Schnittblume, frosthart	
diverse	○	zahlreiche Kulturformen, diverse Blütenköpfchen, Schnittblume	
weiß	○	frosthart	
weiß	○	frosthart	
		ca. 30 Staudenarten	Man ist eher in der Lage, sich einer Herausforderung zu stellen.
diverse	○	ca. 20.000 Kulturformen, Schnittblume, frostempfindlich	
		2 Staudenarten	Man traut sich, auch einmal etwas Besonderes zu machen.
gelb	○ ◐	Gewürzpflanze, einjährig, aromatisch, frosthart	
		1 Staudenart	Man kann Gefahrenmomente besser abschätzen.
rosa	○	Blätter nach Zitrone duftend, kalkliebend, frosthart	
		ca. 10 Staudenarten	Man ist eher bereit, auch Neues anzufangen.
gelb	○ ◐	Wasserpflanze (0 - 30 cm), selbstaussamend, frosthart	
		ca. 65 Staudenarten	Begünstigt emotionales Wachstum und befreit die Gedankenwelt vor einengenden Emotionen.
blau	○ ◐	frosthart	

241

Stauden

Deutscher Name	Botanischer Name	Herkunft	Höhe in m	Blüten-monat
Eberwurz in Arten	**Carlina**	Eu, As		
- Silberdistel	Carlina acaulis	M-Eu, Weißrussland	0,1-0,15	VI-IX
Edeldistel in Arten	**Eryngium**	Eu, N-Af, As		
- Alpendistel	Eryngium alpinum	Alpen, Balkan	0,7-0,8	VI-IX
- Edeldistel	Eryngium planum	M-Eu, M-As	0,8-1	VI-IX
Edelraute in Arten	**Artemisia**	Nhk, S-Af, S-Am		
- Eberraute, Eberreis, Stabwurz	Artemisia abrotanum	S-Eu, W-As	0,6-1	VII-X
- Wermut	Artemisia absinthium	Eu, W-As	0,6-1,3	VI-IX
- Estragon	Artemisia dracunculus	Eu, As, N-Am	0,5-1,2	VIII-IX
- Eberraute	Artemisia schmidtiana	Jap	0,1-0,3	VIII-IX
- Eberraute	Artemisia stelleriana	Jap, Korea	0,3-0,6	VII-VIII
- Beifuß, Gemeiner Beifuß	Artemisia vulgaris	Eu, As	0,6-2,5	VII-XI
Edelweiß in Arten	**Leontopodium**	Eu, As		
- Edelweiß	Leontopodium alpinum	Alpen, Pyrenäen, Karpaten	0,15	VI-VII
Ehrenpreis in Arten	**Veronica**	Eu, As, N-Am		
- Bachbunge, Bach Ehrenpreis	Veronica beccabunga	Eu, W-As	0,2-0,6	V-IX
- Ehrenpreis	Veronica incana (V. spicata ssp. i.)	M-Eu, M-As	0,3	VI-VII
- Langblättriger Ehrenpreis	Veronica longifolia	O-Eu, M-Eu, Sibirien	0,6-1	VII-IX
- Liegender Ehrenpreis	Veronica prostrata (V. rupestris)	M-Eu, S-Eu	0,1-0,2	V-VI
- Ähriger Ehrenpreis	Veronica spicata (V. kellereri)	Eu, Kaukasus, Sibirien	0,3-0,5	VII-VIII
- Großer Ehrenpreis	Veronica teucrium (V. austriaca ssp. t.)	SO-Eu, Kl-As	0,3-0,7	V-VII
- Virginia-Ehrenpreis	Veronica virginica (Veronicastrum virginicum)	N-Am	1,2-1,6	VII-IX
Eibisch in Arten	**Althaea**	Eu, As		

Blüten-farbe	Standort	Bemerkungen	Bedeutung
		ca. 28 Staudenarten und Einjährige	Man lässt sich nicht so leicht ein X für ein U machen.
silbrig	○	kalkliebend	
		ca. 230 Staudenarten	Bringt emotionale Festigkeit.
stahlblau	○	Alpinum, kalkliebend, frosthart	
blau	○	frosthart	
		ca. 300 Staudenarten und Einjährige	Man lässt sich nicht so leicht etwas gefallen.
	○	Heil- + Gewürzpflanze, Zitronenduft, frosthart	
	○	immergrün, Heil- + Gewürzpflanze, frosthart	
gelb	○	Gewürzpflanze, frosthart	
silbrig	○	keine Winternässe, kalkliebend, frosthart	
gelbweiß	○	immergrün, frosthart	
rotbraun	○	Gewürzpflanze, frosthart	
		ca. 35 Staudenarten	Erleichtert es, sein Schicksal selbst zu bestimmen.
silber-weiß	○	Alpinum, frosthart	
		ca. 250 Staudenarten, Halbsträucher und Einjährige	Man nimmt mehr Rücksicht auf seine eigenen Bedürfnisse.
blau	○ ◐	Wasserpflanze (0-20 cm), frosthart	
blau	○	vollständig silbrig behaart, frosthart	
blau	○	frosthart	
hellblau	○	mattenbildend, kalkliebend, frosthart	
diverse	○	frosthart	
blau	○	mattenbildend, kalkliebend, frosthart	
violett	○ ◐	frosthart	
		ca. 12 Staudenarten und Einjährige	Man ist nicht nur zielorientiert, man hat auch Interesse am Weg dorthin.

Stauden

Stauden

Deutscher Name	Botanischer Name	Herkunft	Höhe in m	Blüten-monat
- Echter Eibisch, Samtpappel	Althaea officinalis	Eu, W-As	0,6-1,2	VII-IX
Eisenhut in Arten	**Aconitum**	Nhk		
- Eisenhut, Sturmhut	Aconitum napellus	Eu	1,2-1,5	VII-VIII
Elfenblume in Arten	**Epimedium**	As, Mm		
- Großblütige Elfenblume	Epimedium grandiflorum (E. macranthum)	Chi, Jap Kor	0,2-0,3	IV-V
Enzian in Arten	**Gentiana**	gem Zonen		
- Stengelloser Enzian, Keulenenzian	Gentiana acaulis (G. excisa, G. kochiana)	M-Eu	0,1	V-VI
- Sommerenzian	Gentiana lagodechiana (G. septemfida var. l.)	Kaukasus	0,2	VIII-IX
- Herbstenzian	Genista sino-ornata	Chi	0,15	IX-XI
Erica: siehe Glockenheide				
Erdbeere in Arten	**Fragaria**	Eu, As, Am		
- Walderdbeere	Fragaria vesca	Eu, As, Am	0,15	V-VII
Erdbeere: siehe auch Trugerdbeere				
Estragon: siehe Edelraute				
Fackellilie in Arten	**Kniphofia**	Af		
- Garten-Fackellilie, Raketenblume	Kniphofia x hybrida	Kreuzung (S-Af)	0,6-1,2	VII-IX
Falsche Alraunwurzel	**Tellima**	N-Am		
- Falsche Alraunwurzel	Tellima grandiflora	N-Am	0,1-0,6	V-VI
Farn: siehe Rispenfarn				
Federborstengras in Arten	**Pennisetum**	Tropen, Subtropen		
- Federborstengras	Pennisetum compressum	O-As	0,8-0,9	VIII-IX
Federgras in Arten	**Stipa**	(Achnatherum)	gem Zonen	
- Reiherfedergras	Stipa barbata (St. pulcherrima)	Mm	0,3-0,8	VII-VIII
- Büschelhaargras	Stipa capillata	M-Eu, Sibirien	0,3-0,8	VI-VII

Blüten-farbe	Standort	Bemerkungen	Bedeutung
rosa, weiß	○	Heilpflanze, frosthart	
		ca. 100 Staudenarten und Zweijährige	Vergrößert die eigene Ausstrahlung, lässt andere einen ausreichenden Abstand bewahren.
blauviolett	◐ (●)	giftig, zahlreiche Kultursorten, frosthart	
		ca. 40 Staudenarten	Leichtigkeit und Anmut werden unterstützt.
weiß	● ◐	frosthart	
		ca. 400 Staudenarten, Ein- und Zweijährige	Gibt emotionale Kraft und Ausstrahlung.
blau	○	mattenbildend, kalkliebend, frosthart	
blau	○	kalkliebend, frosthart	
blau	○ ◐	kalkmeidend, frostempfindlich	
		12 Staudenarten	Das Verhältnis zu kleinen Kindern wird verbessert, da man sich in ihre Sichtweise eher eindenken kann.
weiß	◐	kalkliebend, Bodendecker, frosthart	
		ca. 70 Staudenarten	Unterstützt einen gesunden Freiheitsdrang.
diverse	○	Schnittblume, frostempfindlich	
		1 Staudenart	Verstärkt den Wunsch und die Fähigkeit, andere besser zu überzeugen.
grün-rosa	◐ (●)	immergrün, frosthart	
		ca. 120 Grasarten	Macht unternehmungslustig.
braungrün	○	Ziergras, Rückschnitt nach Winterende, frostempfindlich	
		ca. 300 Grasarten	Bringt Leichtigkeit ins Denken.
grün	○	Ziergras, kalkliebend, frosthart	
grün	○	Ziergras, kalkliebend, frosthart	

Stauden

Stauden

Deutscher Name	Botanischer Name	Herkunft	Höhe in m	Blüten-monat
Federmohn in Arten	**Macleaya** (Bocconia)	O-As		
- Federmohn	Macleaya cordata (Bocconia c.)	Chi, Taiwan	1,5-2,5	VII-VIII
Feigenkaktus in Arten	**Opuntia**	Am		
- Feigenkaktus, Opuntie	Opuntia polyacantha	N-Am	0,2-0,3	IV-VII
Felberich: siehe Gilbweiderich				
Felsenblümchen in Arten	**Draba**	gem Zonen, Arktis		
- Hungerblümchen, Immergrünes Felsenblümchen	Draba aizoides	Kaukasus Kl-A	0,05	III-IV
Fenchel	**Foeniculum**	Eu, Mm		
- Fenchel	Foeniculum vulgare	Eu, Mm	0,8-1,8	VII-IX
Fetthenne in Arten	**Sedum** (Hylotelphium)	Nhk, S-Am		
- Scharfer Mauerpfeffer	Sedum acre	N-Af, N-As	0,05-0,1	VI-VII
- Weißer Mauerpfeffer	Sedum album	Eu, N-As, N-Af	0,1	VI-VII
- Fetthenne	Sedum floriferum	Chi	0,15	VI-IX
- Garten-Fetthenne	Sedum x hybridum	Kreuzung	0,15	VI-VII
- Tripmadam, Felsen-Fetthenne	Sedum reflexum (S. rupestre)	Eu	0,15-0,4	VI-VIII
- Goldmoossedum	Sedum sexangulare	M-Eu, N-Eu	0,05	VI-VIII
- Teppichsedum	Sedum spurium	Kaukasus, Iran	0,1-0,15	VII-VIII
- Fetthenne	Sedum telephium	M-Eu, O-Eu, As	0,5	VII-IX
Fieberklee: siehe Bitterklee				
Fiederspiere: siehe Prachtspiere				
Filzkraut: siehe Brandkraut				
Fingerhut in Arten	**Digitalis**	Eu, N-Af, As		
- Gelber Fingerhut, Großblütiger Fingerhut	Diditalis grandiflora (D. ambigua, D. orientalis)	O-Eu, M-Eu, Kl-As	0,6-0,8	VI-VII

Blüten-farbe	Standort	Bemerkungen	Bedeutung
		2 - 3 Staudenarten	Man kann sich mit neuen Gebieten schnell vertraut machen.
weißrosa	○	frosthart	
		ca. 200 Kakteenarten	Erhöht das Durchsetzungsvermögen durch klare Analyse der Lage.
gelb	○	frostempfindlich, kalkliebend, Trockenstandort	
		ca. 300 Einjährige und Staudenarten	Begünstigt emotionale Unbeschwertheit.
gelb	○	Alpinum, kalkliebend, frosthart	
		1 Staudenart/Zweijährige	Erweitert den emotionalen Freiraum.
gelb	○	Heil- + Gewürzpflanze kalkliebend, frosthart	
		ca. 400 Staudenarten, Halbsträucher, Sträucher, Ein- und Zweijährige	Man lässt sich nicht so leicht beeinflussen.
gelb	○	Bodendecker, frosthart	
weiß	○	Bodendecker, frosthart	
gelb	○	Bodendecker, frosthart	
gelb	◐ ●	Bodendecker, frosthart	
gelb	○	Gewürzpflanze, Bodendecker, kalkmeidend, frosthart	
gelb	○	Bodendecker, frosthart	
diverse	○ ◐	Bodendecker, frosthart	
altrosa	○	frosthart	Erleichtert es, sich selbst nicht so ernst zu nehmen.
		22 Staudenarten und Zweijährige	Erleichtert es, einen Ruhepol in sich finden.
gelb	●	kalkliebend, giftig, frosthart	

Stauden

Stauden

Deutscher Name	Botanischer Name	Herkunft	Höhe in m	Blüten-monat
- Roter Fingerhut	Digitalis purpurea	W-Eu, M-Eu	0,8-1,5	VI-VII
Fingerkraut in Arten	**Potentilla**	Nhk		
- Gold-Fingerkraut	Potentilla aurea	SO-Eu, Kl-As	0,15	V-VII
- Nepal-Fingerkraut	Potentilla nepalensis	Himalaja	0,3-0,5 (0,9)	VII-VIII
Flachs: siehe Lein				
Flammenblume: siehe Phlox				
Fleissiges Lieschen: siehe Springkraut				
Flockenblume in Arten	**Centaurea**	Eu, As, Aus, N-Am		
- Flockenblume	Centaurea dealbata	Kaukasus	0,7 (0,9)	VI-VII
- Riesenflockenblume	Centaurea macrocephala	Kaukasus	1,2-1,5	VI-VII
- Bergflockenblume	Centaurea montana	Alpen, Karpaten, Pyrenäen	0,4-0,5	V-VI
Frauenfarn in Arten	**Athyrium**	gem Zonen, Tropen		
- Wald-Frauenfarn	Athyrium filix-femina	n gem Zone	0,7 (1,2)	---
Frauenhaarfarn in Arten	**Adianthum**	weltweit		
- Pfauenradfarn	Adiantum pedatum	N-Am, As	0,4-,5	---
Frauenmantel in Arten	**Alchemilla**	n gem Zonen, Tropen		
- Frauenmantel	Alchemilla mollis	O-Eu, W-As	0,4	VI-VII
Freilandgloxinie in Arten	**Incarvillea** (Amphicome)	As		
- Freilandgloxinie	Incarvillea delavayi	Chi	0,5-0,6	VI-VII
Froschbiss in Arten	**Hydrocharis**	Eu, As, Af		
- Froschbiss	Hydrocharis morsus-ranae	Eu, W-As, N-Af	0,05	VII-VIII
Froschlöffel in Arten	**Alisma**	Nhk, Af, Aus		
- Froschlöffel	Alisma plantago-aquatica	Eu, As, N-Af	0,6-0,7	V-IX

Stauden

Blütenfarbe	Standort	Bemerkungen	Bedeutung
purpurrot	● ◐	selbst aussamend, zweijährig, kalkmeidend, giftig, frosthart	
		ca. 200 Staudenarten, Sträucher, Ein- und Zweijährige	Stärkt die mentale Projektionskraft.
gelb	○	kalkmeidend, frosthart	
rosa	○ (◐)	frosthart	
		ca. 450 Staudenarten, Halbsträucher, Ein- und Zweijährige	Erleichtert es, unangenehme Dinge sinnvoll auszublenden.
karminrot	○	Schnittblume, frosthart	
gelb	○	Schnittblume, frosthart	
blau	◐ (○)	Schnittblume, frosthart	
		ca. 180 Farnarten	Bringt Gefühl und Verstand in ein gesundes Verhältnis.
	◐ ●	zahlreiche Gartenformen, kalkmeidend, frosthart	
		ca. 200 - 250 Farnarten	Schützt die Gefühle vor äußeren Einflüssen (von Fremden).
	◐ ●	frosthart	
		ca. 250 Staudenarten	Hilft Personen, die sehr schreckhaft sind.
gelbgrün	○ ◐	Schnittblume, Heilpflanze, selbst aussamend, Bodendecker, frosthart	
		14 Staudenarten und Einjährige	Hilft Personen, die Probleme haben, sich nach außen darzustellen.
rosarot	○ ◐	frostempfindlich, tief einpflanzen	
		2 Wasserpflanzenarten	Man kümmert sich um die Dinge, wenn es nötig ist.
weiß	○ ◐	Wasserpflanze (20 - 40 cm), nährstoffreich, frosthart	
		9 Staudenarten	Schützt davor, sich in Dinge einzumischen, die man doch nicht ändern kann.
weiß-rosa	○	Wasserpflanze (5 - 30 cm), Wasserrand, frosthart	

Stauden

Deutscher Name	Botanischer Name	Herkunft	Höhe in m	Blüten-monat
Fuchsie in Arten	**Fuchsia**	M-Am, S-Am, Neuseeland		
- Fuchsie	Fuchsia Hybriden	Kreuzung	0,5-1,5	VI-IX
Funkie in Arten	**Hosta**	O-As		
- Funkie	Hosta fortunei	Jap	0,3 (0,5)	VII-VIII
- Blaublatt-Funkie	Hosta sieboldiana	Jap	0,5-0,6 (1,0)	VII
- Schneefeder-Funkie	Hosta undulata	O-As, Jap	0,4-0,6 (1,0)	VII
Gänseblümchen in Arten	**Bellis**	Eu, Kl-As		
- Gänseblümchen, Maßliebchen	Bellis perennis	Eu	0,05-0,2	II-X
Gänsekresse in Arten	**Arabis**	Eu, As, N-Am		
- Gänsekresse	Arabis caucasica (A. albida, A. alpina ssp. c. A. billardieri)	Mm, Kaukasus	0,2	IV-V
- Gänsekresse	Arabis procurrens	Balkan, Karpaten	0,1-0,2	IV-VI
Gamander in Arten	**Teucrium**	weltweit		
- Gamander	Teucrium chamaedrys	Mm	0,2-0,3	VI-VII
Gauklerblume in Arten	**Mimulus** (Diplacus)	Af, As, Aus, Am		
- Gauklerblume	Mimulus luteus	N-Am, M-Am, S-Am	0,3	VI-IX
Gedenkemein in Arten	**Omphalodes**	Eu, N-Af, As		
- Gedenkemein, Frühlings-Nabelnüsschen	Omphalodes verna	S-Eu	0,05-0,2	III-V
Geißbart in Arten	**Aruncus**	Nhk		
- Geißbart	Aruncus dioicus (A. sylvestris, Spirea aruncus)	Eu	1,5-2	VI-VII
Gelenkblume in Arten	**Physostegia**	N-Am		
- Gelenkblume	Physostegia virginiana (P. speciosa)	N-Am	0,7-1	VII-IX
Gemswurz in Arten	**Doronicum**			

Blüten-farbe	Standort	Bemerkungen	Bedeutung
		ca. 100 Staudenarten, Sträucher und Bäume	Hilft, die eigenen Bedürfnisse besser mitteilen zu können.
diverse	(○) ☽	frostempfindlich	
		ca. 70 Staudenarten	Man lässt sich nicht so vereinnahmen.
violett	●	frosthart	
hell-violett	● ☽	frosthart	
hell-violett	● ☽	frosthart	
		15 Staudenarten	Man wirkt durch seine Schlichtheit.
weiß-rot	○ ☽	Heilpflanze, frosthart	
		ca. 120 Staudenarten und Einjährige	Stärkt das Selbstbewusstsein durch Pflichterfüllung.
weiß, rosa	○	immergrün, Bodendecker, frosthart	
weiß	☽	immergrün, Bodendecker, frosthart	
		ca. 300 Staudenarten und Halbsträucher	Energie und Antrieb zum Handeln sind immer ausreichend vorhanden.
purpur	○	geschnittene Einfassungen, frosthart	
		ca. Staudenarten, Einjährige und Sträucher	Man kommt immer wieder auf neue Ideen.
gelb	○ ☽	Sumpfpflanze (0 - 10 cm), selbst aussamend, frostempfindlich	
		ca. 28 Staudenarten, Ein- und Zweijährige	Man bleibt bei seiner Meinung.
blau	● ☽	ausläuferbildend, Bodendecker, frosthart	
		2 - 3 Staudenarten	Eine gemeinsame Position kann gegenüber Dritten gut verteidigt oder durchgesetzt werden.
rahmweiß	☽	Blütenstände ca. 50 cm, selbst aussamend, zweihäusig, frosthart	
		ca. 12 Staudenarten	Erleichtert es, den eigenen Standpunkt zu verteidigen oder mitzuteilen.
rosa, weiß	○ (☽)	Schnittblume, frosthart	
		ca. 35 Staudenarten	Man ist immer für eine Überraschung gut.

Stauden

Stauden

Deutscher Name	Botanischer Name	Herkunft	Höhe in m	Blüten-monat
- Gemswurz	Doronicum orientale (D. caucasicum)	SO-Eu, Kl-As	0,4	IV-V
Geranie in Arten	**Pelargonium**	S-Af		
- Hänge-Geranie	Pelargonium peltatum	Kreuzung	0,5-1,5	V-IX
- Aufrechte Geranie	Pelargonium zonale	Kreuzung	0,4-0,6	V-IX
Gilbweiderich, in Arten	**Lysimachia**	Subtropen, n gem B		
- Entenschnabel-weiderich, Felberich	Lysimachia clethroides	Jap, Chi	0,6-1	VI-IX
- Pfennigkraut	Lysimachia nummularia	Eu, Kaukasus	0,05	V-VII
- Goldfelberich	Lysimachia punctata	SO-Eu, O-Eu	0,6-0,8	VI-VIII
Gipskraut: siehe Schleierkraut				
Gladiole in Arten	**Gladiolus** (Acidanthera, Homoglossum)	Af, Eu, As		
- Gladiole	Gladiolus x hortulanus	Kreuzung	1-1,7	
Glanzgras in Arten	**Phalaris**	gem Zonen		
- Rohrglanzgras	Phalaris arundinacea	Eu	0,8-1	VI-VII
Glockenblume in Arten	**Campanula**	n gem B		
- Karpatenglockenblume	Campanula carpatica	Karpaten	0,25	VI-VII
- Zwergglockenblume	Campanula cochleariifolia (C. bellardii, C. pusilla)	Eu	0,1	VI-VIII
- Glockenblume	Campanula garganica (C. elantines var. g.)	SO-Eu	0,15	VI-VIII
- Knäuelglockenblume	Campanula glomerata	Eu, Kaukasus, Iran	0,6	VI-VII
- Waldglockenblume	Campanula latifolia macrantha	Eu, Sibirien, Iran	0,9-1	VI-VII
- Pfirsichblättrige Glockenblume	Campanula persicifolia	Eu, Sibirien	0,8	VI-VIII
- Dalmatiner Glockenblume	Campanula portenschlagiana (C. muralis)	Dalmatien	0,1-0,15	VI-VII
- Hängepolsterglocke	Campanula poscharskyana	Datmatien	0,15	VI-VIII

Blüten-farbe	Standort	Bemerkungen	Bedeutung
gelb	○ ◐	Rhizomstaude, langsam ausbreitend, frosthart	
		ca. 230 Staudenarten, Sukkulenten, Halbsträucher und Sträucher	Fördert den Erfolg durch Beharrlichkeit.
rot, rosa, violett	○	frostempfindlich	
rosa, rot	○	frostempfindlich	
		ca. 150 Staudenarten und Sträucher	Man lässt sich nicht so leicht eine fremde Meinung aufdrängen.
weiß	○	feuchter Standort, frostempfindlich	
gelb	◐	feuchter Standort, Bodendecker, frosthart	
gelb	◐	Ausläufer bildend, Schnittblume, frosthart	
		ca. 180 Staudenarten	Stärkt die Fähigkeit, sich an Angenehmem zu erfreuen.
diverse	○	Schnittblume, Stützhilfe, frostempfindliche Knollen	
		ca. 15 Grasarten	Man lässt sich nicht so schnell klein kriegen.
silbrig	○ ◐	Sumpfpflanze (0 - 15 cm), ausläuferbildend, frosthart	
		ca. 300 Staudenarten, Ein- und Zweijährige	Bringt Frische und Leichtigkeit in eingefahrene Aktivitäten.
hellblau	○	kalkliebend, frosthart	
blau	○	kalkliebend, frosthart	
blau	◐	kalkliebend, frosthart	
blau-violett	◐	Rückschnitt nach der Blüte, kalkliebend, frosthart	
violett	◐	frosthart	
blau	◐	kalkliebend, frosthart	
violett	○	nachblühend, kalkliebend, frosthart	
violett	○	kalkliebend, frosthart	

Stauden

Stauden

Deutscher Name	Botanischer Name	Herkunft	Höhe in m	Blüten-monat
Glockenheide in Arten	**Erica**	Eu, Af, As		
- Moorheide	Erica tetralix	Eu	0,15-0,5	VI-IX
Gloxinie: siehe Freilandgloxinie				
Götterblume in Arten	**Dodecatheon**	N-Am		
- Götterblume	Dodecatheon meadia (D. pauciflorum)	N-Am	0,2-0,4	V-VII
Goldbartgras in Arten	**Chrysopogon**			
- Goldbartgras	Chrysopogon gryllus	Mm, Kl-As	1,0-1,2	VII-VIII
- Goldbart, Nickender Goldbart	Chrysopogon nutans (Sorghastrum n.)	N-Am	0,6-1,3	VIII-X
Goldkeule	**Orontium**	N-Am		
- Goldkeule	Orontium aquaticum	N-Am	0,25-0,3 (0,45)	IV-VI
Goldkörbchen	**Chrysogonum**	N-Am		
- Goldkörbchen	Chrysogonum virginianum	N-Am	0,2-0,3	V-VIII
Goldrute in Arten	**Solidago**	Am, Eu, As		
- Kanadische Goldrute	Solidago canadensis	N-Am	0,7	VII-IX
- Goldrute	Solidago x hybrida	Kreuzung (N-Am)	0,6	VII-VIII
- Gemeine Goldrute	Solidago virgaurea	Eu, As	0,7	VII-IX
Goldtröpfchen	**Chiastophyllum**	Kaukasus		
- Goldtröpfchen, Walddickblatt	Chiastophyllum oppositifolium (C. simplicifolium, Cotyledon simplicifolia)	Kaukasus	0,15-0,2	VI-VII
Graslilie in Arten	**Anthericum**	Eu, Af, Kl-As		
- Astlose Graslilie	Anthericum liliago	Eu	0,4-0,6	V-VI
Grasnelke in Arten	**Armeria**	Eu, Af, Am		
- Seegrasnelke, Gemeine Grasnelke	Armeria maritima	N-Eu	0,15	V-IX
Greiskraut: siehe Kreuzkraut				
Grindkraut in Arten	**Scabiose**	Eu, As, Af		

Blüten-farbe	Standort	Bemerkungen	Bedeutung
		ca. 700 Straucharten	Kann die Selbstreflexion fördern.
rosa	○ (◐)	frostempfindlich, immergrün, kalkmeidend, frosthart	
		14 Staudenarten	Man kann sich auf glattem Parkett gut bewegen.
lilarosa	◐	frostempfindlich, kalkmeidend, frosthart	
			Man kann anderen seine Meinung gut vermitteln.
	○	horstbildendes Gras	
rotbraun	○	Schnittgras, kalkliebend	
		1 Wasserpflanzenart	Man lässt sich nicht unterkriegen.
gelb	○	Wasserpflanze (20 - 50 cm), frostempfindlich	
		1 Staudenart	Macht unbeschwert und gleicht Gefühle aus.
gelb	○ ◐	anspruchslos, kriechend, frosthart	
		ca. 100 Staudenarten, wuchernd	Reinigt Ungereimtheiten in den Gefühlen.
gelb	○	Schnittblume	
gelb	○	Schnittblume	
gelb	○	Heilpflanze, Wildgarten, Schnittblume	
		1 Sukkulentenart	Wenn es sein muss, kann man auch energisch sein.
gelb	◐ ●	Bodendecker, immergrün kalkliebend, frosthart, ausläuferbildend	
		ca. 50 Staudenarten	Hilft, bei Schwierigkeiten eine Entscheidung zu fällen.
weiß	○	Rhizomausläufer, Schnittblume, frosthart	
		ca. 80 Halbstrauch- und Straucharten, immergrün	Glättet emotionale Wogen.
weiß	○	salzverträglich, frosthart	
		ca. 80 Staudenarten, Ein- und Zweijährige	Emotionen lassen sich vom Verstand nicht verdrängen.

Stauden

Stauden

Deutscher Name	Botanischer Name	Herkunft	Höhe in m	Blüten-monat
- Scabiose	Scabiose caucasica	Kaukasus	0,8	VI-IX
Günsel in Arten	**Ajuga**	Eu, As		
- Genfer Günsel	Ajuga genevensis	S-Eu, SW-As	0,2-0,4	IV-V
- Kriechender Günsel	Ajuga reptans	Eu	0,1-0,15	V-VI
Gundermann in Arten	**Glechoma**	Eu, As, N-Af		
- Gundermann	Glechoma hederacea	Eu, N-As, Jap	0,15	IV-VI
Hafer in Arten	**Avena**	Eu, As		
- Blaustrahlhafer	Avena sempervirens (A. candida hort., Helictotrichon s.)	Mm	0,3-1,0	VI-VIII
Hahnenfuß in Arten	**Ranunculus**	gem Zone		
- Goldranunkel, Scharfer Hahnenfuß	Ranunculus acris	n gem Zone	0,5-0,7	V-VII
- Wasserhahnenfuß	Ranunculus aquatilis	Eu, M-As, O-As, Af	0,05-0,2	VII-VIII
- Sumpfhahnenfuß	Ranunculus lingua	Eu, W-As	0,6-0,9	VI-VIII
Hainsimse, Marbel in Arten	**Luzula**	gem Zone		
- Schneemarbel	Luzula nivea	S-Eu	0,2-0,4 (0,6)	VI-VIII
- Waldmarbel	Luzula sylvatica (L. maxima)	Eu, Kl-As, Kaukasus	0,2-0,6 (0,8)	IV-VI
Hartheu: siehe Johanniskraut				
Haselwurz in Arten	**Asarum** (Heterotropa, Hexastylis)	Eu, O-As, N-Am		
- Europäische Haselwurz	Asarum europaeum	Eu	0,1-0,15	III-V
Hauswurz in Arten	**Sempervivum**	Eu, As		
- Spinnweben-Hauswurz	Sempervivum arachnoideum	S-Eu, M-Eu	0,03-0,1	VII
- Berg-Hauswurz	Sempervivum montanum (S. helveticum)	M-Eu	0,1	VII
- Echte Hauswurz	Sempervivum tectorum	S-Eu	0,15	VII
Hechtkraut in Arten	**Pontederia**	Am		

Blüten-farbe	Standort	Bemerkungen	Bedeutung
blauviolett	○	Schnittblume, frosthart	
		ca. 40 Staudenarten	Man wird seine Meinung mit Sicherheit rechtzeitig kundtun.
blau	◐	immergrün, frosthart	
blau	◐	Bodendecker, kalkliebend mehrere Kulturformen, frosthart	
		12 Staudenarten	Man treibt eine Sache voran.
purpur-blau	◐	Bodendecker, frosthart, Heilpflanze	
		ca. 25 Grasarten	Man ist sich seiner Qualitäten bewusst.
grün	○	Ziergras, kalkliebend, horstbildend, frosthart	
		ca. 400 Staudenarten	Stärkt konsequentes Handeln.
gelb	○◐	feuchter Standort, frosthart	
weiß	○◐	Wasserpflanze (30 - 50 cm), frosthart	
gelb	○	Sumpfpflanze (0 - 20 cm), frosthart	
		ca. 80 Grasarten	Führt zu Ausdauer beim Vertreten des eigenen Standpunkts.
weiß	◐●	immergrünes Ziergras, Trockenblume, frosthart	
braun	◐●	immergrün, kalkmeidend, frosthart	
		ca. 70 Staudenarten, immergrün	Man kann sich besser in jemanden hineindenken.
rotbraun	●	Bodendecker, immergrün kalkliebend, frosthart	
		ca. 40 Staudenarten, Sukkulenten, immergrün	Man zieht die Kraft aus körperlicher Vitalität.
karminrot	○	kalkmeidend, frosthart	
purpurrot	○	mattenbildend, frosthart	
purpurrot	○	mattenbildend, frosthart	
		5 Staudenarten	Man ist mit dem zufrieden, was man selbst hat.

Stauden

Stauden

Deutscher Name	Botanischer Name	Herkunft	Höhe in m	Blüten-monat
- Hechtkraut	Pontederia cordata	öN-Am	0,5-0,6	VI-VIII
Heidekraut	**Calluna**	Eu, As		
- Heidekraut, Besenheide (siehe auch Glockenheide)	Calluna vulgaris	Eu, W-Sibirien	0,3-1	VIII-X
Heiligenkraut in Arten	**Santolina**	Mm		
- Heiligenblume, Zypressenkraut	Santolina chamaecyparissus (S. incana)	Mm	0,3-0,7	VII-VIII
Helmkraut in Arten	**Scutellaria**	gem B, Tropen		
- Alpenhelmkraut	Scutellaria alpina	S-Eu, Sibirien	0,15-0,3	VIII-IX
Herkulesstaude: siehe Bärenklau				
Hirschzungenfarn: siehe Streifenfarn				
Hirse in Arten	**Panicum**	weltweit		
- Rutenhirse	Panicum virgatum	N-Am	0,5-1	VII-VIII
Hornblatt in Arten	**Ceratophyllum**	weltweit		
- Hornblatt	Ceratophyllum demersum	weltweit	0,3-2,5	---
Hornkraut in Arten	**Cerastium**	Eu, N-Am		
- Filziges Hornkraut	Cerastium tomentosum	S-Eu	0,1-0,15	V-VI
Hundskamille in Arten	**Anthemis**	Eu, N-Af, Kl-As		
- Goldkamille	Anthemis marschalliana (A. biebersteiniana, A. rudolphiana)	Kaukasus, Kl-As	0,1-0,25 (0,45)	V-VII
- Färberkamille	Anthemis tinctoria	Eu, W-As	0,5-1	VI-IX
Hungerblümchen: siehe Felsenblümchen				
Hyazinthe in Arten	**Hyacinthus**	As		
- Hyazinthe	Hyacinthus orientalis	As	0,2-0,3	III-IV
Igelkolben in Arten	**Sparganium**	gem Zone, weltweit		
- Ästiger Igelkolben	Sparganium erectum (Sp. ramosum)	Eu, As	0,6-0,8	VI-VII
Immergrün in Arten	**Vinca**	Eu, N-Af, As		
- Großes Immergrün	Vinca major	SO-Eu, Kl-As	0,3-0,4	IV-VI

Blüten-farbe	Standort	Bemerkungen	Bedeutung
blau	○	Wasserpflanze (10 - 30 cm), frostempfindlich	
		1 Strauchart, immergrün	Führt zu einer besseren Ausschöpfung des emotionalen Potentials.
diverse	○	kalkmeidend, frosthart, zahlreiche Kultursorten	
		18 Straucharten, immergrün	Man fragt nicht ständig nach dem Sinn einer Sache.
gelb	○	kalkliebend, immergrün, frostempfindlich, Rückschnitt alle 2 - 3 Jahre	
		ca. 300 Staudenarten, Halbsträucher und Einjährige	Man ist mit sich selbst eher zufrieden.
blauviolett	○	frosthart	
		ca. 470 Grasarten	Bringt Ruhe in zerstreute Gedanken.
	○	rotbraune Blätter, frosthart	
		ca. 30 Wasser-Staudenarten	Man kann sich selbst besser ordnen.
	○ ◐	Wasserpflanze (40 - 60 cm), schwimmt, frosthart	
		ca. 100 Staudenarten	Man kann gut zuarbeiten.
weiß	○	Bodendecker, kalkliebend, frosthart	
		ca. 100 Einjährige und Staudenarten	Erleichtert die Arbeit und das Leben in einer Gruppe.
goldgelb	○	mattenbildend, kalkliebend, frosthart	
gelb	○	immergrün, Färberpflanze, Schnittblume, frosthart	
		3 Pflanzenarten (Zwiebeln)	Stärkt die soziale Kontaktfreudigkeit.
diverse	○	stark duftend, frosthart	
		21 Staudenarten	Fördert den Ausgleich in der Gruppe.
gelbgrün	○ ◐	Wasserpflanze (10 - 30 cm), frosthart	
		7 Staudenarten und Halbsträucher	Fördert Beharrlichkeit, die zum Ziel führt.
blau	●	immergrün, frostempfindlich	

Stauden

Stauden

Deutscher Name	Botanischer Name	Herkunft	Höhe in m	Blüten-monat
- Kleines Immergrün	Vinca minor	Eu, Kl-As	0,15	IV-VI
Indianernessel in Arten	**Monarda**	N-Am		
- Indianernessel	Monarda x hybrida	Kreuzung (N-Am)	0,7-1	VII-IX
Iris: siehe Schwertlilie				
Jakobsleiter in Arten	**Polemonium**	Eu, N-Am, M-Am, As		
- Jakobsleiter, Himmelsleiter	Polemonium caerulum	Eu, Kl-As	0,4-0,8	IV-V
Johanniskraut in Arten	**Hypericum**	weltweit		
- Johanniskraut	Hypericum calycinum	SO-Eu, Kl-As	0,3	VII-IX
- Tüpfel-Hartheu	Hypericum perforatum	Eu, W-As	0,3-0,6	VII-IX
- Johanniskraut	Hypericum polyphyllum	Kl-As	0,15	VI-VIII
Junkerlilie in Arten	**Asphodeline**	Mm		
- Junkerlilie	Asphodeline lutea	Mm	0,8-1,2	V-VI
Kaiserkrone in Arten	**Fritillaria**	n gem Zonen		
- Kaiserkrone	Fritillaria imperialis	W-As	1,5	IV
- Schachbrettblume, Kiebitzei	Fritillaria meleagris	Eu	1,15-0,3	IV-V
Kalmus in Arten	**Acorus**	O-As		
- Kalmus	Acorus calamus	O-As	0,7-1	VI-VII
Kapstachelbeere: siehe Lampionblume				
Kapuzinerkresse in Arten	**Tropaeolum**	Am		
- Kapuzinerkresse	Tropaeolum majus	S-Am	1,0-3,0	VI-VII
Kardendistel in Arten	**Morina (Acanthocalyx)**	Eu, As		
- Kardendistel	Morina longifolia	Nepal	0,6 (0,9)	VII-VIII
Katzenminze in Arten	**Nepeta**	n B		
- Katzenminze	Nepeta x faassenii (N. mussinii)	Kreuzung (SO-Eu)	0,25-0,4	V-IX
Katzenpfötchen in Arten	**Antennaria**	n B		

Blüten-farbe	Standort	Bemerkungen	Bedeutung
blau	●	immergrün, Bodendecker, frosthart	
		15 Staudenarten und Einjährige	Man kann den Eindruck erwecken, den man möchte.
lachsrot	○ ◐	Schnittblume, frosthart	
		ca. 25 Staudenarten und Einjährige	Man hält das Besondere für möglich.
blau	○ ◐	frosthart	
		über 400 Staudenarten, Einjährige, Sträucher und Bäume	Unterstützt die Fähigkeit, Situationen mit Inhalt zu füllen.
gelb	◐	(immergrün), Bodendecker, frosthart	
gelb	○	Heilpflanze, frosthart	
gelb	○	kalkliebend, frostempfindlich	
		ca 20 Staudenarten und Zweijährige	Man lernt die guten Seiten seiner Umgebung besser schätzen.
gelb	○	frostempfindlich	
		ca. 100 Staudenarten (Zwiebeln)	Man nimmt den Alltag spielerischer.
rot, gelb, orange	○	frosthart	
violett, rosa, weiß	○	frosthart	
		2 Staudenarten	Man lernt, sich in Geduld zu üben.
gelbbraun	○ ◐	Sumpfpflanze (0 - 20 cm), Heilpflanze, frosthart	
		ca. 90 Staudenarten und Einjährige	Bringt Stärke zur richtigen Zeit.
gelb, rosa, rot	○ ◐	Kletterpflanze, einjährig, frostempfindlich + 3 °C	
		4 - 5 Staudenarten	Es eröffnen sich neue Möglichkeiten.
weiß, rosa	○	Trockengestecke, kalkliebend	
		ca. 250 Staudenarten und Einjährige	Bringt Gedanken in eine neue Richtung.
lilablau	○	frosthart	
		ca. 45 Staudenarten	Stärkt das Selbstbewusstsein bei Kindern.

Stauden

Stauden

Deutscher Name	Botanischer Name	Herkunft	Höhe in m	Blüten-monat
- Gemeines Katzenpfötchen	Antennaria dioica	Eu, N-As	0,05	V-VI
Kaukasus-Vergissmeinnicht: siehe Vergissmeinnicht				
Klee: siehe Bitterklee				
Knotenblume in Arten	Leucojum	W-Eu, W-As, N-Af		
- Märzenbecher	Leucojum vernum	S-Eu, O-Eu	0,2-0,3	II-IV
Knöterich in Arten	Polygonum	Eu, As		
- Teppich-Knöterich	Polygonum affine	Nepal	0,15-0,3	VII-IX
- Wiesenknöterich	Polygonum bistorta	Eu, As	0,6-0,8	VI-VII
- Knöterich	Polygonum compactum (Reynoutria)	Jap	0,6	VIII-IX
Königsfarn: siehe Rispenfarn				
Königskerze in Arten	Verbascum (Celsia)	Eu, N-Af, As		
- Königskerze	Verbascum olympicum (V. longifiolium, V. pannosum)	Kl-As	2	VI-IX
- Purpur-Königskerze	Verbascum phoeniceum	SO-Eu, W-As, N-Af	0,6 (1,2)	V-VI
Kokardenblume in Arten	Gaillardia	Am		
- Großblütige Kokardenblume	Gaillardia x grandiflora	Kreuzung (N-Am)	0,3-0,6	VI-IX
Krebsschere	Stratoides	Eu		
- Krebsschere, Wasseraloe	Stratoides aloides	Eu	0,15-0,2	VI-VIII
Kreuzkraut in Arten	Ligularia	As, Eu		
- Kreuzkraut	Ligularia clivorum (L. dentata, Senecio clivorum)	Chi	1-1,1 (1,5)	VIII-IX
- Kreuzkraut	Ligularia przewalskii (Senecio pr.)	Chi	1-2	VIII-IX
Krötenlilie in Arten	Tricyrtis	As		
- Krötenlilie	Tricyrtis hirta (T. japonica)	Japan	0,5 (0,8)	VIII-IX
Krokus in Arten	Crocus	Eu, N-Af, As		

Blüten-farbe	Standort	Bemerkungen	Bedeutung
rosa	○	kalkmeidend, zweihäusig, mattenbildend, frosthart	
		ca. 10 Staudenarten (Zwiebeln)	Es tut einem gut, auch einmal seinen Träumen nachzugehen.
weiß	◐	frosthart	
		Verleiht den Emotionen mehr Kraft.	
altrosa	(○) ◐	Bodendecker, frosthart	
rosa	○	Sumpfpflanze, wuchernd, Schnittblume, frosthart	
weiß, rot	(○) ◐	Bodendecker, wuchernd, frosthart	
		ca. 350 Staudenarten, Ein- und Zweijährige, Halbsträucher	Man kann seine Meinung besser auf den Punkt bringen.
gelb	○	selbst aussamend, frosthart	
violett	○	selbst aussamend, frosthart	
		ca. 30 Staudenarten, Ein- und Zweijährige	Man ist besser in der Lage, eine Sache auch positiv zu sehen.
rot+gelb	○	Stützhilfe, starker Schnitt, frosthart	
		1 Staudenart	Verhindert, dass man sich zu viele Gedanken macht.
weiß	○	Wasserpflanze, schwimmt, kalkmeidend, frosthart	
		ca. 150 Staudenarten	Verhindert, dass man sich übernimmt.
gelb	◐	frosthart	
gelb	○	frosthart	
		16 Staudenarten	Hilft, den grauen Alltag zu vergessen.
weiß-lila	◐ ●	kalkmeidend, frosthart	
		ca. 80 Staudenarten (Knollen)	Verhilft zu mehr emotionaler Offenheit.

Stauden

263

Stauden

Deutscher Name	Botanischer Name	Herkunft	Höhe in m	Blüten-monat
- Krokus	Crocus biflorus	SO-Eu, W-As	0,06 (0,1)	II-IV
- Krokus	Crocus chrysanthus	SO-Eu, W-As	0,05 (0,1)	II-IV
Küchenschelle: siehe Kuhschelle				
Kümmel in Arten	**Carum**	Eu, N-Af, N-As		
- Wiesen-Kümmel	Carum carvi	Eu, Sibirien	0,3-0,8	V-VII
Kugeldistel in Arten	**Echinops**	Eu, As, Af		
- Kugeldistel	Echinops bannaticus	SO-Eu	1-1,5	VI-IX
Kuhschelle in Arten	**Pulsatilla**	Eu, As, N-Am		
- Gewöhnliche Kuhschelle, Gew. Küchenschelle	Pulsatilla vulgaris (Anemone pulsatilla)	Eu	0,2	III-V
Kuhtritt in Arten	**Wulfenia**	Eu, As		
- Wulfenie, Kühtritt	Wulfenia carithiaca	Alpen	0,3	VI-VIII
Labkraut in Arten	**Galium**	gem Zonen		
- Waldmeister	Galium odoratum (Asperula odorata)	Eu, N-Af	0,15	V-VI
Lampionblume in Arten	**Physalis**	weltweit		
- Lampionblume, Blasenkirsche	Physalis franchetii (Ph. alkegengi var. franchettii)	Jap, Chi, Korea	0,5-1	VI-IX
Lappenfarn: siehe Sumpffarn				
Lauch in Arten	**Allium**	n Zone		
- Zierlauch	Allium caeruleum (A. azureum)	M-As	0,6	VI
- Riesen-Zierlauch	Allium giganteum	M-As	1,5-2,0	VI-VIII
- Knoblauch	Allium sativum	M-As	0,5-1,0	VI-VII
- Schnittlauch	Allium schoenoprasum	Eu, As, N-Am	0,15-0,5	VI-VIII
Laugenblume in Arten	**Cotula**	Af, M-Am, S-Am, Aus		
- Laugenblume, Fiederpolster	Cotula squalida	Neuseeland	0,05	VI-VIII
Lavendel in Arten	**Lavandula**	Mm, SW-As		
- Echter Lavendel	Lavandula angustifolia (L. officinalis)	Mm	0,2-0,6	VI-VII

Blüten-farbe	Standort	Bemerkungen	Bedeutung
diverse	○	frosthart	
diverse	○	frosthart	
		ca. 30 Staudenarten und Zweijährige	Hilft, in einer Sache konkreter zu werden.
weiß, rot	○ ◐	Heil- + Gewürzpflanze, frosthart	
		ca. 120 Staudenarten, Ein- und Zweijährige	Bringt einen mit beiden Beinen auf den Boden zurück.
blau	○	Schnittblume, frosthart, Trockensträuße	
		ca. 30 Staudenarten	Hilft Menschen, die sich emotional auf etwas versteift haben.
violett, rosa, weiß	○	kalkliebend, frosthart Frucht (VI - VIII)	
		6 Staudenarten	Steigert die Sinneswahrnehmung.
blau	○ ◐	kalkmeidend, frosthart	
		ca. 400 Staudenarten und Einjährige	Man kann das Wesentliche besser vom Unwesentlichen unterscheiden.
weiß	● ◐	kumarinhaltige Gewürzpflanze, kalkliebend, frosthart	
		ca. 80 Staudenarten und Einjährige	Stärkt die Fähigkeit, die positiven emotionalen Teile der Erinnerung besser wachzurufen.
gelbweiß	◐	orangerote Frucht, kalkliebend, Schnittblume, Trockensträuße, frosthart	
		ca. 800 Staudenarten (Zwiebeln)	Hilft, alte Gewohnheiten abzulegen.
hellblau	○	Schnittblume, frostempfindlich	
violett	○	Schnittblume, frosthart	
weiß	○	Heil- und Gewürzpflanze, frosthart	
purpur	○	Gewürzpflanze, frosthart, feuchter Standort	Negative Verhaltensmuster können leichter überwunden werden.
		ca. 55 Staudenarten und Einjährige	Man mischt sich nicht so schnell ein.
gelb	(○) ◐	Bodendecker, frosthart, bräunliches Blatt	
		ca. 25 Halbstrauch- und Straucharten	Man nimmt sein Schicksal selbst in die Hand.
blau-violett	○	Heil- und Parfümpflanze, Rückschnitt nach der Blüte, bedingt frosthart	

Stauden

Stauden

Deutscher Name	Botanischer Name	Herkunft	Höhe in m	Blüten- monat
Leberblümchen in Arten	**Hepatica**	n gem Zonen		
- Dreilappiges Leberblümchen	Hepatica nobilis (H. triloba, Anemone hepatica)	Eu, O-As	0,1	III-IV
Leimkraut in Arten	**Silene**	n Zonen		
- Leimkraut	Silene maritima (S. uniflora)	W-Eu	0,15	VI-VIII
- Leimkraut	Silene schafta	Kaukasus	0,1	VIII-IX
Lein in Arten	**Linum**	n Zonen		
- Staudenlein	Linum flavum	M-Eu, S-Eu	0,15-0,3	V-VIII
- Alpenlein	Linum perenne	Alpen, Pyrenäen	0,3-0,5	VI-VIII
Lerchensporn in Arten	**Corydalis (Pseudofumaria)**	n gem Zonen		
- Hohler Lerchensporn	Corydalis cava (C. bulbosa)	Eu	0,1-0,2	III-V
- Gelber Lerchensporn	Corydalis lutea (Pseudofumaria l.)	SW-Eu	0,2-0,3	V-IX
Lichtnelke in Arten	**Lychnis (Viscaria)**	n Zonen		
- Brennende Liebe	Lychnis chalcedonica	Russland	0,9-1,2	VI-VII
- Pechnelke	Lychnis viscaria (Viscaria vulgaris)	Eu, W-Sibirien	0,3-0,5	V-VI
Liebstöckel	**Levisticum**	W-As		
- Liebstöckel, Maggikraut	Levisticum officinale	Kl-As	1-2	VI-VIII
Lilie in Arten	**Lilium**	Eu, As, N-Am		
- Feuerlilie	Lilium bulbiferum	Eu	0,4-1 (1,5)	VI-VII
- Madonnenlilie	Lilium candidum	Eu	0,6-1,5 (1,8)	VI-VII
- Türkenbundlilie	Lilium martagon	Eu, Sibirien	0,4-1	VI-VII
Löffelblatt: siehe Bergenie				
Lotosblume in Arten	**Nelumbo**	As, Aus, öN-Am		
- Indische Lotosblume	Nelumbo nucifera	O-As	1-1,5	
Lungenkraut in Arten	**Pulmonaria**	Eu, As		

Blüten-farbe	Standort	Bemerkungen	Bedeutung
		ca. 10 Staudenarten	Man kommt aus seinem Schneckenhaus heraus.
blau	◐ ●	kalkliebend, frosthart, schwer zu verpflanzen	
		ca. 500 Staudenarten, Ein- und Zweijährige	Man schiebt die Dinge nicht mehr vor sich her.
weiß	○	kalkliebend, frosthart	
rosa	○	kalkliebend, frosthart, Steingarten	
		ca. 200 Staudenarten, Ein- und Zweijährige	Man sieht die Dinge realistischer.
gelb	○	kalkliebend, frosthart	
blau	○	kalkliebend, frosthart	
		ca. 300 Staudenarten (Zwiebeln), Ein- und Zweijährige	Man arbeitet Dinge auf, die man schon verdrängt hatte.
purpur, weiß	◐	frosthart	
gelb	◐ (○)	selbst aussamend, immergrün, frosthart	
		15 - 20 Staudenarten und Zweijährige	Hilft einem, seine Gedanken zu ordnen. Macht die Kommunikation schlüssiger.
rot	○	Schnittblume, frosthart	
rot	○	Schnittblume, frosthart, mattenbildend	
		1 Staudenart	Hilft, den alten Elan wiederzufinden.
hellgelb	○ ◐	Heil- + Gewürzpflanze, frosthart	
		ca. 100 Staudenarten (Zwiebeln)	Man ist eher in der Lage, den Erwartungen anderer zu entsprechen.
orangerot	◐ ○	ausbreitend, frosthart	
weiß		kalkliebend, frosthart	
purpur	◐	kalkliebend, frosthart	
		2 Staudenarten	Man kann durch Beharrlichkeit zur Wahrheit gelangen. Mann lässt sich nicht blenden.
rosa	○	Wasserpflanze (40 - 90 cm), stark ausbreitend, frostempfindlich, + 5 °C	
		ca. 14 Staudenarten	Man lässt sich nicht so einengen.

Stauden

Deutscher Name	Botanischer Name	Herkunft	Höhe in m	Blüten-monat
- Schmalblättriges Lungenkraut	Pulmonaria angustifolia	M-Eu	0,2-0,25	III-V
Lupine in Arten	**Lupinus**	Mm, N-Af, Am		
- Lupine (Stauden-Hybride)	Lupinus x hybridus	Kreuzung	0,8	VI-VIII
Mädchenauge in Arten	**Coreopsis**	Am		
- Mädchenauge	Coreopsis lanceolata	N-Am	0,25-0,4	V-IX
- Mädchenauge	Coreopsis verticillata	N-Am	0,4-0,6	VI-VIII
Mädesüß, Spierstaude in Arten	**Filipendula**	n gem Zonen		
- Rotes Mädesüß	Filipendula rubra	N-Am	1,5-2 (2,5)	VI-VII
- Echtes Mädesüß	Filipendula ulmaria (Spirea Ulmaria pentapetala)	Eu, Sibirien	0,5-1,5	VI-VIII
- Kleines Mädesüß	Filipendula vulgaris (F. hexapetala)	Eu, Kl-As, Sibirien	0,4-0,5	VI-VII
Märzenbecher: siehe Knotenblume				
Maggikraut: siehe Liebstöckel				
Maiapfel in Arten	**Podophyllum**	Am, As		
- Kriechender Maiapfel	Podophyllum peltatum	N-Am	0,3-0,5	V
Maiglöckchen in Arten	**Convallaria**	n gem Zonen		
- Maiglöckchen	Convallaria majalis	Eu, W-As, Kaukasus	0,15-0,2	V
Malve in Arten	**Malva**			
- Malve, Rosenpappel, Sigmarskraut	Malva alcea	S-Eu, W-Eu	0,8 (1,2)	VII-IX
Malve: siehe auch Stockrose				
Mammutblatt in Arten	**Gunnera**	Af, Aus, S-Am		
- Chilenisches Mammutblatt	Gunnera chilensis (G. tinctoria, G. scabra)	Chile, Equador	1,5-2	VII-VIII
Marbel: siehe Hainsimse				
Margerite: siehe Chrysantheme				
Mastkraut in Arten	**Sagina**	n gem B		

Blüten-farbe	Standort	Bemerkungen	Bedeutung
blau	◐	frosthart	
		ca. 200 Staudenarten, Einjährige, Halbsträucher und Sträucher	Man ist mehr in der Lage, die Annehmlichkeiten des Alltags zu schätzen.
diverse	○	Rückschnitt nach der Blüte, kalkliebend, frosthart	
		ca. 80 Staudenarten und Einjährige	Man ist mit dem zufrieden, was man hat.
gelb	○	Rückschnitt nach der Blüte	
gelb	○		
		ca. 10 Staudenarten	Man ist eher bereit, sich die Meinung anderer anzuhören.
altrosa	○ (◐)	duftend, frosthart	
rahmweiß	○ ◐	feuchter Standort, frosthart	
weiß	○ ◐	kalkliebend, frosthart	
		9 Staudenarten	Die äußere Präsentation wächst von innen heraus.
weiß	●	Bodendecker, essbare rot-orange Frucht, VI - IX, frosthart	
		3 Staudenarten	Man lässt sich nicht so schnell Angst machen.
weiß	● ◐	schnell einziehend, wuchernd, giftig, frosthart	
		ca. 30 Staudenarten, Ein- und Zweijährige	Man ist mehr in der Lage, sich an äußeren Dingen zu erfreuen.
rosa	◐	frosthart	
		ca. 45 Staudenarten	Man ist schneller in der Lage, auf Probleme zu reagieren.
braun	○ ◐	frostempfindlich, Blätter 1 - 2 m Durchmesser	
		ca. 20 Staudenarten und Einjährige	Man traut sich, auch Dinge zu sagen, die andere nicht gern hören wollen.

Stauden

Stauden

Deutscher Name	Botanischer Name	Herkunft	Höhe in m	Blüten- monat
- Sternmoos	Sagina subulata	SW-Eu, M-Eu	0,05	VI-VIII
Mauerpfeffer: siehe Fetthenne				
Meerkohl in Arten	**Crambe**	Eu, As, Af		
- Riesenschleierkraut	Crambe cordifolia	Kaukasus	1,6-2 (2,5)	V-VII
Meerlavendel: siehe Strandflieder				
Minze in Arten	**Mentha**	Eu, Af, As		
- Wasserminze, Bachminze	Mentha aquatica	Eu	0,2-0,8	VII-IX
- Rossminze	Mentha longifolia (M. sylvestris)	Eu, W-As, Af	0,5-1	VII-IX
- Pfefferminze	Mentha x piperita	Kreuzung	0,5-0,8	VI-VII
- Poleiminze	Mentha pulegium	Eu	0,1-0,3	VII-IX
- Krause Minze, Grüne Minze	Mentha spicata (M viridis)	Eu	0,3-0,8	VII-IX
Mistel in Arten	**Viscum**			
- Laubholz-Mistel	Viscum album	Eu, As	0,2-0,5	II-IV
Mohn in Arten	**Papaver**	weltweit		
- Islandmohn	Papaver nudicaule (P. croceum)	arktisch, subarktisch	0,3	VI-IX
- Türkischer Mohn	Papaver orientale	Iran, Kaukasus	0,8-1	V-VI
Monarde: siehe Indianernessel				
Moskitogras in Arten	**Bouteloua**	Am		
- Moskitogras	Bouteloua gracilis (B. oligostachya, Chondrosum gracile)	N-Am	0,1-0,5	VII-IX
Mummel in Arten	**Nuphar**	n gem Zonen		
- Teichmummel, Gelbe Teichrose	Nuphar lutea (N. lutea)	Eu, W-As	0,05	VI-VIII
Nachtkerze in Arten	**Oenothera**	Am		
- Nachtkerze	Oenothera missouriensis (O. macrocarpa)	N-Am	0,15-0,25	VI-IX
- Nachtkerze	Oenothera tetragona (O. fraseri, O. fruticosa ssp. glauca, O. glauca)	N-Am	0,45-0,6 (0,9)	VI-VIII

Blüten-farbe	Standort	Bemerkungen	Bedeutung
weiß	○ ◐	Bodendecker, frosthart, bedingt trittverträglich	
		20 Staudenarten und Einjährige	Man ist auch in der Lage, leisere Töne anzuschlagen.
weiß	○ (◐)	frosthart	
		ca. 25 Staudenarten und Einjährige	Man ruht sich auf seinem Erfolg nicht so schnell aus.
violett	○	Wasserpflanze (0 - 15 cm), frosthart	
rotlila	○	Gewürzpflanze, ausbreitend, kalkmeidend, frosthart	
violett	○	Heil- und Gewürzpflanze, ausbreitend, frosthart	
rosa	○	kalkmeidend, Heilpflanze, ausbreitend, frosthart	
rotlila	○	Heilpflanze, ausbreitend, frosthart	
		immergrün	Stärkt die Abwehr gegen Fremdeinflüsse.
		Halbschmarotzer, Heil- und Zauberpflanze, weiße Beeren, frosthart	
		ca. 70 Staudenarten und Einjährige	Stärkt den Optimismus.
weiß	○ ◐	kalkliebend, Rückschnitt leicht aussamend, frosthart	
rosa	○	Stützhilfe für Blüten, frosthart	
		ca. 25 - 30 Grasarten	Erhöht die Standfestigkeit.
braun	○	nässeempfindlich, kalkliebend, frosthart	
		ca. 25 Staudenarten (Wasserpflanzen)	Man erholt sich schneller nach Rückschlägen.
gelb		Wasserpflanze (30 - 100 cm), kühl	
		ca. 125 Staudenarten, Ein- und Zweijährige, Blütenöffnung bei Sonnenuntergang	Man kann fremde Einflüsse besser integrieren.
gelb	○	frosthart	
gelb	○	Schnittblume, frosthart	

Stauden

Stauden

Deutscher Name	Botanischer Name	Herkunft	Höhe in m	Blüten-monat
Narzisse in Arten	**Narcissus**	Eu, N-Af		
- Weiße Narzisse, Dichternarzisse	Narcissus poeticus	Eu	0,2-0,5	VI-V
- Gelbe Narzisse, Osterglocke	Narcissus pseudonarcissus (N. lobularis)	Eu	0,15-0,4	III-IV
Nelke in Arten	**Dianthus**	Eu, As, Af		
- Bartnelke	Dianthus barbatus	Eu	0,15-0,5	VI-IX
- Pfingstnelke, Polsternelke	Dianthus caesius (D. gratianopolitanus)	W-Eu, M-Eu	0,15	V-VII
- Heidenelke	Dianthus deltoides	Eu	0,15	VI-VIII
- Federnelke	Dianthus plumarius	M-Eu	0,25	VI-VII
Nelkenwurz in Arten	**Geum**	Eu, As, Af, Am, Neuseeland		
- Nelkenwurz	Geum coccineum (G. x borisii)	Balkan, Kl-As (Kreuzung)	0,25-0,3	V-VII, IX
Ochsenauge in Arten	**Buphtalmum**	Eu, W-As		
- Ochsenauge, Goldmargerite	Buphthalmum salicifolium	S-Eu, M-Eu	0,5-0,6	VI-IX
Ochsenzunge in Arten	**Anchusa**	Eu, Af, W-As		
- Ochsenzunge	Anchusa azurea (A. italica)	S-Eu, N-Af	0,8-1 (1,5)	VI-VIII
Opuntie: siehe Feigenkaktus				
Orchidee verschiedene Gattungen	**Orchidaceae**			
Oregano in Arten	**Origanum**	Mm, As		
- Oregano	Origanum laevigatum	SO-Eu	0,4	VIII-IX
- Dost	Origanum vulgare	Eu, As	0,3	VII-IX
- Oregano	Origanum vulgare 'Compactum'	Eu, Sibirien, Kl-As, Himalaja	0,15	VI-IX
Osterglocke: siehe Narzisse				
Pachysandra in Arten Schattengrün	**Pachysandra**	Chi, Jap		
- Dickanthere, Ysander	Pachysandra terminalis	Jap, Chi	0,2-0,3	IV-V

Blüten-farbe	Standort	Bemerkungen	Bedeutung
		ca. 50 Staudenarten (Zwiebeln), giftig	Man will nicht mehr mit dem Kopf durch die Wand.
weiß	○	Schnittblume, frosthart	
gelb	○ (◐)	kalkmeidend, Schnittblume, frosthart	
		ca. 300 Staudnarten, Ein- und Zweijährige und Halbsträucher	Man ist eher in der Lage, Erfahrungen aus der Vergangenheit anzuwenden.
rot, rosa	○	Schnittblume, frosthart	
rosa	○	kalkliebend, frosthart	
karminrot	○	kalkmeidend, immergrün, Rückschnitt nach Blüte, mattenbildend, frosthart	
rosa	○	kalkliebend, stark duftend	
		ca. 50 Staudenarten	Verbindet gegensätzliche Standpunkte.
orange-rot	○ ◐	frosthart	
		2 Staudenarten	Man kann seinen Standpunkt besser verteidigen.
gelb	○	kalkliebend, wuchernd, Schnittblume, frosthart	
		ca. 35 Staudenarten, Ein- und Zweijährige	Man kann eher über den Tellerrand gucken.
blau	○	frostempfindlich, Rückschnitt im September	
			Wirkt regenerierend auf das Gefühlsleben und unterstützt so die Aktivitäten.
		ca. 20 Staudenarten und Halbsträucher	Stärkt die innere Vitalität.
purpur-rosa	○	frosthart	
violett	○	Gewürzpflanze, frosthart	
rosalila	○	Gewürzpflanze, aromatisch duftend, kalkliebend, frosthart	
		4 Staudenarten und Halbsträucher	Schützt die vegetativen Funktionen vor negativen Gefühlen wie Missgunst.
weiß	● ◐	immergrün, Bodendecker	

Stauden

Stauden

Deutscher Name	Botanischer Name	Herkunft	Höhe in m	Blüten-monat
Palmlilie in Arten	**Yucca**	Am		
- Stammlose Palmlilie	Yucca filamentosa	N-Am	0,5-0,8	VII-VIII
Pampasgras in Arten	**Cortaderia**	Neuseeland, S-Am		
- Pampasgras	Cortaderia selloana	S-Am	0,5-0,9	IX-X
Pantoffelblume in Arten	**Calceolaria**	Am		
- Pantoffelblume	Calceolaria biflora (C. plantaginea)	M-Am, S-Am	0,1-0,3	VI-VII
Pelargonie: siehe Geranie				
Perlfarn	**Onoclea**	As, N-Am		
- Perlfarn	Onoclea sensibilis	O-As, öN-Am	0,4 (0,6)	---
Perlgras in Arten	**Melica**	gem Zonen		
- Wimperperlgras	Melica ciliata	Eu	0,3-0,6	V-VI
Perlhyazinthe: siehe Traubenhyazinthe				
Perlpfötchen in Arten	**Anaphalis**	n Zonen		
- Perlkörbchen, Strohblume	Anaphilis margaritacea (A. yedoensis)	NO-As, N-Am	0,5	VII-IX
- Perlkörbchen	Anaphilis triplinervis	Himalaja	0,25	VII-VIII
Petersilie in Arten	**Petroselinum**	Mm		
- Krause Petersilie	Petroselinum crispum (P. sativum)	S-Eu, N-Af	0,4-0,9	VI-VII
Pfahlrohr in Arten	**Arundo**	n Zonen		
- Riesenschilf, Spanisches Rohr	Arundo donax	S-Eu	3-4	---
Pfauenradfarn: siehe Frauenhaarfarn				
Pfeifengras in Arten	**Molinia**	Eu, As		
- Riesen-Pfeifengras	Molinia altissima	Eu	0,5-2	VIII-IX
- Pfeifengras	Molinia caerulea	Eu, SW-As	0,4-0,8	VIII-IX
Pfeilkraut in Arten	**Sagittaria**	Eu, As, Am		
- Pfeilkraut	Sagittaria sagittifolia	Eu	0,5 (0,9)	VI-VII

Blüten-farbe	Standort	Bemerkungen	Bedeutung
		ca. 40 Staudenarten und Sträucher	Verleiht den eigenen Gedanken größeren Raum und stärkt das Durchsetzungsvermögen durch eine Verfeinerung der Argumentation.
rahmweiß	○	kalkliebend, frosthart, Blüte bis 2 m	
		ca. 23 Grasarten	Es gelingt einem, sich selbst aus dem Schlamassel zu ziehen.
silbrig-weiß	○	ornamentales Riesengras, frostempfindlich, Blüte bis 2 m	
		ca. 300 Staudenarten, Ein- und Zweijährige und Sträucher	Bringt kindliche Unbefangenheit und Lebensfreude.
gelb	○ ◐	immergrün, frostempfindlich	
		1 Farnart	Man wagt auch einmal Neues.
	●	frosthart	
		ca. 75 Grasarten	Man achtet mehr auf seine eigenen Bedürfnisse.
silberweiß	○	Schnittgras, kalkliebend, frosthart	
		ca. 100 Staudenarten	Man traut sich eher zu, auch einmal neue Wege zu gehen.
weiß	○	Trockenblume, frosthart	
weiß	○	Schnittblume, frosthart	
		3 Zweijährige	Erleichtert die Konzentration auf das Anstehende.
grüngelb	○	Gewürzpflanze, frosthart	
		2-3 Grasarten	Man lässt sich nicht so schnell gegen etwas emotional aufbringen.
	○	ornamentales Riesengras, frostempfindlich	
		2 Grasarten	Man gibt nicht auf halber Strecke auf.
braun	○ ◐	Ziergras	
braun	○	kalkmeidend, frosthart, Blüten bis 1,5 m	
		ca. 20 Staudenarten	Man lässt sich nicht so schnell beirren.
weiß	○ ◐	Wasserpflanze (5 - 20 cm), frosthart	

Stauden

Deutscher Name	Botanischer Name	Herkunft	Höhe in m	Blüten-monat
Pfingstrose in Arten	**Paeonia**	Eu, As, N-Am		
- Pfingstrose	Paeonis lactiflora (P. albiflora, P. japonica)	Chi, Tibet, Kor	0,5-0,8	V-VI
- Bauerpfingstrose	Paeonia officinalis	Alpen	0,6-0,8	IV-VI
Phlox in Arten	**Phlox**	N-Am, As		
- Phlox	Phlox paniculata	N-Am	0,8-1,2	VI-VIII
- Teppichphlox, Moosphlox	Phlox subulata	N-Am	0,1	IV-V
Platterbse in Arten	**Lathyrus**	gem Zonen		
- Staudenwicke	Lathyrus latifolius	M-Eu, S-Eu	2	VII-IX
- Frühlingsplatterbse	Lathyrus vernus (Orobus v.)	Eu, W-As	0,3	IV-V
Porst in Arten	**Ledum**	n gem Zone		
- Sumpf-Porst	Ledum palustre	n gem Zone	0,6-1,5	V-VII
Prachtscharte in Arten	**Liatris**	N-Am		
- Prachtscharte	Liatris spicata (L. callilepis)	N-Am	0,8	VII-IX
Prachtspiere in Arten	**Astilbe**	SO-As, N-Am		
- Prachtspiere	Astilbe x arendsii	Kreuzung (O-As)	0,6-1	VI-VII
- Prachtspiere	Astilbe chinensis	Chi, Tibet	0,4-0,5	VIII-IX
- Prachtspiere	Astilbe japonica	Jap	0,4-0,6	VI-VII
- Prachtspiere	Astilbe taquetii	Chi	1,1	VII
- Prachtspiere	Astilbe thunbergii	Chi, Jap	1-1,2	VII-VIII
Präriemalve in Arten	**Sidalcea**	N-Am		
- Präriemalve	Sidalcea x cultorum	Kreuzung	0,7	VI-VIII
Primel in Arten	**Primula**	n Zonen		
- Etagenprimel	Primula x bullesiana	Kreuzung (Chi)	0,4 (0,6)	VI-VII
- Kugelprimel	Primula denticulata	Chi, Himalaja	0,25-0,6	III-IV
- Sommerprimel, Tibetprimel	Primula florindae	Tibet	0,5-1	VI-VIII
- Gartenprimel, Gartenaurikel	Primula x hortensis	Kreuzung	0,2	V-VI
- Schlüsselblume	Primula x polyantha (P. elatior Hybride)	Kreuzung (Eu, M-As)	0,25	IV-V

Blüten-farbe	Standort	Bemerkungen	Bedeutung
		ca. 30 Staudenarten, Halbsträucher und Sträucher	Kultiviert das Lebensgefühl.
rot	○	Schnittblume, frosthart	
violettrot	○	Schnittblume, frosthart	
		67 Staudenarten, Einjährige und Sträucher	Man lässt sich nicht so leicht festlegen.
rosa	○	Schnittblume, duftend, frosthart	
hellrosa	○	immergrün, kalkliebend, frosthart	
		ca. 150 Staudenarten und Einjährige	Man kann besser Vergangenheit und Gegenwart verbinden.
weiß, rosa	◐	Rankpflanze, Schnittblume, frosthart	
blau-violett	● (◐)	unter alten Gehölzen, frosthart	
		4 Straucharten	Stärkt die Bereitschaft, Neues zu versuchen.
weiß	◐	Moorpflanze, giftig, frosthart	
		40 Staudenarten	Man lässt sich nicht so leicht in Konventionen pressen.
rotviolett	○	Schnittblume, frosthart	
		12 Staudenarten	Man vertraut mehr auf seine Fähigkeiten.
rosa	◐ ●	Schnittblume, frosthart	
rosa	◐	frosthart	
weiß, rosa	◐ ●	frosthart	
rosa	◐	frosthart	
rosa, weiß	◐ ●	frosthart	
		20 - 25 Staudenarten und Einjährige	Man bewegt sich sicherer auf neuem Terrain.
karminrot	○	frosthart	
		ca. 400 Staudenarten	Man lässt sich nicht so leicht etwas vormachen.
purpurrot	● ◐	frosthart	
diverse	○ ◐	frosthart	
gelb	◐	feuchter Standort, frosthart	
diverse	○ ◐	kalkliebend, frosthart	
diverse	◐	frosthart	

Stauden

Stauden

Deutscher Name	Botanischer Name	Herkunft	Höhe in m	Blüten-monat
- Polsterprimel	Primula x pruhoniciana	Kreuzung	0,15	IV
- Sumpfprimel, Himalajaprimel	Primula rosea	Himalaja	0,1-0,15	III-IV
- Echte Schlüsselblume	Primula veris (P. officinalis)	Eu, Sibirien	0,15-0,2	III-V
- Orchideenprimel	Primula vialii (P. littoniana)	Chi	0,3-0,5	VI-VIII
- Kissenprimel	Primula vulgaris (P. acaulis)	W-Eu, S-Eu	0,1-0,2	III-IV
Purpurglöckchen in Arten	**Heuchera**	Am		
- Purpurglöckchen	Heuchera x brizoides	Kreuzung (N-Am)	0,5-0,7	V-VII
Rainfarn in Arten	**Tanacetum (Balsamita, Pyrethrum)**	n Zonen		
- Rainfarn	Tanacetum vulgare (Chrysanthemum v.)	Eu, As	0,6-1,2	VII-IX
Rasselblume in Arten	**Catananche**	Mm		
- Rasselblume	Catananche coerulea	SW-Eu	0,45-0,6 (0,9)	VII-IX
Rhabarber in Arten	**Rheum**	Eu, As		
- Zierrhabarber, Medizinrhabarber	Rheum palmatum	Chi, Sibirien	0,8-2	V-VI
Riesenschilf: siehe Pfahlrohr				
Ringelblume in Arten	**Calendula**	S-Eu, N-Af		
- Ringelblume	Calendula officinalis	Eu	0,3-0,45 (0,7)	VI-X
Rippenfarn in Arten	**Blechnum**	weltweit		
- Rippenfarn	Blechnum spicant	Nhk	0,4	---
Rispenfarn in Arten	**Osmunda**	Eu, As, Af Am		
- Königsfarn	Osmunda regalis	weltweit	1-1,5	---
Rittersporn in Arten	**Delphinium**	weltweit		
- Rittersporn	Delphinium x belladonna	Kreuzung	0,8-1,5	VI-X
- Rittersporn	Delphinium x cultorum (D. x elatum)	Kreuzung	1,5-1,8	VI-X
- Rittersporn	Delphinium x pacific	Kreuzung	1,5-1,6	VI-X

Blüten-farbe	Standort	Bemerkungen	Bedeutung
purpur	○ ◐	frosthart	
karminrot	○ ◐	feuchter Standort, frosthart	
gelb	○ ◐	kalkliebend, frosthart, duftend	
violett	○ ◐	frostempfindlich, Alpinum	
diverse	● ◐	frosthart	
		ca. 55 Staudenarten und Gehölze	Stärkt das Körpergefühl und die vegetativen Funktionen.
rot	◐ (○)	immergrün, frosthart	
		ca. 70 Staudenarten, Einjährige und Halbsträucher	Stärkt die Bereitschaft, die Dinge zu klären.
gelb	○	Heilpflanze, frosthart	
		5 Staudenarten und Einjährige	Man ist in der Lage, im Gespräch besser auf andere einzugehen.
blaulila	○	frosthart	
		ca. 50 Staudenarten	Die körperlichen Funktionen können besser vor Einflüssen aus Fühlen und Denken geschützt werden.
rotbraun	○ ◐	Riesenstaude, große Blätter, frosthart	
		20 - 30 Staudenarten und Einjährige	Man kann besser Widerstandskraft gegen Neid und Missgunst entwickeln. Man gönnt sich selbst mehr.
orange	○ (◐)	selbst aussamend, Heilpflanze, frosthart	
		150 - 200 Farnarten	Man beharrt nicht so sehr auf eigenen Standpunkten.
	◐ ●	keine pralle Wintersonne, frosthart	
		12 Farnarten	Man lernt schneller, sich auf das Wesentliche zu konzentrieren.
	◐	hoher Farn, kalkmeidend, frosthart	
		ca. 250 Staudenarten, Ein- und Zweijährige, Rückschnitt nach der Blüte	Man kann besser Wesentliches von Unwesentlichem unterscheiden.
hellblau	○	Schnittblume, frosthart	
blau	○	Schnittblume, frosthart	
diverse	○	Schnittblume, oft einjährig, frosthart	

Stauden

Deutscher Name	Botanischer Name	Herkunft	Höhe in m	Blüten-monat
Römische Kamille in Arten	**Chamaemelum**	Eu		
- Römische Kamille	Chamaemelum nobile (Anthemis)	Eu	0,1-0,2	VI-VIII
Rohrkolben in Arten	**Typha**	tropische + gem Zonen		
- Schmalblättriger Rohrkolben	Typha angustifolia	Am, Eu, W-As	1,8	VI-X
- Breitblättriger Rohrkolben	Typha latifolia	weltweit	2	VI-XI
Rosmarin in Arten	**Rosmarinus**	Mm		
- Rosmarin	Rosmarinus officinalis	Mm	0,5-1,5	V-VII
Salbei in Arten	**Salvia**	weltweit		
- Waldsalbei	Salvia nemorosa	M-Eu, SO-Eu, O-Eu	0,4-0,8	V-VIII
- Echter Salbei	Salvia officinalis	Eu	0,2-0,7	V-VII
- Wiesensalbei	Salvia pratensis	Eu	0,3-0,8	V-VIII
Salomonssiegel in Arten	**Polygonatum**	Eu, As, Am		
- Salomonssiegel, Wohlriechende Weißwurz	Polygonatum odoratum (P. officinale)	Eu, As	0,4-0,6	V-VI
Sandglöckchen in Arten	**Jasione**	Mm, Eu		
- Sandglöckchen, Sandknöpfchen	Jasione laevis (J. perennis)	Eu	0,2-0,6	VII-VIII
Sauerklee in Arten	**Oxalis**	weltweit		
- Waldsauerklee	Oxalis acetosella	Eu, As	0,05	IV-V
Scabiose: siehe Grindkraut				
Schachbrettblume: siehe Kaiserkrone				
Schafgarbe in Arten	**Achillea**	n gem Zonen		
- Silbergarbe	Achillea ageratifolia	Balkan	0,15	VI-VII
- Gemeine Schafgarbe	Achillea millefolium	Eu, Sibirien	0,2-1,2	VI-X
- Rote Schafgarbe	Achillea millefolium 'Kelway'	Kreuzung	0,6	VI-IX
- Gelbe Polstergarbe	Achillea tomentosa	Mm	0,2	V-VI
Schattenblume in Arten	**Maianthemum**	n Zonen		

Blüten-farbe	Standort	Bemerkungen	Bedeutung
		4 Staudenarten und Einjährige	Man achtet mehr auf Signale des Körpers.
weiß	○	Bodendecker, immergrün, matten-bildend, frosthart, aromatische Blätter	
		10 - 15 Arten	Man neigt weniger zu vorschnellen Entschlüssen.
	○	Wasserpflanze (5 - 40 cm), brauner Fruchtstand, frosthart	
	○	Wasserpflanze (0 - 50 cm), brauner Fruchtstand, frosthart	
		2 Straucharten	Die Vergangenheit kann positiv in die Gegenwart eingebracht werden.
blaßblau	○	Heil- + Gewürzpflanze, frostempfindlich	
		ca. 900 Staudenarten, Ein- und Zweijährige, Sträucher	Hilft, die Gedanken zu ordnen.
diverse	○	frosthart	
violett	○	Heil- und Gewürzpflanze, frosthart	
violett	○	frosthart	
		ca. 50 Staudenarten	Man lässt sich keinen fremden Rhythmus aufdrängen.
weiß	◐ ●	kalkliebend, frosthart	
		ca. 20 Staudenarten, Ein- und Zweijährige	Man traut sich, auch mal eigene Entscheidungen in Frage zu stellen.
blau	○	kalkmeidend, frosthart	
		ca. 500 Staudenarten und Einjährige	Erhöht die Verständigungsbereitschaft.
weiß	●	zierlicher Bodendecker, frosthart	
		ca. 85 Staudenarten	Hilft, Entscheidungen mit Augenmaß zu treffen.
grauweiß	○	kalkliebend, frosthart	
weiß, rosa	○	Heilpflanze, frosthart	
karminrot	○	Schnittblume, frosthart	
	○	mattenbildend, kalkmeidend, frosthart	
		3 Staudenarten	Hilft, organisatorische Schwachpunkte zu entdecken.

Stauden

Stauden

Deutscher Name	Botanischer Name	Herkunft	Höhe in m	Blüten-monat
- Schattenblume	Maianthemum bifolium	Eu, As	0,1-0,2	V-VI
Schattenblume in Arten	**Smilacina**	As, Am		
- Schattenblume	Smilacina racemosa	N-Am	0,6-0,9	V-VI
Schaublatt: siehe Tafelblatt				
Schaumblüte in Arten	**Tiarella**	As, Am		
- Schaumblüte, Schaumkerze	Tiarella cordifolia	N-Am	0,15-0,2	IV-VI
Schildblatt	**Peltiphyllum** (Darmera)	N-Am		
- Schildblatt	Peltiphyllum peltatum (Darmera peltata)	N-Am	0,7-0,8	IV-V
Schildfarn in Arten	**Polystichum**	weltweit		
- Glänzender Schildfarn	Polystichum aculeatum	weltweit	0,7-0,8	---
- Filigranfarn, Grannen-Schildfarn, Borstiger Schildfarn	Polystichum setiferum	W-Eu, As N-Af	0,4-0,6	---
Schillergras in Arten	**Koeleria**	gem Zonen, trop. Af		
- Schillergras	Koeleria glauca	Eu, W-As	0,15-0,3	VI-VII
Schlangenbart in Arten	**Ophiopogon**	O-As		
- Schlangenbart	Ophiopogon planiscapus 'Nigrescens'	Jap	0,25	VII-X
Schlangenkopf in Arten	**Chelone**	Am		
- Schlangenkopf, Schildblume	Chelone obliqua	N-Am	0,7-1	VII-IX
Schleierkraut in Arten	**Gypsophila**	Mm, As		
- Ebensträußiges Gipskraut	Gypsophila fastigiata	Eu	0,2-0,5	VI-IX
- Schleierkraut, Rispiges Gipskraut	Gypsophila paniculata	S-Eu, Kaukasus, W-Sibirien	0,6-1,2	VI-VIII
- Kriechendes Gipskraut	Gypsophila repens	M-Eu, S-Eu	0,1-0,25	V-VIII
Schleierkraut: siehe auch Meerkohl				
Schleifenblume in Arten	**Iberis**	Eu, W-As, N-Af		

Blüten-farbe	Standort	Bemerkungen	Bedeutung
weiß	○	Bodendecker, frosthart, wuchernd, kalkmeidend	
		ca. 25 Staudenarten	Man kann unangenehme Wahrheiten oder Kritik besser vermitteln.
rahmweiß	◐	gelb-rote Frucht, kalkmeidend, frosthart	
		ca. 7 Staudenarten	Erleichtert es, geschäftliche und private Dinge leichter miteinander zu verbinden.
weiß	(◐) ●	Bodendecker, frosthart	
		1 Staudenart	Man ist eher in der Lage, die Umgebung seinen Bedürfnissen anzupassen.
rosa	○ ◐	feuchter Standort, kriechend ausbreitend, Blüten vor den Blättern, frosthart	
		ca. 200 Farnarten	Man kann verdrängte Bedürfnisse besser in das Gefühlsleben integrieren.
	◐ ●	Waldfarn, frosthart	
	◐	Waldfarn, sehr formenreich, frosthart	
		ca. 30 Grasarten	Man kann sich besser und schneller auf neue Situationen einstellen.
braungrün	○	kalkmeidend, frosthart	
		ca. 50 Staudenarten	Man ist besser in der Lage, sich selbst zu organisieren.
lila	◐ ●	immergrün, frosthart, schwärzliche Blätter, schwarze Frucht	
		6 Staudenarten	Erlaubt es, eine spirituelle Komponente in den Alltag zu bringen und dem Alltag einen Sinn zu geben.
altrosa	○ ◐	Schnittblume, kalkmeidend, frosthart	
		ca. 100 Staudenarten und Einjährige	Man schätzt seine eigenen Möglichkeiten besser ein, man übernimmt sich nicht.
weiß, rosa	○	kalkliebend, frosthart	
weiß	○	frosthart	
weiß, rosa	○	frosthart	
		ca. 40 Staudenarten, Einjährige und Halbsträucher	Man nimmt neue Herausforderungen an.

Stauden

Stauden

Deutscher Name	Botanischer Name	Herkunft	Höhe in m	Blüten-monat
- Felsen-Schleifenblume	Iberis saxatilis	S-Eu	0,1	III-IV
- Schleifenblume	Iberis sempervirens (I. commutata)	S-Eu, Kl-As	0,15-0,3	IV-V
Schlüsselblume: siehe Primel				
Schmiele in Arten	**Deschampsia**	gem Zonen		
- Rasenschmiele	Deschampsia caespitosa	Eu, As, Am	0,6-1	VI-VII
Schneeglöckchen in Arten	**Galanthus**	Eu, W-As		
- Schneeglöckchen	Galanthus nivalis	Eu	0,1-0,2	II-III
Schnittlauch: siehe Lauch				
Schöterich in Arten	**Erysimum (Cheiranthus)**	Eu, N-Af, As, N-Am		
- Schöterich	Erysimum helveticum (E. pumilum)	Eu	0,1-0,25	VI-VIII
Schwaden in Arten	**Glyceria**	weltweit		
- Wasserschwaden	Glyceria maxima (G. aquatica)	Eu, As	0,7-0,8	VII-VIII
Schwanenblume: siehe Blumenbinse				
Schwertlilie in Arten	**Iris**	n Zonen		
- Hohe Bartiris, Schwertlilie	Iris germanica Barbata-Elatior	Kreuzung	0,7-1	V-VI
- Mittelhohe Bartiris, Schwertlilie	Iris germanica Barbata-Media	Kreuzung	0,3-0,5	V
- Zwergiris, Zwergschwerlilie	Iris germanica Barbata-Nana (I. pumila)	Kreuzung	0,15-0,2	IV-V
- Sumpfschwertlilie, Gelbe Schwertlilie	Iris pseudacorus	Eu, W-Sibirien	0,7-1	VI
- Wieseniris, Sibirische Schwertlilie	Iris sibirica	M-Eu, O-Eu, Sibirien	0,5-1,2	VI
- Steppeniris	Iris spuria	M-Eu, O-Eu, Iran	0,5-1	VI-VII
Schwingel in Arten	**Festuca**	gem Zonen		
- Blauschwingel	Festuca glauca	Eu	0,2-0,4	V-VII
- Atlasschwingel	Festuca mairei	Marokko, Atlas	0,6-1	VI-VII

Blüten-farbe	Standort	Bemerkungen	Bedeutung
weiß	○	immergrün, kalkliebend, nachblühend, frosthart	
weiß	○	immergrün, frosthart	
		ca. 50 Grasarten	Erleichtert es, die Dinge praktischer anzugehen und eine praktische Lösung zu finden.
gelbbraun	○ ◐	Ziergras, kalkmeidend, frosthart	
		ca. 19 Staudenarten (Zwiebeln)	Gibt Hoffnung auf Neubeginn oder eine neue Chance.
weiß	◐	frosthart	
		ca. 80 Staudenarten, Ein- und Zweijährige	Man lässt sich den Spaß nicht nehmen.
gelb	○	frosthart	
		16 Grasarten	Man lässt sich von übler Laune nicht anstecken.
gelbgrün	○	Wasserpflanze (0 - 20 cm), ausbreitend, frosthart	
		ca. 300 Staudenarten (zumeist Zwiebeln)	Bringt Kreativität und neuen Schwung ins Handeln.
diverse	○	frosthart	
diverse	○	frosthart	
diverse	○	frosthart	
gelb	○ ◐	Wasserpflanze (0 - 30 cm), frosthart	
diverse	○	Sumpfpflanze, Schnittblume, frosthart	
blau-gelb	○	kalkliebend, frosthart	
		300 - 400 Grasarten	Erhöht die Unbefangenheit auch in schwierigen Situationen.
blaugrün	○	blaues Ziergras, frosthart	
grün	○	frosthart	

Stauden

Stauden

Deutscher Name	Botanischer Name	Herkunft	Höhe in m	Blüten-monat
- Schafschwingel	Festuca ovina	n gem Zone	0,2-0,4	VI-VII
- Bärenfellschwingel	Festuca scoparia	Pyrenäen	0,2-0,4	VI-VII
Seekanne in Arten	**Nymphoides**	weltweit		
- Seekanne	Nymphoides peltata (Limnantheum nymphoides, L. peltatum, Villarsia nymphoides)	Eu, As	0,05	VII-VIII
Seerose in Arten	**Nymphaea**	weltweit		
- Weiße Seerose	Nymphaea alba	Eu	0,1	VI-IX
- Seerose	Nymphaea x hybrida	Kreuzung	0,1	VI-IX
- Seerose	Nymphaea odorata	nöN-Am	0,1	VI-IX
Segge in Arten	**Carex**	weltweit		
- Rote Segge	Carex buchananii	Neuseeland	0,4-0,5	VII
- Morgensternsegge, Muskatblüten-Riedgras	Carex grayi	N-Am	0,3-0,6	VII-VIII
- Bergsegge	Carex montana	Eu, O-As	0,1-0,3	III-V
- Japan-Segge	Carx morrowii (C. oshimensis)	Jap	0,3-0,5	III-IV
- Riesensegge, Nickende Segge	Carex pendula (C. maxima)	Eu	0,5-1,5	VI-VII
- Scheinzyper-Segge	Carex pseudocyperus	n Zone	0,4-1	VI-VII
- Waldsegge	Carex sylvatica	Eu	0,3-0,7	VI-VII
- Schattensegge	Carex umbrosa (C. polyrrhiza)	M-Eu	0,2-0,5	V-VI
Seifenkraut in Arten	**Saponaria**	Eu, SW-As		
- Seifenkraut	Saponaria ocymoides	SW-Eu, Alpen	0,05-0,15	V-VII
Silberährengras	**Lasiagrostis**			
- Silberährengras	Lasiagrostis calamagrostis	S-Eu, SO-Eu	0,6-0,8	VI-X
Silberdistel: siehe Eberwurz				
Silberkerze in Arten	**Cimicifuga**	n gem Zonen		
- Lanzen-Silberkerze	Cimicifuga cordifolia (C. racemosa var. cordifolia)	öN-Am	1,5-2	VIII-IX

Blüten-farbe	Standort	Bemerkungen	Bedeutung
grünblau	○ ◐	frosthart	
grüngelb	◐ (●)	frosthart	
		ca. 20 Staudenarten	Man besinnt sich mehr auf seine eigenen Stärken.
gelb	○ ◐	Wasserpflanze (10 - 50 cm), kalkmeidend, stark ausbreitend, frosthart	
		ca. 50 Staudenarten	Führt zu emotionaler Unbefangenheit auch in Krisensituationen.
weiß	○	Wasserpflanze (50 - 120 cm), frosthart	
diverse	○	Wasserpflanze (30 - 60 cm), frosthart	
weiß	○	Wasserpflanze (40 - 70 cm), frosthart	
		ca. 1500 Grasarten	Hilft, von richtigen Voraussetzungen auszugehen.
rotbraun	○	rotes Ziergras, frostempfindlich	
grün	○	grünes Ziergras, feuchter Standort, kalkmeidend, frosthart	
schwarz-violett	◐	grünes Ziergras kalkliebend, frosthart	
gelb	◐ ●	grünes Ziergras, frostempfindlich, kalkmeidend	
grünlich	◐ ●	Wassergras (0 - 10 cm), gelbgrün, kalkmeidend, frosthart	
grün	○ ◐	Wassergras (0 - 10 cm), grün, frosthart	
grün	◐ ●	grünes Ziergras, frosthart	
rotbraun	◐ ●	grünes Ziergras, kalkmeidend,	
		ca. 20 Staudenarten und Einjährige	Man räumt der Familie den gebührenden Raum ein.
karmin-rosa	○	kalkliebend, frosthart	
		Man schöpft die Kraft aus der Familie.	
weißgelb	○	Ziergras	
		18 Staudenarten	Man kann seine Arbeitskraft besser in ein Projekt einbringen.
weiß	● ◐	frosthart	

Stauden

Stauden

Deutscher Name	Botanischer Name	Herkunft	Höhe in m	Blüten-monat
- Oktober-Silberkerze	Cimicifuga simplex	Jap, Sachalin	1,2-1,5	IX-X
Silberwurz in Arten	**Dryas**	Alpen		
- Silberwurz	Dryas x suendermannii	Kreuzung	0,1-0,15	V-VI
Simse in Arten	**Scirpus**	weltweit		
- Teichbinse	Scirpus lacustris (Schoenoplectus l.)	weltweit	1-2	VI-VIII
- Waldsimse	Scirpus sylvaticus	Eu, As	0,6-1	VI-IX
Sommeraster	**Callistephus**	O-As		
- Sommeraster	Callistephus chinensis	Chi	0,2-0,5	VIII-X
Sommermalve in Arten	**Lavatera**	weltweit		
- Thüringer Strauchpappel	Lavatera thuringiana	Eu, W-As	0,5-1,5 (2,0)	VII-IX
Sonnenauge in Arten	**Heliopsis**	N-Am		
- Sonnenauge	Heliopsis scabra (H. helianthoides var. scabra)	N-Am	1,2-1,3	VII-IX
Sonnenblume in Arten	**Helianthus**	Am		
- Einjährige Sonnenblume	Helianthus annuus	N-Am	1-2	VIII-X
- Sonnenblume	Helianthus decapetalus	N-Am	1,2	VIII-IX
- Weidenblättrige Sonnenblume	Helianthus salicifolius (H. orgyalis)	N-Am	2-2,2	IX-X
Sonnenbraut in Arten	**Helenium**	Am		
- Sonnenbraut	Helenium hoopesii	N-Am	0,6	V-VI
- Sonnenbraut	Helenium x hybridum	Kreuzung	0,8-1,5	VII-IX
Sonnenhut in Arten	**Rudbeckia** (Echinacea)	Am		
- Sonnenhut	Rudbeckia laciniata	N-Am	0,8-1,5	VIII-X
- Sonnenhut	Rudbeckia nitida	N-Am	2	VIII-X
- Roter Sonnenhut	Rudbeckia purpurea (Echinacea p.)	N-Am	0,9-1,2	VII-IX
- Sonnenhut	Rudbeckia sullivantii (R. fulgida var.s.)	N-Am	0,7	VIII-X
Sonnenröschen in Arten	**Helianthemum**	Eu, As, Af, Am		

Stauden

Blüten-farbe	Standort	Bemerkungen	Bedeutung
weiß	● ◐	Stützhilfe, frosthart	
		2 Halbstrauchearten	Man akzeptiert auch ungewöhnliche Erfahrungen.
rahmweiß	○	Bodendecker, immergrün kalkliebend, frosthart	
		Man kann sich Dinge leichter merken.	
braun	○ (◐)	Wasserpflanze (10 - 80 cm)	
	◐	Sumpfpflanze (0 - 5 cm)	
		1 Staudenart	Erhöht die Arbeitsfreude.
diverse	○	hohe Sorten, Stützhilfe erforderlich, frostempfindlich	
		ca. 25 Staudenarten, Ein- und Zweijährige, Halbsträucher und Sträucher	Man freut sich, mit anderen zusammenarbeiten zu können.
rosa	○ ◐	frosthart	
		12 - 13 Staudenarten	Man kann seine Gefühle besser im Zaum halten.
gelb	○	frosthart	
		70 - 80 Staudenarten und Einjährige	Man ist glücklich aus sich selbst heraus.
gelb	○	Schnittblume, frosthart	
gelb	○	frosthart	
gelb	○	frosthart	
		ca. 40 Staudenarten, Ein- und Zweijährige	Hilft, Konflikte in der Familie zu entschärfen.
gelb	(○) ◐	Schnittblume, frosthart	
rot, gelb	○	Schnittblume, frosthart	
		ca. 20 Staudenarten, Ein- und Zweijährige	Alte seelische Wunden können besser heilen.
gelb	○	frosthart	
gelb	○	frosthart	
purpur	○	frosthart	
gelb	○	frosthart	
		ca. 110 Straucharten	Man bekommt eine Beziehung zu seinem Körper und akzeptiert ihn mit seinen Besonderheiten.

Stauden

Deutscher Name	Botanischer Name	Herkunft	Höhe in m	Blüten-monat
- Sonnenröschen	Helianthemum x hybridum	Kreuzung	0,15-0,2	V-VIII
Spierstaude: siehe Mädesüß				
Spornblume in Arten	**Centranthus**	Mm		
- Spornblume, Roter Baldrian	Centranthus ruber	S-Eu	0,6-1	VI-IX
Springkraut in Arten	**Impatiens**	gem Zonen, Tropen		
- Garten-Springkraut, Rührmichnichtan	Impatiens balsamina	As	0,3-0,6	VII-VIII
- Fleißiges Lieschen	Impatiens walleriana	Kreuzung	0,3-0,4 (0,6)	VI-X
Stachelnüsschen in Arten	**Acaena**	s Zonen		
- Stachelnüsschen	Acaena buchananii	Aus, Neuseeland	0,05-0,1	IV-V
- Stachelnüsschen	Acaena microphylla	Neuseeland	0,1	VI-VII
Steinbrech in Arten	**Saxifraga**	n Zonen		
- Krustiger Polstersteinbrech	Saxifraga x apiculata	Kreuzung	0,1-0,15	III-IV
- Moossteinbrech	Saxifraga x arendsii	Kreuzung	0,15	V
- Rosettensteinbrech, Prachtsteinbrech	Saxifraga cotyledon	Alpen, Pyrenäen, Skandinavien	0,05-0,5	VI
- Oktobersteinbrech	Saxifraga fortunei (S. cortusifolia var. f.)	Jap	0,3	IX-X
- Astmoossteinbrech	Saxifraga hypnoides	NW-Eu	0,05-0,3	V-VI
- Steinbrech	Saxifraga trifurcata	Iberien	0,2	V-VI
- Porzellanblümchen	Saxifraga umbrosa (S. geum)	Iberien	0,1-0,4	VI-VIII
Steinkraut in Arten	**Alyssum**	Eu, Af, As		
- Berg-Steinkraut	Alyssum montanum	SO-Eu	0,2	IV-V
- Felsen-Steinkraut	Alyssum saxatile	Eu	0,25	IV-V
Steinsame in Arten	**Buglossoides**	Eu, Af, As		

Blüten-farbe	Standort	Bemerkungen	Bedeutung
diverse	○	frosthart	
		8 - 12 Staudenarten, Einjährige, Halbsträucher	Man durchschaut seine eigenen Muster.
karmin, rosa	○	selbst aussamend, kalkliebend, frostempfindlich	
		ca. 850 Staudenarten, Halbsträucher und Einjährige	Man kann auch mal abwarten.
diverse	○	frostempfindlich (+ 5 °C)	
diverse	◐	frostempfindlich (+ 10 °C)	
		ca. 100 Staudenarten + Halbsträucher	Man lässt sich nicht so leicht aufs Glatteis führen.
gelblich	○ (◐)	Bodendecker, Blätter silbergrau, frostempfindlich	
weißlich	○ (◐)	Bodendecker, braune Blätter, frostempfindlich	
		ca. 400 Staudenarten, Ein- + Zweijährige	Schützt die vegetativen Funktionen vor unangenehmen Emotionen.
gelb	◐	immergrün, kalkliebend, frosthart	
rot	◐	frosthart	
weiß	◐ ●	kalkmeidend, frosthart	
weiß	◐ / ●	frosthart	
weiß	◐	Bodendecker, braun, frosthart	
weiß	○	kalkliebend, frosthart	
weiß	◐ ●	frosthart	
		ca. 150 Staudenarten, Einjährige + Sträucher	Man lernt die Vorteile der eigenen Situation schätzen.
gelb	○	mattenbildend, kalkliebend, frosthart	
gelb	○	kalkliebend, frosthart	
		ca. 15 Staudenarten, Einjährige + Halbsträucher	Verstärkt Freude am Detail.

Stauden

Stauden

Deutscher Name	Botanischer Name	Herkunft	Höhe in m	Blüten-monat
- Steinsame	Buglossoides purpurocaerula (Lithospermum p., Lithodora)	M-Eu, S-Eu, Kl-As	0,3	VI-VII
Steppenkerze in Arten	**Eremurus**	As		
- Steppenkerze	Eremurus robustus	M-As	0,8-2 (3)	V-VI
Sterndolde in Arten	**Astrantia**	Eu, As		
- Große Sterndolde	Astrantia major	Eu, Kaukasus	0,6 (0,9)	VI-VII
Stiefmütterchen: siehe Veilchen				
Stockrose: siehe Eibisch				
Storchschnabel in Arten	**Geranium**	gem B		
- Storchschnabel	Geranium dalmaticum	Dalmatien, Albanien	0,1	VII-VIII
- Storchschnabel	Geranium endressii	Pyrenäen	0,3	V-VIII
- Storchschnabel	Geranium macrorrhizum	SO-Eu	0,25	V-VII
- Kaukasus-Storchschnabel	Geranium x magnificum (G. platypeltatum)	Kreuzung	0,6	V-VII
- Blut-Storchschnabel	Geranium sanguineum	Eu, Kaukasus	0,3	V-VIII
- Zwerg-Storchschnabel	Geranium subcaulescens (G. cinereum ssp. s.)	SO-Eu	0,1	VI-VII
Strandflieder in Arten	**Limonium**	weltweit		
- Strandflieder, Meerlavendel	Limonium latifolium (L. platyphyllum)	SO-Eu, W-As	0,6	V-VIII
Strauchpappel: siehe Sommermalve				
Straußfarn in Arten	**Matteucia**	Eu, As, N-Am		
- Straußfarn	Matteuccia struthiopteris (Onoclea s., Struthiopteris filicastrum)	Eu, As, N-Am	0,3-1,5	---
Streifenfarn in Arten	**Asplenium** (Ceterach, **Phyllitis**)	weltweit		
- Hirschzungenfarn	Asplenium scolopendrium (Phyllitis s., Scolopendrium vulgare)	Nhk	0,35-0,4	---

Blüten-farbe	Standort	Bemerkungen	Bedeutung
rot, blau	○ ◐ ●	Bodendecker, kalkliebend, frosthart	
		ca. 40 - 50 Staudenarten	Man erhält sich seinen Frohsinn.
rosa, weiß	○	frostempfindlich	
		ca. 10 Staudenarten	Hilft, die Dinge nicht zu nah an sich herankommen zu lassen.
weißrosa	◐ ●	trockene Böden, selbst aussamend, frosthart	
		ca. 300 Staudenarten (Knollen), Ein- + Zweijährige	Erhöht das Taktgefühl, fördert behutsames Vorgehen.
rosa	○ (◐)	kalkliebend, frosthart	
rosa	○ (●)	Bodendecker, frosthart	
	○ (●)	Bodendecker, frosthart aromatisch duftend	
violett	○ (●)	frosthart	
karminrot	○ ◐	Bodendecker, frosthart, kalkliebend	
karminrot	○ (◐)	kalkliebend, frosthart	
		ca. 150 Staudenarten, Ein- + Zweijährige und Halbsträucher	Man erkennt besser, was man besonders gut kann.
violett	○	Schnittblume, kalkliebend, frosthart	
		3 - 4 Farnarten	Man arbeitet gründlicher und übersieht weniger.
	◐ ●	kalkmeidend, ausläuferbildend, frosthart	
		ca. 700 Farnarten	Harmonisiert die Gedankenwelt, lässt kleine Kümmernisse leichter überwinden.
	◐ ●	kalkliebend, frosthart	

Stauden

Stauden

Deutscher Name	Botanischer Name	Herkunft	Höhe in m	Blüten-monat
- Braunstieliger Streifenfarn, Streifen-Milzfarn	Asplenium trichomanes	weltweit	0,1	---
Sumpffarn in Arten	**Thelypteris**	weltweit		
- Sumpffarn	Thelypteris palustris	weltweit	0,3-0,8	---
Sumpfkalla	**Calla**	Eu		
- Sumpfkalla	Calla palustris	N-Eu, M-Eu	0,2-0,3	V-VI
Tafelblatt	**Astilboides**	O-As		
- Tafelblatt	Astilboides tabularis (Rodgersia t.)	Chi, Kor	1 (1,5)	VI-VII
Taglilie in Arten	**Hemerocallis**	O-As		
- Taglilie	Hemerocallis flava (H. lilio-asphodelus)	Jap, Sibirien	0,6 (1)	V-VI
- Taglilie	Hemerocallis x hybrida	Kreuzung	0,5-1,2	VI-VIII
Taubnessel in Arten	**Lamium (Galeobdolon, Lamiastrum)**	Eu, As, N-Af		
- Goldnessel	Lamium galeobdolon (Lamiastrum g., Galeobdol. luteum)	Eu, W-As	0,2-0,25	IV-VII
- Gefleckte Taubnessel	Lamium maculatum	N-Eu, N-Iran	0,15-0,25	IV-IX
Teichrose: siehe Mummel oder Seerose				
Teufelskralle in Arten	**Phyteuma**	Eu, As		
- Scheuzers Teufelskralle	Phyteuma scheuzeri	Eu	0,15-0,2	VI-VIII
Thymian in Arten	**Thymus**	Eu, As		
- Thymian	Thymus doerfleri	Albanien	0,05 (0,15)	VI-VII
- Thymian	Thymus pseudolanuginosus	W-Eu	0,05	V-VI
- Sand-Thymian, Feld-Thymian, Quendel	Thymus serpyllum (Th. angustifolius)	Eu, As, N-Af	0,05 (0,25)	VI-VII
- Echter Thymian, Garten-Thymian	Thymus vulgaris	Mm	0,2-0,4	V-X
Tränendes Herz in Arten	**Dicentra**	As, N-Am		

Blüten-farbe	Standort	Bemerkungen	Bedeutung
	◐	Kleinfarn, für Alpinum, frosthart	
		2 Farnarten	Man kann die gegebenen Umstände gut für sich nutzen.
	○◐	Wasserfarn (0 - 30 cm), ausläuferbildend, frosthart	
		1 Staudenart	Man kann eine emotionale Zuwendung besser annehmen.
weiß	○◐	Wasserpflanze (0 - 20 cm), rote Beeren, giftig	
		1 Staudenart	Fördert die Systematik bei der Arbeit.
weiß	◐●	Blätter bis 90 cm lang, Teichrand, frosthart	
		13 - 15 Staudenarten	Man kann sowohl verschiedene Standpunkte als auch verschiedene Tätigkeitsbereich unter einen Hut bringen.
gelb	○◐	frosthart	
diverse	○◐	frosthart	
		ca. 50 Staudenarten und Einjährige	Hilft, den richtigen Moment zu erkennen.
gelb	◐●	starkwüchsiger Bodendecker, frosthart	
rosa, purpur	◐●	Bodendecker, frosthart	
		ca. 40 Staudenarten	Man ist eher in der Lage, seine Neugierde zu befriedigen.
blau	○	frosthart	
		ca. 450 Staudenarten, Halbsträucher und Sträucher	Man kann seine Träume eher verwirklichen.
rosa	○	Bodendecker, frosthart	
rosa	○	Bodendecker, frosthart	
karminrot	○	Bodendecker, Gewürzpflanze, frosthart	
rosa	○	Heil- + Gewürzpflanze, bedingt frosthart	
		ca. 20 Staudenarten und Einjährige	Man hat Spaß am Beobachten.

Stauden

Stauden

Deutscher Name	Botanischer Name	Herkunft	Höhe in m	Blüten-monat
- Doppelsporn	Dicentra eximia	N-Am	0,2-0,3 (0,6)	V-VI
- Tränendes Herz	Dicentra spectabilis	Chi, Jap	0,6-0,75	IV-V
Traubenhyazinthe in Arten	**Muscari**	Mm, SW-As		
- Traubenhyazinthe	Muscari armeniacum	SO-Eu	0,15-0,2	IV
Trichterfarn: siehe Straußfarn				
Troddelblume: siehe Alpenglöckchen				
Trollblume in Arten	**Trollius**	n gem Zonen		
- Chinesische Trollblume	Trollius chinensis (T. ledebourii)	Chi	0,8-0,9	VII-VIII
- Europäische Trollblume	Trollius europaeus	M-Eu, S-Eu	0,6-0,7	V-VI
Trugerdbeere in Arten	**Duchesnea**	O-As		
- Trugerdbeere	Duchesnea indica (Fragaria i.)	O-As	0,1	V-IX
Tüpfelfarn in Arten	**Polypodium**	weltweit		
- Gemeiner Tüpfelfarn, Engelsüß	Polypodium vulgare	Eu, Af, As	0,2	---
Veilchen in Arten	**Viola (Erpetion)**	gem Zonen		
- Hornveilchen	Viola cornuta	Pyrenäen	0,15-0,2	VI-VII
- Duftveilchen	Viola odorata	W-Eu, Kaukasus	0,15	III-IV
- Stiefmütterchen	Viola tricolor	Kreuzung	0,10	V-X
Vergissmeinnicht in Arten	**Brunnera**	Eu, As		
- Kaukasus-Vergissmeinnicht	Brunnera macrophylla (Anchusa myosotidiflora)	Kaukasus	0,5	IV-VI
Vergissmeinnicht in Arten	**Myosotis**	Eu, As, Aus, Am		
- Sumpf-Vergissmeinnicht	Myosotis palustris (M. scorpioides)	Eu, N-As	0,3	V-IX
Wachsglocke in Arten	**Kirengeshoma**	O-As		
- Wachsglocke	Kirengeshoma palmata	Jap	0,6 (1,2)	VIII-X
Waldmeister: siehe Labkraut				
Waldsteinie in Arten	**Waldsteinia**	n gem Zonen		

Blüten-farbe	Standort	Bemerkungen	Bedeutung
purpur-rosa	◐	Bodendecker, frosthart	
rosarot	◐	frosthart	
		ca. 30 Staudenarten (Zwiebeln)	Man lässt nicht so leicht durch bunte Bilder täuschen.
blau	○	ausbreitend, frosthart	
		ca. 24 Staudenarten	Fördert eine heitere und freundliche Art.
gelb	○ ◐	frosthart	
gelb	○ ◐	frosthart	
		6 Staudenarten	Man kann besser unterscheiden, was für einen günstig oder ungünstig ist.
gelb	◐	Bodendecker, rote Frucht, ungenießbar, frosthart	
		ca. 75 Farnarten	Erleichtert die Aufnahme neuer Informationen.
	◐	kalkmeidend	
		ca. 500 Staudenarten, Ein- und Zweijährige	Bringt mehr Klarheit in die Gedanken, ungeordnete Gedanken verschwinden.
blau	○ ◐	frostempfindlich	
blau	◐	nachblühend IX, frosthart	
diverse	○ ◐	frosthart	
		3 Staudenarten	Man kann das Neue mit bereits Vorhandenem gut verbinden.
blau	◐ ●	Bodendecker, leicht aussamend, frosthart	
		ca. 50 Staudenarten, Ein-und Zweijährige	Man ist in der Lage, sich auf eine Aufgabe zu konzentrieren.
blau	○ ◐	feuchter Standort, selbst aussamend, frosthart	
		2 Staudenarten	Man kann auch aus Routinetätigkeiten noch etwas Besonderes machen.
zitronen-gelb	◐	kalkmeidend, frosthart	
		6 Staudenarten	Man kommt über kleine Widrigkeiten schnell hinweg.

Stauden

Stauden

Deutscher Name	Botanischer Name	Herkunft	Höhe in m	Blüten-monat
- Waldsteinie	Waldsteinia geoides	M-Eu	0,2-0,25	IV-VI
- Waldsteinie	Waldsteinia ternata (W. trifolia)	SO-Eu, Sibirien, Japan	0,1	IV-V
Wasserähre in Arten	**Aponogeton**	Af, As, Aus		
- Wasserähre	Aponogeton distachyos	S-Af, O-Af	0,15-0,2	V-X
Wasseraloe: siehe Krebsschere				
Wasserdost in Arten	**Eupatorium**	Eu, Af, As, Am		
- Wasserhanf, Gemeiner Wasserdost	Eupatorium cannabium	Eu	0,5-1,5	VII-IX
- Wasserdost	Eupatorium purpureum (E. fistulosum)	öN-Am	1,8-2,2	VII-IX
Wasserfeder in Arten	**Hottonia**	Eu, As, Am		
- Sumpf-Wasserfeder	Hottonia palustris	Eu, W-As	0,2-0,3	V-VI
Weiderich in Arten	**Lythrum**	n gem Zonen		
- Blutweiderich	Lythrum salicaria	Eu, As	0,8-1	VI-VIII
Weißwurz: siehe Salomonssiegel				
Wermut: siehe Edelraute				
Wicke: siehe Platterbse				
Wiesenknopf in Arten	**Sanguisorba**	n gem Zonen		
- Kleiner Wiesenknopf	Sanguisorba minor	Eu, W-As	0,15-0,8	V-VIII
Wiesenraute in Arten	**Thalictrum**	weltweit außer Aus		
- Amstelraute	Thalictrum aquilegifolium	O-Eu, M-Eu	1-1,2	V-VII
- Wiesenraute	Thalictrum dipterocarpum (T. delavayi)	Chi	1,5-2	VII-IX
Wimperfarn in Arten	**Woodsia**	weltweit		
- Wimperfarn	Woodsia obtusa	N-Am	0,2	---
Windröschen: siehe Anemone				
Winterling in Arten	**Eranthis**	Eu, As		

Blüten-farbe	Standort	Bemerkungen	Bedeutung
gelb	◐●	Bodendecker, frosthart	
gelb	◐●	Bodendecker, frosthart	
		44 Staudenarten	Unterschiedliche Dinge vertragen sich gut.
weiß	○	Wasserpflanze (20 - 50 cm), frostempfindlich im Flachwasser	
		ca. 40 Staudenarten und Einjährige	Man kann die eigenen Besonderheiten nach außen gut darstellen.
	○◐	feuchter Standort, frosthart	
rosarot	○◐	feuchter Standort, frosthart	
		2 Staudenarten	Bessere Wachtumsmöglichkeiten auch unter ungünstigen Umständen.
weißrosa	◐	Wasserpflanze (10 - 20 cm), kalkmeidend, frosthart	
		38 Staudenarten und Einjährige	Erleichtert das Fortsetzen von Projekten, auch wenn der erste Schwung aufgebraucht ist.
rosarot	○	Schnittblume, frosthart	
		ca. 18 Staudenarten	Erleichtert einen Tätigkeitswechsel, falls dieser erforderlich wird.
karminrot	○	Heil- + Gewürzpflanze, frosthart	
		ca. 130 Staudenarten	Man gönnt auch anderen ihren Erfolg.
hell-lila	◐ (●)	frosthart	
violett	◐ (●)	kalkmeidend, frosthart	
		ca. 25 Farnarten	Schützt die inneren Organe vor verdrängten Emotionen.
	○◐	kleiner Farn, frosthart	
		7 Staudenarten (Knollen)	Erhöht die Geduld, einen geeigneten Augenblick abzuwarten.

Stauden

Stauden

Deutscher Name	Botanischer Name	Herkunft	Höhe in m	Blüten- monat
- Winterling	Eranthis hyemalis	SO-Eu	0,05	I-III
Witwenblume in Arten	**Knautia**	Eu, As, N-Af		
- Witwenblume	Knautia macedonica (Scabiosa rumelica)	Eu, W-As	0,6-0,8	VII-IX
Wolfsblume: siehe Lupine				
Wolfsmilch in Arten	**Euphorbia**			
- Walzen-Wolfsmilch	Euphorbia myrsinites	Mm	0,2-0,25	VI-VII
- Sumpf-Wolfsmilch	Euphorbia palustris	Eu	0,5-1,5	V-VI
- Frühlings-Wolfsmilch	Euphorbia polychroma (E. epithymoides)	O-Eu	0,35-0,5	IV-VI
- Weihnachtsstern	Euphorbia pulcherrima	M-Am	2,0-4,0	
Wollblatt in Arten	**Eriophyllum**	N-Am		
- Wüstengoldaster	Eriophyllum lanatum (E. caespitosum)	N-Am	0,25-0,3	VI-VIII
Wollgras in Arten	**Eriophorum**	Eu, Af, Am		
- Scheiden-Wollgras	Eriophorum vaginatum	n gem Zonen	0,3	IV
Wüstengoldaster: siehe Wollblatt				
Wulfenie: siehe Kuhtritt				
Wundklee in Arten	**Anthyllis**	Mm		
- Bergwundklee	Anthyllis vulneraria	Mm	0,15-0,3	V-VIII
Wurmfarn in Arten	**Dryopteris**	n gem Zonen		
- Goldschuppenfarn, Schuppiger Wurmfarn	Dryopteris borrei (D. affinis, D. pseudomas)	n gem Zone	1	---
- Breiter Wurmfarn	Dryopteris dilatata (D. austriaca)	Eu, N-Am W-Sibirien,	0,8	---
- Rotschleierfarn	Dryopteris erythosora	Chi, Jap	0,5	---
- Gemeiner Wurmfarn	Dryopteris filix-mas	Eu, N-Am	1	---

Stauden

Blüten-farbe	Standort	Bemerkungen	Bedeutung
gelb	◐	kalkliebend, frosthart	
		ca. 40 Staudenarten	Erleichtert das Finden ungewöhnlicher, nicht auf der Hand liegender Lösungen.
rot	○	Stützhilfe, frosthart	
		ca. 2.000 Pflanzenarten, giftig	Vertreibt wiederkehrende unangenehme Gedanken und erhält dadurch gute Laune.
grüngelb	○	immergrün, kalkliebend, frosthart	
gelb	○	Sumpfpflanze (0 - 10 cm), frosthart	
gelb	○ ◐	kalkliebend, frosthart	
	○	rote Hüllblätter, kälteempfindlich (+ 13 °C)	
		ca. 12 Staudenarten, Einjährige und Halbsträucher	Man erzielt einen größeren persönlichen Nutzen aus wiederkehrenden Tätigkeiten. Man kann mehr Kreativität in die Alltagsroutine einfließen lassen.
gelb	○	frosthart	
		ca. 20 Staudenarten	Fördert ein unbeschwertes Vorankommen, Trägheitsmomente werden schneller überwunden.
	○	Moorpflanze, frosthart, weißwollige Frucht	
		ca. 20 Staudenarten, Einjährige und Sträucher	Man weiß, dass man gemeinsam stärker ist.
gelb	○	kalkliebend, frosthart	
		ca. 200 Farnarten	Die Vitalität des Körpers wird von innen heraus gestärkt (u. a. über die Harmonisierung der vegetativen Funktionen).
	◐ ●	kalkmeidend, frosthart	
	●	kalkmeidend, frosthart	
	◐	auch feuchte Standorte, frosthart	
	◐ ●	frosthart	

Stauden

Deutscher Name	Botanischer Name	Herkunft	Höhe in m	Blüten-monat
Ysop in Arten	**Hyssopus**	Mm, M-As		
- Ysop	Hyssopus officinalis	Eu, W-As	0,3	VII-VIII
Yucca: siehe Palmlilie				
Ziest in Arten	**Stachys (Betnica)**	n gem Zonen		
- Großblütiger Ziest	Stachys grandiflora	Iran, Kaukasus	0,5	V-VI
- Wollziest, Eselsohr	Stachys lanata (St. byzantina, St. olympica)	Iran, Kaukasus	0,15-0,4	
Zittergras in Arten	**Briza**	Eu, As		
- Zittergras	Briza media	Eu, W-As	0,2-0,4	V-VI
Zweiblatt: siehe Schattenblume				
Zwergbambus in Arten	**Sasa**	O-As		
- Zwergbambus	Sasa pumila (Arundinaria pumila, Pleioblastus chino var. veridis f. pumilus)	Jap	0,5-0,8	
Zwergmargerite: siehe Bertramwurzel				
Zyperngras in Arten	**Cyperus**	weltweit		
- Zyperngras	Cyperus longus	S-Eu	1	VII-IX

Blüten-farbe	Standort	Bemerkungen	Bedeutung
		5 Staudenarten und Sträucher	Man findet zu seiner eigenen Stärke leichter zurück.
violett	○	Gewürzpflanze, frosthart	
		ca. 300 Staudenarten, Einjährige und Sträucher	Man achtet mehr darauf, seine Reserven zu schonen.
purpur-rosa	○ ◐	frosthart	
	○	weißlich behaarte Blätter, kalkliebend, frosthart	
		12 - 20 Grasarten	Man lässt sich nicht so schnell festlegen.
	○	frosthart	
		40 - 50 Bambusarten	Verstärkt jugendliche Unbekümmertheit in den Aktivitäten.
	◐	immergrün, ausläufertreibend, frosthart	
		500 - 600 Staudenarten	Erleichtert es, die eigenen Energiequellen anzuzapfen, vergrößert die Lebensfreude.
braun	○ ◐	Wasserpflanze (0 - 10 cm), frostempfindlich	

Stauden

Liste der botanischen Gattungsnamen der Stauden, Gräser und Farne

In dieser Liste finden Sie die botanischen Gattungsnamen der Stauden, Gräser und Farne mit den entsprechenden deutschen Gattungsnamen, unter denen sie in der Tabelle der Stauden, Gräser und Farne aufgeführt sind.

Botanischer Name	Deutscher Name
A	
Acaena	Stachelnüsschen
Acanthocalyx	Kardendistel
Acetosa	Ampfer
Achillea	Schafgarbe
Achnatherum	Federgras
Acidanthera	Gladiole
Acorus	Kalmus
Aconitum	Eisenhut
Actea	Christophskraut
Adianthum	Frauenhaarfarn
Adonis	Adonisröschen
Ajuga	Günsel
Alchemilla	Frauenmantel
Alisma	Froschlöffel
Allium	Lauch
Althaea	Eibisch
Alyssum	Steinkraut
Amphicome	Freilandgloxinie
Anacyclus	Bertramwurzel
Anaphalis	Perlpfötchen
Anchusa	Ochsenzunge
	Vergissmeinnicht
Anemone	Anemone
	Kuhschelle
	Leberblümchen
Anethum	Dill
Antennaria	Katzenpfötchen
Anthemis	Hundskamille
	Römische Kamille
Anthericum	Graslilie
Anthyllis	Wundklee
Aponogeton	Wasserähre
Aquilegia	Akelei
Arabis	Gänsekresse
Armeria	Grasnelke
Artemisia	Edelraute
Aruncus	Geißbart
Arundinaria	Zwergbambus
Arundo	Pfahlrohr
Asarum	Haselwurz
Asperula	Labkraut
Asphodeline	Junkerlilie
Asplenium	Streifenfarn
Aster	Aster
Astilbe	Prachtspiere
Astilboides	Tafelblatt
Astrantia	Sterndolde
Athyrium	Frauenfarn
Aubrieta	Blaukissen
Avena	Hafer
Azorella	Andenpolster
B	
Balsamita	Rainfarn
Begonia	Begonie
Bellis	Gänseblümchen
Bergenia	Bergenie
Betnica	Ziest
Blechnum	Rippenfarn
Bocconia	Federmohn
Bolax	Andenpolster
Borago	Borretsch
Bouteloua	Moskitogras
Briza	Zittergras
Brunnera	Vergissmeinnicht
Buglossoides	Steinsame
Buphtalmum	Ochsenauge
Butomus	Blumenbinse
C	
Calceolaria	Pantoffelblume
Calendula	Ringelblume
Calla	Sumpfkalla
Callistephus	Sommeraster
Calluna	Heidekraut
Caltha	Dotterblume
Campanula	Glockenblume

Carex	Segge	**E**		
Carlina	Eberwurz	*Echinacea*	Sonnenhut	
Carum	Kümmel	*Echinops*	Kugeldistel	
Catananche	Rasselblume	*Epimedium*	Elfenblume	
Celsia	Königskerze	*Eranthis*	Winterling	
Centaurea	Flockenblume	*Eremurus*	Steppenkerze	
Centranthus	Spornblume	*Erica*	Glockenheide	*Stauden*
Cerastium	Hornkraut	*Eriophorum*	Wollgras	
Ceratophyllum	Hornblatt	*Eriophyllum*	Wollblatt	
Ceratostigma	Bleiwurz	*Erpetion*	Veilchen	
Ceterach	Streifenfarn	*Eryngium*	Edeldistel	
Chamaemelum	Römische Kamille	*Erysimum*	Schöterich	
Chelone	Bartfaden	*Eupatorium*	Wasserdost	
Cheiranthus	Schöterich	*Euphorbia*	Wolfsmilch	
Chelone	Schlangenkopf	**V**		
Chiastophyllum	Goldtröpfchen	*Festuca*	Schwingel	
Chondrosum	Moskitogras	*Filipendula*	Mädesüß	
Chrysanthemum	Chrysantheme Rainfarn	*Foeniculum*	Fenchel	
Chrysogonum	Goldkörbchen	*Fragaria*	Erdbeere Trugerdbeere	
Chrysopogon	Goldbartgras	*Fritillaria*	Kaiserkrone	
Cimicifuga	Silberkerze	*Fuchsia*	Fuchsie	
Convallaria	Maiglöckchen	**G**		
Coreopsis	Mädchenauge	*Gaillardia*	Kokardenblume	
Cortaderia	Pampasgras	*Galanthus*	Schneeglöckchen	
Corydalis	Lerchensporn	*Galeobdolon*	Taubnessel	
Cotula	Laugenblume	*Galium*	Labkraut	
Cotyledon	Goldtröpfchen	*Genista*	Enzian	
Crambe	Meerkohl	*Gentiana*	Enzian	
Crinitaria	Aster	*Geranium*	Storchschnabel	
Crocus	Krokus	*Geum*	Nelkenwurz	
Cyclamen	Alpenveilchen	*Gladiolus*	Gladiole	
Cyperus	Zyperngras	*Glechoma*	Gundermann	
		Glyceria	Schwaden	
		Gunnera	Mammutblatt	
		Gypsophila	Schleierkraut	
D		**H**		
Dahlia	Dahlie	*Helenium*	Sonnenbraut	
Darmera	Schildblatt	*Helictotrichon*	Hafer	
Delphinium	Rittersporn	*Helleborus*	Nieswurz	
Deschampsia	Schmiele	*Helianthemum*	Sonnenröschen	
Dianthus	Nelke	*Helianthus*	Sonnenblume	
Dicentra	Tränendes Herz	*Heliopsis*	Sonnenauge	
Dictamnus	Diptam	*Hemerocallis*	Taglilie	
Digitalis	Fingerhut	*Hepatica*	Leberblümchen	
Diplacus	Gauklerblume	*Heracleum*	Bärenklau	
Dodecatheon	Götterblume	*Heterotropa*	Haselwurz	
Doronicum	Gemswurz	*Heuchera*	Purpurglöckchen	
Draba	Felsenblümchen	*Hexastylis*	Haselwurz	
Dryas	Silberwurz	*Homoglossum*	Gladiole	
Dryopteris	Wurmfarn			
Duchesnea	Trugerdbeere			

Stauden

Hosta	Funkie	*Malva*	Malve
Hottonia	Wasserfeder	*Matteucia*	Straußfarn
Hyacinthus	Hyacinthe	*Megasea*	Bergenie
Hydrocharis	Froschbiss	*Melica*	Perlgras
Hylotelphium	Fetthenne	*Mentha*	Minze
Hypericum	Johanniskraut	*Menyanthes*	Bitterklee
Hyssopus	Ysop	*Microglossa*	Aster
		Mimulus	Gauklerblume
I / J		*Miscanthus*	Chinaschilf
Iberis	Schleifenblume	*Molinia*	Pfeifengras
Impatiens	Springkraut	*Monarda*	Indianernessel
Incarvillea	Freilandgloxinie	*Morina*	Kardendistel
Inula	Alant	*Musa*	Banane
Iris	Schwertlilie	*Muscari*	Traubenhyacinthe
Jasione	Sandglöckchen	*Myosotis*	Vergissmeinnicht
Juncus	Binse		
		N	
K		*Narcissus*	Narzisse
Kirengeshoma	Wachsglocke	*Nelumbo*	Lotosblume
Knautia	Witwenblume	*Nepeta*	Katzenminze
Kniphofia	Fackellilie	*Nuphar*	Mummel
Koeleria	Schillergras	*Nymphaea*	Seerose
		Nymphoides	Seekanne
L			
Lamiastrum	Taubnessel	**O**	
Lamium	Taubnessel	*Ocimum*	Basilikum
Lasiagrostis	Silberährengras	*Oenothera*	Nachtkerze
Lathyrus	Platterbse	*Omphalodes*	Gedenkemein
Lavandula	Lavendel	*Onoclea*	Perlfarn
Lavathera	Sommermalve		Straußfarn
Ledum	Porst	*Ophiopogon*	Schlangenbart
Leontopodium	Edelweiß	*Opuntia*	Feigenkaktus
Leucanthemum	Chrysantheme	*Orchidaceae*	Orchidee
Leucojum	Knotenblume		verschiedene
Levisticum	Liebstöckel		Gattungen
Lewisia	Bitterwurz	*Origanum*	Oregano
Liatris	Prachtscharte	*Orontium*	Goldkeule
Ligularia	Kreuzkraut	*Osmunda*	Rispenfarn
Lilium	Lilie	*Oxalis*	Sauerklee
Limnantheum	Seekanne		
Limonium	Strandflieder	**P**	
Linum	Lein	*Pachysandra*	Pachysandra
Lithodora	Steinsame		Schattengrün
Lithospermum	Steinsame	*Paeonia*	Pfingstrose
Lupinus	Lupine	*Panicum*	Hirse
Luzula	Hainsimse, Marbel	*Papaver*	Mohn
Lychnis	Lichtnelke	*Pelargonium*	Geranie
Lysimachia	Gilbweiderich	*Peltiphyllum*	Schildblatt
Lythrum	Weiderich	*Pennisetum*	Federborstengras
		Penstemon	Bartfaden
M		*Petroselinum*	Petersilie
Macleaya	Federmohn	*Peucedanum*	Dill
Maianthemum	Schattenblume	*Phalaris*	Glanzgras

Phlomis	Brandkraut	*Senecio*	Kreuzkraut	
Phlox	Phlox	*Smilacina*	Schattenblume	
Phyllitis	Streifenfarn	*Sparganium*	Igelkolben	
Physalis	Lampionblume	*Stipa*	Federgras	
Physostegia	Gelenkblume	*Sesleria*	Blaugras	
Phyteuma	Teufelskralle	*Sidalcea*	Präriemalve	
Pimpinella	Bibernelle	*Silene*	Leimkraut	
Platycodon	Ballonblume	*Soldanella*	Alpenglöckchen	
Pleioblastus	Zwergbambus	*Solidago*	Goldrute	
Plumbago	Bleiwurz	*Sorghastrum*	Goldbartgras	
Podophyllum	Maiapfel	*Spirea*	Geißbart	
Polemonium	Jakobsleiter		Mädesüß	
Polygonatum	Salomonssiegel	*Stachys*	Ziest	
Polygonum	Knöterich	*Stratoides*	Krebsschere	
Polypodium	Tüpfelfarn	*Struthiopteris*	Straußfarn	
Polystichum	Schildfarn	*Symphytum*	Beinwell	
Pontederia	Hechtkraut	**T**		
Potentilla	Fingerkraut	*Tanacetum*	Chrysantheme	
Primula	Primel		Rainfarn	
Prunella	Braunelle	*Tellima*	Falsche Alraun-	
Pseudofumaria	Lerchensporn		wurzel	
Pulmonaria	Lungenkraut	*Teucrium*	Gamander	
Pulsatilla	Kuhschelle	*Thalictrum*	Wiesenraute	
Pyrethrum	Chrysantheme	*Thelypteris*	Sumpffarn	
	Rainfarn	*Thymus*	Thymian	
		Tiarella	Schaumblüte	
R		*Tradescantia*	Dreimasterblume	
Ranunculus	Hahnenfuß	*Tricyrtis*	Krötenlilie	
Reynoutria	Knöterich	*Trollius*	Trollblume	
Rheum	Rhabarber	*Tropaeolum*	Kapuzinerkresse	
Rodgersia	Tafelblatt	*Typha*	Rohrkolben	
Rosmarinus	Rosmarin			
Rudbeckia	Sonnenhut	**U**		
Rumex	Ampfer	*Ulmaria*	Mädesüß	
S		**V**		
Sagina	Mastkraut	*Valeriana*	Baldrian	
Sagittaria	Pfeilkraut	*Verbascum*	Königskerze	
Salvia	Salbei	*Veronica*	Ehrenpreis	
Sanguisorba	Wiesenknopf	*Veronicastrum*	Ehrenpreis	
Santolina	Heiligenkraut	*Villarsia*	Seekanne	
Saponaria	Seifenkraut	*Vinca*	Immergrün	
Sasa	Zwergbambus	*Viola*	Veilchen	
Satureja	Bohnenkraut	*Viscaria*	Lichtnelke	
Saxifraga	Steinbrech	*Viscum*	Mistel	
Scabiosa	Witwenblume			
Scabiose	Grindkraut	**W**		
Schoenoplectus	Simse	*Waldsteinia*	Waldsteinie	
Scirpus	Simse	*Woodsia*	Wimperfarn	
Scolopendrium	Streifenfarn	*Wulfenia*	Kuhtritt	
Scutellaria	Helmkraut		YuccaPalmlilie	
Sedum	Fetthenne			
Sempervivum	Hauswurz			

Stauden

Zimmerpflanzen

Die Bedeutung von Pflanzen im Haus ist etwas anders als im Garten. Es kann deshalb sein, dass Sie für die gleiche Pflanze in der Tabelle der Zimmerpflanzen eine etwas andere Bedeutung finden als in der Tabelle der Stauden oder Gehölze. Die Tabelle besteht aus drei Abschnitten. Im ersten Abschnitt finden Sie Zimmerpflanzen mit schmückenden Blüten. Im zweiten Abschnitt sind die Blattpflanzen zu finden, im dritten Abschnitt die Kakteen. Die Beschreibung der Tabelle finden Sie auf Seite 129).

Tabelle der Zimmerpflanzen

Deutscher Name (Botanischer Name)	Bedeutung
Zimmerpflanzen mit schmückenden Blüten	
Allamanda (Allamanda cathartica)	hilft, den eigenen Rhythmus zu finden..
Alpenveilchen (Cyclamen persicum)	gibt Kraft in schwierigen Zeiten.
Amarylllis (Hippeastrum-Hybride)	bringt Gefühl und Aktivität in Einklang.
Azalee (Rhododendron)	a) bis 30 cm Höhe: verhilft zu Leben in Harmonie, b) 30 bis 50 cm Höhe: verbessert die Kommunikation mit Freunden und Bekannten, c) ab 50 cm Höhe: bringt Erfolg durch Diplomatie.
Begonie (Begonia-Hybriden)	bringt mehr Kreativität in den Alltagstrott.
Blaues Lieschen (Exacum affine)	lässt depressive Anflüge leichter verschwinden.
Bleiwurz (Plumbago auriculata)	vergrößert die Klarheit im Denken, schützt vor Ablenkung.
Browallie (Browallia speciosa)	bringt mehr Frische in ansonsten etwas festgefahrene Strukturen.
Brunfelsie (Brunfelsia)	erleichtert es, Gefühle zu zeigen, macht das Verhalten weicher.
Cinerarie (Senecio-Cruentus-Hybride)	bringt Unbefangenheit und Gefühl in die Aktivität.
Drehfrucht (Streptocarpus-Hybriden)	erhöht Ausdauer in Aktivitäten, die künstlerisches Geschick erfordern.
Edelpelargonie (Pelargonium-Grandiflorum-Hybride)	fördert die Entschlusskraft.
Einblatt oder Blattfahne (Spathiphyllum)	bringt Gleichgewicht und Ordnung in die Gedankenwelt.
Flamingoblume (Anthurium)	erlaubt schüchternen Personen, ihre Qualitäten besser zum Ausdruck zu bringen.

Deutscher Name (Botanischer Name)	Bedeutung
Flammendes Käthchen (Kalanchoe blossfeldiana)	verbessert die Stimmung, insbesondere morgens.
Flammendes Schwert (Vriesea splendens)	fördert Mut zu neuen Ideen, verleiht der Aktivität Stabilität.
Frauenschuh oder Venusschuh (Paphio pedilum)	wirkt erneuernd auf das Gefühlsleben und macht offen für neue Erfahrungen.
Gardenie (Gardenia jasminoides)	Stärke durch Ehrlichkeit.
Glanzkölbchen (Aphelandra)	erlaubt es, in der Alltagsroutine die gute Laune zu behalten.
Glockenblume (Campanula)	bringt Frische und Leichtigkeit in eingefahrene Aktivitäten.
Gloxinie (Sinningia-Hybriden)	erlaubt auch zurückhaltenden Menschen gefühlsmäßigen Überschwang.
Granatapfel (Punica granatum)	erlaubt die Früchte zu ernten, die langsam herangereift sind.
Hibiskus (Hibiscus rosa-sinensis)	vergrößert das Ansehen und die Fülle des eigenen Erlebens.
Hortensie	erlaubt es, die Früchte des eigenen Erfolgs zu ernten.
Jakobinie (Jacobinia)	wirkt emotional aktivierend und harmonisierend.
Jasmin (Jasminum officinale)	Selbstbejahung führt zu Freundschaft mit anderen.
Kamelie (Camellia japonica)	hilft, jugendliche Gefühle zu bewahren.
Kanonierblume (Pilea cadierei)	bringt Unbekümmertheit ins Handeln, öffnet neue Horizonte.
Katzenschwanz (Acalypha hispida)	fördert Konzentration auf das Wesentliche, sorgt für bessere Nutzung begrenzter körperlicher Ressourcen.
Klivie (Clivia miniata)	auch unter eher schwierigen Bedingungen geht das gute Lebensgefühl nicht verloren.
Kolumnee oder Rachenrebe (Columnea)	bringt Leichtigkeit in etwas länger andauernde Aktivitäten.
Kranzschlinge (Stephanotis floribunda)	erhöht die Motivationskraft.
Lanzenrosette (Aechmea)	erhöht intellektuelle Brillanz auch unter erschwerten Bedingungen.
Leuchterblume (Ceropegia boodii)	vergrößert die innere Ruhe und bringt eine gewisse Gelassenheit in den Alltag.
Luftnelke (Tillandsia)	erleichtert es, eine neue Sichtweise zu erlangen, vergrößert die Fähigkeit, eigene neue Ideen zu entwickeln.
Medinille (Medinilla magnifica)	kann die verlorene Genussfähigkeit wiederherstellen.

Zimmerpflanzen

Zimmerpflanzen

Deutscher Name (Botanischer Name)	Bedeutung
Nestbromelie (Nidularium innocentii)	bringt Unerschrockenheit ins Gefühlsleben und Ausdauer in Aktivitäten.
Orangenbäumchen (Citrus)	wirkt unterstützend, sodass die täglichen oder regelmäßigen Arbeiten besser verrichtet werden.
Orchidee (Orchidaceae, verschiedene Gattungen)	fördert die Ausdauer durch Leichtigkeit, wirkt sich beschwingend auf die täglichen Verhaltensmuster aus.
Pantoffelblume (Calceolaria-Hybride)	bringt kindliche Unbefangenheit und Lebensfreude.
Passionsblume (Passiflora)	verbessert die eigene Körperwahrnehmung, körperliches Wohlbefinden wird erfahrbar.
Pentas (Pentas lanceolata)	bringt Heiterkeit und Klarheit ins Denken.
Primel (Primula)	stützt Durchsetzungfähigkeit, man lässt sich nicht so leicht etwas vormachen.
Rose von Jericho (Anastatica)	erlaubt schnellere Erholung nach Anstrengung oder Krankheit.
Schamblume (Aeschynanthus)	erlaubt es, körperliche Ressourcen besser einzuschätzen und sparsamer damit umzugehen.
Schiefteller (Achimenes-Hybride)	bringt Systematik in die Gedanken und hat somit einen positiven Einfluss auf die körperlichen Funktionen.
Schönmalve (Abutilon)	bringt Ausdauer in langfristige Vorhaben und mehr Leichtigkeit in die Aktivitäten.
Schwarzäugige Susanne oder Thunbergie (Thunbergia alata)	bringt Leichtigkeit und Beschwingtheit ins Liebesleben.
Spitzblume (Ardisia crenata)	erlaubt es, in Resonanz mit natürlichen Rhythmen zu kommen.
Topfrose (Rosa chinensis)	fördert eine positive Einstellung zur alltäglichen Arbeit.
Strelitzie oder Paradiesvogelblume (Strelitzia reginae)	bringt Anmut in die Gefühlswelt und erleichtert es, über gewisse Fehler hinwegzusehen.
Usambaraveilchen (Saintpaulia ionantha)	verhindert eine übermäßige Beeinflussung durch negative Emotionen anderer.
Wachsblume oder **Porzellanblume** (Hoya)	Körperliches Wohlbefinden durch innere Zentrierung.
Weihnachtskaktus (Schlumbergera truncata)	macht die Kommunikation weicher und vertieft soziale Kontakte.
Weihnachtsstern (Euphorbia pulcherrima)	vertreibt wiederkehrende unangenehme Gedanken und erzeugt dadurch gute Laune.
Wüstenrose (Adenium obesum)	fördert das Denken und Handeln aus innerer Konzentration heraus.

Deutscher Name (Botanischer Name)	Bedeutung
Zimmerhafer (Billbergia nutans)	schützt vor vorschnellen Entscheidungen und erlaubt eine differenziertere Betrachtungsweise.
Zimmerkalla (Zantedeschia)	erweckt die Sinnenfreude neu und hellt somit die Stimmung auf.

Zimmer-Blattpflanzen

Agave (Agave)	erhöht die körperliche Aktivität.
Aloe (Aloe)	bringt Stärkung von innen.
Aukube oder Goldblatt (Aucuba japonica)	erleichtert es, Rückgrat zu zeigen, bringt mehr Wärme in die Aktivität.
Australische Silbereiche (Grevillea)	sorgt dafür, dass bestimmte Sinneswahrnehmungen nicht die körperlichen Funktionen beeinträchtigen.
Banane (Musa/Ensete)	verbessert die körperliche Stabilität und bewirkt, dass Sinneswahrnehmungen besser eingeordnet werden können.
Bergpalme (Chamaedorea)	erlaubt es, sich auf seine eigenen Wünsche und Vorstellungen zu besinnen.
Birkenfeige (Ficus benjamina)	stärkt das Durchhaltevermögen und schafft so schließlich Erfolg und Lebensfreude.
Blattbegonie (Begonia Rex-Hybride u.a.)	erlaubt, auch an entfernteren Zielen festzuhalten.
Christusdorn (Euphorbia milii)	vergrößert den Überblick in schwierigen Situationen und sorgt dafür, dass man die Flinte nicht so leicht ins Korn wirft.
Cocospälmchen (Microcoelum weddelianum)	erleichtert es, sich selbst nicht so verbissen zu sehen.
Cotyledon (Cotyledon undulata)	hilft, unnötige Gedanken zu vertreiben und auf das Wesentliche zu kommen.
Dattelpalme (Phoenix)	unter 2 m Höhe: fördert Harmonisierung körperlicher Funktionen. ab 2 bis 3 m Höhe: stärkt die Überlebenskunst.
Dieffenbachie (Dieffenbachia)	Bei starker mentaler Beanspruchung wird die Integration mit den emotionalen und körperlichen Funktionen erleichtert.
Drachenbaum (Dracaena)	wirkt harmonisierend zwischen Emotionen und Körper.
Duftpelargonie (Pelargonium x citrosmum u. a.)	fördert die Entschlusskraft.
Echeveria (Echeveria)	vermindert die Verhaftung an den Alltagsdingen, erleichtert es, auch mal einen neuen Schritt zu wagen.

Zimmerpflanzen

Deutscher Name (Botanischer Name)	Bedeutung
Efeu (Hedera helix)	verhindert, dass man sein Licht unnötigerweise unter den Scheffel stellt.
Efeuaralie (x Fatshedera lizei)	verbessert die Fähigkeit zur Selbstmotivation.
Efeutute (Epipremnum pinnatum)	verbessert die Fähigkeit, bei starker mentaler Beanspruchung die eigenen emotionalen und körperlichen Bedürfnisse weiterhin wahrzunehmen.
Elefantenfuß (Testudinaria elephantipes)	bringt die Gefühle auf den Boden zurück und vergrößert die Fähigkeit, eine Situation zu durchschauen.
Fensterblatt (Monstera dliciosa)	wirkt harmonisierend auf eine Gruppe und verbessert die Kommunikation.
Fetthenne (Sedum, verschiedene Arten) - Affenschaukel (Sedum morganianum) - (Sedum telphium) - (Sedum sieboldii)	 erlaubt es, auch mal Fünfe gerade sein zu lassen. erleichtert es, sich selbst nicht so ernst zu nehmen. erleichtert es, für sich den Überblick zu behalten.
Fiederaralie (Polyscias)	erleichtert es, die eigenen Belange weiter zu verfolgen, auch wenn einem von außen das Gegenteil suggeriert wird.
Fingeraralie (Schefflera, früher Dizygotheca)	stärkt die Entscheidungsfähigkeit in komplizierten Situationen.
Flaschenbaum oder Elefantenfuß (Beaucarnea recurvata)	wirkt erdend bei Hyperaktivität.
Flaschenpflanze (Jatropha podagrica)	erlaubt es, emotionale Probleme leichter zu durchschauen.
Frauenhaar (Scirpus cernuus)	befreit von alten Denkstrukturen und öffnet für kreative Ideen.
Frauenhaarfarn (Adiantum)	gibt ängstlichen Menschen neues Selbstvertrauen.
Geldbaum oder Dickblatt (Crassula aborescens)	bringt gute Laune und Heiterkeit in die Aktivitäten und kann somit auch den geschäftlichen Erfolg vergrößern.
Geweihfarn (Platycerium)	gleicht unterschiedliche Tendenzen in einer Gruppe aus und führt zu einer ungezwungenen Kommunikation.
Grünlilie (Chlorophytum comosum)	bringt Bewegung in festgefahrene Situationen und bringt gute Laune und Heiterkeit.
Gummibaum (Ficus elastica)	führt zur besseren Annahme des eigenen Körpers.
Guzmanie (Guzmania)	bringt neuen Schwung in die Emotionen.
Huckepackpflanze (Tolmiea menziesii)	lockert einen eintönigen Lebensstil auf und gibt neue Impulse.
Hypoestes oder Tüpfelblatt (Hypoestes phyllostachya)	kann den eigenen Horizont erweitern.

Deutscher Name (Botanischer Name)	Bedeutung
Judenbart (Saxifraga stolonifera)	schützt die vegetativen Funktionen vor unangenehmen Emotionen.
Kaladie oder Buntwurz (Caladium-Hybriden)	verbessert den emotionalen Ausdruck und macht ihn stilvoller.
Kentiapalme (Howeia)	fördert das Umsetzen kreativer Ideen
Keulenlilie (Cordyline)	erleichtert es, Emotionen besser zu transformieren.
Klimme oder Zimmerwein (Cissus)	erleichtert es, den eigenen Lebensrhytmus zu finden.
Kokospalme (Cocos nucifera)	erleichtert es, mit den eigenen Gefühlen ins Reine zu kommen.
Kolbenfaden (Aglaonema)	wirkt verfeinernd auf die Gefühls- und Gedankenwelt.
Korallenkirsche (Solanum capsicastrum)	stärkt die eigene Begeisterungsfähigkeit wie auch die Fähigkeit, andere zu begeistern.
Korbmarante (Calathea)	verbessert das Durchsetzungsvermögen unter Vermeidung harter Töne.
Kroton oder Wunderstrauch (Codiaeum variegatum)	verbessert den Antrieb bei mangelndem Durchsetzungsvermögen und erhöht das Durchhaltevermögen.
Leea (Leea coccinea)	macht das Gefühlsleben runder, die Aktivitäten laufen glatter.
Madagaskarpalme (Pachypodium)	Auch wenn man sich in seiner Gedankenwelt allein bewegt, verliert man nicht den Boden unter den Füßen.
Mikania (Mikania ternata)	hilft, kleine Pannen nicht so ernst zu nehmen und die große Linie beizubehalten.
Myrte (Myrtus communis)	schützt feine Emotionen vor äußeren Einflüssen und vertreibt aufkommende Ängstlichkeit.
Neoregelie (Neoregelia)	vergrößert die emotionale Stabilität und macht, auch nach Rückschlägen, aufgeschlossen für Neues.
Nerine oder Jersey-Lilie (Nerine)	wirkt aktivierend sowohl auf die Handlungsbereitschaft als auch auf die Bereitschaft, Neues anzunehmen.
Nestfarn (Asplenium nidus)	harmonisiert die Gedankenwelt, lässt kleine Kümmernisse leichter überwinden.
Pachira (Pachira aquatica)	fördert die Kultivierung der eigenen Emotionen.
Palisanderbaum (Jacaranda mimosifolia)	erleichtert es, die eigenen Emotionen und Gedanken nach außen zu vertreten.
Palmfarn (Cycas revoluta)	stärkt das Selbstvertrauen und schafft Raum für neue Ideen.
Pellefarn (Pellaea rotundifolia)	bringt heitere Beschwingtheit in den Alltag und Freude ins Leben.

Zimmerpflanzen

Zimmerpflanzen

Deutscher Name (Botanischer Name)	Bedeutung
Peperomie oder Zwergpfeffer (Peperomia)	bringt jugendliche Beschwingtheit in die täglichen Aktivitäten.
Pfeilwurz (Maranta)	verbessert das Vertrauen in die eigene Leistungsfähigkeit und erhöht das Durchhaltevermögen.
Philodendron (Philodendron)	erhöht die Vitalität und das Vertrauen in die eigene körperliche Leistungsfähigkeit, bringt neuen Schwung in die Aktivitäten.
Purpurtute oder Fußblatt (Syngonium podophyllum)	erhöht die Bereitschaft, am Leben teilzunehmen und eigene kreative Ideen einzubringen.
Radermachera (Radermachera)	erleichtert es, sich auf das Wesentliche zu konzentrieren.
Rhoeo (Rhoeo spathacea)	verstärkt die Lebensfreude und die Fähigkeit, Hindernisse zu überwinden.
Samtpflanze (Gynura)	vergrößert Kreativität und künstlerisches Denken.
Sansevierie oder Bogenhanf (Sansevieria trifasciata)	erleichtert es, auch über einen langen Zeitraum zielgerichtet zu bleiben und die eigenen Ziele konsequent zu verfolgen.
Saumfarn (Pteris cretica)	bringt Heiterkeit und Leichtigkeit in die Aktivitäten und führt damit zum Erfolg.
Schefflera oder Strahlenaralie oder Lackblatt (Schefflera)	stärkt die Entscheidungsfähigkeit in komplizierten Situationen und stärkt die emotionale Stabilität.
Schirmpalme (Livistona)	bringt Klarheit in Gedanken und Gefühle, sie erleichtert damit zielgerichtetes Handeln.
Schmucktanne oder Araukarie (Araucaria) *Chile und Südwestargentinien*	Man lässt sich nicht so schnell beirren.
Schraubenbaum (Pandanus veitchii)	bringt feinen Humor und fördert die Fähigkeit, Wesentliches schneller zu erfassen.
Schusterpalme (Aspidistra elatior)	begünstigt Wachstum auf spielerische Art und hält die Gedanken frei vor einengenden Vorstellungen.
Schwertfarn (Nephrolepis)	wirkt harmonisierend auf die vegetativen Funktionen wie auch auf gegensätzliche Tendenzen in der eigenen Gedankenwelt.
Steckenpalme (Rhapis excelsa)	erleichtert die Umsetzung der eigenen Wünsche und Bedürfnisse.
Tüpfelfarn (Phlebodium aureum)	wirkt vitalisierend auf die körperlichen Funktionen und gibt der Gefühlswelt größeren Schutz vor äußeren Einflüssen.
Tolmie oder Henne mit Küken (Tolmia menziesii)	erleichtert es, die positiven Dinge im Leben zu sehen, und erhöht die Bereitschaft, Neues zu wagen.
Tradeskantie oder Dreimasterblume oder Wasserranke oder Flinker Heinrich (Tradescantia)	begünstigt emotionales Wachstum und befreit die Gedankenwelt vor einengenden Emotionen.

Deutscher Name (Botanischer Name)	Bedeutung
Versteckblume (Crypthantus bivittatus)	vergrößert Heiterkeit und Humor und ermöglicht es, die Bedürfnisse anderer besser einzuschätzen.
Yucca oder Palmlilie (Yucca)	verleiht den eigenen Gedanken größeren Raum und stärkt das Durchsetzungsvermögen durch eine Verfeinerung der Argumentation.
Zebrakraut (Zebrina)	hilft, neue Ideen umzusetzen und alte Impulse wieder aufzunehmen.
Zierananas (Ananas)	macht den Geist frisch und bringt Klarheit ins Denken.
Zierpfeffer (Capsicum anuum)	steigert den Antrieb und erleichtert es, neue Ideen zu entwickeln.
Zierspargel (Asparagus)	bringt festgefahrene Situationen in Fluss und erleichtert Lösungen auch außerhalb des gewohnten Rahmens.
Zimmeraralie (Fatsia japonica)	schützt die vegetativen Funktionen vor äußeren Einflüssen und bringt Stabilität in die Gefühlswelt.
Zimmerbambus (Bambusa vulgaris)	Man erhält sich leichter jugendliche Frische.
Zimmerbambus (Pogonatherum paniceum)	verleiht den Gedankengängen neuen Schwung und Leichtigkeit.
Zimmerlinde (Sparmannia africana)	Gefühle des Wohlwollens können sowohl verbal als auch nonverbal besser ausgedrückt werden.
Zimmerzypresse (Cupressus macrocarpa)	erleichtert es, die eigenen Energien vor dem Zugriff anderer zu schützen.
Zwergpalme (Chamaerops humilis)	Gradlinigkeit im Gefühlsleben und im Handeln wird gefördert.
Zypergras (Cyperus)	erleichtert es, die eigenen Energiequellen anzuzapfen, vergrößert die Lebensfreude.

Kakteen

Bischofsmütze	erleichtert es, einen eigenständigen Gedanken zu fassen
Goldkugelkaktus	verringert die Möglichkeit, emotional beeinflusst zu werden.
Mammillaria	macht emotional unabhängiger
Peitschenkaktus oder Schlangenkaktus	Man lässt sich nicht so leicht aus der Ruhe bringen.
Rebutia	erhöht die Widerstandskraft gegen mentale Beeinflussung.

Zimmerpflanzen

Deutscher Name (Botanischer Name)	Bedeutung
Säulenkaktus, verschiedene Arten (Cereus peruvianus)	erhöht das Durchsetzungsvermögen a) bei dunkelgrünen Arten durch vergrößerte Vitalität, b) bei helleren Arten durch größeres Beharrungsvermögen.
Scheibenopuntie (Opuntia microdasys)	erhöht das Durchsetzungsvermögen durch klare Analyse der Lage.
Teufelszunge	erhöht die Widerstandskraft gegen emotionale Angriffe.

Anhang

Anhang 1

Die Arbeit mit Tensor, Pendel und L-Rute

Tensor, Pendel und L-Rute ermöglichen es uns, auf eine präzise Frage aus einem uns nicht oder nur ungenügend bewussten eigenen Wahrnehmungsbereich eine positive oder negative Antwort zu bekommen. Dabei geht es um die Sichtbarmachung unserer eigenen Wahrnehmung. Tensor, Pendel und L-Rute können also nur anzeigen, was wir selbst spüren. Bei entsprechender Fragestellung sind wir in der Lage, unsere Wahrnehmung über eine Muskelreaktion sichtbar zu machen. Wir erhalten dann eine Reaktion von Tensor, Pendel oder L-Rute.

Die Arbeit mit Tensor und Pendel

Wir haben in einigen Abschnitten dieses Buches erläutert, wie Sie spezielle Fragestellungen im Feng Shui mit Tensor oder Pendel klären können. Die meisten von Ihnen werden keinen Tensor zu Hause haben. Da Sie aber wahrscheinlich trotzdem den Wunsch verspüren, die in diesem Buch geschilderten Fragestellungen gleich durchzuführen, beschreiben wir Ihnen, wie Sie sich ohne Probleme zu Hause innerhalb von 5 Minuten ein eigenes und gut funktionsfähiges Pendel herstellen können, sofern Sie noch keines besitzen. Anschließend erläutern wir Ihnen den praktischen Umgang mit Pendel und Tensor.

Bauanleitung für ein Pendel

Ein Pendel besteht aus: 1) einem Pendelkopf, 2) einer Pendelschnur

zu 1)
Der Pendelkopf ist normalerweise ein Kegel, dessen Spitze nach unten zeigt. Sie können aber auch einen anderen Gegenstand mit einem Gewicht von ca. 12 bis 50 Gramm nehmen. Selbst ein Ring (zum Beispiel der Ehering) ist als Pendelkopf geeignet.

zu 2)
Die Pendelschnur ist ein normaler Zwirnsfaden, eine Schnur oder Kette. Am unteren Ende der Pendelschnur ist der Pendelkopf befestigt, den oberen Teil der Pendelschnur halten Sie zwischen Daumen und Zeigefinger oder unter Zuhilfenahme des Mittelfingers, je nachdem, wie es für Sie angenehmer ist. Der Abstand

zwischen Pendelkopf und Hand sollte ca. 10 bis 15 cm betragen. Der optimale Abstand ist abhängig vom Gewicht des Pendelkopfes sowie der Art und dem Zweck des Pendelns. Probieren Sie aus, mit welchem Abstand Sie am besten zurecht kommen.

Das Pendel und seine Reaktionsmöglichkeiten

Den Pendelausschlägen sollten Sie eindeutig die Bedeutung JA, NEIN und KEINE ANTWORT zuordnen. Wir empfehlen, der Pendelbewegung im Uhrzeigersinn (Rechtsdrehung) die Bedeutung JA, der Pendelbewegung gegen den Uhrzeigersinn (Linksdrehung) die Bedeutung NEIN zuzuordnen. Steht das Pendel still (keine Bewegung), ist die empfohlene Zuordnung KEINE ANTWORT. Haben sich bei Ihnen andere Reaktionen für JA und NEIN bzw. KEINE ANTWORT bewährt, bleiben Sie dabei.

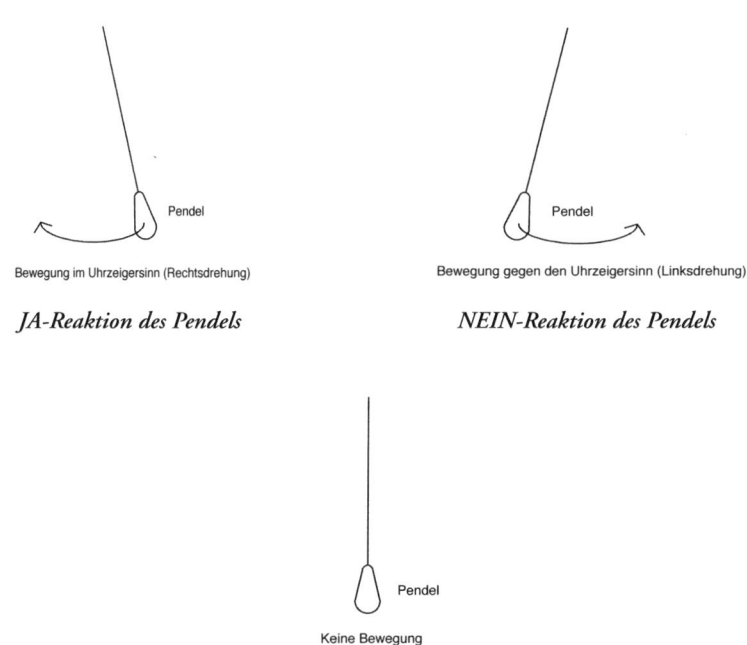

JA-Reaktion des Pendels   *NEIN-Reaktion des Pendels*

KEINE ANTWORT-Reaktion des Pendels

Der Tensor und seine Reaktionsmöglichkeiten

Umfassen Sie den Griff des Tensors mit der Hand. Achten Sie darauf, dass Sie sich nicht verkrampfen. Wenn Sie einen Tensor mit einem Ring als Gewicht an der Spitze benutzen, sollte der Ring in etwa waagerecht ausgerichtet sein. Die Anzahl der einzelnen möglichen Tensor-Reaktionen (Ausschläge) ist begrenzt. Es gilt also, der einzelnen Reaktion des Tensors eine eindeutige Bedeutung zuzuordnen. Diese Zuordnung geschieht auf dem Wege der für uns selbst eindeutigen gedanklichen Festlegung. In der Regel wird die Reaktion für JA und NEIN festgelegt. Es empfiehlt sich, eine weitere Reaktion für KEINE ANTWORT zu bestimmen. Es empfiehlt sich ferner, der Auf- und Abwärtsbewegung (vertikal) des Tensors die Antwort JA zuzuordnen, der Bewegung nach links und rechts (horizontal) die Antwort NEIN. Steht der Tensor still (keine Bewegung), ist die empfohlene Zuordnung KEINE ANTWORT. Haben sich bei Ihnen andere Reaktionen für JA und NEIN beziehungsweise KEINE ANTWORT bewährt, dann bleiben Sie dabei.

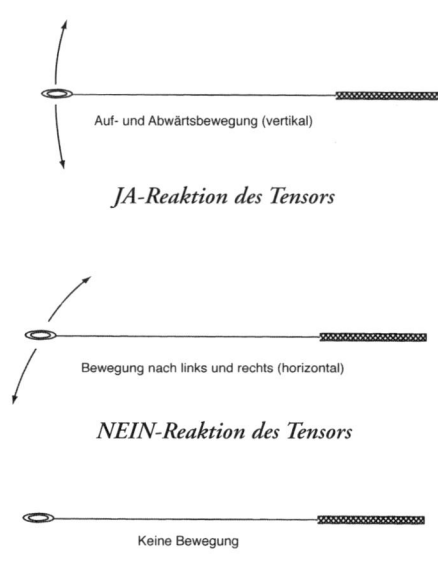

Testen Sie Ihren Tensor oder Ihr Pendel: Wasser oder Apfelsaft?

Machen Sie eine praktische Übung: Nehmen Sie eine Schüssel und füllen Sie diese mit Wasser. Halten Sie die Spitze des Tensors (das Pendel) am besten über die Schüssel und stellen Sie sich nun laut oder einfach in Gedanken die Frage: *„Ist in der Schüssel Wasser?"* Haben Sie sich richtig programmiert, wird sich der Tensor auf und nieder – also vertikal – bewegen, das heißt JA anzeigen. (Das Pendel bewegt sich im Uhrzeigersinn, also rechts herum). Sollten sich Tensor oder Pendel nicht bewegen oder eine andere Reaktion zeigen, wiederholen Sie die Frage so lange, bis Sie ein eindeutiges JA bekommen. Sollte trotz mehrfacher Versuche eine nur schwache Reaktion oder keine Reaktion erfolgen, nehmen Sie Tensor oder Pendel in die andere Hand und beginnen Sie noch einmal. Es kann sein, dass die Reaktion nun stärker ist. Es ist wichtig, dass Sie eine Reaktion auf Ihre Frage prinzipiell für möglich halten, da Sie sich sonst blockieren können.

Wenn Sie dies sicher beherrschen, testen Sie die NEIN-Reaktion. Fragen Sie zum Beispiel: *„Ist dies Marmelade?"* Nun muss eine NEIN-Reaktion erfolgen, das heißt, der Tensor muss sich nach links und rechts – also horizontal – bewegen. (Das Pendel bewegt sich gegen den Uhrzeigersinn, also links herum). Sie stellen nun noch andere Fragen, die verneint werden müssen, zum Beispiel: *„Ist dies Apfelsaft?"* Sie wiederholen dies so lange, bis Sie eine sichere NEIN-Reaktion haben. Dann wiederholen Sie diese Übung auch mit anderen Gegenständen, bis Sie sich mit der NEIN-Reaktion sicher fühlen. Stellen Sie möglichst keine verneinenden Fragen, da Sie dann leicht verwirrt werden können, das heißt, fragen Sie besser nicht: "Ist dies kein Wasser?"

Jetzt legen Sie die Reaktion für KEINE ANTWORT fest. Fragen Sie beispielsweise: *„Welche Farbe hat das Wasser?"* Es kann jetzt nur die Reaktion für KEINE ANTWORT geben, das heißt, Tensor oder Pendel bewegen sich nicht.

Sie können mit Tensor oder Pendel beispielsweise bestimmen, ob sich bei der Platzierung des Hauses in einem bestimmten Bagua-Sektor des Grundstücks für einen Bewohner eher die positive oder eher die negative Bedeutung ergibt (s. S. 62).

Die Arbeit mit der L-Rute

Eine sehr leicht zu erlernende und sichere Methode, feinstoffliche Strukturen zu bestimmen, ist die Arbeit mit der L-Rute, die Sie sich ohne Probleme selbst herstellen können.

Bauanleitung für eine L-Rute

Eine L-Rute besteht in der Regel aus einem L-förmig gebogenen Metall und wird meist paarweise benutzt. Der lange Arm ist im Allgemeinen 35 bis 50 cm lang, der kurze 10 bis 15 cm. Man findet auch L-Ruten, deren kurzer Arm in einen Holzgriff eingelassen ist oder in einem Kugellager steckt. Die eigene Herstellung einer L-Rute ist kein großes Problem. Sie können beispielsweise einen verkupferten Schweißdraht von 45 bis 65 cm Länge so biegen, dass ein entsprechend langer kurzer und langer Arm entsteht. Als Durchmesser der Schweißdrähte sind 3 mm geeignet. Wenn Sie mit den hier beschriebenen Versuchen gleich beginnen möchten, können Sie auch einen anderen biegefähigen Draht nehmen und sich ein Paar L-Ruten selbst herstellen.

Die L-Rute und ihre Reaktionsmöglichkeiten

Die beiden kurzen Arme der L-Rute werden mit den Händen so umfasst, dass die langen Arme oberhalb der Hände in etwa waagerecht nach vorn zeigen. Bei der Reaktion JA drehen sich im Allgemeinen die langen Arme zueinander. Bei der Reaktion NEIN drehen sich die langen Arme nach außen. Bei der Reaktion KEINE ANTWORT bewegt sich die L-Rute nicht.

Haltung der L-Rute mit dem langen Arm oberhalb der Hand.

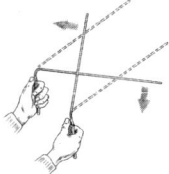

JA-Reaktion der L-Rute (Haltung mit dem langen Arm oberhalb der Hand).

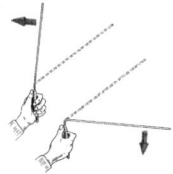

NEIN-Reaktion der L-Rute (Haltung mit dem langen Arm oberhalb der Hand).

Wird die L-Rute so gehalten, dass der lange Arm unterhalb der Hand nach vorn zeigt, ist die Drehbewegung im allgemeinen umgekehrt, bei der Reaktion JA nach außen, bei der Reaktion NEIN nach innen. Die Reaktion KEINE ANTWORT ist unverändert.

Praktische Tests:
Die feinstoffliche Stuktur im Türrahmen

Die Suche mit der L-Rute

Machen Sie wieder eine praktische Übung: Öffnen Sie eine beliebige Tür in Ihrem Haus oder Ihrer Wohnung. Stellen Sie sich in mindestens 1,50 m Abstand vor diese Tür in Richtung der geöffneten Tür. Halten Sie das L-Rutenpaar locker in beiden Händen, den langen Arm der L-Rute jeweils über der Hand nach vorn gerichtet. Nun formulieren Sie Ihre Fragestellung laut oder in Gedanken: *„Ist hier eine feinstoffliche Struktur, die sich in der geöffneten Tür zwischen den Türrahmen befindet?"* Beim Durchschreiten der Tür müssen Sie ein JA bekommen, das heißt, die beiden langen Arme der L-Rute werden sich in der Regel überkreuzen, und zwar entweder wenn sich die L-Rute selbst zwischen den Türrahmen befindet oder aber wenn Sie sich mit Ihren Beinen und Rumpf dort befinden. Es ist einfach die Frage, ob Sie die L-Rute in Ihren Händen oder Ihren übrigen Körper zur Lokalisation der feinstofflichen Struktur zwischen den Türrahmen benutzen. Die Reaktion der L-Rute kann aufgrund einer gewissen Trägheit etwas verzögert erfolgen. Gehen Sie also nicht zu schnell durch die Tür.

Feinstoffliche Struktur in der geöffneten Tür zwischen den Türrahmen.

Es empfiehlt sich, die Türöffnung auch aus der Gegenrichtung zu durchschreiten, um die zeitliche Verzögerung (Trägheit der Reaktion) besser einschätzen zu können. Beobachten Sie genau die Stelle der Reaktion. Beim Durchschreiten der Türöffnung ist für Sie die Lage der feinstofflichen Struktur in der Türöffnung optisch nachprüfbar. Wenn Sie andere feinstoffliche Strukturen suchen, ist diese Nachprüfbarkeit im Allgemeinen nicht gegeben. Sie sollten aus diesem Grunde diese Messung auch bei anderen Türöffnungen wiederholen, damit Sie sich Ihrer Rutenreaktion wirklich sicher sind.

Um mit der L-Rute Strukturen zu suchen, ist es in der Regel ausreichend, mit der JA-Reaktion zu arbeiten. Die Reaktion KEINE ANTWORT haben Sie, wenn Sie die L-Rute stillhalten, das heißt, wenn sie gerade nach vorn zeigt. Diese Haltung beziehungsweise Reaktion benutzen Sie beim langsamen Gehen, solange Sie die gesuchte Struktur noch nicht gefunden haben.

Die Suche mit dem Tensor

Sie können feinstoffliche Strukturen auch mit dem Tensor suchen. Dies können Sie beispielsweise zunächst üben, indem Sie die feinstoffliche Struktur im Türrahmen aufspüren. Dabei empfehlen wir folgendes Vorgehen: Öffnen Sie eine beliebige Tür in Ihrem Haus oder Ihrer Wohnung. Stellen Sie sich in mindestens 1,50 m Abstand vor diese Tür in Richtung der geöffneten Tür. Halten Sie dabei den Tensor still, solange Sie die feinstoffliche Struktur im Türrahmen noch nicht gefunden haben. Gehen Sie langsam auf die geöffnete Tür zu und stellen Sie laut oder in Gedanken folgende Frage: *„Ist hier eine feinstoffliche Struktur, die sich in der geöffneten Tür zwischen den Türrahmen befindet?"* Stellen Sie sich darauf ein, dass der Tensor dann ausschlägt, wenn sich der Ring des Tensors in der feinstofflichen Struktur des Türrahmens befindet. Wenn Sie die gesuchte feinstoffliche Struktur gefunden haben, zeigt Ihnen der Tensor sofort ein JA an. Der Tensor wird solange ein JA anzeigen, wie sich der Ring in der feinstofflichen Struktur befindet. Verlassen Sie mit dem Ring des Tensors die Struktur, steht er wieder still. Diese Methode bedeutet, dass Sie, solange sich der Ring des Tensors nicht in der gesuchten Struktur befindet, keine Reaktion des Tensors haben wollen.

Es gibt eine zweite Möglichkeit der Reaktion des Tensors, wenn Sie eine feinstoffliche Struktur suchen (in diesem Fall die feinstoffliche Struktur im Türrahmen): Sie stellen von Anfang an präzise die oben angegebene Frage. Dann wird Ihr Tensor von Anfang an die Reaktion NEIN anzeigen, das heißt sich horizontal bewegen. Sie haben hier die Reaktion NEIN, wenn Sie sich nicht in der feinstofflichen Struktur befinden. Wenn Sie die gesuchte feinstoffliche Struktur gefunden haben, wird die Reaktion sofort auf JA umschlagen.

Die Suche mit dem Pendel

Sie können feinstoffliche Strukturen auch mit dem Pendel suchen. Dies können Sie beispielsweise üben, indem Sie die feinstoffliche Struktur im Türrahmen suchen. Öffnen Sie eine beliebige Tür in Ihrem Haus oder Ihrer Wohnung. Stellen Sie sich in mindestens 1,50 m Abstand vor diese Tür in Richtung der geöffneten Tür. Gehen Sie langsam in Richtung auf die geöffnete Tür zu, halten Sie dabei das Pendel still, solange Sie die feinstoffliche Struktur im Türrahmen noch nicht gefunden haben. Dies bedeutet, Sie wollen keine Pendelreaktion, solange Sie die feinstoffliche Struktur nicht gefunden haben. Stellen Sie laut oder in Gedanken folgende Frage: *„Ist hier eine feinstoffliche Struktur, die sich in der geöffneten Tür zwischen den Türrahmen befindet?"* Wenn Sie mit dem Pendel die feinstoffliche Struktur im Türrahmen durchschreiten, schwingt das Pendel sofort hin und her, das heißt auf Sie zu und von Ihnen weg. Diese Reaktion dauert so lange, wie Sie die feinstoffliche Struktur durchqueren. Haben Sie die feinstoffliche Struktur durchschritten, steht das Pendel wieder still. Zur genaueren Lokalisierung können Sie auch noch einmal von der anderen Seite durch die geöffnete Tür gehen.

Haben Sie mit dem Pendel beim Suchen nach Strukturen mit einer anderen Pendelreaktion gute Erfahrungen gemacht, bleiben Sie dabei.

Die Suche ohne Hilfsmittel – nur mit der Hand

Sie können die feinstoffliche Struktur im Türrahmen auch direkt mit der Hand fühlen. Machen Sie folgende Übung: Öffnen Sie eine beliebige Tür in Ihrem Haus oder Ihrer Wohnung. Stellen Sie sich in mindestens 1,50 m Abstand vor diese Tür in Richtung der geöffneten Tür. Winkeln Sie Ihren rechten Arm so an, dass die Innenfläche Ihrer Hand zur Tür zeigt. Bewegen Sie sich nun langsam in Richtung auf die geöffnete Tür zu (s. Abbildung). Wenn Sie die feinstoffliche Struktur im Türrahmen spüren, können Sie dabei entweder einen leichten Widerstand (Gegendruck), ein Kribbeln, ein Wärme- oder Kältegefühl, ein Ziehen oder einen kleinen „Stromschlag" verspüren. Sollten Sie ein anderes Gefühl haben, so ist dies auch richtig. Verspüren Sie bei der Annäherung mit der Handinnenfläche plötzlich einen anderen Geschmack, Geruch oder ein Gefühl in einem anderen Körperteil als Hand oder Unterarm, so kann auch dies Teil Ihrer Wahrnehmung der feinstofflichen Struktur im Türrahmen sein. Bei mehrmaligem Üben tritt möglicherweise zusätzlich das beschriebene Gefühl in der Hand auf.

Spüren der feinstofflichen Struktur im Türrahmen mit der Hand.

Sie haben jetzt gemerkt, dass es möglich ist, feinstoffliche Strukturen zu spüren. Wenn Sie mit L-Rute, Tensor oder Pendel arbeiten, machen Sie nur das sichtbar, was Sie selbst wahrnehmen.

Welche Methode ist für Sie die beste?

Selbstverständlich ist es nicht notwendig, mit allen vier oben beschriebenen Methoden feinstoffliche Strukturen auf dem Grundstück oder im Gelände zu suchen. Probieren Sie alle Methoden aus, um festzustellen, mit welcher Methode Sie am besten arbeiten können. Günstig ist es, die L-Rute in Kombination mit Tensor oder Pendel zu benutzen. Insbesondere zur genauen Bestimmung der Lage einer Struktur und deren Ausdehnung sind Tensor oder Pendel gut geeignet. Mit der L-Rute ist es oft recht einfach, insbesondere über eine längere Distanz, die Struktur eindeutig zu finden. Die Beschreibung der direkten Wahrnehmung einer Struktur mit der Hand war in erster Linie dazu gedacht, Ihnen zu zeigen, dass Sie in der Lage sind, unsichtbare Strukturen auch direkt wahrzunehmen. Diese Methode ist normalerweise anstrengender als die Arbeit mit Tensor, Pendel oder L-Rute.

Es gibt auch Personen, die feinstoffliche Strukturen visuell wahrnehmen. Dabei ist es hilfreich, insbesondere bei der Wahrnehmung bislang unbekannter Strukturen, Tensor oder Pendel zur Kontrolle zu Hilfe zu nehmen. Ferner besteht die Möglichkeit, dass eine Person sozusagen direkt „weiß", dass sich an einem bestimmten Ort eine konkrete Struktur befindet. Dazu bedarf es nicht einer Wahrnehmung visueller oder gefühlsmäßiger Art. Diese Art des direkten „Wissens" wird auch als Paragnostik bezeichnet.

Suchen Sie die feinstoffliche Grundstücksmauer

Sie haben jetzt gelernt, mit Tensor, Pendel und L-Rute umzugehen. Wenden Sie Ihre Kenntnisse nun praktisch an und suchen Sie die feinstoffliche Grundstücksmauer eines Grundstücks. Wie in diesem Buch beschrieben (s. S. 30), bildet sich um rechteckige Grundstücke an der Grundstücksgrenze eine feinstoffliche Grundstücksmauer. Diese feinstoffliche Grundstücksmauer suchen Sie nun. Nehmen Sie Ihre L-Rute, Ihren Tensor oder Ihr Pendel und begeben Sie sich nach draußen zu einem rechteckigen Grundstück. Es empfiehlt sich, die feinstoffliche Grundstücksmauer zunächst bei einem exakt rechteckigen Grundstück zu suchen, da Sie sich bei einem solchen Grundstück am besten selbst kontrollieren können. Die feinstoffliche Grundstücksmauer liegt bei einem solchen Grundstück in etwa an der Grundstücksgrenze. Wenn Sie Erfahrungen mit der Suche nach der feinstofflichen Grundstücksmauer gesammelt haben, können Sie beginnen, die feinstoffliche Grundstücksmauer auch auf komplizierter geschnittenen Grundstücken zu bestimmen. Wo diese zu finden ist, haben wir im Abschnitt über die Grundstücksaura beschrieben (s. S. 30).

Anhang 2
Die unsichtbare Welt des Feng Shui

Die 7 Dimensionen des Feng Shui

Die theoretische Physik geht heute davon aus, dass es mehr als vier Dimensionen geben muss. Die Lehre des Feng Shui spricht von sieben Dimensionen. In einem renommierten Pariser Forschungsinstitut kamen Wissenschaftler bereits Ende der 70er Jahre durch theoretische Berechnungen zu der Erkenntnis, dass alle bekannten physikalischen Vorgänge nur dann erklärt werden können, wenn man von mindestens sieben Dimensionen ausgeht.

Die 3. Dimension

Wir leben als Mensch mit unserem physischen Körper (Körper aus Fleisch und Blut) und unserem nicht-physischen oder feinstofflichen Körper (Aura) in der 3. Dimension. Auch Tiere und Pflanzen, Gebäude, die Erde, unser Sonnensystem, ja das ganze bekannte Universum existiert in dieser 3. Dimension. Trotzdem wirken auf uns Einflüsse aus anderen Dimensionen, insbesondere aus der 4. und 5., so beispielsweise astrologische. Die Einflüsse aus höheren Dimensionen sind im Allgemeinen dadurch gekennzeichnet, dass wir sie zwar beschreiben, ihre Mechanismen aber bestenfalls teilweise durchschauen können. Die Chinesen haben diese Einflüsse schon sehr früh genau registriert und beschrieben.

Die höheren Dimensionen

Neben der 3. Dimension existieren sechs weitere. Als höhere Dimensionen bezeichnen wir die Dimensionen 4, 5, 6 und 7 (in aufsteigender Reihenfolge). Darin läuft die **Zeit** zunehmend **langsamer**. Könnten wir zum Beispiel eine Reise in die 4. Dimension machen und würden uns dort ein Jahr aufhalten, wären in unserer 3. Dimension bereits 100 Jahre vergangen. Ein solcher „Zeitreisender" würde bei seiner Rückkehr in unsere, die 3. Dimension, seine Familie nicht mehr wiedersehen, da diese dann schon gestorben wäre. Er selbst wäre aber nur ein Jahr älter geworden. Die Zeit läuft in der 4. Dimension also langsamer als in der 3. Die Zeit in der 5. Dimension läuft wiederum langsamer als in der 4. usw.

Die niedrigeren Dimensionen

Als niedrigere Dimensionen bezeichnen wir die Dimensionen 2 und 1 (in absteigender Reihenfolge). In diesen niedrigeren Dimensionen läuft die **Zeit** zunehmend **schneller** als in der 3. Dimension, das heißt, die Zeit läuft in der 2. Dimension schneller als in der 3. In der 1. Dimension läuft die Zeit wiederum schneller als in der 2. Die niedrigeren Dimensionen haben für uns eine geringere Bedeutung als die höheren.

Feng-Shui-Maßnahmen und höhere Dimensionen

Viele Feng-Shui-Maßnahmen wirken über höhere Dimensionen. Dabei werden zum Beispiel Strukturen der 6. Dimension für die 3. Dimension nutzbar gemacht, wenn ein Grundstück feinstofflich zur Kreisform ergänzt wird. Werden beispielsweise Strukturen der 4. Dimension für die 3. Dimension genutzt, ist es möglich, ein L-förmiges Grundstück zum Rechteck zu ergänzen. Wird ein Grundstück über eine höhere Dimension feinstofflich zu einer kompletteren und damit günstigeren Form im Sinne des Feng Shui ergänzt, entstehen auf dem Grundstück andere feinstoffliche Strukturen, was eine bessere Versorgung der dort lebenden Menschen mit feinstofflichen Energien zur Folge hat.

Was mit „feinstofflich" gemeint ist

In unserer 3. Dimension gibt es nicht nur das, was wir sehen, hören, schmecken, riechen oder tasten können. Der menschliche Körper besteht in der 3. Dimension aus einem physischen (materiellen) und einem nicht-physischen (nicht-materiellen) Teil in Form der so genannten Aura. Diese Aura wird auch als „feinstofflich" bezeichnet. Der sichtbare Körper und die für den Menschen im Allgemeinen nicht sichtbare Aura gehören zusammen und bilden eine Einheit. Dies gilt nicht nur für den Körper des Menschen, sondern auch für Tiere und Pflanzen, die ebenfalls eine Aura haben. Auch Gebäude und Gegenstände haben oft unsichtbare Strukturen, die man ebenfalls feinstofflich nennt.

Anhang 3

Die Feng Shui Power Disc 99

Wir wollen Ihnen hier einen kurzen Überblick über die Wirkungen der Feng Shui Power Disc 99 auf Haus und Grundstück geben. Sie wirkt sich unter anderem günstig auf feinstoffliche Strukturen des Hauses und des Grundstücks aus. Dabei lässt sie Strukturen aus höheren Dimensionen in der 3. Dimension wirksam werden. Störende Strukturen in der 3. Dimension werden zum Teil unwirksam.

Die feinstoffliche Ergänzung von Haus und Grundstück zur Kreisform

Die Feng Shui Power Disc 99 bewirkt eine feinstoffliche Ergänzung von Haus und Grundstück zur Kreisform. Dies bezieht sich auf die unterschiedlichen Haus- und Grundstücksformen wie Rechteck, L-Form, Dreieck und andere. Steht das Haus schräg auf dem Grundstück oder ist die Lage des Zugangs zum Grundstück ungünstig, wie beispielsweise bei L-förmigen Grundstücken beschrieben, wird die Situation wesentlich verbessert.

Die Wirkung auf die Tiere von Grundstück und Haus

Die Feng Shui Power Disc 99 wirkt sich günstig auf den Ming Tang und die Haus- und Grundstücksaura aus. Die feinstofflichen Strukturen der Tiere des Grundstücks und des Hauses werden optimiert. So macht beispielsweise ein Gelände, das zur Schildkröten-Seite nach hinten abfällt, deutlich weniger Probleme. Auch wenn die Tiere des Hauses nicht in gleicher Richtung wie die des Grundstücks liegen, ist die Wirkung günstig. Probleme, die sich daraus ergeben, dass das Haus zu weit auf der Tiger-Seite des Grundstücks liegt, werden reduziert.

Probleme in den Bagua-Sektoren

Durch eine feinstoffliche Ergänzung des Grundstücks zum Kreis mit Hilfe der Feng Shui Power Disc 99 werden Probleme durch Aussparungen in den Bagua-Sektoren weniger wirksam. Wenn es für eine Person Probleme wegen der Platzierung des Hauses in einem bestimmten Bagua-Sektor gibt, bringt die Verwendung der Feng Shui Power Disc 99 eine Verbesserung, da die Struktur der Bagua-Sektoren des Grundstücks in geeigneter Weise umgewandelt wird.

Das Vier-Tiere-Bagua

Durch eine Umwandlung der Struktur im Vier-Tiere-Bagua erlaubt es die Feng Shui Power Disc 99, negative Einflüsse in den Bagua-Sektoren herauszufiltern. Positive Einflüsse werden stärker wirksam.

Teich und Swimmingpool

Wenn Sie Ihr Grundstück mit Hilfe der Feng Shui Power Disc 99 feinstofflich zum Kreis ergänzen, reduzieren Sie Probleme, die sich durch zu große oder zu nah am Haus gelegene Swimmingpools oder Teiche ergeben. Auch Probleme durch leere Swimmingpools lassen sich so bessern.

Einflüsse aus der Umgebung

Mit der Feng Shui Power Disc 99 verbessern Sie die Funktion der Grundstücks- und Hausaura. Damit lassen sich vielfältige Feng-Shui-Probleme auf dem Grundstück und aus der Umgebung des Grundstücks reduzieren wie beispielsweise:
- gerade Wege, die auf das Haus zuführen,
- Dachfirste von Nachbarhäusern, die auf das Haus zeigen,
- Windtunneleffekt,
- Geheime Pfeile, die von benachbarten Häusern ausgehen,
- astlose Bäume oder Pfähle vor dem Hauseingang,
- Brunnen auf dem Grundstück.

Wirkungen von Gehölzen nah am Haus

Die Feng Shui Power Disc 99 ist in der Lage, durch die Harmonisierung der Haus- und Grundstücksaura die jeweils ungünstigen Yin- oder Yang-Einflüsse von Pflanzen in der Hausaura zu neutralisieren. Dies gilt auch für die nicht nach Yin und Yang differenzierten Wirkungen. Der günstige Einfluss bleibt dagegen erhalten.

Vitalisierung und Entstörung im Haus

Über die in diesem Buch beschriebenen Feng-Shui-Aspekte hinaus ist die Feng Shui Power Disc 99 eine sehr gute Lösung für Ihre Schlafplatzprobleme im Haus, die durch so genannte Gitternetze, Wasseradern, Verwerfungszonen und anderes hervorgerufen werden. Das Vital-Qi und andere günstige Energien im Haus lassen sich deutlich und dauerhaft erhöhen.

Formschulprobleme im Haus

Die Feng Shui Power Disc 99 wirkt auch günstig und ausgleichend auf eine große Zahl von Formschulproblemen im Haus. Zu den Feng-Shui-Situationen, die verbessert werden, zählen unter anderem: gerade Durchgänge im Haus, L-förmige Zimmer, spitze Ecken und Kanten, Dreiecksfenster, Probleme mit der Toilettenplatzierung, versetzte Ebenen im Haus, Dachschrägen und Deckenbalken.

Anhang 4
Kopiervorlage für die Bagua-Sektoren

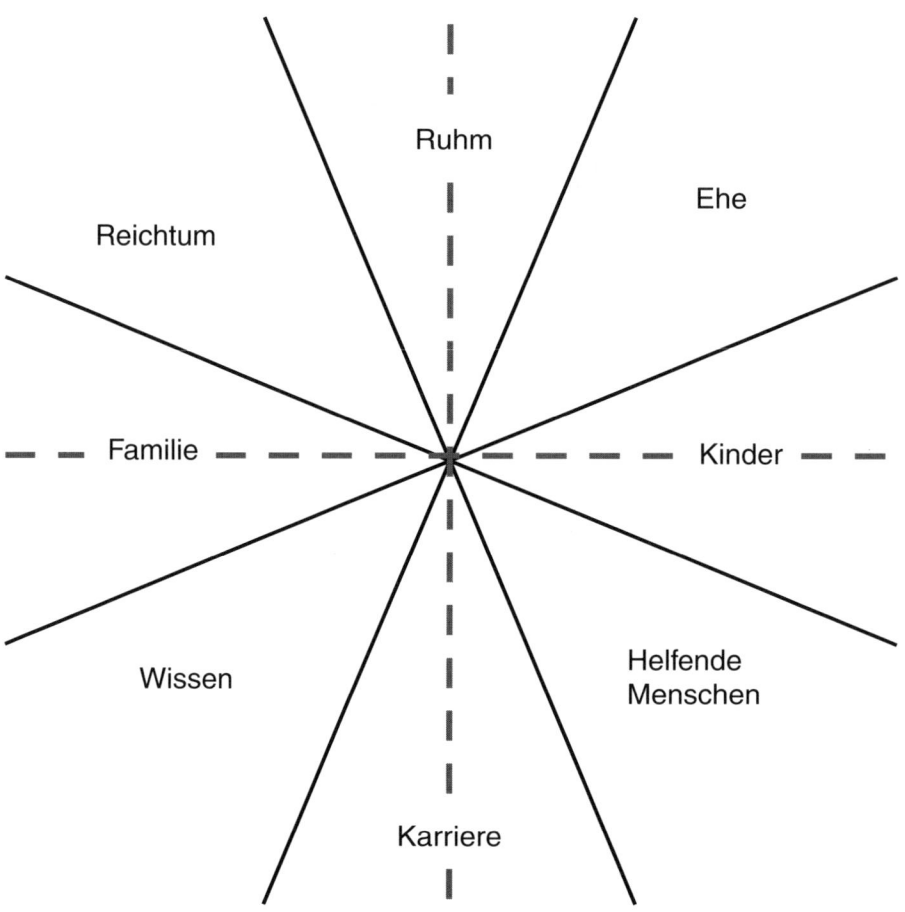

Kopiervorlage für die Bagua-Sektoren. Die beiden gestrichelten Linien dienen der Justierung der Folie auf dem Lageplan. Der Bereich Tai Ji ist nicht abgebildet, da seine Größe von der Größe des Grundstücks bzw. der Bagua-Bereiche auf dem Plan abhängig ist.

Glossar

Analytische Schule: In der Analytischen Schule des Feng Shui werden Einflüsse, die an einem bestimmten Ort zu einer bestimmten Zeit auf den Menschen wirken, direkt wahrgenommen. Die Analytische Schule benutzt zur Bestimmung dieser Einflüsse Tensor, L-Rute oder Pendel.

Arealgebundene Naturgeister: Arealgebundene Naturgeister sind Geister, die ein bestimmtes Areal (Gebiet) in der Natur bewohnen, an das sie räumlich gebunden sind.

Aura: Als Aura bezeichnen wir den feinstofflichen Körper von Menschen, Tieren und Pflanzen sowie auch die feinstoffliche Struktur von Häusern und Grundstücken.

Aura-Struktur des Hauses: Die äußere Aura-Struktur des Hauses unterteilt sich in zwei Hüllen. Die erste Hülle befindet sich in einem Abstand von 1,30 bis 1,70 m vom Haus (Dicke ca. 40 cm). Die zweite Hülle befindet sich in einem Abstand zum Haus von 3,10 bis 4,40 m (Dicke ca. 1,30 m). Bei Betonhäusern können beide Hüllen etwas dicker sein.

Bagua heißt übersetzt acht Zeichen. Gemeint sind damit die acht Trigramme. Ein Trigramm besteht aus drei horizontalen Linien, die entweder durchgezogen oder unterbrochen sind. Bei drei Linien ergeben sich acht mögliche Kombinationen. Den acht Zeichen werden im Feng Shui unter anderem acht Lebensbereiche des Menschen zugeordnet. Für eine Feng-Shui-Betrachtung eines Gartens und Grundstücks sind insbesondere das Drei-Türen-Bagua und das Vier-Tiere-Bagua von Bedeutung.

Bagua-Sektoren sind sektorförmige feinstoffliche Strukturen, die sich auf dem gesamten Grundstück (Bagua des Grundstücks) befinden, aber auch in den vier Bereichen des Grundstücks vor, hinter, rechts und links neben dem Haus (Vier-Tiere-Bagua) sowie im Haus selbst (dort auch in den einzelnen Räumen) ausbilden. Die einzelnen Bagua-Sektoren werden acht unterschiedlichen Lebensbereichen zugeordnet.

Baumstümpfe auf einem Grundstück werden in der Regel als problematisch angesehen. Sie sollten generell weitestgehend ausgegraben werden.

Beschneiden: Wenn man einen Baum, zum Beispiel Apfelbaum, beschneiden will, sollte man dies einen Tag vorher ankündigen, damit der Baum den Saft zurückziehen kann.

Dimension: Im System des Feng Shui gibt es sieben Dimensionen. Wir leben in der 3. Dimension. Feng-Shui-Maßnahmen wirken in der Regel über höhere Dimensionen.

Drache: Als Drache wird im Feng Shui unter anderem die rechte Seite des Grundstücks bezeichnet (von vorn gesehen). Der Drache steht im Feng Shui darüber hinaus auch allgemein für positive Einflüsse unterschiedlicher Art.

Drei-Türen-Bagua: Über die Zuordnung der acht Lebensbereiche zu bestimmten Sektoren eines Hauses, Grundstücks oder Gartens entsteht eine gern verwendete Analysemethode im Feng Shui, um günstige und ungünstige Aspekte für die dort lebenden oder arbeitenden Menschen zu erkennen. Der Bereich in der Mitte ohne Trigrammzuordnung, Tai Ji, wird hierbei als neunter Lebensbereich in diese Analyse mit einbezogen. Darüber hinaus ist es auch möglich, durch Veränderungen in den betreffenden Sektoren eine Änderung oder Verbesserung der Lebensqualität der Bewohner zu erreichen.

Fällen von Bäumen: Sie sollten dem Baum das Vorhaben mindestens zwei, besser drei Tage vorher mitteilen, damit der Baumgeist seinen Umzug vorbereiten kann.

Feng Shui Power Disc 99: Die Feng Shui Power Disc 99 wirkt unter anderem harmonisierend auf die Aura-Struktur von Haus und Grundstück. Damit verbunden sind eine Fülle von positiven Wirkungen für die im Haus wohnenden und lebenden Personen.

Feinstofflich: Als feinstofflich bezeichnen wir Strukturen und Energien, die feiner sind als die in der Physik beschriebenen. So sind beispielsweise die positiven Energien im Feng Shui (Qi) feinstofflich. Die Aura des Hauses ist eine feinstoffliche Struktur.

Formschule: In den bergigen Regionen Südchinas entwickelte sich die so genannte Formschule des Feng Shui. Über die Beobachtung der Landschafts- und Flussformen kam man zu einer differenzierten Bewertung der einzelnen Formen hinsichtlich ihrer positiven und negativen Wirkung auf den Menschen.

Garage: Eine Garage auf dem Grundstück wirkt entsprechend ihrer Platzierung in einem der Bagua-Sektoren des Vier-Tiere-Baguas. Eine aufgeräumte Garage hat dabei eher eine günstige Bedeutung, eine unaufgeräumte Garage wirkt eher ungünstig.

Gartenarbeiten: Kündigen Sie Gartenarbeiten generell einen Tag vorher an. Sie können dies verbal oder mental tun.

Geheime Pfeile – An Jian: Die Chinesen nennen Einflüsse, die von Gebäudeecken, Dachfirsten oder anderen spitzen Gebäudeteilen mit gerader Wirkrichtung auf ein anderes Gebäude ausgehen, Geheime Pfeile, auf chinesisch An Jian.

Geister sind unsichtbare Wesenheiten, die uns überall umgeben. Auf dem Grundstück leben unter anderem Naturgeister und Elementale. Zu den Elementalen gehören Zwerge, Nixen, Elfen, Feen, Feuergeister und andere. Beispielsweise ist es Aufgabe der Elfen, sich um das Wachstum der Pflanzen zu kümmern. Es gibt jedoch auch Geisterarten, die einen eher störenden Einfluss auf die Menschen ausüben.

Innenhof: Wenn ein Haus einen Innenhof hat, der nicht überdacht ist (Atrium), gibt es für den Innenhof keine eigenen Bagua-Sektoren. Der Innenhof ist dann Bestandteil der Bagua-Sektoren des Gesamthauses.

Kieselsteine: Sie können das fließende Wasser im Graben auch durch Kieselsteine symbolisieren, wie die Japaner dies in ihren Gärten gern tun. Darüber hinaus werden Kieselsteine auch für „Steinsetzungen" verwendet.

Klangspiele im Garten und auf dem Grundstück wirken entsprechend ihrer Platzierung in einem der Bagua-Sektoren des Vier-Tiere-Baguas. Für diesen Zweck sollten die Röhren aus Metall sein. Vermeiden Sie auf jeden Fall schwarze Klangröhren.

Kompass-Schule: In den Ebenen Nordchinas wurde ein umfangreiches System zur Bewertung eines Ortes aufgrund der Einflüsse der Himmelsrichtungen sowie zeitlicher Faktoren entwickelt. Die Bewertung der Energien erfolgte mit Hilfe des Kompasses (Luopan).

Komposthaufen: Bei der Bewertung von Komposthaufen in den Bagua-Sektoren ist entscheidend, ob rein pflanzliche Abfälle kompostiert werden oder ob auch tierische Abfälle den Weg in den Kompost finden. Komposthaufen mit tierischen Abfällen in den Bagua-Sektoren sind als problematisch anzusehen, während Komposthaufen mit rein pflanzlichen Abfällen neutral bis positiv zu bewerten sind.

L-Formen: L-förmige Grundstücke sind in der Regel ungünstig. Rechteckige Formen sind vorzuziehen.

L-Rute: Die L-förmige Rute findet insbesondere Verwendung, um feinstoffliche Strukturen aufzuspüren. Im Allgemeinen arbeitet man gleichzeitig mit zwei L-Ruten. Der kurze Arm der L-Rute wird mit der Hand umfasst, sodass der lange Arm oberhalb der Hand in etwa waagerecht nach vorn zeigt. Bei der Reaktion JA drehen sich die langen Arme zueinander. Bei der Reaktion NEIN drehen sich die langen Arme nach außen.

Ming Tang heißt übersetzt „Helle Halle". Der Ming Tang ist eine feinstoffliche Struktur, die im engen Zusammenhang mit der Grundstücks- und Hausaura steht. Der Ming Tang bestimmt den Phönix des Grundstücks, weil er immer auf der Vorderseite des Grundstücks liegt.

Mülltonne: Eine Mülltonne auf dem Grundstück ist von der Bedeutung her immer problematisch. Die Bedeutung im Einzelnen ergibt sich aus der Platzierung in einem der Sektoren des Vier-Tiere-Baguas. Mülltonnen sollten besser so platziert werden, dass das Scharnier zum Haus zeigt.

Pavillons haben im Drachen-, Tiger- und Phönix-Bagua in den verschiedenen Sektoren eine spezielle positive Wirkung. Eine spezielle Wirkung in den einzelnen Sektoren des Schildkröten-Baguas lässt sich nicht allgemein darstellen.

Pendel: Das Pendel ermöglicht Ihnen, Antworten auf Fragen verschiedener Art in Form von JA und NEIN zu bekommen. Sie können mit dem Pendel auch feinstoffliche Strukturen suchen.

Phönix: Als Phönix wird im Feng Shui unter anderem die vordere Seite des Grundstücks und des Hauses bezeichnet. Es ist günstig, wenn sich in dieser Richtung zum Beispiel eine freie Fläche befindet.

Qi (gesprochen tschi): Die Chinesen fassen für den Menschen positive Energien häufig unter dem Begriff Qi zusammen. Die Japaner benutzen für den Begriff Qi das gleiche Schriftzeichen wie die Chinesen, sprechen es jedoch Ki aus (wie in Reiki).

Roden: Wenn Sie einen Baum (die Wurzeln) oder Strauch roden wollen, fragen Sie mindestens einen Tag vor der Rodung, ob der Geist des Baumes oder des Strauches noch in der Wurzel ist. Ist dies der Fall, bitten Sie ihn, hinauszugehen.

Sha (gesprochen scha): Die Chinesen fassen für den Menschen negative Energien unter dem Oberbegriff Sha zusammen.

Schildkröte: Als Schildkröte wird im Feng Shui unter anderem die hintere Seite des Grundstücks bezeichnet. Es ist günstig, wenn sich in dieser Richtung zum Beispiel eine Erhebung befindet.

Schlange: Als Schlange wird im Feng Shui unter anderem die Mitte des Grundstücks sowie die hintere Seite des Hauses bezeichnet.

Spiegelkugeln, auch Rosenkugeln genannt, werden in europäischen Gärten traditionell als Gestaltungselement eingesetzt.

Spiralbeete und Steinspiralen sind ein beliebtes Gestaltungselement in Gärten. Sie sollten am besten eine Richtung im Uhrzeigersinn haben (von innen nach außen betrachtet). Ihre Bedeutung ist in der Regel positiv oder neutral und ergibt sich aus der Platzierung in einem der Sektoren des Vier-Tiere-Baguas.

Springbrunnen haben in den verschiedenen Bagua-Bereichen eine günstige Wirkung. Probleme kann es im Phönix-Bagua geben, wenn sich der Springbrunnen außerhalb der Hausaura befindet. Die Wirkung des Springbrunnens ist sogar vorhanden, wenn der Springbrunnen nicht in Betrieb ist, dann allerdings etwas geringer.

Steinlaternen haben im Drachen-, Tiger- und Phönix-Bagua in den verschiedene Sektoren eine spezielle positive Wirkung. Sie ist in der Art vergleichbar mit der eines Pavillons in dem betreffenden Sektor, jedoch insgesamt weniger stark.

Steinrondelle sind Steinanordnungen, die unter anderem zur feinstofflichen Ergänzung eines Grundstücks zur Kreisform verwendet werden. Über die feinstoffliche Ergänzung des Grundstücks zur Kreisform ergeben sich eine Reihe positiver Wirkungen für die auf dem Grundstück wohnenden und arbeitenden Menschen.

Steinsetzungen finden wir sehr differenziert in japanischen und chinesischen Gärten. Sie werden unter anderem eingesetzt, um Miniaturlandschaften zu gestalten und die feinstofflichen Strukturen im Garten und auf dem Grundstück in gezielter Weise zu verändern.

Swimmingpool: Die Platzierung eines Swimmingpools auf dem Grundstück sollte sorgfältig geplant werden. Zu beachten ist unter anderem die Form, die Größe, die Entfernung zum Haus sowie die Platzierung auf dem Grundstück.

Tai Ji: Der mittlere Bereich der acht Bagua-Sektoren wird Tai Ji genannt. Die Mitte ist dem Lebensbereich Spiritualität zugeordnet.

Teich: Teiche sind ein beliebtes Gestaltungselement im Garten und auf dem Grundstück. Es sollte jedoch auf die richtige Größe, Lage und ausreichende Entfernung zum Haus geachtet werden.

Tensor: Der Tensor ist die moderne Form der Wünschelrute. Er wird in einer Hand gehalten, deshalb oft auch als Einhandrute bezeichnet. Mit dem Tensor können Sie Art und Stärke von Energien bestimmen und Strukturen suchen. Der Tensor ermöglicht Ihnen, Antworten auf Fragen verschiedener Art in Form von JA und NEIN zu bekommen.

Tiger: Als Tiger wird im Feng Shui unter anderem die linke Seite des Grundstücks und des Hauses bezeichnet (von vorn aus gesehen). Eine zu starke Betonung des Tigers wird als problematisch angesehen.

Vier-Tiere-Bagua: Auf dem Grundstück gibt es vier Bagua-Bereiche, die den vier Tieren des Grundstücks zugeordnet sind: Der Bagua-Bereich vor dem Haus wird dem Phönix, der Bagua-Bereich hinter dem Haus der Schildkröte, der Bagua-Bereich rechts neben dem Haus dem Drachen und der Bagua-Bereich links neben dem Haus dem Tiger zugeordnet. Jeder Bagua-Bereich besitzt für sich acht Sektoren, die den acht Lebensbereichen zugeordnet sind.

Wasserdrache: Als Wasserdrachen bezeichnen die Chinesen bestimmte hufeisenförmige Wasserformationen im Gelände, aber auch spezielle Wasserformationen auf dem Grundstück.

Wasserfälle wirken in den verschiedenen Bagua-Bereichen günstig. Probleme kann es im Phönix-Bagua geben, wenn sich der Wasserfall außerhalb der Hausaura befindet. Wasserfälle im Garten können auch symbolisch durch Steinformationen und Kieselsteine dargestellt werden.

Wintergarten: Ein Wintergarten sollte möglichst nur so groß sein, dass er sich innerhalb der Hausaura befindet. Er gilt dann als Hausanbau (Ergänzung zum Haus) und wird als eigenständiges Zimmer betrachtet.

Yin und Yang beschreiben zwei gegensätzliche Aspekte derselben Sache. So steht beispielsweise der Drache für Yang, der Tiger für Yin, runde Swimmingpool-Formen für Yang, rechteckige für Yin.

Zeremonien dienen unter anderem der Reinigung von Grundstücken und Häusern. In diesem Buch beschreiben wir die Feuerzeremonie.

Literatur

Wenn Sie sich ein Bild vom Aussehen der Gehölze, Stauden, Gräser und Farne machen möchten, finden Sie schöne Farbabbildungen in folgenden Büchern beziehungsweise Katalogen:

Botanica, Könemann-Verlag, ISBN 3-8290-0868-6, ca. 1000 Seiten, kostengünstige, überarbeitete deutschsprachige Ausgabe der englischsprachigen Originalausgabe gleichen Titels mit vielen Farbabbildungen von Gehölzen und Stauden und den dazugehörigen Beschreibungen.

DuMont′s große Pflanzen-Enzyklopädie, DuMont, ISBN 3-7701-4350-7, 2 Bände, zusammen ca. 1100 Seiten, relativ kostengünstige, überarbeitete deutschsprachige Ausgabe der englischsprachigen Originalausgabe der Royal Horticultural Society, mit vielen Farbabbildungen von Gehölzen und Stauden und den dazugehörigen Beschreibungen. Hier finden Sie auch detaillierte Angaben zu den zu erwartenden Wachstumshöhen und -breiten sowie den Wuchsbedingungen.

Sortimentskatalog der Baumschule Bruns-Pflanzen-Export-GmbH, hier finden Sie auf ca. 700 Seiten den größten Teil der in diesem Buch beschriebenen Gehölze sowohl als Bild als auch mit Preisangabe für die einzelnen Wuchshöhen. Der Sortimentskatalog wird ca. alle 2 Jahre neu herausgegeben und ist gegen eine Schutzgebühr direkt zu bestellen über Bruns-Pflanzen-Export-GmbH, Postfach 11 65, 26146 Bad Zwischenahn, Tel.: (0 44 04) 60 1-0, Fax: (0 44 03) 60 11 35. In diesem Katalog finden Sie keine Abbildungen von Stauden.

Grün ist Leben. Handbuch Teil III: Stauden, Gräser, Farne, Sumpf- und Wasserpflanzen, ca. 200 Seiten, zu beziehen direkt durch „Grün ist Leben" GmbH, Auslieferungslager, Postfach 12 62, 70773 Filderstadt, Tel.: (0 71 58) 41 74, Fax: (0 71 58) 90 68 22

Über die Autoren

Wilhelm Gerstung, Jahrgang 1948, ist seit vielen Jahren als Feng-Shui-Berater und Feng-Shui-Ausbilder tätig. Er beschäftigt sich seit Anfang der 80er Jahre mit Feng Shui in Theorie und Praxis. Schon früh erkannte er, dass es sich bei Feng Shui nicht in erster Linie um ein philosophisches System handelt, sondern um direkt erfahrbare Energien, Strukturen und sonstige Einflüsse, die sich unter anderem in Haus, Wohnung und Garten konkret bestimmen lassen.

Jens Mehlhase, Jahrgang 1956, ist Arzt, Feng-Shui-Berater und -Ausbilder. Bereits während seiner Studienzeit befasste er sich intensiv mit der Wirkung feinstofflicher Energien auf den Menschen. Bei der Arbeit mit Feng Shui interessierte ihn die Kombination von westlicher Radiästhesie mit dem fernöstlichen System des Feng Shui, die eine genaue Bestimmung der Einflüsse auf den Menschen erlaubt.

Wilhelm Gerstung und Jens Mehlhase arbeiten seit vielen Jahren zusammen. Sie beschäftigen sich intensiv mit der Differenzierung der verschiedenen Energieformen des Feng Shui und entwickelten ein System zur direkten Bewertung der einzelnen Energien und deren quantitativen Bestimmung mittels Tensor oder Pendel. Ein Schwerpunkt ihrer Arbeit liegt neben der Entwicklung eigener theoretischer Konzepte auch in der Entwicklung neuer Feng-Shui-Hilfsmittel. Beide leiten seit Jahren Seminare zum Thema Feng Shui und haben bereits viele Feng-Shui-Berater ausgebildet. In Deutschland sind im Windpferd-Verlag von den Autoren außerdem folgende Bücher erschienen: Das große Feng Shui Gesundheitsbuch (1997), Das große Feng Shui Haus- und Wohnungsbuch (1998). In den USA ist erschienen: „The Complete Feng Shui Health Handbook", Lotus Press (2000).

Karsten Wißmann, Jahrgang 1959, ist freischaffender Landschaftsarchitekt in Rosdorf bei Göttingen. Er absolvierte 1997 eine Feng-Shui-Ausbildung bei den Autoren. Ein besonderer Schwerpunkt seines Interesses liegt im Garten-Feng-Shui. In seinen Planungen kombiniert er Garten-Feng-Shui mit den ökologischen Grundlagen für die Landschafts- und Gartengestaltung. Die botanische Bearbeitung der umfangreichen Pflanzenlisten in diesem Band wurde von Herrn Karsten Wißmann vorgenommen. Von Herrn Wißmann stammt darüber hinaus der Abschnitt „Praktische Hinweise zur Gartengestaltung" im Kapitel 7. Anfragen zur Landschafts- und Gartengestaltung unter Feng-Shui-Gesichtspunkten können Sie richten an:
Karsten Wißmann, Landschaftsarchitekt,
Ulmenstraße 29, 37124 Rosdorf,
Tel.: (05 51) 7 89 91 82,
Fax: (05 51) 7 89 91 89.

Rat und Hilfe durch die Autoren

Anzeige

Die Autoren sind unter den aufgeführten Adressen zu erreichen. Sie erhalten dort Informationen zu:

- Feng-Shui-Beratungen für Haus und Garten in Deutschland und den angrenzenden Ländern
- Feng-Shui-Beratungen für Industrie, Handel und Gewerbe in Deutschland und den angrenzenden Ländern
- Seminare in Feng Shui, Business-Feng-Shui und Garten-Feng-Shui
- Ausbildungen in Feng Shui, Business-Feng-Shui und Garten-Feng-Shui

Aktuelle Bezugsquellen für:

- Feng Shui Power Disc 99
- Tensoren (Einhandruten), L-Ruten
- weitere Feng-Shui-Hilfsmittel aller Art

Institut für angewandtes Kanyu (Wilhelm Gerstung)
Lotzestraße 3, 37083 Göttingen
Tel.: (05 51) 9 10 06, Fax: (05 51) 9 10 08
eMail: KanyuInstitut@aol.com
Webseite: http:\\www.feng-shui-kanyu.de
Bürozeiten: Montag bis Freitag 10 bis 12 Uhr

und

Feng Shui Büro Neumünster (Jens Mehlhase)
Am Teich 11 – 12, 24534 Neumünster
Tel.: (0 43 21) 4 45 55, Fax: (0 43 21) 4 69 46
eMail: feng-shui@web.de
Webseite: http:\\move.to\feng-shui

Wilhelm Gerstung · Jens Mehlhase

Das große Feng-Shui Haus- und Wohnungsbuch

Eine umfassende Darstellung aller wesentlichen Feng-Shui-Situationen im Haus- und Wohnungsbereich mit praktikablen Lösungen

Ein Feng-Shui-Fachbuch:
Die Autoren beschreiben detailliert und anschaulich die wesentlichen Feng-Shui-Aspekte im Haus und zeigen praktikable Lösungen für alle denkbaren Situationen auf. Dabei wird immer auch die äußerst wichtige Verbindung zur Radiästhesie hergestellt. Es werden Anleitungen zu eigenen Energiemessungen im Haus gegeben. Hier wird erstmals die Einwirkung von feinstofflichen Wesenheiten beschrieben, die – neben den im ersten Band erläuterten Arten von feinstofflichen Energien – ebenfalls einen großen Einfluß auf die Harmonie und Behaglichkeit der Hausbewohner ausüben. Mit über 300 Zeichnungen.

240 Seiten, ISBN 3-89385-282-4
www.windpferd.com

Wilhelm Gerstung · Jens Mehlhase

Das große Feng-Shui Gesundheitsbuch

Wie Sie sich vor schädlichen Energien schützen und sich einen idealen Schlafplatz schaffen können – So bringen Sie mehr Qi in ihr Haus

Die Autoren, beide erfahrene Feng-Shui-Praktiker und -Berater, zeigen, wie sich die unsichtbaren Energien des Feng Shui mit dem Biotensor (Einhandrute) oder Pendel auch ganz direkt messen und bewerten lassen. Dabei wird offensichtlich, daß sich viele Gesundheitsprobleme durch Feng Shui erklären und auf gestörte Energien zurückführen lassen. Bei der Bewertung der Energien im Haus und insbesondere am Schlafplatz haben die Autoren aufgrund ihrer langjährigen Erfahrung und umfangreichen Forschung auch das westliche Wissen um die Wirkung unterirdischer Wasserführungen und sogenannter Gitternetze integriert und im Zusammenhang mit Feng Shui weiterentwickelt.

288 Seiten · 3-89385-218-2
www.windpferd.com

Feng Shui Kalender

Leben und Wohnen in Harmonie mit unseer Umgebung

Der Feng Shui-Kalender – Wegweiser für ein erfolgreiches, glückliches und gesundes Leben

Ein Kalender, auf den viele Freunde des Feng-Shui gewartet haben:
– jede Woche auf einer Doppelseite
– Feng-Shui-Tips
– Jahresvorschau, Ferientermine
– Viele interessante Beiträge
– populäre Feng-Shui-Meister
– Tageshexagramme des I Ging
– Mondpositionen jedes Tages
– Wichtige Adressen

Der Feng-Shui-Kalender startet mit dem Jahr 2001 und bringt jeden Tag in Einklang mit den universellen Gesetzen des Feng-Shui.
Spannende Beiträge populärer Feng-Shui-Autoren und -Berater sorgen für Abwechslung und stellen neueste Erkenntnisse und Trends vor.
Abgeleitet aus dem Pa-Kua wird – gemäß dem ältesten Buch der Welt – jedem Tag ein universelles Handlungsgesetz zugeordnet.

ca. 240 Seiten · ISBN 3-89385-342-1
Format: A 6 · www.windpferd.com

Brigitte Gärtner
Feng Shui Glücksbringer

Die geheimnisvolle Magie von Feng-Shui-Accessoires. Kristall, Windspiel, Spiegel, Spirale und vieles mehr zur Stärkung der guten Chi-Kräfte

Untrennbar verbunden mit dem Feng-Shui sind auch die Feng-Shui-Glücksbringer, zumeist geheimnisvolle, magisch wirkende Gegenstände, die an Ort und Stelle ihre verborgenen Kräfte zur Geltung bringen. Mit ihnen läßt sich vieles bewirken. Nicht immer kann man umstellen, umbauen oder umziehen, wenn schlechtes Sha im Raum ist – in all diesen Fällen helfen Feng-Shui Hilfsmittel, die die Energie lenken, stärken oder wandeln. Sie werden vielerorts angeboten und können, richtig eingesetzt, wahre Wunder vollbringen. Man muß nur wissen, wo und wie sie die gewollte Wirkung entfalten können. Und genau das steht in diesem Buch. Die häufigsten Fragen zu Feng-Shui-Artikeln werden hier beantwortet. Mit 150 farbigen Abbildungen.

ca. 96 Seiten, 3-89385-323-5 DM
www.windpferd.com

Runjin Wu, Dr. Erika Alice Haase

Die Heilkraft Chinesischer Tees

Zubereitung und Heilanwendungen · Grüner Tee, Weißer Tee, Gelber Tee, Roter Tee, Schwarzer Tee, Oolong Tee, Blumentee

Gesund und fit, ruhig und gelassen, vital und ausdauernd – so sollten wir den Anforderungen des Alltags begegnen. Machen Sie sich die Weisheiten der traditionellen chinesischen Medizin zunutze und vertrauen Sie dem Jahrtausende alten und hundertfach bewährten Geschenk der Natur: Tee. Das Buch hilft Ihnen, die Signale Ihres Körpers im Sinne einer ganzheitlichen Therapie besser deuten und den entsprechenden Tee richtig und wirkungsvoll einsetzen zu können. Darüber hinaus unterhält es Sie mit wunderschönen Legenden einer für uns fremden Welt, weiht Sie in fernöstliche Traditionen ein und unterweist Sie im richtigen Umgang mit Tee. Kraft, Ruhe und Gelassenheit und eine stabile Gesundheit werden Sie künftig in Ihrem Alltag begleiten.

112 Seiten, 3-89385-307-3
www.windpferd.com

René van Osten

I Ging – Das Buch vom Leben

Wegweiser zu einem Leben in Einklang mit den sichtbaren und unsichtbaren Kräften

In diesem Buch werden die die Türen zum Verständnis der 64 Hexagramme geöffnet. Das Kernstück bilden die Texte und Kommentare zu den Hexagrammen. Der von René van Osten gewählte Stil folgt der Tradition tiefer Weisheit und baut zugleich sprachliche Brücken zum 21sten Jahrhundert.
Die dem I Ging innewohnende Welt- und Weitsicht ist von unermeßlicher Tiefe. René van Osten reicht mit diesem Buch all jenen, die den Sprung in höhere Erkenntnisebenen wagen wollen, eine hilfreiche Hand.
Das I Ging kann für sich beanspruchen, in seiner Kraft und Weisheit ebenso bemerkenswert zu sein, wie beispielsweise die Bibel. René van Osten gehört zu den wenigen Menschen, die heute die „Hohe Schule des I Ging" lehren.

ca. 500 Seiten, ISBN 3-89385-336-7
www.windpferd.com